"十三五"国家重点出版物出版规划项目

法律科学文库

LAW SCIENCE LIBRARY

总主编　曾宪义

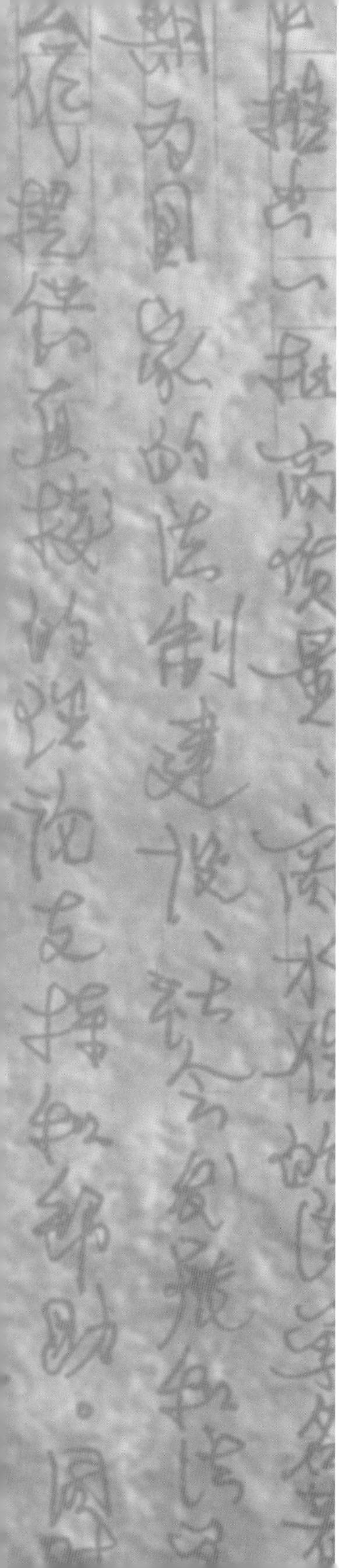

积极主义刑法观及其展开

付立庆　著

Proactive Doctrine in Criminal Law:
Demonstration and Application

中国人民大学出版社
·北京·

法律科学文库

总　　序

曾宪义

“健全的法律制度是现代社会文明的基石”，这一论断不仅已为人类社会的历史发展所证明，而且也越来越成为人们的共识。在人类历史上，建立一套完善的法律体制，依靠法治而促进社会发展、推动文明进步的例证，可以说俯拾即是。而翻开古今中外东西各民族的历史，完全摒弃法律制度而能够保持国家昌隆、社会繁荣进步的例子，却是绝难寻觅。盖因在摆脱了原始和蒙昧以后，人类社会开始以一种“重力加速度”飞速发展，人的心智日渐开放，人们的利益和追求也日益多元化。面对日益纷纭复杂的社会，“秩序”的建立和维持就成为一种必然的结果。而在建立和维持一定秩序的各种可选择方案（暴力的、伦理的、宗教的和制度的）中，制定一套法律制度，并以国家的名义予以实施、推行，无疑是一种最为简洁明快，也是最为有效的方式。随着历史的演进、社会的发展和文明的进步，作为人类重要精神成果的法律制度，也在不断嬗变演进，不断提升自身的境界，逐渐成为维持一定社会秩序、支撑社会架构的重要支柱。17世纪以后，数次发生的工业革命和技术革命，特别是20世纪中叶发生的电子信息革命，给人类社会带来了天翻地覆的变化，不仅直接改变了信息交换的规模和速度，而且彻底改变了人们的生活方式和思维方式，使人类生活进入了更为复杂和多元的全新境界。在这种背景下，宗教、道德等维系社会人心的传统方式，在新的形势面前越来越显得力不从心。而理想和实际的选择，似乎是透过建立一套理性和完善的法律体制，给多元化社会中的人们提供一套合理而可行的共同的行为规则，在保障社会共同利益的前提下，给社会成员提供一定的发挥个性的自由空间。这样，既能维持社会整体的大原则、维持社会秩序的基本和谐和稳定，又能在此基础上充分保障个人的自由和个性，发挥每一个社会成员的创造力，促进社会文明的进步。唯有如此，方能达到稳定与发展、整体与个人、精神文明与物质进步皆能并行不悖的目的。正因为如此，近代以来的数百年间，在东西方各主要国家里，伴随着社会变革的大潮，法律改革的运动也一直呈方兴未艾之势。

中国是一个具有悠久历史和灿烂文化的国度。在数千年传承不辍的中国传统文化中，尚法、重法的精神也一直占有重要的位置。但由于古代社会法律文化的精神旨趣与现代社会有很大的不同，内容博大、义理精微的中国传统法律体系无法与近现代社会观念相融，故而在19世纪中叶，随着西方列强对中国的侵略，绵延了数千年的中国古代法律制度最终解体，中国的法制也由此开始了极其艰难的近现代化的过程。如果以20世纪初叶清代的变法修律为起点的话，中国近代以来的法制变革活动已经进行了近一个世纪。在这将近百年的时间里，中国社会一直充斥着各种矛盾和斗争，道路选择、主义争执、民族救亡以及路线斗争等等，使整个中国一直处于一种骚动和不安之中。从某种意义上说，社会变革在理论上会给法制的变革提供一定的机遇，但长期的社会骚动和过于频繁的政治剧变，在客观上确实曾给法制变革工作带来过很大的影响。所以，尽管曾经有过许多的机遇，无数的仁人志士也为此付出了无穷的心力，中国近百年的法制重建的历程仍是步履维艰。直至20世纪70年代末期，“文化大革命”的宣告结束，中国人开始用理性的目光重新审视自身和周围的世界，用更加冷静和理智的头脑去思考和选择自己的发展道路，中国由此进入了具有非凡历史意义的改革开放时期。这种由经济改革带动的全方位民族复兴运动，也给蹉跎了近一个世纪的中国法制变革带来了前所未有的机遇和无限的发展空间。

应该说，自 1978 年中国共产党第十一届三中全会以后的 20 年，是中国历史上社会变化最大、也最为深刻的 20 年。在过去 20 年中，中国人民高举邓小平理论伟大旗帜，摆脱了“左”的思想的束缚，在政治、经济、文化各个领域进行全方位的改革，并取得了令世人瞩目的成就，使中国成为世界上最有希望、最为生机勃勃的地区。中国新时期的民主法制建设，也在这一时期内取得了令人惊喜的成就。在改革开放的初期，长期以来给法制建设带来巨大危害的法律虚无主义即得到根除，“加强社会主义民主，健全社会主义法制”成为一个时期内国家政治生活的重要内容。经过近二十年的努力，到 90 年代中期，中国法制建设的总体面貌发生了根本性的变化。从立法上看，我们的立法意识、立法技术、立法水平和立法的规模都有了大幅度的提高。从司法上看，一套以保障公民基本权利、实现司法公正为中心的现代司法诉讼体制已经初步建立，并在不断完善之中。更为可喜的是，经过近二十年的潜移默化，中国民众的法律意识、法制观念已有了普遍的增强，党的十五大确定的“依法治国”“建设社会主义法治国家”的治国方略，已经成为全民的普遍共识和共同要求。这种观念的转变，为中国当前法制建设进一步完善和依法治国目标的实现提供了最为有力的思想保证。

众所周知，法律的进步和法制的完善，一方面取决于社会的客观条件和客观需要，另一方面则取决于法学研究和法学教育的发展状况。法律是一门专业性、技术性很强，同时也极具复杂性的社会科学。法律整体水平的提升，有赖于法学研究水平的提高，有赖于一批法律专家，包括法学家、法律工作者的不断努力。而国家法制总体水平的提升，也有赖于法学教育和法学人才培养的规模和质量。总而言之，社会发展的客观需要、法学研究、法学教育等几个环节是相互关联、相互促进和相互影响的。在改革开放的 20 年中，随着国家和社会的进步，中国的法学研究和法学教育也有了巨大的发展。经过 20 年的努力，中国法学界基本上清除了“左”的思想的影响，迅速完成了法学学科的总体布局和各分支学科的学科基本建设，并适应国家建设和社会发展的需要，针对法制建设的具体问题进行深入的学术研究，为国家的立法和司法工作提供了许多理论支持和制度上的建议。同时，新时期的法学教育工作也成就斐然。通过不断深入的法学教育体制改革，当前我国法学人才培养的规模和质量都有了快速的提升。一大批用新思想、新体制培养出来的新型法学人才已经成为中国法制建设的中坚，这也为中国法制建设的进一步发展提供了充足和雄厚的人才准备。从某种意义上说，在过去20年中，法学界的努力，对于中国新时期法制建设的进步，贡献甚巨。其中，法学研究工作在全民法律观念的转变、立法水平和立法效率的提升、司法制度的进一步完善等方面所发挥的积极作用，也是非常明显的。

法律是建立在经济基础之上的上层建筑，以法律制度为研究对象的法学也就成为一个实践性和针对性极强的学科。社会的发展变化，势必要对法律提出新的要求，同时也将这种新的要求反映到法学研究中来。就中国而言，经过近二十年的奋斗，改革开放的第一阶段目标已顺利实现。但随着改革的逐步深入，国家和社会的一些深层次的问题也开始显现出来，如全民道德价值的更新和重建，市场经济秩序的真正建立，国有企业制度的改革，政治体制的完善等等。同以往改革中所遇到的问题相比，这些问题往往更为复杂，牵涉面更广，解决问题的难度也更大。而且，除了观念的更新和政策的确定外，这些复杂问题的解决，最终都归结到法律制度上来。因此，一些有识之士提出，当前中国面临的难题或是急务在于两个方面：其一，凝聚民族精神，建立符合新时代要求的民族道德价值，以为全社会提供一个基本价值标准和生活方向；其二，设计出一套符合中国国情和现代社会精神的“良法美制”，以为全社会提供一系列全面、具体、明确而且合理的行为规则，将各种社会行为纳入一个有序而且高效率的轨道。实际上，如果考虑到特殊的历史文化和现实情况，我们会认识到，在当前的中国，制度的建立，亦即一套“良法美制”的建立，更应该是当务之急。建立一套完善、合理的法律体制，当然是一项极为庞大的社会工程。而其中的基础性工作，即理论的论证、框架的设计和实施中的纠偏等，都有赖于法学研究的进一步深入。这就对我国法学研究、法学教育机构和广大法律理论工作者提出了更高的要求。

中国人民大学法学院建立于1950年，是新中国诞生以后创办的第一所正规高等法学教育机构。在其成立的近半个世纪的岁月里，中国人民大学法学院以其雄厚的学术力量、严谨求实的学风、高水平的教学质量以及极为丰硕的学术研究成果，在全国法学研究和法学教育领域中处于领先行列，并已跻身于世界著名法学院之林。长期以来，中国人民大学法学院的法学家们一直以国家法学的昌隆为己任，在自己的研究领域中辛勤耕耘，撰写出版了大量的法学论著，为各个时期的法学研究和法制建设作出了突出的贡献。

鉴于当前我国法学研究所面临的新的形势，为适应国家和社会发展对法学工作提出的新要求，中国人民大学法学院和中国人民大学出版社经过研究协商，决定由中国人民大学出版社出版这套“法律科学文库”，陆续出版一大批能全面反映和代表中国人民大学法学院乃至全国法学领域高品位、高水平的学术著作。此套“法律科学文库”是一个开放型的、长期的学术出版计划，以中国人民大学法学院一批声望卓著的资深教授和著名中青年法学家为主体，并聘请其他法学研究、教学机构的著名法学家参加，组成一个严格的评审机构，每年挑选若干部具有国内高水平和有较高出版价值的法学专著，由中国人民大学出版社精心组织出版，以达到集中地出版法学精品著作、产生规模效益和名著效果的目的。

“法律科学文库”的编辑出版，是一件长期的工作。我们设想，借出版“文库”这一机会，集中推出一批高质量、高水准的法学名著，以期为国家的法制建设、社会发展和法学研究工作提供直接的理论支持和帮助。同时，我们也希望通过这种形式，给有志于法学研究的专家学者特别是中青年学者提供一个发表优秀作品的园地，从而培养出中国新时期一流的法学家。我们期望并相信，通过各方面的共同努力，力争经过若干年，“法律科学文库”能不间断地推出一流法学著作，成为中国法学研究领域中的权威性论坛和法学著作精品库。

1999 年 9 月

法律科学文库

目　录

第一章　积极主义刑法观的提出

——积极主义刑法观的内涵界定与理论展开

随着2013年12月28日闭幕的第十二届全国人民代表大会常务委员会第六次会议通过《关于废止有关劳动教养法律规定的决定》，通常而言的“劳动教养”已在法律上被废除，在我国存在56年的劳动教养制度退出历史舞台。但不容忽视的是，我国现行法律体系中仍然存在着一些剥夺人身自由的行政羁押措施，包括《治安管理处罚法》中的治安拘留、《禁毒法》与《戒毒条例》（2018年修正）中的强制隔离戒毒、《卖淫嫖娼人员收容教育办法》中的收容教育、《刑法》第17条第4款规定的收容教养制度、《精神卫生法》（2018年修正）中的精神病人强制医疗制度等。这些行政措施的存在本身仍然令人担忧。在程序上，除针对依法不负刑事责任的精神病人的强制医疗通过《刑事诉讼法》第285条规定了“由人民法院决定”的详细程序外，对于其他的行政措施，行政机关或司法机关都采用封闭性、单向性的行政处理程序。就连《刑法》第17条第4款规定的

“因不满十六周岁不予刑事处罚的，责令他的家长或者监护人加以管教；在必要的时候，也可以由政府收容教养”，也并没有任何法律进一步明确规定收容教养的具体操作程序与步骤。在实体内容上，这些措施本身也常常过于严厉，比如，强制隔离戒毒的期限最高为 2 年，收容教养的期限最高可达 4 年，都超过了一些轻微犯罪的刑罚上限。

劳动教养制度废除给刑法理论带来了何种挑战，刑法理论应该如何应对，刑法观念应该如何与时俱进，犯罪和行政违法之间的界限应该如何界定，都是需要迫切回答的问题。

第一节　劳动教养制度废除给刑法理论提出的挑战

一、三级制裁体制与劳动教养制度的废除

我国在很长时间之内实行“行政处罚—劳动教养—刑罚”的三级制裁体系，对一般的违法行为予以行政处罚，通过《行政处罚法》予以规制；对严重的违法行为予以劳动教养，通过《劳动教养条例》予以规制；对犯罪行为则予以刑事处罚，动用《刑法》予以规制。由于有行政处罚尤其是劳动教养制度的衔接，同时也因为《刑法》所规定的犯罪概念本身是定性与定量的统一（该法第 13 条明确规定“情节显著轻微危害不大的，不认为是犯罪”），所以，刑法只处理较为严重的、达到值得动用刑罚处罚程度的违法行为即“犯罪”行为。由此，刑法谦抑性、刑法的最后手段性、刑法的二次性等命题得到隆重强调，并且，被简单地理解为“不到不得已时不能动用刑法”，也就是强调刑法的消极性。可以说，这种对刑法的角色定位和功能发挥的理解，是和上述三级制裁体制的宏观背景以及对犯罪的定量理解密切相关的，笔者本身可以理解，甚至认为其有一定的合理性。

不过，具有中国特色的劳动教养制度自创设以来就饱受诟病，其中最受质疑的一点即在于，最高甚至可以达到 3 年时间的人身自由剥夺，居然可以不经过司法机关，而由属于行政机关的公安机关来决定。这是对现代法治的严重破坏。而且，劳动教养制度的存在，也与《立法法》等法律规定相冲突，其存在的形式合法性本身也遭受了质疑。在人权保障观念逐渐深入人心，剥夺自由必须由司法机关依照法律规定和法定程序进行的理念被广为接受之后，决策者终于下定决心废除劳动教养制

度。这既是当政者顺应时代潮流的体现，也和法学界多年的持续呼吁有关。劳动教养制度被废除之后，也确实迎来了国际国内舆论的一片叫好之声。

二、劳动教养制度废除后的解决方案

（一）三种基本主张

劳动教养制度被正式废除之后，三级制裁体制变成了“行政处罚——刑罚”的两级制裁体制，这与国际通行做法也实现了接轨、同步。但问题是：对原本由劳动教养处理的那些较为严重的违法行为该如何规制？对此，主要存在着三种不同的主张。[①] 一是行政化处理，即一概纳入治安处罚等行政处罚的范围。二是刑事化处理，即一概纳入刑法的范围（不过，进一步细分，有人主张作为保安处分的一部分[②]，有人主张作为刑罚的一部分归入轻罪）。三是行政化和刑事化双重处理，即主张将劳动教养的适用对象中尚不够刑事处分的违法行为纳入行政处罚体系，而将那些较为严重的违法行为纳入刑事处罚体系。[③] 行政化处理的优点是不需要扩大犯罪圈，只需要加重行政处罚，因此在立法改革上比较简便。但是，这个方案也面临以下问题：一方面，如果完全由行政处罚接管，会导致行政权过于膨胀，缺乏有效的司法监督。“在《治安管理处罚法》中如果过度地规定限制人身自由的制裁措施，则很难解决行政处罚程序的正当性问题——因为行政处罚并非由中立的司法机关依据司法程序所决定，在实践中同劳动教养一般容易被滥用。”[④] 另一方面，关于对较为严重的违法行为单纯依靠行政处罚能否予以有效规制，也存在重大的疑问。“行政处罚手段不可能在限制人身自由方面有太多的扩展，即使加大行政处罚的力度，仍然难以满足对于部分具有较大社会危害性的违法行为的制裁。”[⑤] 至于完全刑事化处理的第二种方案，被批评为“将现有的劳教对象全部贴上‘罪犯’标签”，“不仅导致我国犯罪定义体系的结构性变迁，而且会造成实际犯罪

---

① 熊秋红．劳动教养制度改革的路径选择．法学家，2013（5）：88-91．

② 主张用保安处分来改造劳动教养，并以此推动中国刑罚体系改革的，参见时延安．劳动教养制度的终止与保安处分的法治化．中国法学，2013（1）．

③ 赵秉志．劳动教养制度改革的方向与方案．法学研究，2010（1）：154．

④⑤ 同①89．

量呈几何级数增长的弊害，带来过大的社会成本和司法成本”①。

因此，折中型的分流方案获得了更多的认同，即通过适当降低犯罪门槛的方式，将原本适用劳动教养的部分严重违法行为直接纳入刑法规制范围，以便可以通过正规的司法途径，使行为人尽可能地获得充分的司法救济和公正的司法裁决。“适当降低犯罪门槛，将劳动教养中有关的违法行为纳入刑罚制裁，可以保持国家对打击违法犯罪的高压态势，防止因劳动教养停止后可能带来的社会治安恶化的问题。”②

（二）分流处理的方案及其评价

轻罪化的范围控制为多大才是合适的，在理论界存在争议。有学者认为，废除劳动教养制度，制定“轻犯罪法”，将《治安管理处罚法》和劳动教养法规中所规定的各种危害行为纳入“轻犯罪法”中，将其中较为严重的行为直接纳入刑法典。③ 这属于较为积极的态度。与之相对，也有观点认为，为适当降低犯罪门槛，原则上应当控制在很小的范围，具体而言要依据两个标准判断：一是该类违法行为的社会危害性较大，主要包括那些违法人员中的惯犯、累犯等实施的较为严重的违反社会治安的违法行为，二是废除劳动教养制度后，治安行政强制处罚的效力无法有效惩罚这类违法行为。根据论者的设计，在 2002 年公安部颁布的《公安机关办理劳动教养案件规定》有关劳动教养案件种类的划分中，“危害国家安全，情节显著轻微，尚不够刑事处罚的”“结伙杀人、抢劫、强奸、放火、绑架、爆炸或者拐卖妇女、儿童的犯罪团伙中，尚不够刑事处罚的”等情形，在废止劳动教养后改为予以刑事处罚；而“无理取闹，扰乱生产秩序、工作秩序、教学科研秩序或者生活秩序，且拒绝、阻碍国家机关工作人员依法执行职务，未使用暴力、威胁方法的”“教唆他人违法犯罪，尚不够刑事处罚的”“介绍、容留他人卖淫、嫖娼，引诱他人卖淫、赌博或者为赌博提供条件，尚不够刑事处罚的”等情形，归属于行政处罚范围；“其他应当劳动教养的违法行为”的情形被取消。结局是，由于只有少数违法行为归并到刑事处罚范围，这种刑事犯罪门槛的微调对整个国家的犯罪人

---

① 熊秋红．劳动教养制度改革的路径选择．法学家，2013（5）：89-90.

② 李本森．停止劳动教养制度的路径选择．中国法学，2013（6）：179.

③ 张明楷．犯罪定义与犯罪化．法学研究，2008（3）．刘仁文．关于调整我国刑法结构的思考．法商研究，2007（5）.

数的总量增长不会产生根本性影响。[①] 但事实上，《刑法修正案（八）》和《刑法修正案（九）》中一系列新增的轻微犯罪或者犯罪类型，实际上就是在弥补废除劳动教养制度后的处罚空档。比如，《刑法修正案（八）》对盗窃罪行为类型的修改，增加了入户盗窃、携带凶器盗窃和扒窃等类型，就是如此。

另外，刑法规定中存在"情节严重"等情节要求或者"造成严重后果""造成严重损失"等结果要求的犯罪，因此，除非对相关犯罪的刑法规定完全加以修改，否则确实存在着刑事处罚与行政处罚的衔接问题。例如，《刑法》第 290 条第 1 款规定的聚众扰乱社会秩序罪就既有"情节严重"的要求，又有"造成严重损失"的限制，且只处罚首要分子与积极参加者；该条第 2 款规定的聚众冲击国家机关罪也要求"致使国家机关工作无法进行，造成严重损失"，且同样只处罚首要分子与积极参加者。在以上场合，对于行为性质本身相同但尚不具备"情节严重"的特征或者尚未达到法条所要求的严重后果程度的，或者是对于一般的参加者，都无法根据现行刑法的规定直接予以处罚。同时，该条第 3 款规定的扰乱国家机关工作秩序罪要求"多次扰乱国家机关工作秩序，经行政处罚后仍不改正，造成严重后果"，也明显设置了入罪门槛，且将行政处罚作为前置程序。这也充分说明，对于这些行为类型而言，至少是就现行刑法的解释而言，不可能将全部的行为规制任务一概交给刑法，刑事处罚和行政处罚之间的分工和衔接是必要的。就主张积极主义刑法观的本书来说，尤其要明确这一点。

（三）关于保安处分制度化

劳动教养制度被废除后，呼吁设立保安处分制度的声音越来越大。如有论者主张，将来的刑事制裁体系将分为刑罚与保安处分两个部分，刑罚的适用对象主要是有刑事责任能力的正常人，保安处分的适用对象主要是一些需要对其人格或身体进行矫正治疗的"病人"，如吸毒成瘾者、精神病人等。我国应对现行的行政羁押措施进行程序上的改造（从行政决定到司法裁决）、对象上的改造（面向各类宜处保安处分者）、时间上的改造（总体要缩短）、内容上的改造（重在治疗、矫正和教育，即使安排适当的劳动，也旨在培养其热爱劳动的习惯，并通过习艺性的劳动使其获得将来

---

① 李本森．停止劳动教养制度的路径选择．中国法学，2013（6）：180-181．

自食其力的能力）、执行方式的改造（尽可能地用社区矫正等宽缓化的措施），从而将其改造为由司法程序加以保障的保安处分制度，以实现保障人权和保卫社会的有机统一。①

事实上，关于保安处分在刑法中的地位，刑法学界存在着一元论与二元论的争议。一元论为刑事实证学派（新派）所主张，认为无论是刑罚还是保安处分，目的都在于改善犯罪人、预防犯罪，从而保全社会，本质是一致的，无须区分，保安处分就是刑罚的一种，应该统一于犯罪的刑罚体系之中。一元论又进一步区分为刑罚一元主义和保安处分一元论两种：前者认为刑罚本身可以发挥保安处分的机能，从而主张保安刑与不定期刑；后者主张应废除刑罚而以保安处分作为刑事制裁的唯一制度，1921 年的《菲利刑法草案》和 1926 年的《苏俄刑法典》以及 1962 年的《瑞典刑法典》采取的都是保安处分一元论。二元论则为刑事古典学派（旧派）所主张，其认为刑罚只能适用于犯罪，而保安处分是对有将犯或再犯危险者采取的预防犯罪危险的相应措施，从而保安处分在刑法中应当是与刑罚地位相当、相对并立的独立体系②，而且，保安处分被认为是德国和意大利等国家在 20 世纪早期加强对社会管控的产物，是已经“过时”和“过气”的法律制度，需要改造和废除。③ 总体上，从目前的情况看，“将刑事制裁一元化为保安处分，将刑罚解消在保安处分之中的保安处分一元论，不是今日世界的趋势。毋宁说，刑罚与保安处分的二元主义才是世界的趋势”④。

不过，在当下中国，问题的关键在于，现有的行政处罚是否能够和刑罚体系实现有效衔接。对此，通常的看法是否定的，因违反《治安管理处罚法》所规定的比较严重的处罚就是 15 日的行政拘留。尽管在此之外还有所谓的“收容教育”，但其适用范围有限，仅限于对卖淫嫖娼人员的处罚。在劳动教养被废止后，这种较轻的处罚方式不足以应对较为严重的违

---

① 陈泽宪．劳教制度的前世今生与后续改革．北京：中国民主法制出版社，2014：241 及以下．

② 陈兴良．刑法哲学．6 版．北京：中国人民大学出版社，2017：586－589．陈家林．外国刑法理论的思潮与流变．北京：中国人民公安大学出版社，群众出版社，2017：15-16．

③ 李本森．停止劳动教养制度的路径选择．中国法学，2013（6）：183．该文对于以保安处分代替劳动教养的主张进行了全面批判。

④ 山中敬一．刑法总论．3 版．东京：成文堂，2015：1145．

法行为。通过立法修改将治安拘留的上限提升至一个月以便和拘役的下限衔接，虽然简便易行，但仍然面临着公安机关不经司法审查而可以剥夺公民自由（权利）长达一个月的诘难。还有一种可能的方案是，将《治安管理处罚法》中的“强制性教育”修改或者解释为“强制性社会服务”，即借鉴社会服务令的方式来对相关违法人员加以处罚。[①] 这种所谓的社会服务令与《刑法修正案（八）》和《刑法修正案（九）》所强调的社区矫正等有相通之处，既可以避免监禁刑对违法人员的消极影响，亦可以避免因收容教养等集中关押可能带来的交叉感染和深度感染，值得借鉴。不过，值得讨论的一点是，这里所说的“社会服务令”的性质本身。关于社区矫正的法律性质，在作出明确的法律定位之前，将其理解为刑罚的执行方式或许是较为妥当的。因此，问题就变成了，如果认为“社区服务令”不过是社区矫正的一种发动形式，则其也就被赋予了刑罚的属性（这就需要对现有的刑罚体系予以重新诠释）；而如果认为社区服务令充其量不过是一种行政命令，则界定其与社区矫正之间的关系和调整范围，就显得尤其重要。无论如何，弥补现有行政处罚手段的不足这个问题是无法绕过的。

（四）本书选择

本书也支持“劳动教养被废除后，原本由其规制的行为原则上转为刑法规制”的立场。但这样的话，该怎样理解刑法的谦抑性等原则？刑法在社会生活中，是否还应该尽可能消极？这正是全书所面临的基本课题，全书的讨论构成对这一问题的全方位回答。

此外，虽然还有通过制定“违法行为教育矫治法”，对原本予以劳动教养的行为人予以“教育矫治”，从而实现“治安管理处罚—违法行为教育矫治—刑罚”的三级制裁体系的方案，但这实际上是以对劳动教养制度加以保留、予以改造为前提的。在已经全面废除劳动教养制度的大背景下，这种三级制裁体系的方案已经没有存在的制度空间了。

三、关于当下刑事法网的基本判断：“又严又厉”还是“厉而不严”

在 2005 年，张文教授等著书指出：当前的刑法过度膨胀，监狱人满

---

① 李本森．停止劳动教养制度的路径选择．中国法学，2013（6）：185.

为患、刑法效能降低、刑不压罪现象严重，犯罪浪潮席卷全球，总而言之，出现了刑法危机。因此，为了度过危机，继续扩大刑法圈、增加刑罚量而进行所谓的“严打”只能是扬汤止沸，不能从根本上解决问题。论者认为，从刑法（不单是“刑罚”）轻缓化和缩小犯罪圈的初衷出发，需要重新通过界定犯罪概念划定犯罪圈，并从尊重人性的角度出发，引入颇为人性化的“犯罪危险性人格”的概念，认为应受惩罚的只能是那些具有犯罪危险性人格又实施了刑法规定的危害行为的人。“只有这样，才能把犯罪圈缩小，才能使刑法资源有效利用，才能够真正抑制犯罪。”① 无疑，尊重人性、倡导所谓的“以人格度人”等都是“政治正确”的，是一个立场鲜明的崇高命题。单就这一点就很容易为这一主张赢得“感情分”。问题在于，即便论者所赖以立论的问题意识即其描述的所谓“刑法危机”是存在的，其重视人、体恤人性、尊重人格之初衷亦是值得赞赏的，但是，为实现缩小犯罪圈目的而开出的“将犯罪人格引入定罪、量刑和行刑”的所谓“刑事法人格化”的药方，真正找准了问题的症结吗?

储槐植先生指出，罪刑配置不外乎四种组合即四种刑法结构：一是不严不厉，二是又严又厉，三是严而不厉，四是厉而不严。我国当前的刑法结构基本上算是厉而不严。② 实际上，就我国当下犯罪圈之实然大小及其应然变动趋势即犯罪化还是非犯罪化问题而言，本书与张文教授等论者存在不同认识。张文教授等认为现在是“犯罪标签到处乱贴”，因此可以说法网是“过严”的，所以要缩小犯罪圈。按照这样的认识，我国当下的刑法结构，即犯罪圈与刑罚量的配置，或许就是“又严又厉”的。但是，正像评论者指出的那样，如果一味地强调刑罚之恶和刑罚的副作用，低估刑罚的功能和积极作用，而把不法行为犯罪化的标准定得过高，将使许多严重危害社会的不法行为都逃脱了刑事法网，犯罪圈过于狭窄，表面上维持了社会的低犯罪率，使大多数不法行为人免于犯罪污点和刑事追究，实际上却可能导致纵容犯罪、损害社会整体利益的后果。实施比较严重的危害行为而不受刑事惩罚使行为人尝到的甜头将强化行为人的不法动机，驱使行为人反复实施不法行为甚至将不法行为升级。集中刑事司法力量打击重

---

① 张文，刘艳红，甘怡群. 人格刑法导论. 北京：法律出版社，2005：6.

② 储槐植. 刑事一体化论要. 北京：北京大学出版社，2007：54.

点犯罪以提高刑罚效益的初衷可能导致犯罪不被遏制的实际结果。[①]

本书认为，我国当前的刑法结构基本上不是“又严又厉”，而是“厉而不严”[②]。所谓我国刑法结构之“厉”，是指在我国刑法之中死刑罪名仍然过多，刑罚整体位阶随之提高，同时所有的罪都被挂上了剥夺自由刑，没有一个罪的法定刑只限于罚金。[③] 就刑罚量的配置这一点来说，我们与人格刑法论者在结论上可能并无实质差别（即都认为是“厉”）。我们所理解的我国刑法结构之“不严”，一是指整体刑事法网（整体犯罪圈）不严密，二是指个罪法网（罪状）不严密。就整体刑事法网来说，一些比较严重的具有法益侵害性质的行为，比如恶意赖账、见死不救、恐吓、背信等，即一些所谓的轻罪，在刑法之中却没有被规定为犯罪，而对此类行为仅依靠所谓的“第一次法”在救济力度上又明显有所欠缺。就个罪的法网来说，则是一些已经在刑法中有所规定的危害行为之犯罪构成设计不够严密，形成了法网的漏洞。典型的比如受贿罪，其犯罪对象仅限于财物，对于财产性利益固然可以通过对“财物”一词的扩大解释纳入其中，但对于非财产性利益却无能为力；对于所谓的单纯受贿（“只拿钱不办事”）、事前受贿以及事后受贿等，在很多情况下也很难动用受贿罪来加以规制。再比如，不少犯罪的罪状设计都附加了相应的目的要件，“立法者的目的是缩小打击面，诚有可取，但查证作为主观因素的目的徒增公诉机关的证明难度，从而导致作恶者逃脱法网概率上升的局面”[④]。对于这两方面的现状，都存在着法网不严的问题。从刑事政策的立场分析，如果对这样的社会公共危害行为长期和普遍地不进行必要的刑罚调整，一方面势必出现法律调整的真空和功能不足，另一方面也无助于有效地遏制和预防犯罪圈范围内的更为严重的犯罪行为。有学者认为，厉而不严的刑法结构往往反映了立法者对刑罚的矛盾复杂心理：一方面，立法者在潜意识中对刑罚抱有某种不信任心理，因而竭力收缩刑罚干预的范围，放纵了许多应当受刑罚

---

① 梁根林教授在与笔者交流时的观点。

② 储槐植，宗建文，杨书文，付立庆. 刑法机制. 北京：法律出版社，2004：8.

③ 就我国重刑法典形成的原因来说，可以认为，我国古代社会乱世长于盛世，而“乱世用重典”又是历代当政者的治国经验，所以形成了刑法优位、重典优位的法制局面。

④ 同②18.

惩罚的危害社会的行为；另一方面，立法者又对重刑抱有不切实际的心理期待，将遏制和消灭犯罪的希望寄托于严刑峻罚，简单化地认为刑罚量与犯罪率必成反比例，刑罚越严厉必越能遏制犯罪，反之，犯罪率上升的原因就必然是打击不力，于是，为遏制犯罪就应当加重刑罚。这种思维演绎的结果往往就是犯罪量和刑罚量同步增长、交替上升，甚至刑罚反被犯罪遏制而难以为继。各国刑罚运作的实践证明，厉而不严的刑法结构是一种刑罚资源投入很大而刑罚效益最差的刑罚资源配置模式。① 可以说，刑法结构的厉而不严正是刑法机制运作不畅的内生性原因。

第二节　积极主义刑法观的理论展开

一、积极主义刑法观的社会基础：适度犯罪化的总体趋势

（一）犯罪化与非犯罪化之争

之前我国学界关于犯罪化与非犯罪化问题的研究，更多地局限在对个别事案类型的解决方向上，即，就是否需要犯罪化的问题，学界的讨论对象主要包括婚内强奸、同性强奸、性贿赂、见危不救、恶意逃债行为、普通赌博行为、违反环保义务行为、过失危险行为、劳动侵权行为问题，等等。而就是否需要非犯罪化的问题，学界的讨论对象主要包括安乐死、证人拒绝出庭作证的行为、公司董事的行为、重婚行为问题，等等。

不过，近年来也逐渐出现了超越个案的宏观研究，且对犯罪化的总体趋势表示担忧以致否定。比如，刘艳红教授认为：重刑轻民的中国法律传统在当今社会以对刑法的过度迷信与依赖、以不断设立新罪的方式变相地表现出来。今后我国刑事立法应该停止刑法调控范围的扩张，拒绝进一步的犯罪化，并适当实行一些犯罪行为的非犯罪化。② 何荣功教授认为，当社会中出现某种问题时，国家和社会民众总会情不自禁地想到动用刑法解决；并提出“过度刑法化”的命题。③ 齐文远教授则从实证的角度指出：

---

① 梁根林. 刑事法网：扩张与限缩. 北京：法律出版社，2005：154.

② 刘艳红. 我国应该停止犯罪化的刑事立法. 法学，2011 (11)：108-115.

③ 何荣功. 社会治理“过度刑法化”的法哲学批判. 中外法学，2015 (2)：523-547.

过度犯罪化导致庞大的刑事案件数量，国家需要投入大量的人、财、物力，需要更多的法官、检察官、警官和其他法律从业人员，以及更多的法庭、监狱和其他矫正部门。如能对犯罪化的步伐加以适当控制，司法队伍将不会因为超负荷办案而显得疲惫不堪，国家也可以因为这方面的负担减轻而将资金更多地用于民生如教育、医疗等方面。而且，如此众多的犯罪分子受到惩处后是否都能洗心革面而成为奉公守法的公民，令人担忧。① 还有学者对于非犯罪化以及与此相关的非刑罚化问题呼声强烈，并且主张在我国现阶段适宜实行非犯罪化。②

肯定犯罪化这一趋势的主张同样有影响力。比如，陈兴良教授对推进犯罪化表示了肯定的态度，认为中国现行刑法规定的犯罪，虽然有个别可以被废除，但主要的问题还不是非犯罪化，而是犯罪化。③ 虽然这是他针对 1979 年刑法所持的态度，但在 1997 年刑法及其历次修正之后，这一态度也并未改变。④ 张明楷教授也认为，我国刑法当前的主要任务不是实行非犯罪化，而是应当推进犯罪化。⑤ 冯军教授从国外刑事立法的最新动向、和谐社会与刑事立法的关系等角度入手，也表达了在我国建设“和谐社会”的现阶段需要刑事立法承担的工作主要不是进行非犯罪化、非刑罚化，而是进行犯罪化的观点。⑥ 也有学者敏锐指出，与“犯罪圈大一点好还是小一点好”这种似是而非的命题相比，讨论刑法修正的一个前提性问题是，犯罪圈的真正范围到底有多大、其实际边界到底在哪里。⑦

（二）适度犯罪化是我国刑法结构调整的总体趋势

与将刑法结构从“厉而不严”变动为“严而不厉”的过程相应（参见后文），就犯罪圈的划定来说，尽管也存在着在一些问题上的“非犯罪化”问题，但就总体的趋势而言，仍是一个严密刑事法网（整体法网、个体法网）的过程，是渐次的犯罪化过程。

---

① 齐文远．修订刑法应避免过度犯罪化倾向．法商研究，2016（3）：10-11．

② 例如，钊作俊，刘蓓蕾．犯罪化与非犯罪化论纲．中国刑事法杂志，2005（5）：6 及以下．

③ 陈兴良．刑法哲学．北京：中国政法大学出版社，1992：8．

④ 陈兴良．刑法哲学．6 版．北京：中国人民大学出版社，2017：9．

⑤ 张明楷．日本刑法的发展及其启示．当代法学，2006（1）：8-9．

⑥ 冯军．和谐社会与刑事立法．南昌大学学报（人文社会科学版），2007（2）：72．

⑦ 白建军．犯罪圈与刑法修正的结构控制．中国法学，2017（5）：70．

（1）首先有必要明确的，是我们讨论问题的现实背景。在确定总体趋势上我国是应该犯罪化还是应该非犯罪化的问题上，应该看到，我国的犯罪概念与其他一些西方国家的犯罪概念存在不同。我国严格区分犯罪与一般违法行为的界限，犯罪概念具有“定量因素”，在其他国家被作为犯罪处理的，在我国可能根本不被认为是犯罪，所以在西方国家对这些“犯罪”实行非犯罪化的时候，我国根本不存在相对应的问题。所以，尽管非犯罪化也是个不容回避的问题，但在我国应该特别注意相应语境，切不可盲目照搬国外的做法。成立犯罪要兼具定性因素与定量因素，我国对于成立犯罪的条件已经限定过严，在这样的现实之下笼统地强调非犯罪化未必符合中国的国情。

（2）本书完全同意，过度犯罪化最致命的后果是导致对法律尊重的缺失。[①] 也正因为如此，这里所说的犯罪化的整体趋势，“是适度的犯罪化，而非过度的犯罪化”[②]。换言之，这是一种理性的犯罪化，而非情绪的犯罪化，是面对问题而言的犯罪化，而不是为了犯罪化而犯罪化。所以，在确立刑法的调控范围的时候，要充分考虑到刑法调控本身所具有的补充性、不完整性、最后手段性等特点，适应社会的情势，根据规制犯罪的需要来决定是否予以犯罪化。

有学者提出，犯罪圈可以理解为由实定法全部罪名按其入刑的正当性理由的强弱程度的顺序组成的三环结构体系。该学者对当下的实然犯罪圈进行了实证研究，得出了如下结果：1）犯罪圈的中心部分由所有可还原为暴力、偷窃、欺骗等典型犯罪的罪名构成。这三种行为是犯罪的原初形态，大部分犯罪都从其演化派生而来。在将“暴力类犯罪”“偷窃类犯罪”“欺骗类犯罪”视为典型犯罪的场合，现行刑法的468个罪名中总计有330个可归入其中，占70.5%，占据实然犯罪圈的中心部分。而且，历经多次修正，现行刑法在大幅增加罪名的基础上，加大了欺骗行为的入刑比例。2）除典型犯罪以外的公法益犯、身份滥用犯或者多条件构成犯属于“定制之罪”，犯罪定义者的能动性往往是这类犯罪入刑的重要原因。作为

① 道格拉斯·胡萨克．过罪化及刑法的限制．姜敏，译．北京：中国法制出版社，2015：15.

② 赵秉志．刑法调控范围宜适度扩大——解析犯罪化与非犯罪化之争．检察日报，2004-03-25（04）.

犯罪定义者，立法者充分意识到公法益保护、身份滥用控制以及刑法规定明确性的重要性。犯罪圈的中环部分的定制之罪为 97 个，占 20.7%。3）犯罪圈的外环部分是犯罪定义主体性较为活跃的部分，由既无法还原为典型犯罪又无法归结为定制之罪的罪名构成，这些行为的入刑往往另有特殊原因。犯罪圈的外环罪名为 41 个，占 8.8%。① 这也从实证数据上证明，虽然对于 41 个罪名中的一部分，立法者对于其入刑未必能给出合理解释，因此若在此区域增设罪名或调低入刑标准，就存在一定刑事制裁的越界风险，但总体上，现行刑法的实然犯罪圈仍然是适度的。尤其是，在以上述犯罪圈三环结构为分析工具对新增罪名以及放宽入刑范围的罪名的合理性进行检验时，该研究发现，刑法没有因为新增罪名或者放宽入刑范围而发生显著差异，新增罪名或者放宽入刑范围并未改变原有的刑法结构。具体而言，1）在截止到《刑法修正案（九）》的全部 56 个新增罪名中，有 39 个新增罪名出现在犯罪圈的中心部分，相当于新增了 39 个典型犯罪；有 15 个新增罪名出现在犯罪圈的中环部分，虽然未能还原为典型犯罪，至少属于定制之罪，因而具有一定的入刑理由；只有《刑法修正案（六）》增设的开设赌场罪和《刑法修正案（八）》增设的组织出卖人体器官罪两个新增罪名出现在犯罪圈外环即边界，理论上具有一定的突破犯罪圈的风险。但即使在对刑法修正持否定态度的讨论中，也未谈及这两个行为不宜入刑的问题。2）在现行刑法修正过程中，共有 70 个罪名修改了入刑条件，其中，有 60 个罪名的修改属于放宽入刑范围。刑法修正并未因放宽部分罪名的入刑范围而改变原有的刑法结构。具体来看，在全部 60 个放宽入刑范围的罪名中，有 47 个罪名出现在犯罪圈的中心，有 11 个罪名出现在犯罪圈的中环部分，只有过失投放危险物质罪和非法生产、销售专用间谍器材、窃听、窃照专用器材罪这 2 个罪名出现在犯罪圈的外环部分。不过，虽然对这两个罪的修改都放宽了入刑范围，将原来不属于本罪规制的对象纳入本罪，但是，这很难说是降低了入罪门槛，因此即使出现在犯罪圈的外环，突破犯罪圈界限的实际风险仍属有限。概括来说，借助犯罪圈三环结构对 20 年来刑法修正的合理性加以检验，结果证实：20 年来的刑法修正，56 个新罪名和 60 个放宽入刑范围的罪名的确逐步扩大了实然犯罪圈；相对应然犯罪圈而言，69.6%的新罪名和 78.3%的放宽入

① 白建军．犯罪圈与刑法修正的结构控制．中国法学，2017（5）：70-84．

刑范围罪名都分布在犯罪圈的核心，进一步严密了典型犯罪的刑事法网；26.8%的新罪名和18.3%的放宽入刑范围罪名分布在犯罪圈的中环，使部分不典型犯罪为什么入刑获得一般性解释；只有3.6%的新罪名和3.3%的放宽入刑范围罪名落入犯罪圈边界，具有超越应然犯罪圈边界的风险。于是该研究者得出结论：即对我国近年来刑法修正已经在较大程度上失去正当性或必要性的担心虽然可以理解，但的确缺乏系统性证据支持。虽然个别罪名的修正落入犯罪圈外环，其入刑正当性尚需进一步探讨，但总体来看，九个修正案所涉及的一百多处刑法修正，既没有明显改变原有实然犯罪圈的基本结构，也没有突破应然犯罪圈的比例关系，是严密刑事法网的积极立法实践。①

这里所说的“适度”的犯罪化，还有另外一层意思，那就是：这里的犯罪化并不意味国家刑罚资源投入总量的增加，而是以刑罚资源总量的稳定投入为背景的。这是因为，与这里的“犯罪化”相对应的是“轻刑化”，是通过刑罚的确定性来保证刑法的威慑效用（参见第七章第一节）。也正因为如此，我们说这里的犯罪化是“适度”的。

（3）犯罪化的具体方式、途径多样，既包括立法上的犯罪化，也包括司法上的犯罪化。立法上的犯罪化既包括增设新的罪名，比如将见危不救的行为在立法上规定为犯罪②，也包括改变已有犯罪的犯罪构成，比如改变受贿罪的对象。③ 司法上的犯罪化，是指在司法上通过法官适用解释法律而将某种行为入罪，比如将组织同性卖淫解释为组织他人卖淫，将婚内强奸解释为普通的强奸，等等。立法上的犯罪化要伴随着特定的程序，往往比较复杂，而司法上的犯罪化更为灵活。当然，这既不意味着立法上的犯罪化不重要，也不意味着司法上应该追求犯罪化，而是试图强调，无论是哪种形式的犯罪化，都应该是理性的、有实质理由的。

总体来说，就中国当下的犯罪圈的划定的动态趋势来说，主张缩小犯

---

① 白建军. 犯罪圈与刑法修正的结构控制. 中国法学，2017（5）：85-88.

② 对于见危不救行为入罪的理由，可参见冯军. 和谐社会与刑事立法. 南昌大学学报（人文社会科学版），2007（2）：72。冯教授并提出可参照德国刑法第323条c的相关规定具体来规定本罪，笔者亦认为是一个较为可行的建议。最新的关于见危不救入刑的文章，参见黎宏. 一定条件下的见危不救入刑研究. 中外法学，2018（3）。

③ 赵秉志. 刑法调控范围宜适度扩大——解析犯罪化与非犯罪化之争. 检察日报，2004-03-25（04）.

罪圈的人格刑法论者与主张严密法网的本书作者在方向上是不同的，而这也正是本书作者认为其没有找准刑法危机之症结的原因所在。可以说，尽管本书作者也承认我国对于一些现实问题也存在着非犯罪化、非刑罚化的必要性以至紧迫性，但是我国也同时在相反的方面上存在着在一些问题上的犯罪化的需要。并且，在这两种要求的共同作用之下，综合来说，我国目前的刑法结构仍然处在从“厉而不严”的恶性结构到“严而不厉”的良性结构的演进和优化的过程之中。在这样的一种整体趋势之下，人格刑法论者面对所谓的刑法危机所提出的通过引入犯罪危险性人格的方式缩小犯罪圈的初衷，尽管可以理解，却未必符合我国时下的潮流。在本书作者看来，尽管这未必是张文教授等的初衷，但在客观上，人格刑法论者将犯罪危险性人格引入定罪领域以缩小犯罪圈的努力，不过是为传统的“法不责众”这一法网不严的提法披上了一件人性化的体面外衣，只是，这可能使原本就已不严的刑事法网漏出一个更大的窟窿。

二、积极主义刑法观的提出及基本理由

有学者指出，在二战后日本的刑法学中存在着刑罚消极主义的基调，它将刑罚权的发动作为必要的恶，认为其发动范围要尽可能地窄一些。这也符合当时的实定法以及司法实务的基本立场，因而获得了相当的说服力。但是，现在日本的立法和司法实务中明显存在的一个倾向是刑罚积极主义（Punitivismus），即在更早的时点上就认可刑罚权的介入（“处罚的早期化”现象），同时，在发生实害时科处更重的、更严厉的刑罚。[①] 在当前宽严相济基本刑事政策的语境下，本书认为，我国当下总体上应该采纳刑法积极主义的主张，刑法介入社会生活应该更为积极一些，进而提倡积极主义刑法观。这主要是基于以下几方面的理由。

（1）从刑法理论发展与社会情势变化的关联来看，伴随着现代社会的风险提升，刑法提前介入以便有效防控风险的预防性特征逐渐呈现。预防思维最终迫使我们必须弃守传统的法治国刑法，让其从一种原本只是处罚有责的法益侵害行为的不完整性格（最后手段性）转变为富有弹性的危机

---

① 井田良．变革时代的理论刑法学．东京：庆应义塾大学出版会，2007：11-12.

抗制机制（手段优先性）。[①]“风险社会促使现代刑法的使命发生变轨，应对不确定的风险和维护安全秩序已然成为刑法必须实现的主要目标，社会治理语境下刑法的工具属性更凸显，以自由刑法、危害原则、罪责刑法等为主要标志的传统刑法理论体系渐显失灵与旁落态势。这既深刻触动了传统刑法体系的社会根基、价值取向与功能设定等教义学基础，也凸显了风险刑法本质上是一种预防刑法的新思维。”[②] 自然，“国家选择刑法作为抗制风险的手段有必要同时考虑到，相关的立法决定可能产生侵蚀法治国刑法，以及不当干涉个人自由等危险”[③]，因此，对于犯罪本身仍需实质性而非形式化理解（参见本书第六章第一节）。但在强调刑法的预防属性的场合，刑法的提前介入就顺理成章，而所谓的“象征性刑法”仍然不足为怪（参见本书第二章第一节）。

（2）从现行刑法的既有对应来看，“刑法的早期介入”倾向已见端倪。1）1997 年刑法规定中即有典型的预防性条款。比如，《刑法》第 22 条存在着关于犯罪预备的总则性规定，即便是对于犯罪尚未着手的犯罪预备形态，刑法也规定构成犯罪而只是“可以比照既遂犯从轻、减轻处罚或者免除处罚”，由此足以看出立法者通过早期干预来遏制重大犯罪的意图。又如，刑法中大量的持有型犯罪等实质预备犯的规定，也体现出立法者对于刑法早期介入所持的积极态度。尽管在理论上可以对预备犯的处罚规定等加以批评[④]，也尽管预备犯的处罚规定在实践之中并未得到严格遵守，但是，并不能据此简单否定或者无视立法的倾向性本身。2）刑法修正案中大量的抽象危险犯的增设，比如关于危险驾驶罪的增设及其修改，也都体现了积极介入的态度以及对预防功能的期待。3）在许多具体领域通过刑法修正案增设的新罪也都体现了预防要求。有研究者认为，我国《刑法修正案（七）》呈现了预防性立法迹象，《刑法修正案（八）》《刑法修正案（九）》进一步强化，并聚成一股日益壮大的刑法立法发展力量。[⑤] 确实，

---

① 这是德国学者哈赛默（Hassemer）的主张。古承宗．刑法的象征化与规制理性．台北：元照出版有限公司，2017：63.

② 高铭暄，孙道萃．预防性刑法观及其教义学思考．中国法学，2018（1）：167.

③ 古承宗．刑法的象征化与规制理性．台北：元照出版有限公司，2017：103.

④ 梁根林．预备犯普遍处罚原则的困境与突围——刑法第 22 条的解读与重构．中国法学，2011（2）.

⑤ 同②168.

譬如在网络犯罪领域，《刑法修正案（九）》增设第286条之一"拒不履行信息网络安全管理义务罪"这一网络不作为犯罪、第287条之一"非法利用信息网络罪"这一网络预备犯罪、第287条之二"帮助信息网络犯罪活动罪"这一网络技术帮助的正犯化犯罪，都明显反映了刑法介入的早期化以及积极预防的立法本意。4）在刑罚处罚领域，职业禁止制度、禁止令制度、终身监禁制度的增设，生刑体系的趋重、刑罚减免的克制（拐卖妇女儿童罪、行贿罪等）以及罚金刑的扩张等，也都体现了侧重预防功能的立法追求。

（3）前文已述，就当下的犯罪圈变动趋势来说，在我国，尽管也存在着在一些问题上的"非犯罪化"要求，但是总体上，在我国仍存在一个随着社会形势的变化而逐步严密刑事法网的过程，这是渐次的犯罪化过程。① 对这一点是应该予以承认的。主张"我国应该停止犯罪化的刑事立法"②，尽管其放弃刑法万能的理念、秉承刑法谦抑的观念等出发点都无可厚非，但其结论无疑过了头。需要强调的是，以上所说的"犯罪化的整体趋势"，"是适度的犯罪化，而非过度的犯罪化"③，是指"实行有效的犯罪化，避免无效的犯罪化"④。适度犯罪化的总体趋势，也决定了刑法积极地介入社会生活符合我国当下犯罪圈变化的基本走向。

（4）在刑法自身的安定性和刑事处罚的妥当性之间，并不存在绝对的先后顺序，而是应该依据一个国家的社会治安状况和法治文明程度综合加以考量。在一个社会治安状况较好、立法科学化程度较高，同时民众对法治又较为信仰的社会，当然应该以刑法自身的安定性为首要价值取向，因为正是法典的安定性担保着其权威性，从而更有助于法治国家的良性运转；而在一个社会治安总体状况较差，各种复杂、疑难案件层出不穷，同时立法科学化程度又一般的社会，如果教条式地将刑法自身的安定性奉为圭臬，为此不惜经常性地牺牲具体案件处理的妥当性、合理性的话，不但

---

① 支持这一观点的，比如张明楷．日本刑法的发展及启示．当代法学，2006（1）：7-9．冯军．和谐社会与刑事立法．南昌大学学报（人文社会科学版），2007（2）：72-73。

② 刘艳红．我国应该停止犯罪化的刑事立法．法学，2011（11）：108-115．

③ 赵秉志．刑法调控范围宜适度扩大——解析犯罪化与非犯罪化之争．检察日报，2004-03-25（04）．

④ 张明楷．刑事立法的发展方向．中国法学，2006（4）：22-24．

不会有助于法律至上观念的形成，反而会削弱刑法的权威。因此，在罪刑法定主义的总体框架下，刑法应该更为积极地发挥调整社会生活的作用，以此来尽可能地实现刑法在个案处理中的妥当性、合理性。在这个意义上，相对于依照规则进行判断的“规则功利主义”而言，本书更强调法益保护，强调“行为功利主义”。

三、积极主义刑法观的理论展开

（一）积极主义刑法观的宪法基础

在本书看来，刑法谦抑的原则至今仍应得到遵守，不过这绝不意味着刑法应该缩手缩脚，在任何时候都需要被动地等待“其他法律规范的调整无效”。这涉及对刑法与其他法律部门之关系的再认识。

在一国法律体系中，作为根本大法的宪法具有最高的法律地位，拥有至高无上的权威，也是制定、解释其他法律的当然根据。“包括刑法在内的各个部门法都奉宪法为‘母法’，均属于在不同的领域对宪法所蕴含之精神的贯彻以及对宪法确立的基本制度和原则的引申和具化。”① 在此之下，虽然一般认为宪法处在法律体系的最上层，中层为除刑法以外的诸如民法商法、行政法、经济法及社会法等调整某部分社会关系的法律，而对普通部门法所调整的社会关系都进行调整与保护的刑法处在最底层，但是，要强调刑法在“整个法律体系中具有一种不同于其他部门法的独特地位”②，也就是说，在法律体系中，刑法是能够直接与宪法全方位对接的法律部门。刑法所调整的对象、所保护的社会关系虽然表面上看似乎都是已经为其他部门法所调整的社会关系，但归根到底都可以且必须在宪法中找到具体依据，均应是对宪法所调整的社会关系的直接保护或者保障。“因此，与其说刑法是其他部门法的保障法，毋宁说刑法是宪法的保障法，且是最全面、最彻底保障宪法有效实施的法律部门。”③ 在如此理解刑法的体系地位时，就不应该再教条式地认为“只有在其他部门法调整无效时才动用刑法”“前置法定性、刑事法定量”，而是应该看到，在维护宪法的权威、保障宪法的实施确有必要时，即可以动用刑法。这样理解的刑法角

---

① 高铭暄，曹波．当代中国刑法理念研究的变迁与深化．法学评论，2015（3）：3．

② 赵秉志，袁彬．刑法与相关部门法关系的调适．法学，2013（9）：115．

③ 同①5．

色调整和体系定位，也就是积极主义刑法观的宪法基础。

（二）宽严相济刑事政策与刑法观

刑法的介入应该尽量积极一些还是消极一些，也就是刑法介入社会生活的广度和深度问题，在本质上是一个刑事政策选择。而在中国当下，这一刑事政策选择应该被确定为“宽严相济”。

人们熟悉的“宽严相济”刑事政策被作为一项“刑事司法政策”而加以强调、推行。但是，仅仅如此的话，则宽严相济政策即使较之以往的“惩办与宽大相结合的政策”，也是一种倒退。因为，惩办与宽大相结合不但包括司法层面的“相结合”，也包括立法层面的相结合。如此说来，宽严相济也应该具有立法层面的和司法层面的双重含义：司法层面上的宽严相济是司法上的刑法适用、解释的原则与限度问题，而立法层面上的宽严相济，同样需要重视。在刑法领域，立法层面上的“宽”，主要是非犯罪化、轻刑化，而立法层面上的“严”，主要是犯罪化、重刑化。由此，我国目前在立法层面上的总体形势也应是“宽严相济”的。

同时要看到，倾向于支持何种刑事政策关涉一个论者采取何种刑法观。虽“刑法观”与在刑法教义学问题上的基本立场有一定的关联性，与刑法教义学相呼应，但“刑法观”的概念无疑更具有统摄性。刑法观与主张者对犯罪本质、刑法的任务与功能定位、刑罚的正当性与刑罚目的、刑法与其他部门法之关系的理解等有关，能够影响到立法（规范制定）与司法（规范适用）的各个领域，关乎主张者在刑法问题上的基本立场乃至价值取向。刑法观独立于刑法规范而存在，而刑法教义学问题的立场必须以刑法规范为依托。

（三）积极主义刑法观与犯罪概念

主张积极主义刑法观，拓展刑法的调控范围就意味着降低犯罪门槛。这涉及与《刑法》第 13 条犯罪定义之间的整合性问题。也即，这是否意味着要修改该条的规定？有学者认为，我国《刑法》第 13 条的犯罪定义中包含了定量因素，导致了我国犯罪圈相对较小，所以需要劳动教养作为刑法的附属补充。① 循此逻辑，将劳动教养的对象纳入刑法的规制范围之内，与现行刑法中犯罪概念的定量因素存在冲突，如欲实现这一目标，则需要将刑法关于犯罪的定义予以调整。不过，也有主要从事刑事诉讼法研

① 储槐植．再论劳动教养制度合理性．中外法学，2001（6）．

究的学者认为，犯罪定义中关于但书的规定，即“情节显著轻微危害不大的，不认为是犯罪”是自由裁量的定性问题，而非犯罪定义中的定量问题。该学者认为，导致我国犯罪圈过窄并非刑法典关于犯罪的定义问题，而是最高人民法院在刑事立案标准上的扩张解释造成的，即，由于立案操作的需要，相关司法解释在盗窃罪、诈骗罪、侵犯知识产权等罪名的刑事立案条件上确立了涉案金额的定量限制，导致一些应受刑事处罚的违法行为只能被归并为行政违法行为，从而被排除在刑事管辖范围之外。从立法的本义分析，刑法典关于犯罪的定义并没有定量因素，而是在定量上留给司法机关作自由裁量，从而，犯罪门槛的降低无须修改刑法典中关于犯罪的定义。①

在本书看来，将《刑法》第 13 条及其但书规定理解为留给司法机关的自由裁量权自然没有问题，但这并不足以否定，我国刑法中的犯罪定义是“定性与定量相统一”的。我国刑法关于犯罪的规定与其他国家关于犯罪概念的立法规定并不相同。尽管本书也不认为《刑法》第 13 条的但书规定足以成为主张积极主义刑法观的立法障碍，在刑法适用、解释上大有可为，但是，要彻底贯彻积极主义刑法观，则取消《刑法》第 13 条的但书规定而使“行为性质决定处罚类型”的观念能够推行下去并和国际惯例接轨，更为适宜。

（四）积极主义刑法观与刑法谦抑原则

刑罚积极主义并不违反刑法的谦抑性原则。虽刑法是为保护法益而存在的，但其并非保护法益的唯一手段。刑法以外的法律规范、法律之外的社会规范等，也都承担着维护秩序、保护法益的任务。所以，刑法的谦抑性原则一直广受强调。“刑法必须是保护法益的最后的手段（ultima ratio）。科处刑罚这一点，可以比作为了治疗重病而施行危险的手术。要是属于不动手术通过喝药等也能治疗的病症，医生恐怕就不会冒着危险而实施增加患者负担的手术。”② 但是，尽管刑法谦抑主义特征仍然需要予以重视，但这不等于说，刑法就是消极的，甚至是无为的。对于社会生活中的重大利益，比如关系人身安全、公共安全的重大利益，刑法还是应该积极介入的。在刑法规范的供给出现明显不足时，法律适用者应该在罪刑法

① 李本森．停止劳动教养制度的路径选择．中国法学，2013（6）：179．

② 井田良．讲义刑法学・总论．东京：有斐阁，2008：18．

定原则所能够允许的最大限度内尽可能地扩充刑法规范的供给，以尽量弥补成文法典自身可能具有的滞后性缺陷，回应现实社会的需要，使刑法在社会保护中发挥更重要的作用。

往往，一提到刑法谦抑，就会自然联系到非犯罪化、非刑罚化、刑罚轻缓化。① 但是，如前所述，在整体趋势上我国现阶段的主要任务仍然是犯罪化，而这与刑法谦抑的总体精神并不矛盾。这是因为，所谓的刑法谦抑不是一味地、盲目地非犯罪化、非刑罚化，也就是说并非指刑法的无所作为，而是意在强调刑法的有所为有所不为，实质上是强调刑法因应社会情势，合理而有效地组织对犯罪的反应。“刑法谦抑性精神的核心依据是主张刑罚的有效性以及刑法的局限性，进而强调刑罚权发动的慎重性与正当性，并非一味反对必要的犯罪化与刑罚化，也并不本质上排斥刑法参与社会治理，当然也不否定刑法扮演社会变迁与发展中的‘工具法制’角色。”“单纯或片面基于谦抑精神主张慎重处罚，使刑法无法作为、不能作为或完全消极应对，本质上与刑法作为社会制度的功能本性背道而驰。”②

因此，刑法谦抑精神尽管是总的原则，但是它并不排斥适当条件下的、适度的、理性的犯罪化。现阶段我国刑法仍处于“小而重”的状态，即犯罪圈狭小、刑罚过重。扩大犯罪圈、使刑罚宽缓化是我国刑法发展的必然趋势，犯罪圈的扩大并不必然违背谦抑性原则，而是符合我国法治现实的需要。③ 面对我国现有的刑法结构“厉而不严”的现状，相应地严密法网并不否定刑法的最后手段的特征，也不否定刑法合理而有效地组织对犯罪的反应的要求，从而，也就不否定刑法谦抑的整体追求。“在观念上，无须因刑法采取犯罪化举动，便形成倒向谦抑精神等‘择边站队’的潜意识，从而加剧必要的犯罪化、犯罪更迭与谦抑精神的虚无对立；也无须因主张刑法积极干预立场而无故对刑法保障自由的基本使命持悲观态度，并

---

① 国内不多的关于刑法谦抑的著作中，在论述“刑法谦抑精神的实现”时，也主要是从非犯罪化、非刑罚化、刑罚轻缓化的角度来展开的。王明星. 刑法谦抑精神研究. 北京：中国人民公安大学出版社，2005：183 及以下.

② 高铭暄，孙道萃. 预防性刑法观及其教义学思考. 中国法学，2018（1）：184-185.

③ 卢建平，刘传稿. 法治语境下犯罪化的未来趋势. 政治与法律，2017（4）：36-53.

忽视立法科学、司法理性等法治力量的存在。”①

（五）积极主义刑法观与社会治安综合治理

倡导积极主义刑法观，尤其需要明确如下一点。产生犯罪的原因是多方面的，既有个体的内在原因。也有社会的外在原因。与之相适应，犯罪的抗制对策也自然是多方面的。通过刑法和刑罚来惩治犯罪，进而预防犯罪，是抗制犯罪的重要环节。积极主义刑法观又称为刑罚积极主义，其强调刑法积极介入社会生活，但并不意味着否认其他手段和政策在抗制犯罪系统中的作用。这一点必须明确。就是说，强调刑法介入社会生活的积极作用，不意味着主张刑法万能主义、刑法包打天下。相反，对于犯罪治理来说，应该强调“国家一社会”二元治理模式。其中，涉及危害国家安全的犯罪，以及传统的自然犯，都属于国家保有的刑法治理领域；至于其他犯罪，则需要依赖“国家一社会”的二元治理，即便强调刑法的积极作用，也并不意味着贬低此外的社会治理手段，比如要做好刑事法与行政法的有效衔接，突出行政法在刑法治理中的过滤作用，尤其是在金融领域，食品、药品安全领域，等等。②

四、积极主义刑法观的实体操作：适度刑法化的判断标准

为了遏制和阻止刑法工具主义，最近，有学者提出当前我国社会治理中存在“过度刑法化”这样一种“病态现象”。该学者指出，这在立法上表现为：（1）刑法之手不适当伸向民事经济领域，导致调整对象的过度化，可以拒不支付劳动报酬罪等为例说明。（2）立法技术失当，引起刑法范围的过度化，大量出现了抽象危险犯和行为犯，有些属于泛用，并不妥当；兜底条款泛用，亦是如此；国家不适当地将刑法作为“社会管理法”看待，导致调整对象的过度化，大量发票犯罪的存在即属于此；增设的组织残疾人、儿童乞讨罪，组织未成年人进行违反治安管理活动罪，出售、非法提供公民个人信息罪，组织、领导传销活动罪，大型群众性活动重大安全事故罪，也都明显闪烁着国家将刑法作为社会管理法看待的影子。在司法上表现为：（1）司法解释扩张刑法范围，将刑法防线进一步提前；

---

① 高铭暄，孙道萃．预防性刑法观及其教义学思考．中国法学，2018（1）：187.

② 对此的展开，参见姚万勤．国家治理现代化视域下刑法治理问题研究——以理念转换与模式建构为视角．晋阳学刊，2016（1）：135-136。

(2) 法定犯的判定过分依附行政认定，刑法适用出现了“行政化倾向”；(3) 司法机关不适当扩张兜底条款的范围，导致刑法范围扩张；(4) 司法机关将社会转型时期的“灰色行为”纳入刑法范围，难以符合犯罪的本质；(5) 司法机关滥用刑事手段插手经济纠纷，导致刑法的过度化。该学者主张，必须反对刑法对刑事政策的过度回应，强调刑法的司法法属性，提倡刑法参与社会治理的最小化，坚守近代社会所确立的刑法保护公民自由这一根本使命。①

刑法终归是社会控制的一种手段而非目的，因此，刑法一定程度上的“工具属性”是天然的，关键是度的把握，即“确保价值与功能的均衡”②。本书主张刑法积极介入社会生活，但仍是主张“适度”犯罪化、“刑法积极但适度介入”，而非主张在任何时候都把刑法挺在前面，拿着“犯罪”的标签四处乱贴，挥着“刑罚”的大棒到处乱打。这里，关键是“适度”与“过度”的界限是什么，“度”如何把握，或者说，判断“过度”的标准是什么。判断立法上的犯罪化是否“适度”需要从刑事政策上宏观把握，需要在刑法独立性思想的支配之下考察刑法介入的必要性、正当性与合理性。而判断司法上的犯罪化“适度”与否，需要落实到对阶层式犯罪成立体系各个阶层的具体解释中。对此，强调如下几点。

(1) 成立犯罪必须符合刑法分则对具体犯罪的规定，即具有所谓构成要件符合性。所以，尽管积极刑法观为了周延保护法益而在对构成要件的解释上主张实质解释、不利于被告人的扩张解释，但仍必须受构成要件要素的语义可能含义的限制，坚决抵制类推，包括由司法解释所推行的类推。

(2) 成立犯罪必须具有刑事违法性。就违法性的本质而言，本书坚持法益侵害说和结果无价值论，即，行为成立犯罪必须对法律所保护的利益造成侵害或者威胁③，不能单纯为了维护行为规范而动用刑法，更不能单纯为了宣扬道德而动用刑法。而且，应该实质性理解犯罪，表面上的行为

① 何荣功．社会治理“过度刑法化”的法哲学批判．中外法学，2015 (2)：523-547.

② 高铭暄，孙道萃．预防性刑法观及其教义学思考．中国法学，2018 (1)：172.

③ 19 世纪英国哲学家约翰·斯图亚特·密尔 (John Stuart Mill，1806—1873) 认为，社会对个人的制裁权始于个人的行为“有害地影响到他人的利益”，即惩罚的正当性仅仅来自于行为对他人的损害。约翰·密尔．论自由．许宝骙，译．北京：商务印书馆，2008：101. 这或许可以看作是结果无价值论的一个思想渊源。

犯规定，或者应该理解为抽象危险犯，或者应该理解为实害犯（参见本书第六章第一节）。

（3）行为成立犯罪必须具有责任，而这种责任是规范的责任即可谴责性、非难可能性，从而，欠缺故意、过失等罪过要素时自不必说，即便是在欠缺违法性认识的可能性或者欠缺期待可能性时，积极主义刑法观也同样不会认为其构成犯罪，从而导致法网的进一步收缩。

（4）在刑法和其他部门法比如民法的关系上，传统观点往往采取刑法从属性说，认为刑法是最后一道防线、具有最后手段性特征；本书则在肯定法秩序统一性的大前提下，强调刑法在判断对象和判断标准上的相对独立性。由此，对于所谓的“灰色地带”等问题，应该积极面对，不能将矛盾一概推诿给民事、经济法律来调整。

（5）在立法技术上，抽象危险犯的立法与刑法的提前介入，对于法益保护而言，在很多场合实属必要；而兜底条款的设置与适用等，也需要恰当对待（参见本书第二章第二节）。归结起来可以说，本书不是提倡“刑法参与社会治理的最小化”，而是倡导“刑法参与社会治理的最优化”。

第三节　积极主义刑法观与相似概念的辨析

在我国刑法学界，有学者明确对“刑罚积极主义”持警惕态度，认为“如果刑事立法与司法解释缺乏基本的理性，则会导致刑罚积极主义”①，并主张通过比例原则对刑罚积极主义加以克制。如何看待刑罚积极主义和积极主义刑法观，既取决于对刑法的机能定位等的理解，也和积极主义刑法观及其他相关概念的界定相关。只有辨析了相关概念，才能对刑罚积极主义与积极主义刑法观的内涵和外延有一个更明晰的认识。

一、功利主义刑法观

（一）政治刑法与刑法工具主义

中国素有法律工具主义的传统。西周时期的《尚书·周书·吕刑》中

① 姜涛．比例原则与刑罚积极主义的克制．学术界，2016（8）：89.

就有“折民惟刑”的思想。在之后的法家观念中，严刑峻法被认为是确保王权统治的最重要手段，强调“以刑去刑”。秦汉以后，在以礼入法、礼法合一观念的影响下，刑法的调整范围全面渗透至皇权、族权乃至父权维护的诸多方面，甚至对于纯粹涉及行政、民事、经济等纠纷的行为，也往往以刑事制裁作为基本应对措施，以皇权维护为目的的刑法工具主义被发挥到极致。虽然随着清末的变法修律运动而引入了罪刑法定原则与刑法平等原则，但刑法工具主义并未彻底消亡，反而在维护军阀政治统治中找到了新的栖身之地。新中国成立之后，《惩治反革命条例》《妨碍国家货币治罪暂行条例》《惩治贪污条例》这三部特别刑法的颁布与施行，对于稳定新生政权和社会秩序起到重要作用，同时也给刑法工具主义参与国家治理找到了新的路径。因为强调“以阶级斗争为纲”，刑法演变为阶级专政的工具，导致类推被过度运用，而这又反过来强化了刑法的阶级斗争属性。① 在整个计划经济时期，刑法的政治功能被放在首位，刑法的打击锋芒主要针对反革命罪；刑法中不具有政治职能的条款也要为其政治职能服务。这导致人们在观念上把刑法看作是以统治阶级意志为转移的可随心所欲使用的工具，刑法就是执行阶级专政职能、镇压阶级敌人反抗、惩罚严重刑事犯罪分子的“刀把子”②。这种刑法为政治服务、为政治所用，就是所谓的刑法工具主义。

但在现行刑法颁行之后，1979 年刑法之中的“反革命罪”为“危害国家安全罪”所取代，人们逐渐认识到，刑法并不仅仅是实现国家政治目的的工具，甚至主要不是实现国家政治目的的工具。随着社会主义市场经济体制的确立，学者逐渐意识到，我国刑法应当破除片面强调为政治统治服务的刑法工具主义观念，树立“以人为本”的人本主义观念和刑法本身就是社会正义象征的目的主义观念，确立国家刑罚权的自我约束意识。“现代刑法典不仅是‘刀把子’而且是‘大宪章’，更是体现社会正义的‘天平’。刑法不仅是实现国家政治统治的工具，而且也是公民防范司法擅断、保障个人自由的利器，更是社会正义这一法规范终极价值和目的的载体。刑法的工具性应当受到刑法的目的性的制约，刑法的合法性应当受到刑法的合理性（合乎社会正义）的拷问。这才是面向二十一世纪的中国刑

① 魏昌东. 新刑法工具主义批判与矫正. 法学，2016 (2)：86.

② 严励. 刑事法律观念的转换. 政治与法律，2000 (6)：11.

法学应当坚持的正确的刑法机能观。”① 还有学者认为，“我们应当在批判和废弃刑法工具主义、刑法政治观的同时，高扬刑法人权保障的旗帜，并以人权保障为底线构筑现代中国刑法学”②。可见，政治刑法观致使刑法完全沦落为服务于政治的工具，理应被破除。我们需要树立市民刑法观，强调刑法的权利保障法的属性。

（二）刑法万能主义

以服务政治为终局目标的传统刑法工具主义在改革开放之后以另一种面目存活下来。改革开放初期急剧增长的贪污贿赂等经济犯罪成为阻碍中国社会转型和发展的巨大障碍，刑法工具主义再次迎合国家积极实施社会治理的迫切需要，在具体内容上从以阶级斗争为中心转型为服务于惩治犯罪、保障经济改革顺利进行的实用目的。以“从快、从严、从重”为标志，“严打”刑事政策得到确立，在新的社会转型中，刑法从阶级斗争的工具转变为保障经济政策的工具。③

在1999年，有学者在反思20世纪的中国刑法学时，就提出彻底转换刑法价值观念的命题。有论者认为，刑法观念的转换在近年来的中国刑法学中是一个老生常谈的话题，但刑法观念的滞后也始终是中国刑事法变革和中国刑法学发展的最大障碍。该论者指出，中国古代“礼—法（刑）”两级规范体系④，导致刑成为一切违法行为的制裁手段，所有出礼入法的行为都是应予严刑惩治的犯罪。这种礼一法（刑）配置关系是造成中国古代社会刑法泛化、刑法万能主义观念盛行的重要原因。新中国成立后虽然实现了与封建专制的刑法制度的决裂，但是，刑法泛化和刑法万能主义的观念影响难以马上被消除，表现在立法上将一些无序、失范的，该由民法、经济法和行政法调控的行为犯罪化、纳入刑罚圈，强化了社会公众对刑罚预防和控制犯罪效果的作用的期待，重刑主义思想抬头。⑤ 有论者进一步指出，中国刑法学目前面临的问题是，刑法谦抑观念远未深入人心，

---

① 梁根林. 二十世纪的中国刑法学（中）——反思与展望. 中外法学，1999（3）：3.

② 严励. 刑事法律观念的转换. 政治与法律，2000（6）：11.

③ 魏昌东. 新刑法工具主义批判与矫正. 法学，2016（2）：86.

④ 礼“禁于将然之前”，刑则“禁于已然之后”（《汉书·贾谊传》）。

⑤ 同①1-2.

在刑法学界似乎存在着对刑法谦抑观念“抽象肯定，具体否定”的迹象，即有的学者虽然抽象地认可刑法谦抑的观念，但在具体论述刑法问题时却不知不觉地流露出刑法万能的思想，总是希望刑法能多干些事情，而很少有刑法不能干某些事情的意识。基于对这种刑法万能主义的警惕，该论者强调要继续致力于批判刑法万能主义，张扬刑法的谦抑观念，不仅应当使刑法谦抑成为所有中国刑法学者的共识，而且应当使刑法谦抑观念为社会公众尤其是决策机关所接受，成为国家刑事立法和刑事司法的刑事政策基础。① 在2005年，也有我国学者立足于我国刑法作用观所面临的国际化任务，主张摒弃刑法万能观、树立刑法谦抑观，并认为这主要体现在对刑事立法权的制约上。该论者主张，我国刑事立法应该警惕对犯罪化的过于热情，1997年刑法及其修正案所划定的犯罪圈是基本合理的，下一阶段我国刑法改革的重点不应是犯罪圈，而应是刑罚，即进行轻刑化改革，立法上减少死刑罪名，司法上不因重刑观念而对犯罪判处过重的刑罚。② 刑法学者谢望原近来也提出“谨防刑法过分工具主义化”的问题。他认为，当今刑法领域存在过分工具主义化的倾向，如果不加以制止，必将导致公共权力恶性膨胀，而公民个人的权利与自由就会随之萎缩。要防止刑法工具主义泛滥，就要坚守刑法乃最后手段之立场，彻底贯彻执行罪刑法定原则，严格刑法解释，以能正确发挥刑法的功能和作用，实现保护法益和保障人权的“双赢”③。就具体犯罪类型而言，也有论者认为，从总体来看，抽象危险犯的设置具有非常明显地将刑法作为一种治理社会、实现权力阶层价值需求的强力工具的倾向，这种倾向值得警惕。④

从这里可以看出，研究者们虽然也都使用了“刑法工具主义”等用语，但并未明确将其与“刑法的政治化”“刑法为政治服务”对应、关联起来，而是强调刑法最后手段性的特征，强调刑法要正确发挥自有功能等，实际上，也就是在警惕刑法包打天下，反思刑法的万能主义。或者

① 梁根林．二十世纪的中国刑法学（中）——反思与展望．中外法学，1999（3）：1-2.

② 苏彩霞．刑法国际化视野下的我国刑法理念更新．中国法学，2005（2）：148.

③ 谢望原．谨防刑法过分工具主义化．法学家，2019（1）.

④ 赵星．法益保护和权利保障视域中的环境犯罪立法与解释．政法论坛，2011（6）：170.

说，在以上论者这里，“刑法工具主义”与“刑法万能主义”之间并无实质性差别。刑法工具主义与刑法万能主义多有相似之处，可以统称为功利主义刑法观。形成于漫长的封建社会的刑法万能主义、刑法工具主义以及重刑主义，被认为是“传统落后的刑法观念”。有论者认为，这三种刑法观念要不是误解了刑法（刑罚）的性质与任务，就是对刑法的功能有不切实际的期待，让刑法背负难以承受之重。① 还有论者指出，刑法工具主义注重的是刑法的工具理性而不是价值理性，注重的是运用刑法去强制建构秩序，而不是依据民众自治形成一种自发秩序，因而往往导致刑法的价值失落，并认为其是社会不文明的体现，是造成刑法认同危机的原因，还往往是社会管理能力低下的体现。②

确实应该看到，改革开放四十年来，尤其是现行刑法规定罪刑法定原则二十余年来，刑法理论发展形成的一个基本共识是，刑法应当保障人权，应当具有谦抑性。换种说法就是，纯粹意义上的刑法万能主义、刑法工具主义或者泛刑主义，都是应该予以摒弃的。正如德国学者托马斯·魏根特所说，一项“矛盾的任务”是，既要对个体和集体利益的新的损害形式用适当的、现代化的刑法规范予以反应，同时，也要将刑法限制在绝对不再能够容忍的行为方式的领域范围并要避免它的滥用。③ 在此，值得进一步讨论的是，对于社会正处在剧烈转型，刑事立法日渐活跃、刑事法网日趋严密的当代中国来说，刑法在维持社会秩序方面到底应该发挥何种作用，同时，如何来看待刑法与其他部门法的关系，等等。此外，作为对轻刑化主张的一种回应，在此顺带指出（后文会有详述），在本书看来，轻刑化改革固然是中国刑法改革的重要方面，但却不是全部；中国刑法机制的顺畅发挥，方向仍是“严而不厉”。适应社会现实的需要严密法网、推行适度的犯罪化，仍是当前一段时期的重要任务，对其需要认真重视，不可低估。

---

① 高铭暄，曹波．当代中国刑法理念研究的变迁与深化．法学评论，2015（3）：8.

② 姜涛．在秩序与自由之间：刑法父爱主义之提倡．江淮论坛，2015（1）：123-124.

③ 托马斯·魏根特．论刑法与时代精神．樊文，译//陈兴良．刑事法评论：第19卷．北京：北京大学出版社，2007：305.

(三) 所谓的新刑法工具主义

最近，有学者提出，在以中国金融刑法为代表的立法领域中，刑法立法出现了一种新的异化现象，即为了达到安抚社会公众情绪之目的，立法逐步抛弃规范的实用性与可行性标准，刑法立法貌似“华丽”，但实践中却并不存在可适用的机会，由此形成了由立法的实体性扩张向形式性扩张的“新刑法工具主义”取向。有论者提出，在破坏金融管理秩序罪的32项罪名中，除货币犯罪、伪造金融票证犯罪、非法吸收公众存款犯罪的司法适用较多外，其他罪名，包括由修正案新增或修正的罪名，如背信运用受托财产罪、违法发放贷款罪、吸收客户资金不入账罪、违规出具金融票据罪等，较少甚至从未被适用过。并且，金融刑法急速扩张背景下所出现的司法消极适用或选择性适用现象，在公共安全犯罪、社会管理秩序犯罪等其他犯罪类型中同样存在。刑法上空置罪名的增多，表明立法陷入一种不以立法的实际适用为特征的漩涡之中，形成所谓“新刑法工具主义”①。有论者进一步认为，(1) 传统的刑法工具主义存在于法律专制时期，以是否有利于国家统治为立法标准；而新刑法工具主义建立在法治基础上，以遵守形式意义上的罪刑法定原则为前提，以是否有利于国家政治治理为立法标准。(2) 传统刑法工具主义崇尚“刑法万能”论，刑法被认为是国家治理的灵丹妙药；在新刑法工具主义之下，工具主义的内涵逐步从实用主义向政策主义转化，刑法的实用效果即法益保护不再是立法者首要考虑的因素，是否具有安抚性的政治目的开始成为立法者要考虑的问题。(3) 传统刑法工具主义下，刑法立法呈现单向性的特征，依赖于国家治理者的自发启动并以满足其内在需求为绝对主导，立法呈现出自上而下的管制模式；在新刑法工具主义之下，一些影响较大的社会事件往往引发公众对社会秩序与安全的担心，进而以公众舆论的强压方式引发刑法立法修正，危险驾驶罪、拒不支付劳动报酬罪、组织出卖人体器官罪等罪名的产生莫不如此。刑法立法也必须兼顾满足社会公众的内在需求，因而连带性地产生了安抚公共情绪的新价值。② 在该论者看来，生成新刑法工具主义的原因，主要有二：一是政治治理下刑法功能的政策化，强调立法的政策性效果，出现了许多安抚民心的象征性立法；二是风险社会下对刑罚积极预防功能的推崇，将刑法作为抗制风险的工具，从而偏离刑法法益保护与人权

①② 魏昌东．新刑法工具主义批判与矫正．法学，2016 (2)：87.

保障的基本功能。该论者认为，要对这种新刑法工具主义予以矫正，包括构建多元化的社会保障体系与纠纷解决机制、提升国家治理能力，合理定位刑罚的积极预防功能的作用域，实现罪刑关系的理性化，明确刑法法益的边界，协调与前置法之间的比例关系等。①

以上该论者提出的所谓新刑法工具主义的论断及其分析，具有一定启发性，并且，其所提出的刑法与国家治理的关系、刑法与民意的关系、如何看待刑法的预防犯罪功能等问题，也值得思考。总体上，在后文中会有详细的展开。本书的立场是，刑事立法必须回应民意、顺应现实需要；刑法规范是否经常被适用并非评价其正当性、合理性的标准；在将刑法界定为社会治理中的重要一环的语境下，应该强调和重视刑法的预防犯罪功能，以便有效管控风险，服务于社会多数人的利益；至于刑法与前置法之间的关系，虽理所当然地要强调比例原则，但同样要强调的是刑法的能动性，刑法只是宪法规范的下位法，在有宪法依据的前提下，刑法的发动并不总是被动的，其并不必然、绝对地受制于其他部门法的调整，在“严而不厉”思想的指导下，应该体现出刑法的独立性与特殊性。事实上，我国有学者对比 1979 年刑法和现行刑法之后发现，在 1979 年刑法中，暴力私法益犯占比最大（32.8%），其次是暴力公法益犯（16%）；而现行刑法中，占比最高的是欺骗私法益犯（20.7%），其次是行为不典型私法益犯（19.2%）。“这个变化意味着，如果说越接近暴力，其犯罪的典型性越明显的话，那么，欺骗私法益犯，尤其是行为不典型私法益犯罪名数量的扩张，预示着刑法保护与民商法保护之间关系的复杂交集。”② 由此也可以部分看出刑法独立性思想的影响。

二、常识主义刑法观

（一）陈忠林教授的常识主义刑法观

有学者主张，“‘良心’，或者‘社会公认的常识、常理、常情’是现代法治运行的灵魂，不仅是一种对我们建设现代法治具有根本意义的法治观，同时也是一种指导我们培养法学人才基本方向的法学教育观。”该学

① 魏昌东．新刑法工具主义批判与矫正．法学，2016（2）：88-91.

② 白建军．犯罪圈与刑法修正的结构控制．中国法学，2017（5）：81.

者认为，“现代法治，归根结底应该是人性之治、良心之治，而绝不应归结为机械的规则之治”；“我们实行法治，绝不能显失公平、绝不能违背常理、绝不能不顾人情”；“我们人民法院定罪量刑的过程，应该是一个和人民群众，包括刑事被告人，将心比心、以心换心的过程”①。该学者指出，所谓的“常识、常理、常情”，是指为一个社会的普通民众所长期认同，并且至今没有被证明是错误的基本的经验、基本的道理以及为该社会民众普遍认同与遵守的是非标准、行为准则。② 从人与自然的关系来讲，常识、常理、常情是人们对客观事物最普遍规律的认识和经验；从人与人的关系来讲，这些是人类社会赖以存在的最基本的伦理要求，或者说是一个社会最基本的善恶观、是非观、价值观。③ 该学者还主张“恶法非法”，认为片面强调维护法律的权威必然导致法律与人民的对立，只有符合“常识、常理、常情”的法，才可能是体现人民意志、代表人民利益的法。④

在该持常识主义刑法观的论者那里，充斥着“良心”“普通民众”“基本的经验”“基本的情感”等表述。但是，与“常识、常理、常情”一样，“良心”等概念同样缺乏统一的标准。“学者对常识主义刑法观的内涵与外延的界定是极为宽松的，主要原因恐怕在于，什么是常识，何谓常识主义，在何种意义上界定常识和常识主义，本身就是难以确定的。”⑤ 主张法官定罪量刑要“凭良心”，即便是对的，也并未给法官的刑事裁判提供具体的客观标准。同时，也确实存在“常识、常理、常情”难以寻找的问题。比如，甲明知朋友乙有“喝醉了酒更喜欢自己开车”的习惯，仍然拼命劝酒并在乙（打算）开车离开时没有阻止，对甲处以危险驾驶罪的共犯是符合还是不符合常识、常理、常情？再如，对于一种利用自动柜员机（ATM）的故障多次恶意取款，造成银行十余万元损失的行为，定罪是否符合常识？定什么罪才符合常识？假如认为定罪是正确的，那么，按照常理和常情，多重的量刑又是合适的？这些问题不可能有一个明确的答案。

---

① 陈忠林．刑法散得集．北京：法律出版社，2003：37．

② 陈忠林．“常识、常理、常情”：一种法治观与法学教育观．太平洋学报，2007（6）：16．

③ 陈忠林．“恶法”非法——对传统法学理论的反思．社会科学家，2009（2）：9-10．

④ 同③9．

⑤ 温登平．反思常识主义刑法观．中国刑事法杂志，2013（9）：4．

所以，法官定罪时只能按照犯罪构成理论，量刑时只能根据法律规定和量刑情节。常识主义刑法观不但存在着衡量标准不明确的问题，而且将生活思维与专业思维混为一谈，此外，对民意的追求也容易走向绝对化的极端。① 此外，该持常识主义刑法观的论者同时主张犯罪主观要件是犯罪构成体系的核心，犯罪构成的核心要从客观行为向主观要件转移。② 该论者这种主观主义刑法的倾向可能有主观归罪的嫌疑，也难以看出和其主张的常识主义刑法观有必要关联。

本书认为，主张对犯罪构成的理解不能违反“良心”，在某种意义上，类似于对刑法中违法性的判断不能超越“社会相当性”。而指望依靠是否具有“社会相当性”来判断行为是否违法，同样面临着“即使说出了真理的一个侧面，但毕竟无法明确操作”的问题。更关键的是，上述这种常识主义刑法观和本书所主张的积极主义刑法观尽管并不直接冲突，但终究存在价值取向上的不同。上述所谓常识主义刑法观可能会在一些争议案件（如所谓的“鹦鹉案”“兰草案”等涉及珍稀动物、珍稀植物的案件）中，以“定罪结论违反常识、常理、常情”为由而主张出罪；而积极主义刑法观更为关注报应和功利的要求，前者注重对法益侵害性的考察，后者注重预防犯罪（一般预防与特殊预防）的需要，在这两方面都能得出肯定答案时，即便最终的入罪结论可能暂时违反一般人的法感觉（即“常识、常理、常情”），也仍会坚持入罪立场，从而体现出积极主义的特色。

（二）周光权教授的常识主义刑法观

近年来，周光权教授也强调刑法学要回归常识主义，主张常识主义刑法观是一种在欧陆的刑法学理论和中国的通说之间寻找一个“中间”道路的刑法学理论。他提出，要考虑法益侵害、刑法客观主义和实质的判断；在考虑上述这些明显是欧陆刑法才有的观念的基础上，再考虑中国的刑法规定、中国人的规范感觉和中国的法制发展水平，考虑中国整个社会的国情；基于这样的立场再来建立刑法理论。③ 对此，有评论者认为，“他的常识主义与其说是一种刑法观，不如说是提醒我们在刑法理论建构和司法裁判中要注重社会维度和经验维度，而实际上绝大多数理论都不反对这种

① 温登平. 反思常识主义刑法观. 中国刑事法杂志，2013（9）：9-12.

② 陈忠林. 刑法散得集. 北京：法律出版社，2003：280.

③ 周光权. 论常识主义刑法观. 法制与社会发展，2011（1）：82及以下.

主张”[①]。

周光权教授基于其常识主义刑法观而主张对犯罪的认定要慎重，需要考虑公众基于生活经验的规范感觉。这似乎也和本书主张的积极主义刑法观正好相反。不过，他所提出的两个理由值得进一步探讨。(1) 他认为，行动的预测可能性原理是罪刑法定的当然内容，而判断行为人是否具有预测可能性，只能考虑其在实施行为的当时，根据其生活经验对该行为可能为刑法所禁止是否有所认识。如果从行为人的角度看，根据其生活经验，难以形成规范认同，对于行为可能受到否定性评价没有认识，则刑罚权的动用可能就存在问题。[②] 积极主义刑法观同样强调坚守罪刑法定原则，也不会处罚欠缺预测可能性的行为。问题是，在以行为人为标准判断行为是否具有预测可能性时，这仍应该是个客观标准，不但未必直接关乎“规范认同”的问题，也和“常识”之间未必完全对应——完全存在着行为人的预测可能性高于或者低于社会一般人的常识的场合，这时的预测可能性仍应该以行为人而非“常识”为标准。(2) 他认为，对犯罪的评价要从事实出发，再到价值评价。这就意味着犯罪论体系一定是阶层的，控诉的机制蕴含其中，辩护的机制也蕴含其中。[③] 但是采阶层体系还是采平面体系与是否采常识主义刑法观同样不存在对应关系：平面体系也可能强调常识和民意，而阶层体系或许更强调专业判断、精英判断。

对于周光权教授主张的常识主义刑法观，本书不再详细评述，但专门强调如下两点：第一，他通过强调回归常识所主张的考虑国情、中国独特文化的折中理论，即他所主张的二元的行为无价值理论，为采纳结果无价值一元论的本书作者所不取。这既是因为，行为无价值的二元论表面看来因通过两道防线来判断违法性会导致犯罪圈更窄，但实际上，在阻却违法性的判断上反而只有行为有价值且结果有价值时才能完全阻却违法，因此二元论肯定违法的范围反而会更宽泛；更是因为，二元论中的行为无价值（规范违反）与结果无价值（法益侵害）之间的先后顺序和位阶关系难以厘清，最终常会在标榜追求法益侵害的同时实质上沦为行为无价值一元论。第二，周教授本人在主张

① 郑玉双．法理学贡献于刑法学的方式：以刑法观为例．中国法律评论，2018 (3)：99.

②③ 周光权．论常识主义刑法观．法制与社会发展，2011 (1)：91.

常识主义刑法观的同时又主张积极主义刑法立法观。[①] 这值得重视，充分说明，常识主义刑法观和积极主义刑法观之间（至少在立法论的层面上）并不冲突和排斥。

三、民生刑法观

在党和国家将保障和改善民生即“人民的生计”放在突出位置的时代背景下，有学者提出了民生刑法的理念，在刑事领域探讨民生保障问题。其中，卢建平教授是民生刑法观的代表论者。他将民生刑法概念的诞生视为我国刑事法治发展的历史标志，认为民生刑法观的提出反映了我国刑法正在由传统的国家专政机器、“刀把子”向法益保护工具的角色转变，反映了刑法从单纯强调打击犯罪、惩罚犯罪人向保护社会、保障人权的功能转变。他具体提出，立足社会本位，民生刑法的提倡有助于弥合国家本位与个人本位的距离；而矜老恤幼以及恶意欠薪、招募运送“强迫劳动者”的行为入刑、加强食品安全的刑法保护等刑法修正实践，都是民生刑法的新动向。[②] 民生刑法观获得了部分学者的认同，他们认为民生刑法立足于人本刑法观，以尊重人性、弘扬人道、保障人权为价值内涵，以对社会权利及其他民生权益的刑事保障为基本内容；主张刑法作为法律体系中的“保障法”“后盾法”，应当确立以人为本的价值理念，要以保障民生为核心内容，对民生权益给予最坚实、最有力的保障和救济，以提炼和塑造人本主义的价值和品格。[③] 在之后的一些文献中，民生刑法观也得到了跟进[④]，甚至形成了一种指导观念、分析框架和研究视角，出现了从民生刑法的视角研究专门犯罪的文章。[⑤] 同时，也应该看

---

① 周光权. 积极刑法立法观在中国的确立. 法学研究，2016（4）：23及以下.

② 卢建平. 加强对民生的刑法保护——民生刑法之提倡. 法学杂志，2010（12）：11-13.

③ 张勇. 民生刑法的品格：兼评《刑法修正案（八）》. 河北法学，2011（6）：70-71.

④ 王安全. 民生法治观下“民生刑法观”之提倡——以《刑法修正案九》为视角. 河南警察学院学报，2016（3）：104-109.

⑤ 吴玉萍. 食品安全犯罪之刑罚配置——以民生刑法为视角. 政法论丛，2014（4）：129-136. 吴玉萍. 民生刑法视域下危害食品安全犯罪的刑法规制研究. 长春大学学报，2015（3）：91-95.

到，从当前国家刑事法治实践看，不管是刑事立法还是刑事司法，确实都空前一致地强调刑法对民生问题的回应与保护。例如《刑法修正案（八）》增加危险驾驶罪、拒不支付劳动报酬罪，修改、完善生产、销售假药罪以及生产、销售不符合安全标准的食品罪等，就是刑法加强保护民生的鲜明体现。①

不过，我们应该理性对待这种所谓的民生刑法观，不可估之过高。有学者明确提出“民生刑法的边界”这一命题，认为，民生的内涵极为丰富，对民生刑法的过度推崇可能会导致刑法过度扩张，限制了公民的基本权利；可能会架空非刑法控制手段，影响社会正常运行；可能会违背刑罚发展趋势，不利于行为人改过自新。并进而提出，刑法对民生的保护，应当做到既不缺位亦不越位，如此才能真正地将民生问题的刑法保护落到实处；应当理性对待民生刑法，遵循刑法谦抑性原则、科学立法原则以及利益平衡原则，防止刑法过度扩张、民意操纵立法、利益出现失衡。② 比如，对于利益平衡原则，该论者提出，在对弱势群体保护的过程中，很可能会出现矫枉过正现象。以“恶意欠薪”为例：在当前的劳动关系当中，劳动者与用人单位处于不对等地位，劳动者处于弱势，因此，《刑法修正案（八）》增加了拒不支付劳动报酬罪，以打击用人单位的恶意欠薪行为，提升劳动者这一弱势群体的维权能力。在该论者看来，欠薪行为固然损害了劳动者的合法权益，但是否值得动用刑法来保护弱势群体值得思考，因为我国《劳动法》《劳动合同法》等法律法规中的相关规定，都是倾斜保护劳动者的，劳动者权益保护不到位是立法原因还是执法原因，有待进一步实证明确。在劳动合同的解除、劳动合同的订立等方面就区别对待劳动者与用人单位，甚至在个别案件中，用人单位反而成了弱势的一方，维权困难。所以，虽然现实生活中需要特殊关注弱势群体的权利状况，但要根据实际的情况与司法实践中所出现的问题追求在相应的权利主体之间进行利益平衡，以寻求各方主体利益的最大化，以免造成“顾此失彼”的尴尬境况。③

---

① 黄太云.《刑法修正案（八）》解读（二）. 人民检察，2011（7）：55-61.

② 李兰英，屈舒阳. 论民生刑法的边界——以《刑法修正案（九）》为视角. 江西社会科学，2017（7）：167-174.

③ 同②172-173.

还有学者对民生刑法观不得不持“纠结”的态度，从而主张慎重对待“民生刑法观”。该学者认为，刑法最后手段性的特点和热点民生问题形成的原因之间的矛盾，需要国家优先尝试使用社会政策和民事、经济、行政等法律的手段进行化解。一旦国家提倡“民生刑法观”，极容易导致国家各部门过分强调运用刑法对该类问题加以解决，容易形成“口号化”“运动式”推进的危险，存在导致刑法过度活跃，推动刑法成为社会管理常规手段的巨大风险。此外，过分强调“民生刑法观”，在社会上极可能出现以刑法积极介入、解决社会矛盾纠纷的现象。这将松懈和转移其他社会措施对于解决社会矛盾的基础意义，导致其他社会纠纷解决机制功能的退化，而后者才是维护国家、社会稳定和健康发展之本。① 该论者还认为，一度被立法者视为民生刑法观的“亮点罪名”，其在处罚的必要性和正当性方面，存在种种可议之处。如拒不支付劳动报酬罪即是如此：拒不支付劳动报酬的行为属于债权债务关系纠纷，将该种行为直接纳入刑法范围，混淆了刑法与民事法的界限；同时，刑法将本罪规定为行为犯，难有正当化根据。又如对于危险驾驶罪，该论者质疑道：是否刑法不规定本罪就不能解决“醉驾”泛滥的问题？在国家没有充分动用非刑事资源对“醉驾”问题治理的情况下，径直将其犯罪化是否符合刑法的最后手段性呢？该论者的结论是：在民主国家，刑法对任何行为的处罚都必须强调正当性，刑法对热点民生问题的介入亦必须坚持犯罪化的原则，秉持刑法最后手段性的本质属性。刑法要理性慎重对待民生问题，尤其是热点民生问题，意在防止刑法适用出现“应时”“应势”的现象；警惕刑法对社会生活的过度干预，最终导致社会治理泛刑法化和刑法司法法属性的改变。②

在本书看来，所谓的民生刑法，确实会导致刑法的调控范围一定程度的扩张。但“扩张”本身并非注定是坏事，关键在于扩张的“边界”所在。在关乎“国民生计”的意义上，强调刑法的积极作用，而不是奉所谓的“最后手段性”为圭臬，有其针对性和积极意义。这样看来，民生刑法观并非积极主义刑法观的对立面，它不过是强调了刑法保护个人法益的属性和功能，不足以成为积极主义刑法观的障碍。同时，反对者对民生刑法的质疑，虽有值得倾听之处，但也不足以动摇本书对积极主义刑法观的主

① 何荣功．要慎重对待“民生刑法观”．中国检察官，2014（2）：45-46.

② 同①46.

张。对于刑法之外的其他法律手段或者社会调控手段虽然也需要期待，但却不能过度倚重、依赖，醉酒驾驶在入罪之前的屡禁不止就是例证。同时，在中国这样一个规则意识薄弱的国度里，需要通过刑法的介入以及刑罚的威慑或惩戒来“倒逼”基本的规则遵守，醉酒驾驶入罪之后其发生率的显著下降就是证明。拒不支付劳动报酬罪同样如此：劳动报酬关乎劳动者的生存等基本人权和家庭和谐，关乎社会稳定。拖欠劳动者报酬严重侵犯了劳动者的合法权益，破坏了社会主义市场经济秩序，有的甚至引发群体性事件和诸多社会矛盾，成为影响社会稳定的重要因素。虽然各级政府纷纷开展清理拖欠工资的专项治理活动，收到了一定效果，但劳动行政主管部门在处理欠薪纠纷时受执法权的限制，手段不足，力度不够，清欠工资的工作形成了年年清、年年欠的局面，没有从根本上解决问题。① 正因为如此，立法者才顺应民生保障的要求，将相应行为入罪。在将欠薪入罪的前提下，《刑法》第 276 条之一在第 1 款规定了严格的入罪条件，即“以转移财产、逃匿等方法逃避支付劳动者的劳动报酬或者有能力支付而不支付劳动者的劳动报酬，数额较大，经政府有关部门责令支付仍不支付”；并在第 3 款作出了出罪化规定：“尚未造成严重后果，在提起公诉前支付劳动者的劳动报酬，并依法承担相应赔偿责任的，可以减轻或者免除处罚。”由此可见，即使将欠薪行为入罪，在大多数情况下，对于一般欠薪行为仍要以民事和行政法律手段进行调整，刑法所规制的只是欠薪行为中的一小部分而已。应该认为，将恶意欠薪的行为入罪，并不会模糊刑事犯罪与民事纠纷的界限，恶意欠薪入罪并非过度刑法化的证明，在积极主义刑法观看来，对此应该肯定和点赞。除此之外，民生刑法观主张者提出的“在犯罪论部分进一步细化对权利易受损群体的特殊保护制度”“在刑罚体系上进一步限制和废止死刑，尤其是非暴力犯罪的死刑、限制长期刑、大力推行非监禁刑、积极实施社区矫正、扩大非刑罚措施的适用面”“在量刑时积极借鉴期待可能性理论等现代刑法的先进思想以体恤犯罪人的生活困境”“在分则体系结构上强调以人为本，将侵害人权的犯罪设置为分则第一章、修改或增加侵害民生的罪名，同时考虑将法益保护由实害犯提前至危险犯”② 等主张，也都为“严而不厉”基础上的积极主义刑法

① 黄太云.《刑法修正案（八）》解读（二）. 人民检察，2011（7）：56-57.

② 卢建平. 加强对民生的刑法保护——民生刑法之提倡. 法学杂志，2010（12）：13.

观所认同和吸收。

四、实质刑法观

实质刑法观是作为形式刑法观的对照而提出的。形式刑法观主要体现在对构成要件的形式化解释上，其代表人物陈兴良教授认为，刑法解释应当尊重刑法条文的形式约束，不能逾越文本的形式含义而进行实质性解释，以免与罪刑法定原则相冲突。① 由此，形式刑法观的实践价值就在于将那些实质上可罚但形式上未被规定的行为排除在刑法惩罚的范围之外。针对于此，有学者以法律的形式与实质理性为线索，展开了对实质刑法立场的探讨。在将刑事法治模式、罪刑法定主义、犯罪概念、犯罪论、解释论等刑法基本问题都还原为法律形式与实质理性对立同一层面上的分析后，该学者认为，法律实质理性对形式理性的介入，形式法治国到实质法治国的嬗变，兼具形式内容与实质内容的现代罪刑法定原则的兴起和古典罪刑法定原则的终结，形式的犯罪概念的解除，犯罪构成要件的功能由形式的人权保障到实质的人权保障的转化，以及大陆法系中构成要件由事实类型到价值性的确立，决定了刑法应建立以形式的定型犯罪论体系为前提、以实质可罚性为内容的实质犯罪论体系；对犯罪构成要件的解释不能仅从形式上进行，而应从是否达到了值得刑事处罚的程度进行实质的解释。这就是该学者所提出的实质刑法观。② 作为这种研究的延续，该学者在对我国刑法学知识进行批判性思考的前提下，试图形成以刑法规范为起点的知识体系。在坚持应报主义、客观主义、结果无价值论、阶层的犯罪论体系、客观实质的共犯论的基本立场的同时，该学者主张建立以定型构成要件为前提、以实质评价为补充的犯罪认识框架；主张实质的构成要件论，认为构成要件是违法有责类型，并以此为基础主张构建以客观违法构成要件与主观责任构成要件为内容的二阶层体系，进而主张我国刑法学研究应实现从经验论到规范论之转型。③

在构成要件究竟应是违法类型还是违法有责类型，犯罪论体系究竟该是二阶层体系还是该突出旨在体现罪刑法定要求的构成要件符合性阶层，

---

① 陈兴良．形式解释论的再宣示．中国法学，2010（4）：27及以下．

② 刘艳红．实质刑法观．北京：中国人民大学出版社，2009：内容简介．

③ 刘艳红．实质犯罪论．北京：中国人民大学出版社，2014：内容提要．

从而应该是三阶层体系等问题上，本书与前述学者的立场不同。尽管如此，在应对构成要件予以实质解释①、客观主义、结果无价值论以及阶层的犯罪论体系等基本问题上，本书作者与上述学者的立场并无不同。在这个意义上，总体上可以认为，所谓的实质刑法观或者实质犯罪论的基本立场，本书作者亦同样赞成。

不过，本书所主张的积极主义刑法观与实质刑法观在对构成要件的实质判断等问题上具有共同立场的同时，亦有不同之处，在于：实质刑法观仅仅表明了“实质判断”这一基本方法和立场，而积极刑法观进一步展示了努力的方向，即强调在“严而不厉”思想的指引之下，刑法要更积极地介入社会生活。因此，在刑法立法的应然趋势、具体对构成要件要素进行实质解释遇到疑问时该如何处理等问题上，积极主义刑法观与实质刑法观就可能得出不同的结论。这一点，后文的展开会有涉及。在本书看来，只有坚持明确了解释方向前提下的实质解释方法，才能够真正实现从形式的罪刑法定到实质的罪刑法定的转变。这或许是积极主义刑法观与实质刑法观的关键区别。

五、刑法家长主义

（一）家长主义的基本含义

提到家长主义，学者往往习惯于追溯到欧洲，比如追溯到18世纪的德国哲学家克里斯提安·沃尔夫（Christian Wolff）。② 但实际上，无论是中国古代儒家的君父思想，还是古希腊关于“国即是家”的思想，都可谓是家长主义的思想渊源。家长主义可能在不同情形中加以使用，比如：情形（1），为了维护当事人自身的利益，将心智健全的成年人作为儿童，或者将年长的儿童作为年幼的儿童对待，迫使或者阻止其从事特定活动。

① 本书总体上认同这样的判断：“陈兴良教授所支持的形式解释论本质上是一种文本解释，即语义解释，对刑法条文的解释要从文本的语义出发，最大限度地尊重文本含义。而实质解释论则并不否认语义解释，而是认为应该从实质的角度来理解语义。”［郑玉双. 法理学贡献于刑法学的方式：以刑法观为例. 中国法律评论，2018（3）：100.］

② 王钢. 自杀行为违法性之否定——与钱叶六博士商榷. 清华法学，2013（3）：149-150.

情形（2），像工厂主强迫工人劳动以获取更高利润，为了替其他人牟取利益，而将心智健全的成年人作为儿童，或者将年长的儿童作为年幼的儿童对待，迫使或者阻止其从事特定活动。情形（3），像照护自己的子女一样为相对无助或者弱势的群体提供保护，使其免受他人侵犯。① 不过，在谈到刑法家长主义时，特别成为问题、引起争议的，是上述情形（1）的场合。具体来说，应该确定的一个前提是，刑法上讨论的家长主义，首先必须是在违背当事人当前意志，或者至少是在没有其作出相应承诺的前提下限制其行为自由；其次，对当事人行为自由的干涉必须是出于维护其自身利益的目的；最后，相应的干涉具有强制性，即强行限制当事人为或不为一定行为的自由。② 刑法家长主义又被称为刑法父爱主义，其主张国家在某些领域为了公民自身的利益可以不顾其意志而限制其自由或自治。③ 其基本逻辑是：为了维护公民的利益增加，国家对公民生活予以强制干预，不再考虑公民是否同意。因此，这是一种“国家对公民强制的爱”④。在刑法父爱主义的语境里，自由、自治等并非神圣不可侵犯的个人最高权利，它们也并不天然地享有优先于其他价值的地位，它们与强制、干预力图实现的“福利”是可以通约换算的：如果个体自由或社会自治所失去的利益可以用社会总体福利（比如安全、健康等）的增量来抵偿，那么自治、自由就应当向国家干预、强制让步。⑤ 这就蕴含着国家立足于功利主义立场而扩大犯罪圈的正当性。

家长主义常被区分为硬家长主义和软家长主义。硬家长主义（强家长主义）认同，为保护其免受自愿选择的损害，刑事立法即使违背某人的意愿，亦是必要的。软家长主义（弱家长主义）认为，只有在当事人由于欠缺认知、判断能力或者受到错误信息误导而无法进行真实有效的意志决定

---

① 乔尔·范伯格．刑法的道德界限：第三卷·对自己的损害．方泉，译．北京：商务印书馆，2015：1-6．王钢．自杀行为违法性之否定——与钱叶六博士商榷．清华法学，2013（3）：148.

② 王钢．自杀行为违法性之否定——与钱叶六博士商榷．清华法学，2013（3）：148-149.

③ 关于家长主义和刑法的关系基本原理的分析，参见曾根威彦．刑法学基础．黎宏，译．北京：法律出版社，2005：32-34。

④ 姜涛．在秩序与自由之间：刑法父爱主义之提倡．江淮论坛，2015（1）：124.

⑤ 吴元元．法律父爱主义与侵权法之失．华东政法大学学报，2010（3）：135.

时，才能违背其表面意思限制其行为自由，从而避免当事人的自身利益因为有瑕疵的意思表示受到损害，或者至少使其有机会慎重考虑自己的决定。如果当事人的意思表示是其意志自由的真实体现，则必须对之加以尊重。① 进一步说，软家长主义优先权衡行为的自愿性，认为在非自由意志的情况下，如醉酒或不知情的状态下实施的自损行为，应当禁止，一旦明确行为人的充分自愿性，法律干涉即应止步；硬家长主义则对行为人的自愿在所不问，将利益排在首位，所以，“醉驾”、吸毒、不系安全带驾驶等行为均有入罪的正当性依据。② 不过，非自愿地或者基于错误信息形成的意思表示原本就不是当事人自主决定的结果，此时在尊重当事人自主决定权与保护其自身利益这两个基本原则之间并无实质冲突。因此，软家长主义并非像真正意义上的家长主义一样对当事人的自主决定权进行了干涉或限制，而只是确保当事人意志决定的自主与真实性，是对其自主决定权的保障。其与家长主义之间只有形式上的相似性，二者的实质内涵截然不同。③ 正因为如此，范伯格才明确指出，硬家长主义才是真正的家长主义，而软家长主义真的不是家长主义。④

（二）对家长主义的反对声音

对家长主义的反对声音一直非常强烈。比如，范伯格认为，完全能力人基于实质自愿而进行的自害行为，刑法不得干预，家长主义违反了个人决定权，同时还可能导致刑法的泛化，使法律伦理主义借尸还魂。⑤ 我国也有学者认为，在刑法领域内，承认家长主义，很容易否定个人的自我决定权，造成个人的生活由国家安排的局面，从而架空伤害原则对刑法的限

① 乔尔·范伯格．刑法的道德界限：第三卷·对自己的损害．方泉，译．北京：商务印书馆，2015：11-15．

② 方泉．犯罪化的正当化原则——兼评乔尔·范伯格的限制自由原则．法学，2012（8）：115．

③ 王钢．自杀行为违法性之否定——与钱叶六博士商榷．清华法学，2013（3）：149．

④ 同①15．

⑤ 乔尔·范伯格．刑法的道德界限：第一卷·对他人的损害．方泉，译．北京：商务印书馆，2013：1及以下．杨春然．论划分刑法边界的标准．中国刑事法杂志，2012（8）：35-36．

制，且其也与罪刑法定原则所隐藏的对国家的警惕之心不符。[①] 还有学者梳理了康德（Kant）在 18 世纪末期通过自己批判性的学说对家长主义的法哲学根基的消解，以及密尔（Mill）在 19 世纪立足于功利主义立场对家长主义的批评；进而认为：刑法的任务在于通过创设构成要件、禁止侵害行为来保障公民个人自由发展所必需的条件和社会空间，而不是干涉公民处理自身事务的自由；鉴于刑事制裁手段的极端严厉性，很难认为刑法是推行家长主义的必要方式；家长主义的本意在于保留行为人更改意志决定的可能性，保全其未来的生存机会，而不是对行为人已经或意欲实施的自损行为进行谴责，在刑法中贯彻家长主义必然导致刑罚功能的错位；实践证明，刑法也不是推行家长主义的有效工具。该学者进一步主张，在当今文化多元的民主法制社会，刑法更应当谨守谦抑性原则，发挥其守护公民自由的功能，为公民的自我发展与自我实现创造条件，而不是基于家长主义理念干涉公民自由。[②]

（三）本书的态度：例外地承认刑法家长主义

在我国，对刑法家长主义的讨论多是以自杀关联行为和对毒品的规制为例而展开的。比如，有学者认为：由于将生命法益理解为个人法益而非他人法益，从而与依据他人加害原理的他杀不同，自杀中的要保护性只能从“自己加害自己”的原理即“为了保护本人利益”的家长主义来加以说明。即便对其生命的保护违反了本人的真实意思，国家也要予以保护。也即个人自己决定权的行使并非绝对不受限制，而是有一定的边界，生命不在个人自由处分的法益范围之列，生命的不可放弃是自己决定权的行使边界和内在制约。[③] 此外，对于毒品犯罪，范伯格指出：“一个人若终日浑浑噩噩、吸食鸦片和海洛因，醒着的时候不过是白吃粮食，只想着醉生梦死，这当然‘不关别人的事’，一个人，一百个人，或是一千个人都可以通过己意选择这样活着。但如果占这个社会全部人口百分之十的人都这样生活，他们就是寄生虫，情况就会严重到造成公共损害的程度。若有百分之五十的人这样生活，那么剩下的人再怎么努力也不足以维持

① 杨春然．论划分刑法边界的标准．中国刑事法杂志，2012（8）：36．

② 王钢．自杀行为违法性之否定——与钱叶六博士商榷．清华法学，2013（3）：150-154．

③ 钱叶六．参与自杀的可罚性研究．中国法学，2012（4）：101，104．

这个社会。”[1] 而对于毒品犯罪被配置死刑，有论者认为，这就是刑法家长主义——国家以家长名义关注、管控国民健康——的体现。[2] 还有研究者通过比较认为，国家对非法持有毒品的犯罪化，是为了避免持有毒品的人吸毒而伤害自我健康，这乃一种刑法父爱主义立场，而国家对聚众淫乱行为的犯罪化，完全是基于对社会伦理秩序的维护，这并非刑法父爱主义的范畴。[3]

不过，正如有评论者指出的那样：“家长主义在解释毒品犯罪、帮助（或者教唆）自杀犯罪方面，具有独到的优势，却无法解释自杀行为为什么不能构成犯罪。”[4] 确实，家长主义的接受者在此面临一个悖论：在日本等不少国家，教唆自杀、帮助自杀等参与他人自杀的行为都被明确规定在犯罪之中，对这些参与者的处罚可以从家长主义（父爱主义）的角度获得说明，即是为了保护自杀者自身的生命这种最高利益。如果要将这一立场贯彻到底，就应该同样为了自杀者的生命法益而将自杀未遂者的自杀行为认定为犯罪。但极少有哪个国家认定自杀未遂者构成犯罪。可以认为，如果连参与自杀行为的场合的刑法规制都不需要刑法家长主义的理论支撑的话，那么，这一理论就完全是无用甚至有害的；相反，假如不得不借助家长主义的理念来解决这一问题的话，则即便作为例外，也有部分地承认刑法家长主义（父爱主义）的必要。

我国学者中，对教唆、帮助自杀行为的刑法规制主要形成了如下几种解决方案：（1）放弃讨论教唆、帮助自杀行为的可罚性，直接以“法无明文规定不为罪”的名义，否定其构成犯罪。[5]（2）主张“对于自杀，国家只是默认和‘只能如此’地接受，自杀并不是畅通无阻的权利，而仅仅是法律不想作违法或合法评价的法外空间”，同时，“从自杀不违法出发，同

---

① 乔尔·范伯格．刑法的道德界限：第三卷·对自己的损害．方泉，译．北京：商务印书馆，2015：24.

② 李立众教授在 2017 年 12 月 20 日中国人民大学法学院“新作分享沙龙”第 11 期上的发言。

③ 姜涛．在秩序与自由之间：刑法父爱主义之提倡．江淮论坛，2015（1）：124-125.

④ 杨春然．论划分刑法边界的标准．中国刑事法杂志，2012（8）：36.

⑤ 陈兴良．规范刑法学：下册．4 版．北京：中国人民大学出版社，2017：787．陈兴良．口授刑法学：下册．2 版．北京：中国人民大学出版社，2017：44-48.

时考虑客观归责的法理，不能对教唆、帮助他人自杀者论以故意杀人罪”[①]。(3) 主张自杀是自杀者处分生命的自由即其自我决定权的实现，并非刑事不法行为，进而一并否定自杀参与者的可罚性。[②] (4) 肯定教唆、帮助自杀的可罚性，同时将《刑法》第232条中的“杀人”解释为包括“杀害本人”即自杀，之后再通过将教唆者、帮助者解释为共犯来解决其处罚根据问题。[③] 以上四种代表性观点中，前三种均得出教唆、帮助自杀无罪的结论，不过理由不同：第一种观点直接祭出“法无明文规定”的罪刑法定原则的大旗，在形式上最为简洁明快。第二种观点指出自杀既非完全的权利又并不违法，此外还抬出了客观归责的招牌，已经从实质上开始讨论问题。第三种观点明确主张自杀为自我决定权的实现，是权利行为，从而教唆、帮助自杀行为自然不是犯罪，可谓最为彻底。不过，在一个法治社会之中，个体的生命应该是最高的价值，唆使他人放弃自己生命的行为，值得动用刑罚予以谴责；在与此种情形保持整合性的意义上，对帮助自杀的行为也应该一并予以规制。就此而言，单纯以自我决定权的实现为由而正面否定教唆、帮助自杀行为的可罚性，难以为人接受；主张这是一个国家默认的“法外空间”，同时又主张自杀并不违法，本身在逻辑上就存在疑问；而以“法无明文规定不为罪”为由，消极地否定将参与他人自杀的行为入罪，也不过是一种无奈之举。可以说，尽可能地去为教唆、帮助自杀的行为寻找处罚根据，是一个值得肯定的方向。

上述第四种观点中，即便将《刑法》第232条“故意杀人”中的“人”解释为“包括本人”[④]，也要进一步回答自杀者本人的违法性以及有责性问题。不过，从家长主义的理念出发，在秉持法秩序的整体性、统一性的意义上，肯定自杀行为的违法性并非不可能。真正的问题是，如何进一步否定自杀未遂者的有责性，从而为实务中对自杀未遂者的不

---

① 周光权. 教唆、帮助自杀行为的定性：“法外空间说”的展开. 中外法学，2014 (5)：1164-1179.

② 王钢. 自杀的认定及其相关行为的刑法评价. 法学研究，2012 (4)：154-174.

③ 钱叶六. 参与自杀的可罚性研究. 中国法学，2012 (4)：99-111.

④ 从扩大解释与类推适用问题上的“明显突兀感说”(参见本书第三章第一节)出发，本书支持这样的结论。

处罚提供一种教义学上的说明。对此，上述第四种观点的主张者认为“其系自己决定，因此违法性程度低，不值得刑罚处罚”①。但这种论证并不充分，缺乏足够的说服力，最终仍不得不借助“从刑事政策的见地来看，也欠缺处罚自杀的必要性和合理性”这样的法律之外的实质理由。由此可见，在立法未作规定的情况下，刑法解释者的努力空间毕竟有限。

总体上，（硬）家长主义意味着可以无视公民的自我决定而“保护其利益”，这就孕育着侵犯公民自由的风险。康德与密尔对家长主义的批评都包含着真理的成分，值得重视，（硬）家长主义也确实不能无限度地扩张。在以自由主义为基调的现行法秩序下，漠视法益主体的自我决定权，广泛、积极地承认“家长主义”②，无疑会导致国家公权力的无限膨胀和公民自由的极度萎缩的恶果。

不过，尽管家长主义本身或许恶名在外，但其存在的良性一面，可以为我所用。“我们需要抑制对家长主义的普遍反感，因为某些显具家长主义特征的法律看似合理”，“在特定案件中，我们既可以为家长主义辩护，也可能反对家长主义”③。就对刑法功能的理解来说也是如此。成人通常

① 钱叶六．参与自杀的可罚性研究．中国法学，2012（4）：111.

② 有论者认为：从价值论来分析，刑法谦抑主义与刑法工具主义分别倚重自由与秩序，前者立足于刑法的自由保障机能，因此主张刑法在法益保护上只能作为最后手段，单一主张谦抑主义过于理想化，显得不合时宜；而后者侧重于刑法的秩序维护机能，从而规定了大量破坏行政管理秩序的犯罪，存在着权力过度扩张的风险。基于合理地组织对犯罪的反应的需要，中国刑法应当倡导一种父爱主义立场，以求刑法干预能够在谦抑主义和工具主义之间达到最佳平衡点。一方面，刑法父爱主义立足于保护原则对行为人的自由进行干预（比如，对行为人吸毒行为的刑法规制），这不仅有利于防止行为人利益的被侵害，也有利于保障行为人更大的自由；另一方面，刑法父爱主义即使为了公民整体和组织体而限制个体自由（比如，刑法对危害公共安全行为的规制），这也是一种基于对更多人的自由之考虑而作出的理性选择，因而也能达到刑法的自由保障机能与法益保护机能的最佳平衡点。姜涛．在秩序与自由之间：刑法父爱主义之提倡．江淮论坛，2015（1）：120-128.

③ 乔尔·范伯格．刑法的道德界限：第三卷·对自己的损害．方泉，译．北京：商务印书馆，2015：27.

来说不能被视为“孩子”，国家也不应该以父母这种“家长”的姿态，打着“为了你好”的幌子而干涉成人的意思自治。这是自由主义的一般理解。但是，自由主义并非一个绝对至高无上的原则：一方面，它要和社会其他成员乃至社会整体的利益联结在一起才能获得保障；另一方面，对自由主义的尊崇及其限度也必然和一国的社会发展水平、社会治理水准和国民开化程度等息息相关。所以，在中国目前这样的社会结构（紧密型的家庭结构）和社会发展水平之下，不应该毫无保留地容忍国民有权自己结束自己的生命，而应该承认，生命价值具有至上性，在生命的尊严面前，单纯的意思自由要受到限制，“自我决定权也必须让步”①。同时，在中国当下的司法实务中，并未肯定积极安乐死的合法性，反而将相关行为认定为犯罪，比如宋万元案②、邓明建案③。在与这种实务处理的整合性上，也必须强调自我决定权在生命等有限场合的例外性。有研究者认为，国外立法例中嘱托杀人罪并非意在否定被害人处分生命的自由，相反是在保障这种自由。就是说，被害人可能在即将不可逆转地造成死亡结果的最后关键时刻临时恢复求生意志，但却由于并非自己掌控着杀害行为而不能及时避免死亡。正是为了排除这种危险，确保死亡是被害人自主决定的结果，德国立法者才特别设置了嘱托杀人罪，从而确立了必须由自杀者本人终结自身生命的基本原则。④ 但要注意，在此所讨论的行为——教唆自杀或者帮助自杀，最终仍留保留着自杀者最后一刻的自我决定权，其可以在最后一刻放弃自杀意思，或者停止自杀行为。以帮助自杀为例，所讨论的仅指坚定自杀者的自杀意思、为其提供心理帮助，或者为其提供自杀工具等物理帮助的场合，而不包括通过具体行为直接导致自杀意思者死亡的场合。所以，自杀者在最后一刻撤回意思、放弃行为的权利并未受到侵害，但这种行为仍应该受到处罚。即便仍要将这种态度命名为“家长主义”，这也是每个公民的自由所受到的基本限制，是享受国家的法律保

---

① 钱叶六. 参与自杀的可罚性研究. 中国法学，2012（4）：104.

② 付泽，田文生，冉志敏. 重庆首例“助人安乐死”者获刑三年. 中国青年报，2018-08-21（02）.

③ 钟亚雅，许晓君，崔杰锋. “帮母自杀”：罪不可恕，其情可悯?. 检察日报，2012-06-06（05）.

④ 王钢. 自杀行为违法性之否定——与钱叶六博士商榷. 清华法学，2013（3）：150-151.

护和社会秩序时所承受的代价。承认（硬）家长主义的立场作为自我决定权即意思自治原则的例外，和本书的积极主义刑法观之间具有一定的相同之处，也可以说，家长主义（父爱主义）也是本书立场的思想渊源之一。

第二章　积极主义刑法观与刑法立法

——积极主义刑法观的立法展开

积极主义刑法观作为标定刑法介入社会生活之广度与深度的一种观念集合、理论体系和思维框架，需要至少在刑法立法和刑事司法两个维度具体落实。其中，着眼于刑法是司法法的属性，在刑事司法领域通过刑法适用解释贯彻积极主义刑法观是全书的重点；而在立法的层面上，伴随《刑法修正案（八）》和《刑法修正案（九）》等的相继出台，站在积极主义刑法观的角度对刑法立法本身的系统考察同样重要。

对刑法立法的观察和思考可从立法观念、立法技术、立法体例三个层面展开。在积极主义刑法观看来，对这三者都需予以全面考虑而不走极端。因此，立法中的平衡思维至关重要。立法平衡反映在立法观念上，需要在立法的必要性与可行性之间保持平衡；反映到立法技术上，需要在规范的明确性与概括性之间寻求平衡；反映到立法体例上，需要在刑法典的稳定性与权威性之间寻求平衡。这正是本章三节分别的主题。

第一节　平衡思维与刑法立法的活性化

一、观念平衡的方向：严而不厉

（一）严密法网：积极主义刑法观主导下的适度犯罪化

在世界范围内，自20世纪80年代以后，各国立法机关开始重新制定或频繁修改刑法典，同时出台大量的单行刑法与附属刑法，刑事立法出现了明显的活跃化（“活性化”）趋势。这除了体现在处罚的早期化、处罚的重刑化、新刑罚制度的设立等方面，首先就体现在犯罪化动向上。对于这种刑事立法的活性化倾向，国外有学者持反对态度，认为这会架空刑法的基本原则，导致向“治安刑法”倾斜，要抑制实务的失控或对政治权力的屈从。但也有学者肯定此种立法动向的积极方面，认为刑法的基本原则要随时代的要求而作修正。①

就我国当下的犯罪圈划定的应然走向来说，存在争论。一些学者认为，我国应停止犯罪化的刑事立法②，但本书同意多数学者的观点，即，我国虽也存在着一些场合的“非犯罪化”问题，在总体趋势上，却仍将是一个随着社会形势的变化而逐步严密刑事法网（整体法网、个体法网）的过程，是渐次的犯罪化过程。③ 这一点已经为自1999年以来的历次刑法修正的实践所证明。这里所说的犯罪化的整体趋势，“是适度的犯罪化，而非过度的犯罪化”④，换言之，是一种理性而非情绪的犯罪化。

强调适度犯罪化，除了基于社会变迁需要刑法跟进这一基本共识，还包括以下主要理由。首先，全国人大常委会2013年正式废除劳动教养制度，为了有效协调刑法规制与行政法规制等手段之间的衔接，需要有针对

① 陈家林．外国刑法理论的思潮与流变．北京：中国人民公安大学出版社，群众出版社，2017：1-11.

② 刘艳红．我国应停止犯罪化的刑事立法．法学，2011（11）.

③ 冯军．和谐社会与刑事立法．南昌大学学报（人文社会科学版），2007（2）：72．周光权．转型时期刑法立法的思路与方法．中国社会科学，2016（3）：132．等等．

④ 赵秉志．刑法调控范围宜适度扩大——解析犯罪化与非犯罪化之争．检察日报，2004-03-25（04）.

性地增设一些新的犯罪，特别是一些轻微犯罪。其次，防止刑法立法的工具主义倾向、警惕社会治理“过度刑法化”① 固然没错，但这不等于需要提倡刑法参与社会治理的最小化。在发挥刑法的法益保护和权利保障机能的问题上，不应再固守“刑法在法律体系中的‘后卫’角色”②，作为社会治理重要手段的刑法需要更为积极地介入社会生活，接受刑罚积极主义的召唤，践行积极刑法观。③ 最后，在确立刑法的调控范围时，既要适应社会情势、考量抗制犯罪的需要，又要充分考虑刑事司法资源的承受能力。唯有尽量剔除刑法立法过程中浪漫的乃至情绪化的因素，所创立的法律规范才是“适度的”，才能经得起实践和时间的检验。

（二）宽缓刑罚：积极主义刑法观的保障机制

通过对自1999年开始的现行刑法的历次修正，特别是《刑法修正案（八）》和《刑法修正案（九）》的观察可以看出，刑法立法总体面貌的变化概括起来就是，“刑法规制社会生活的深度、广度和强度都有大幅度拓展、扩张，不仅‘管得宽’，而且‘管得严’”④。一方面，历次修正集中体现了犯罪圈扩大的立法趋向，有效弥补了刑事法网总体上过于疏漏的结构缺陷；但另一方面，在严密法网的同时，还需要整体上将刑罚从“管得严”即“厉”，转换到“不厉”，即通过宽缓刑罚作为功能代偿，来实现国家刑事资源总量投入的大致均衡。这既是完整运用储槐植先生“严而不厉”思想⑤的必然结论，在当下又具有特别的针对性和重要意义。

在此强调宽缓刑罚，旨在申明以下三点。第一，在因应罪刑均衡原则要求、整体上强调“轻轻重重”即轻者处罚更轻、重者处罚更重的刑事政策的同时，也必须确认前者的重要地位。这既是弥补废除劳动教养制度带来的处罚漏洞的需要，也是考虑刑事司法系统的承受能力的结果。具体而言，鉴于我国刑法中的法定刑配置原本较高、重刑化倾向明显的事实，不但新罪的法定刑配置本身要尽量轻缓（九个刑法修正案所增加的犯罪之

---

① 何荣功．社会治理“过度刑法化”的法哲学批判．中外法学，2015（2）：523.

② 刘宪权．刑事立法应力戒情绪——以《刑法修正案（九）》为视角．法学评论，2016（1）：97.

③ 关于积极刑法观与刑事立法，参见周光权．积极刑法立法观在中国的确立．法学研究，2016（4）。

④ 同③24.

⑤ 储槐植．刑事一体化论要．北京：北京大学出版社，2007：53-67.

中，没有一个犯罪被规定了死刑。这一点值得肯定并需要坚持），而且，无论是立法创制还是司法适用，都要更大限度地发挥财产刑特别是罚金刑的作用。第二，配置或者调整为严厉的刑罚必须具有正当理由。如对死缓犯的减刑幅度缩小、增设限制减刑制度、提高数罪并罚时有期徒刑的上限等刑法修正，旨在缓解刑罚体系中存在的“死刑过重、生刑过轻”的结构性缺陷。这值得肯定。不过，也有一些刑罚由轻到重的修改值得商榷。比如，通过修改《刑法》第294条大幅提升相关涉黑犯罪的法定刑，更多的是回应一些地方开展的“打黑除恶”专项行动的需要，并没有大量实证调研数据的支持，存在疑问。[①] 第三，与“宽缓刑罚”或者从“厉”到“不厉”相适应，更重要的应该不是纯粹依赖理论上的界定，而是直接在立法模式上将重罪与轻罪明确予以区分，对轻罪用轻罚。这一点，正逐渐获得越来越多的赞同。

二、观念平衡的内容：平等与均衡

在刑法立法中贯彻平衡思维，除需要明确“严而不厉”的总体方向外，还应该解决突出矛盾。必须指出，“不平等”和“不均衡”可谓刑法立法缺陷的两个突出体现，而落实平等思维和均衡思维，也就成了刑法立法平衡的基本内容。

（一）平等思维要求在立法中体现重要差别，放弃次要差别

在立法上讲求平等，不是不计任何区别地“一视同仁”，而是要注重区别对待。问题是，什么样的差别要在立法上有所体现，什么样的差别只需交给司法。既然违法和责任是犯罪的实体[②]，则明显影响行为的法益侵害类型（而非仅仅其程度）或者影响行为的可谴责性即责任类型的差别，就属于重要的、在立法上不能忽视的差别。以犯罪对象的差别为例，如果该差别不影响所侵害法益的类型——杀害的是好人还是坏人、强奸的是妓女还是修女、盗窃的是陌生人的还是熟人的甚至亲属的财物，等等，就只需在司法中考量。相反，所盗窃的是普通财物，还是枪支，抑或国家机关的公文，对于所侵害的法益类型存在明显差别，则刑法明确以不同的构成

① 周光权. 转型时期刑法立法的思路与方法. 中国社会科学，2016（3）：129.

② 具体的展开，可参见张明楷. 以违法和责任为支柱构建犯罪论体系. 现代法学，2009（6）。

要件予以规制。再者，客观上同样的行为导致了被害人死亡，而立法将明知故犯和不意误犯的场合规定为不同犯罪，配置轻重悬殊的法定刑，则是因其可谴责性的类型差异，同样维护了事实上的立法平等。

在平等思维的贯彻上，现行刑法还存在可检讨之处。这包括两种情形：一是立法上应体现一些差别而未能体现。(1) 在法益侵害上明显有别，因而应该在立法上存在差别，但却未能体现。比如，我国刑法在第115条之中将“致人重伤、死亡或者使公私财产遭受重大损失”并列，完全将人的生命、健康法益和公私财产权这一本质上的财产法益予以混同，未能突出对公民人身权利，特别是生命、健康等法益的特殊保护，值得反思。① (2) 责任形式明显有别，因而在立法上应该存在的差别未能体现。比如《刑法》第398条完全不顾故意与过失在罪过内容以及可谴责程度上的重大差别，配置了同样的法定刑幅度。这虽可理解为立法者为了实现对国家秘密的保护而有意为之，却仍值得批评。同样，像抢劫罪的加重构成中的“致使被害人重伤或者死亡”被配置同样的法定刑而不区分是故意还是过失造成此种结果，大致也存在相应问题。二是体现了一些本不应体现的差别。除了广受诟病的体现于《刑法》第236条强奸罪、第240条拐卖妇女罪中的性别保护上的不平等 [《刑法修正案（九）》将《刑法》第237条强制猥亵罪的对象从“妇女”改为“他人”，仅小部分地解决了这一问题]，还包括“身份差别”体现出的立法上的不平等。比如，国家工作人员利用职务上的便利“侵吞、窃取、骗取”国有财产的，定罪数额起点远高于普通公民犯侵占罪、盗窃罪、诈骗罪的起点，体现出立法上的官轻民重。《刑法修正案（九）》虽改变了1997年《刑法》中贪污罪（以及受贿罪）直接根据数额量刑的规定模式，但也只是取消了直接体现在立法中的不平等，惯性的身份不平等思维仍为司法解释所沿袭。不仅如此，根据《刑法修正案（九）》的修正，犯贪污或受贿罪，在提起公诉前如实供述自己罪行、真诚悔罪、积极退赃，避免、减少损害结果的发生的，可以特别

---

① 形成对照的是，日本刑法第108条规定了“对现住建筑物等放火罪”，第109条规定了“对非现住建筑物等放火罪”，第110条规定了“对建筑物等以外之物放火罪”，明确根据犯罪对象的不同而规定了不同的构成要件、配置了不同的法定刑，从而鲜明体现了因保护法益之明显差别而在犯罪成立条件和刑罚后果上区别对待的立法思路和立法技术。

从宽处罚。但是，不得不承认，“将类似奖励规定放在贪污贿赂罪这些身份犯中，而不能适用于普通人可能触犯的大量财产犯罪，与刑法平等原则有所抵牾”①。

（二）均衡思维要求不同犯罪之间的法定刑要尽可能保持均衡

刑法立法需要在不同犯罪的构成要件配置或法定刑配置之间讲求均衡。前者是指，立法中要尽量有意识地少出现法条竞合包括交叉竞合的现象；后者是指，要尽可能做到重罪重刑、轻罪轻刑。限于篇幅，这里仅就后者略作展开。

（1）同一类罪之间的法定刑需要讲求均衡。以财产犯罪为例：刑法分则第五章“侵犯财产罪”中 13 个犯罪的法定刑配置基本上做到了重罪配重刑、轻罪配轻刑，但是仍有值得检讨之处（参见第五章第十一节）。比如，因贪利等原因陷入认识错误者应当为自身之被害承担部分责任，而因恐惧交付财物则完全出于不自愿，“敲诈”较之“欺骗”违法性显然更强。可是，1997 年刑法规定敲诈勒索罪的最高法定刑是 10 年有期徒刑，而诈骗罪的最高法定刑是无期徒刑。尽管《刑法修正案（八）》将敲诈勒索罪的最高法定刑提高到 15 年有期徒刑，在修改方向上值得肯定，但仍低于诈骗罪的法定最高刑，未能彻底解决问题。

（2）不同类罪间如有可比性，其法定刑也应讲求平衡。如侵犯公民名誉的犯罪和侵犯财产的犯罪，均属侵犯公民个人法益的犯罪，而各种个人法益之间又存在一定的位阶序列。对于公民个人来说，财产权和名誉权，刑法更应侧重保护何者，不应一概而论。在尚且不能温饱或者刚刚温饱的社会中，财产在个人法益中具有较高地位；而在小康社会中，公民更加注重个人的价值、形象、声誉等，对名誉权的维护就至少不应低于对财产权的保护。现行刑法为侮辱罪和诽谤罪配置的法定最高刑仅为 3 年有期徒刑，仅相当于盗窃数额巨大财物时的最低刑。这值得反思。在平衡思维看来，不但应该明确拒绝侮辱罪、诽谤罪的除罪化主张，从刑罚配置的均衡性角度出发，反而应适当提高这两个犯罪的法定刑上限。

（3）不同类罪间如不具可比性，则不能强求法定刑均衡。只是，就某一具体刑罚种类，特别是死刑的配置来说，仍可能从平衡思维的视角予以反思。在刑法分则规定的十类犯罪中，除渎职罪外全部规定有挂死刑犯

---

① 周光权. 转型时期刑法立法的思路与方法. 中国社会科学，2016（3）：129-130.

罪，但从死刑本身的严酷性、非常性和极端性出发，死刑的配置还是应该限于极少数犯罪，也就是以剥夺他人生命为内容的犯罪。“将不具有剥夺他人生命为内容的犯罪与具有剥夺他人生命为内容的犯罪规定相同的法定最高刑，其规定的不平衡也是显而易见的。”①

（三）平衡就是在动态中尽量趋向黄金分割点

平衡不是和稀泥，而是一种思维艺术，其务实的目标是要追求0.618这一黄金分割点。目标不是1，说明刑法立法不可能追求完美无瑕；最佳的选点处在五分之三和三分之二之间，即总体上是“可接受的”“应肯定的”；精确到小数点后三位才被称为黄金分割点，说明这一平衡点并非一望便知，需细致寻觅方才可能获得。再有，主张“黄金分割点”，并非教条式地追求固定数值0.618，而是借鉴其观念，强调随着社会时势、法官素质、外部环境等诸多因素的变化，在动态中求平衡。

在变动中实现平衡的正面例子，可举的很多。比如，《刑法修正案（八）》对总则中特别累犯制度的修改，既体现了对恐怖活动犯罪、黑社会性质组织犯罪的严惩，也体现了和危害国家安全类犯罪之间的大致平衡。又如，一再通过修正案扩大洗钱罪上游犯罪的范围，使其法益保护范围更加严密、合理；而坚持对上游犯罪采取封闭列举式的规定方式而未附加“等”或“以及其他”，则是对人权保障价值的基本尊重。除了做“加法”的场合，刑法修正还通过做“减法”的方式实现均衡，比如《刑法修正案（八）》通过废除《刑法》第68条第2款“有自首和重大立功表现的，应当减轻或者免除处罚”的规定，避免了重大犯罪场合可能出现的量刑失衡。再如，《刑法修正案（九）》通过删除《刑法》第360条第2款规定的嫖宿幼女罪而将嫖宿幼女行为纳入强奸罪之中，可有效避免对幼女“污名化”的问题，实现了对于所有幼女平等无差异的特殊保护。② 此外，个罪法定刑的调整也可能体现出一种动态平衡，比如《刑法修正案（八）》通过设置绑架罪的减轻犯罪构成，《刑法修正案（九）》对1997年刑法中“致使被绑架人死亡或者杀害被绑架人”的法定刑修改，实现了该罪刑罚配置上的动态均衡。

动态平衡也有明显反例，比如从拐卖人口罪到拐卖妇女、儿童罪的变

① 李洁．罪与刑立法规定模式．北京：北京大学出版社，2008：69.

② 梁根林．刑法修正：维度、策略、评价与反思．法学研究，2017（1）：49.

迁。为了突出对妇女、儿童的特殊保护，将之作为拐卖人口罪（1979 年《刑法》第 141 条）的从重处罚情节即可，径直删除拐卖人口罪的规定，以致对已满 14 周岁男子的相应法益保护出现空当，明显在拐卖型犯罪立法变动中失衡。此外，将生产、销售假药罪等的罚金刑从倍比罚金制修正为无限额罚金制，或许也可认为是在动态变动中失去了平衡。再如，在《刑法修正案（九）》废止了嫖宿幼女罪的同时，并未相应废止《刑法》第 359 条第 2 款规定的引诱幼女卖淫罪，没有考虑相关条文之间应有的逻辑一致性，从而必然会导致刑法解释与适用上的困境①，也可谓是一种失衡。

三、观念平衡的关键：兼顾必要性和可行性

行为规范和裁判规范的有机统一，决定了刑法法条必须兼具必要性和可行性，前者需要考虑刑法和其他社会管理手段的分工与衔接，后者则需要结合刑事司法系统的承受能力。做好刑法立法观念上的平衡，尤其需要注意如下问题。

（一）要避免既缺乏必要性又缺乏可行性的情绪化、空想型立法

在现行刑法的总则和分则中都有既缺乏必要性又缺乏可行性的立法例。总则中，典型的比如《刑法》第 22 条的预备犯处罚：该规定不但未考虑其可执行性，甚至也未充分论证其必要性，从而沦为空置，严重失衡。事实上，一般犯罪的预备犯实无处罚必要，充其量处罚其未遂。在严重犯罪的场合，或者可以仿照日本刑法的规定，在刑法分则相应条款中明文规定“本罪的预备犯，亦处罚”，或者通过规定实质预备犯②实现刑法干预的早期化，都可解决问题。《刑法》第 22 条可谓是情绪的立法、空想的立法，主张将其删除③，可谓中肯。分则中的例子，比如，《刑法》第 301 条第 1 款将聚众淫乱行为规定为犯罪，既无必要（此系成人间基于合意且处在私人空间之内的行为），也不可行（由于证据搜集上的困难，只

① 梁根林．刑法修正：维度、策略、评价与反思．法学研究，2017（1）：60.

② 比如《刑法修正案（九）》所新增的准备实施恐怖活动罪和非法利用信息网络罪，即是将相应预备行为实行行为化，以实现对恐怖活动犯罪或者网络犯罪的从严打击。

③ 周光权．转型时期刑法立法的思路与方法．中国社会科学，2016（3）：138.

能大量容忍立法虚置）。① 又如，刑法规定介绍贿赂罪同样既无必要性也无可行性：前者是因为，介绍贿赂的行为要么表现为受贿的帮助，要么表现为行贿的帮助，按照其中更符合者处罚即可，定为介绍贿赂罪反而导致轻纵犯罪；后者是指，由于无法将介绍贿赂罪与受贿罪、行贿罪的帮助犯准确区分，究竟如何处理在实务中常是一笔糊涂账。不仅在 1997 年刑法之中，之后的刑法修正案中这种“双缺”的情绪化立法也不少见。比如，《刑法修正案（九）》增设了第 284 条之一第 4 款，据此，代替他人或者让他人代替自己参加法律规定的国家考试的，构成犯罪。但是，即便是对组织考试作弊、非法出售试题、答案等行为有必要动用刑法予以规制，但对于单纯替他人考试或者单纯请他人代替自己考试的行为，还是应该由行政处罚等予以规制。直接将其规定为犯罪，既不必要，也难以执行。同样，将使用伪造的、变造的身份证件的行为规定为犯罪，也在这两方面存在重大疑问。

明显缺乏必要性与可行性的刑法立法，也存在于对刑法规范创制的争论中。比如不少学者主张效仿德国设立“见危不救罪”②。但是，可以通过对救助义务、作为义务的实质解释将确有处罚必要的行为纳入刑法的调控范围之内，因此增设这一犯罪并不必要；同时，这涉及法律包括刑法和道德之间的界限，在中国社会道德仍然普遍较低的现实之下，贸然入罪要么会导致法律虚置，要么会导致处罚膨胀。

（二）判断立法（修法）的必要性应以犯罪的实体为中心并兼顾刑罚目的

在《刑法修正案（九）》之中，刑罚由轻改重的规定值得注意。比如，对于“收买被拐卖的妇女、儿童，对被买儿童没有虐待行为，不阻碍对其进行解救的”，或者“按照被买妇女的意愿，不阻碍其返回原居住地的”，1997 年刑法规定“可以不追究刑事责任”，而《刑法修正案（九）》修正

---

① 有学者指出：聚众淫乱本身不是暴力，也非偷非骗，更没有对公法益构成侵害，而且也没有滥用特殊身份。此种行为入刑的原因很可能与主流文化中对性滥用的否定态度有关。而既然它属于文化观念范畴，为什么不可以选用与之相应的对策作出反应？刑事制裁如若成为唯一的选项，至少反过来说明社会反应手段的贫乏无力。白建军．犯罪圈与刑法修正的结构控制．中国法学，2017（5）：83-84.

② 早一些的，比如冯军．和谐社会与刑事立法．南昌大学学报（人文社会科学版），2007（2）：72。新近的，比如周光权．转型时期刑法立法的思路与方法．中国社会科学，2016（3）：136。

为对前者“可以从轻处罚”，对后者“可以从轻或者减轻处罚”。对此修改学者间存在不同意见。有反对者认为，这种修改可能会带来负面效果：对于收买被拐卖的妇女、儿童的行为人来说，如果没有网开一面的规定，其可能产生“鱼死网破”的心理，带着被拐卖的妇女、儿童东躲西藏，或者拘禁、殴打、虐待被害人，从而更不利于解决和保护被拐卖的妇女、儿童。[①] 也有反对意见明确认为，这种修改受到了部分民众的干扰和影响，存在浓厚的情绪性立法色彩。[②]

以上批评主要从刑法规定的政策效果出发，或许有一定道理。本书仍对上述修改持肯定态度。既然刑法规范的核心内容是框定犯罪成立条件及其法律后果，则判断刑法的制定或修改是否具有必要性，就应该以犯罪的实体即违法性和责任为中心，并兼顾预防犯罪的刑罚目的。（1）从法益侵害，进而报应刑的角度讲，行为人毕竟实施了“收买被拐卖的妇女、儿童”行为，已经对被收买的妇女、儿童的人格尊严、人身权利等利益造成了现实侵害，并且，就像被强奸之后妇女的事后同意或者盗窃既遂之后的返还财物不能阻却强奸罪或盗窃罪本身的违法性一样，对被收买的妇女、儿童的法益侵害并不因事后收买者的良好表现而实质性解消。（2）收买了妇女、儿童之后的各种良好表现，表明其可谴责性降低而非完全消失，这只是从宽处罚而非“可以不追究刑事责任”的理由。（3）从预防犯罪，特别是从预防刑的角度讲，正是大量的收买行为促成了拐卖的发生，从而，“只有从源头遏制收买妇女、儿童的买方行为，才能更加有效地防范和惩治拐卖妇女、儿童犯罪”，“明确国家对此类犯罪行为绝对的规范性禁止”[③] 而不是网开一面，就实属必要。同时，1997 年刑法之中不区分“妇女”“儿童”的同等优待，也不利于对儿童的特殊保护，修改之后的区分对待则在刑法规范的政策目标和司法能动之间实现了较好的平衡，更为可行。基于同样的道理，对于《刑法修正案（九）》修改了《刑法》第 390 条关于行贿人在被追诉前主动交代行贿行为的处罚规定，本书也持肯定的态度，认为其较好贯彻了比例原则和平衡思维。

---

① 周光权．积极刑法立法观在中国的确立．法学研究，2016（4）：36.

② 刘宪权．刑事立法应力戒情绪——以《刑法修正案（九）》为视角．法学评论，2016（1）：93.

③ 梁根林．刑法修正：维度、策略、评价与反思．法学研究，2017（1）：50.

（三）判断立法（修法）的必要性要考虑制裁体系的衔接并允许倒逼

《刑法修正案（八）》将“扒窃”规定为盗窃罪的选择性入罪条件，曾引起争议，有观点认为“不具有刑法可罚性的扒窃行为，总体上而言只是一种违反治安管理处罚法的行为，不宜认定为犯罪。否则，就会不适当地扩大盗窃罪的定罪范围、刑法处罚的范围，也混淆了刑事处罚和行政处罚的边界”[①]。不过，如果能看到扒窃入罪“是因应劳动教养被废除后社会治理和社会控制的需要，而在刑事立法上作出的特别安排”[②]，就会承认扒窃入罪的立法有其必要性。只是，如果扒窃都不计数额、不计次数地一概构成盗窃罪，则会因为入罪门槛的降低而导致盗窃刑事案件的大幅增长，恐怕会带来不可欲的负面效果。所以，就需要在刑法适用中适当限缩扒窃入罪的范围，如恰当界定“扒窃”的含义、适当考虑扒窃的具体数额等。

《刑法修正案（八）》新设了两种类型的危险驾驶罪，在当时引起了不小的争议。笔者就曾认为，危险驾驶罪的立法，体现出立法的短期主义特征以及对刑法的依赖与迷信。[③] 不过现在看来，这一立法反倒促成了一种倒逼机制，使现在“喝酒不开车、开车不喝酒”逐渐成为广泛共识和国民习惯，促进了道路交通安全的巨大改善，印证了这一立法的必要性和可行性。

四、小结

最近有学者提出，20 年来我国刑法立法中大量存在着象征性刑事立法，恐怖犯罪、网络犯罪与环境犯罪都是其典型代表，这样的立法服务安全目的而损害了刑法的法益保护机能，因谦抑性不足而损害了刑法的人权保障功能，因执行力不足而损害了刑法的实用主义功能。[④] 不过，在社会公共安全、网络安全、环境安全等重大价值确有必要通过刑法予以保护的前提下，问题的关键就在于，要通过具体检讨相应犯罪构成要件的设置是否科学、是否在证明责任的分配上存在缺陷等，来提高具体罪名在实践中

---

① 陈丽平，李吉斌．扒窃行为是否入罪存在争议．法制日报，2011-01-07（03）．

② 梁根林．刑法修正：维度、策略、评价与反思．法学研究，2017（1）：56．

③ 付立庆．刑法修正案八中的浪漫主义思维——以醉酒驾驶入罪为切入的反思．云南大学学报（法学版），2011（5）．

④ 刘艳红．象征性立法对刑法功能的损害——二十年来中国刑事立法总评．政治与法律，2017（3）：39 及以下．

的适用性、操作性，即立足于具体犯罪的可行性本身。立法的可行性不足固然不容忽视，却不能由此而否定立法的必要性，二者之间，必要性终究是更为重要的。

对于如何判断某一危害行为是否有入罪的“必要性”，刑法立法更应考虑的是，立足于宪法上的价值保护指向，哪些行为在刑法上是不可忽视、不能容忍的，进而有必要针对类似行为设置罪刑规范，使之成为国民的行动指南。① 即便是从纯粹的结果无价值论的角度讲，也应该坚持的一个基本判断是，针对涉及群体利益、公共安全或者涉及个人生存、发展等基本权利的行为时，刑法不需要受所谓“最后手段性”观念的羁绊，而需要积极介入，彰显自身的独立品性。而且，如果为了保障重大的利益而确有必要，则将相应立法规定作为达摩克利斯之剑悬置于具有危险倾向的群体头上，以实现一般预防的刑罚目的，也仍然是立法者所应秉持的态度。事实上，《刑法修正案（八）》所增加的拒不支付劳动报酬罪也被认为是象征性立法的表现之一。但是，由于实践中民事、行政法律手段未能有效解决恶意欠薪问题，将此种行为规定为犯罪，通过威慑的一般预防实现对劳动者财产权的合理保护，实有必要。而且，成立该罪还以“经政府有关部门责令支付仍不支付”为要件，故可以说也充分关照了入罪的可行性。应该说，只有在纯粹涉及与道德的关系、涉及难以还原为个体利益的纯粹秩序的场合，入罪才应该十分慎重。这是主张刑罚积极主义的笔者最后想要强调的。

第二节　刑法用语的明确性与概括性

——从刑事立法技术的角度切入

由于调整对象、制裁手段的不同，也由于要遵循罪刑法定原则，刑法规范的体系框架就必须呈现出一定的稳定性和封闭性。这就要求刑法用语应该尽可能明确，以保障国民的预测可能性和行动自由。但是，法律语言在对各种事实进行抽象的过程中只能类型化地舍弃一些细节，而且法条用语会随着语境和时空而产生流变性，这都会导致刑法规范必然呈现出一定

① 周光权．转型时期刑法立法的思路与方法．中国社会科学，2016（3）：132.

的概括性。再者，刑法规范的供给（立法）无法满足需求（司法）这一矛盾始终存在，立法者不应该将这一矛盾的解决完全推脱给司法者，故而刑法用语又必须保持一定的概括性。因此，在刑法用语的刚性和弹性之间，如何寻求恰当的平衡，如何解决刑法规范的有限性和社会生活的无限性之间的矛盾，就是刑法立法者（当然也包括司法者）必须面对的课题。

实际上，早有学者主张刑事立法的明确性和模糊性的协调与平衡是刑事立法的理想目标，认为“在立法实践中必须努力谋求明确性与模糊性这两个彼此矛盾的力量之间的和谐与平衡”①。但这种观点也被批评为“似是而非，模棱两可”②。绝对明确的刑法文本会“沦为具体的制裁命令，破坏刑法文本的行为规范与裁判规范的属性与功能”③，并不足取。与从绝对罪刑法定主义到相对罪刑法定主义的进化同步，刑法规范在绝对明确性和概括性之间寻求动态平衡的过程，实际上就是刑法规范的相对明确化。这才是刑法立法的务实的、理性的目标。但是，相对明确性所能够接受的概括性并不完全等于模糊性，因为模糊和明确是相互排斥的。模糊性和精确性相互依存、精确性的另一半是模糊性等模糊论的主张，并不能照搬为罪刑法定时代对刑法文本的要求。尽量避免模糊、追求明确是一种理念和目标，需要相应的立法技术予以落实。“就刑法的保障功能的有效性而言，立法技术发挥着重要作用。”④ 在本书看来，要达到这样的目标，在立法技术层面上至少要正确对待如下课题。

一、对犯罪构成的描述要尽量明确，要慎用兜底性规定

在我国刑法关于犯罪构成的描述中，较多地使用了概括性规定。主要有三种情形：情形一是在情节犯、数额犯的场合，规定“情节严重”“性质恶劣”“数额较大”等概括性入罪条件。这些定量化的入罪条件，是学说上所谓的罪量因素。在加重的犯罪构成中，比如《刑法》第 236 条“强

---

① 杨书文. 刑法规范的模糊性与明确性及其整合机制. 中国法学，2001（3）：173.

② 陈兴良. 刑法的明确性问题：以《刑法》第 225 条第 4 项为例的分析. 中国法学，2011（4）：116.

③ 梁根林. 刑事政策：立场与范畴. 北京：法律出版社，2005：304.

④ 汉斯·海因里希·耶赛克、托马斯·魏根特. 德国刑法教科书（总论）. 徐久生，译. 北京：中国法制出版社，2017：176.

奸罪”中的“强奸妇女、奸淫幼女情节恶劣”“造成其他严重后果的”，等等，也存在着相应的概括性规定。情形二是在一些犯罪手段的规定上，采取明示列举加“其他方法”“其他手段”等概括规定的方式，比如《刑法》第 246 条“侮辱罪”、第 236 条“强奸罪”、第 263 条“抢劫罪”的规定。《刑法》第 114 条及第 115 条“以危险方法危害公共安全罪”，亦可归入此类。情形三是在列举了一些犯罪的行为方式之后，又设置笼统的堵截式入罪条件，对行为方式加以兜底性涵盖，如《刑法》第 169 条之一“背信损害上市公司利益罪”、第 182 条“操纵证券、期货市场罪”、第 191 条“洗钱罪”、第 193 条“贷款诈骗罪”、第 225 条“非法经营罪”等，均规定了这种兜底的行为方式。① 概括性规定必不可少，但绝非不受约束、在立法中越多越好。对此，需要细致地具体分析。

（一）刑法条文中的一些概括规定值得肯定

比如，《刑法》第 20 条第 3 款关于特殊防卫权的规定中对不法侵害范围即采取了限定列举加概括规定的方式：在明确列举了“行凶、杀人、抢劫、强奸、绑架”之外，又概括地辅之以“以及其他严重危及人身安全的暴力犯罪”。这样的规定之所以得到肯定，是因为罪刑法定原则所要求的明确性是从限制入罪的角度展开的，明确性要求并不限制出罪，而特殊防卫权的规定正是从出罪的角度对《刑法》第 20 条第 2 款所作的补充，是为了提醒法官更好地把握防卫过当的限度以免扩大其范围，从而是有利于防卫行为人即案件被告人的。与此相对照，《刑法》第 17 条第 2 款关于相对刑事责任年龄人承担刑事责任范围的规定之所以只进行了限定列举而未附加概括性规定，也是因为该款属于入罪性规范，自然应该受罪刑法定原则所要求的明确性的限制。此两种规定都很好地掌握了概括性规定的立法技术，很好地在立法的概括性和明确性之间求得了平衡。

（二）刑法条文中的一些概括性规定虽属必要，但立法时应尤其谨慎，且对司法者提出了较高要求

比如，对于侮辱罪、强奸罪、抢劫罪中的“其他方法”“其他手段”

① 明显可以看出，采用此种兜底式规定的，主要是些行政犯罪。正如有分析者指出，“对当下的中国而言，所缺乏的主要是与行政犯罪有关的规范资源”。“形成规范增量需求的地方，应当是那些与行政犯罪的规制有关的领域”。白建军．论刑法不典型．法学研究，2002（6）：131.

等概括性规定，如何评价？这种对于犯罪方法、手段的概括式规定无疑属于入罪式规定，其必然也是对罪刑法定原则的明确性要求的一种突破，从而使被告人的人权面临着被侵害的危险。但如果取消该规定，将侮辱罪、强奸罪和抢劫罪的犯罪手段只按照明确性要求规定为“以暴力方法公然侮辱他人”或者“以暴力或者胁迫手段强奸（抢劫）……”，又会使一些暴力之外的公然侮辱或者暴力、胁迫之外的不典型的强奸或者抢劫行为难以被纳入法网之中，从而疏于对被害人的权利保护。可以说，犯罪手段、方法上的概括性规定，旨在通过严密法网来实现对被害人的权利保护，而这同时孕育着侵犯被告人人权的危险。被告人的人权保障和被害人的权利保护之间如何平衡？很难有一个固定的答案。在本书看来，对像侮辱罪这样的法定最高刑为3年有期徒刑的犯罪，在犯罪方法上的概括规定相对容易让人接受（即便本书主张提升侮辱罪、诽谤罪的法定刑，它们和强奸罪、绑架罪这样的传统重罪之间仍明显有别）；而对像强奸、抢劫这些起点刑为3年有期徒刑的传统重罪，采纳此种概括式规定应该更为慎重。这是因为，在人权保障和权利保护（被害人保护）的价值平衡中，对于轻重不同的犯罪，其平衡的黄金分割点可能并不完全一致。相对而言，在轻罪的场合，罪刑法定的明确性要求可以略低，而且由于法定刑较低，即便是不恰当的入罪对被告人的侵害也相对有限，所以就应该更侧重对被害人的权利保护；而在重罪的场合，由于法定刑较高，从罪刑均衡的角度讲，也应该在罪刑法定的明确性上有更高的要求①，由于不当入罪时会对被告人带来较大伤害，天平就应该向被告人的人权保障倾斜，由此所带来的侵害被害人权利的危险，只能看作是平衡论主张下的一种丧失。这样看来，至少在

① 可以对照的是，日本刑法对强奸罪和强盗罪（抢劫罪）的规定。日本刑法第177条关于强奸罪的规定是：“以暴行或者胁迫手段奸淫13岁以上的女子的，是强奸罪，处3年以上有期惩役；奸淫未满13岁的女子的，亦同。”同时又作为其补充，在第178条规定了准强奸，即“乘女子心神丧失或者不能抵抗，或者使女子心神丧失或者不能抵抗而奸淫的”，依照强奸罪的规定处断。其刑法第236条关于强盗罪的规定是，“以暴力或者胁迫方法强取他人财物的，是强盗罪，处5年以上有期惩役”。同时作为其补充，又在第239条规定，“使他人昏醉而盗取其财物的，以强盗论”。可以看出，对于中国刑法强奸罪、抢劫罪中的“其他手段”、“其他方法”部分，日本刑法是通过补充规定的方式明确规定的。这就较好地体现了罪刑法定的明确性要求，较好地实现了权利保护和人权保障之间的平衡。

强奸、抢劫等传统重罪场合，或许不应该简单地如陈兴良教授所认为的，“对行为方法的兜底性规定并不违反明确性要求”①，而应该认为，此等情形之下，在对犯罪方法限定列举之后辅之以概括规定，和罪刑法定的明确性要求，从而和刑法立法的科学化目标之间，还有一定的距离。即便退一步讲，在人权保障和权利保护之价值衡量的动态平衡中，最终接受了强奸罪、抢劫罪的如此规定，也必须明确，这种在犯罪方法上的概括式规定以立法上明确的限定性列举为前提，概括式规定仅仅作为其补充而存在，而“暴力、胁迫”的限定性列举也是司法者在判断行为人的行为是否属于立法所规定的“其他手段”“其他方法”时，必须按照“等价性”“相当性”标准来考量的坐标。

（三）例示法立法虽可肯定，但仍应有所限制，并且不能致其沦为所谓口袋罪

事实上，像前述情形三这种对行为方式等明确列举并加上兜底规定的“例示法”，不但为德国刑法等所采纳，也为国外学者所认同。如考夫曼指出，例示法既非只标明犯罪类型名称的概括规定，又非详细描述犯罪类型，而是“取二者之间而走中庸之道；立法者只例示性地描述类型，因而明白地指示法官可使用类推的法律发现”②。我国也有学者大力主张这种例示法在刑法立法中的作用，认为“例示法是概括条款与个案列举法的一种有机结合，它既能保障刑法的安定性，也赋予法官对此类或类似的案件作出同样处理的任务；既能对应社会生活现实，也能限制法官权力”，“我国今后的刑事立法对于现代型犯罪宜尽量采取例示法”③。允许立法上出现这种不利于被告人的规定，归根结底还是人权保障和权利保护两种价值冲突时的平衡问题，其中还需要加上刑法典的安定性这样一个重要的考量要素。现代型犯罪对于刑法规范的保护范围要求更高，从而也就要求刑法规范更具开放性，而立法者明确列举的能力又注定有限。对于一些新型的犯罪现象，立法者不可能认识到，从而也就不可能明确列举出所有的行为

---

① 陈兴良．刑法的明确性问题：以《刑法》第225条第4项为例的分析．中国法学，2011（4）：内容摘要．

② 考夫曼．类推与事物本质．吴从周，译．台湾学林文化事业有限公司，1999：117以下//张明楷．刑事立法的发展方向．中国法学，2006（4）：33．

③ 张明楷．刑事立法的发展方向．中国法学，2006（4）：33．

类型。出于严密法网以及刑法典的安定性的考虑，这种兜底式规定可以说是不得已而为之，为此给被告人人权带来的可能侵害，只能作为罪刑法定明确性要求的一种扩张，是其所必须付出的代价。但是，这里必须要强调两点：(1) 即便在现代型的犯罪中有限度地允许这种兜底式规定，这种立法方式也不应该扩张到传统犯罪之中。首先，立法者对传统犯罪的认识已经较为成熟，就不需要借助开放式的兜底规定来严密法网，而应尽可能采用一些简洁明快的表述且不失明确性；其次，传统犯罪的法定刑通常较高，因而也不宜出现这种概括式规定。(2) 这种例示法区别于完全兜底式规定之处在于，它以存在着对犯罪行为等的明确列举为前提，因此，法官在对照具体事实对刑法的兜底规定进行填充时，就不至于不受任何约束地天马行空。"法官要将现实案件与法条例示的行为相比较，判断现实案件是否与法条例示的行为相类似。所以，法官的自由裁量权受到了有效的拘束，刑法的安定性能够得到保障。"① 所以，在对现代型犯罪的构成要件加以描述时，立法者在不得已而采用兜底式规定的同时，必须有意识地将它和明示列举相结合，并且尽可能详细、充分地列举已经认识到的常见的相应犯罪类型。

在 1979 年刑法中的流氓罪、投机倒把罪被废除之后，1997 年刑法中的非法经营罪作为口袋罪存在的一个象征，广受诟病。但说到"口袋罪"，只要存在着兜底式规定，它在某种意义上都可以称为"口袋罪"，或者说都有沦为"口袋罪"的危险。但是，即便说这些兜底条款"是我国刑法的罪刑法定原则的软肋"②，这也不是一句"应该摒弃"就可以解决的。非法经营罪之所以广受批判，很大程度上是因为实践中对该罪的认定过于随意③，以至于不符合市场经济规则的行为动辄就被装到非法经营的"口袋"之中。立足于"法律不是嘲笑对象"的立场，自然可以通过限缩解释、同类解释等规则来框定"其他严重扰乱市场秩序的非法经营行为"的范围。但立足于刑法立法学的立场加以观察，可以说非法经营罪认定上的

---

① 张明楷. 刑事立法的发展方向. 中国法学，2006 (4)：33.

② 陈兴良. 刑法的明确性问题：以《刑法》第 225 条第 4 项为例的分析. 中国法学，2011 (4)：120.

③ 比如，黄光裕以人民币偿还港币赌债的行为，即被认定为非法经营罪。但是，这已经远远超出了"经营"的含义范围。

随意性说到底还是缘于《刑法》第225条第4项的规定本身过于宽泛、模糊。要而言之，虽然刑法关于非法经营罪的立法在形式上采用了例示法的立法技术，但是《刑法》第225条前三项所例示的不过是非法经营的三种有限情形，列举并不详尽、充分，致使第4项“其他严重扰乱市场秩序的非法经营行为”的填充空间过大。在明示列举和兜底规定之间，从罪刑法定原则的明确性要求出发，明示列举即例示应该尽可能充分、全面，这样，一方面法条中的充分列举本身就限制了司法裁量权的范围，另一方面也可以使具体办案的法官在填充事实时能通过更多的参照来甄别、比较当下的行为和法条中列举的行为的相似性。《刑法》第225条在立法上的问题就在这里。在某种意义上说该受批评的不是该条的第4项，而应该是该条本身。

二、犯罪的刑罚配置要尽量明确，要注意选择相对确定法定刑

我国刑法中绝大多数犯罪的法定刑配置都采用了相对确定的法定刑。这较好地适应了罪刑法定原则的明确性要求和司法实践的实际需要，值得肯定。但是，就个罪法定刑配置的整体状况而言，法定刑幅度过大仍是较为普遍的现象，诸如“十年以上有期徒刑、无期徒刑或者死刑”这样的法定刑配置幅度，赋予了法官过大的自由裁量空间。学者在1997年刑法尚未生效时提出的“通过分解罪名来分解法定刑幅度，或者针对可能出现的具体情节及多种犯罪后果细化法定刑”等建议①，至今仍值得肯定，却未能在之后的修正案中得到足够重视。除此之外，在平衡论的思维看来，对个罪刑罚配置问题的反思，主要还包括如下两点。

（一）必须谨慎规定无限额罚金

我国刑法对罚金数额的规定并不一致，在采取限额罚金制（如《刑法》第192条“集资诈骗罪”）和相对额罚金制（比例罚金制，如第158条“虚报注册资本罪”；倍数罚金制，如第202条“抗税罪”；倍比罚金制，如第142条“生产、销售劣药罪”）之外，大量地采纳了无限额罚金制的规定方式，即只规定“并处罚金”、“或者罚金”（即单处罚金）或者

① 苏惠渔，游伟．树立科学思想 完善刑事立法——对我国刑法改革问题的再探讨．政法论坛，1997（1）：5.

“并处或单处罚金”，而对判处罚金的数额或者根据不作任何限制。不但1997年刑法中存在着无限额罚金制的规定，而且，在刑法修正过程中，还存在着将倍数罚金制或倍比罚金制替换为无限额罚金制的情况，如《刑法修正案（七）》将第201条“逃税罪”（原为偷税罪）的倍数罚金制改为无限额罚金制，《刑法修正案（八）》对《刑法》第141条“生产、销售假药罪”、《刑法》第143条“生产、销售不符合安全标准的食品罪”（原罪名为生产、销售不符合卫生标准的食品罪）、《刑法》第144条“生产、销售有毒、有害食品罪”的修改，也是将先前的倍比罚金制修改为无限额罚金制。

但是，上述转换可以说未能在刑法的权利保护和人权保障功能之间求得平衡：将倍比罚金制改为无限额罚金制，无疑是试图加大对药品、食品安全犯罪的打击力度。这种打击犯罪、防卫社会的初衷固然可以理解，但是，无限额罚金制的规定伴随着侵犯被告人人权的巨大风险。这是因为，罚金的数额实际上和有期徒刑、拘役、管制等的刑期一样，作为一种附加刑、财产刑，无限额罚金就相当于不定期刑，规定无限额罚金不仅违背罪刑法定原则的明确性要求①，在我国当下的司法环境中，也更容易造成司法的恣意。尽管《刑法》第52条也规定“判处罚金，应当根据犯罪情节决定罚金数额”，尽管在具体量刑时法官也需要受到罪责刑相适应原则的限制，但是无限额罚金制的规定本身毕竟给了法官、法院“上下其手”的巨大空间，在实践中就容易导致量刑畸轻畸重（特别是后者），不但损害了刑法适用的统一性和严肃性，也可能会侵害被告人的合法权益。所以，必须强调，立法者对于无限额罚金制的规定本身需要保持高度的警惕，必须足够谨慎、尽量少用。限额罚金制和相对额罚金制更符合罪刑法定原则的要求，能更好地平衡立法的明确性和司法的灵活性。刑法修正案的上述修正可谓“反其道而行之”，可能是需要批判的。

刑法修正案之所以将相应犯罪的罚金规定修改为无限额罚金制，一个主要的动因是1997年刑法中以“销售金额”为基础的倍比规定确实不尽合理：许多生产者尚未来得及销售产品即被抓获，从而无从确定“销售金额”，而生产者无疑也构成相应犯罪。但是，刑法修正案虽然看对了病症，

---

① 李洁．罪与刑立法规定模式．北京：北京大学出版社，2008：107，113．赵秉志．刑法基本理论专题研究．北京：法律出版社，2005：218．

却没有开出恰当的药方，修改为以“货物价值”为基准的倍比罚金制（如从严罚的角度出发，还可考虑增大决定罚金上限的“倍数”）更为均衡。从平衡论的角度出发，还可以对刑法修正案的相应修正提出进一步的批评：为什么是同样性质的犯罪，仅将逃税罪，生产、销售假药罪，生产、销售不符合安全标准的食品罪，生产、销售有毒、有害食品罪的倍数罚金制（倍比罚金制）修改为无限额罚金制，而对相关的抗税罪以及生产、销售伪劣产品罪，生产、销售劣药罪等仍然规定倍比罚金制？单纯认为立法修正是为了加大对假药、不符合安全标准的食品以及有毒、有害食品的处罚力度，似乎并不足以解释此间的不平衡。刑法修正过程中未能体现体系性思考和平衡思维，因而“头痛医头”“顾头不顾尾”恐怕才是深层次的原因。

（二）应该放弃规定绝对确定的死刑

如果说无限额罚金制是立法者过于追求概括性、模糊性的一个征表，那么，作为绝对确定法定刑之代表的绝对确定的死刑滑向了另一个极端，是立法者过于追求立法的明确性的产物。现行刑法在总共 7 处地方规定了绝对确定的死刑。如此规定并非出于对法官的不信任，而是出于严惩的目的，认为此种情况下应当且只能判处死刑。尽管“处死刑”在司法中还可区分为死刑缓期执行和死刑立即执行，但绝对确定的死刑规定仍然广受诟病。遭到批判较多的，比如《刑法》第 121 条“劫持航空器罪”中的“致人重伤、死亡或者使航空器遭受严重破坏的，处死刑”，以及被修订前的第 239 条“绑架罪”中的“致使被绑架人死亡或者杀害被绑架人的，处死刑”的规定。虽然学者为限制此两种情形下的死刑立即执行之适用作了诸多努力，但不管怎么说，不区分“故意杀人还是过失致人死亡”等情形而一律判处死刑，不管是从限制死刑适用的政策立场还是从责任主义的原则出发，这两条的规定都必须受到批判。

说到死刑配置与刑法的明确性问题，不应该回避《刑法》第 48 条。该条针对死刑的适用对象规定：“死刑只适用于罪行极其严重的犯罪分子。”这一规定是否符合刑法的明确性要求？本书认为，判断死刑的适用对象应该主要依赖于刑法分则中对具体犯罪的明确规定，总则性规定并非死刑适用的直接依据而主要是提供观念指导，因此它不可能绝对明确，不含任何概括性、包容性信息，否则对未被规定的最严重行为将无法适用最严厉的刑罚。但是，对于死刑这样的可以剥夺犯罪人生命的极刑，其适用标准也应该尽可能具体、明确和可操作，否则就可能加重被告人的负担。相对而言，无论是对于 1979 年刑法中“罪大恶极”的规定，还是对于 1997 年刑法中前述“罪行极其严重”的规定，都应该从犯罪本身的客观危害与主观恶性两方面加以把握，依此，现有的描述属于相对明确的。与其他国家的死刑制度相比，中国的死刑制度的特殊性在于，它还同时规定有“死缓”制度。名义上作为死刑的一种执行方式的“死缓”，在很大程度上实质性地变成了一种生刑，导致“死缓”和死刑立即执行之间生死有别。刑法规定“死缓”的适用条件是“不是必须立即执行”，但对于何为“不是必须立即执行”缺乏基本的界定，导致实践中对于“罪行极其严重的犯罪分子”，究竟是判处死刑立即执行（从而死）还是判处死刑缓期执行（从而很可能生），完全取决于法官的自由裁量。这不但妨害了公民的预测可能性，也为司法腐败预留了巨大的空间。所以，在死刑本身的适用条件无法做到绝对明确而只能接受“罪行极其严重”这样一种相对明确的表述的场合，就需要进一步明确“不是必须立即执行”的条件，而且这也完全可能。比如，可以在《刑法》第 48 条之中单设一款规定：“具有以下情形之一的，属于不是必须立即执行：（1）具有自首等法定从轻处罚情节的；（2）在共同犯罪中所起的作用并非最大的；（3）被害人具有严重的过错的。”这样规定，既给了法官判处“死缓”的明确指引，同时又因为即便具有上述情节也只是“可以”判处“死缓”，也就避免了极端情况下可能的罪刑不均衡。

总体而言，我国刑法四百多个罪名的法定刑配置大多以相对确定法定刑的方式具备了立法上罪刑均衡的前提。但是，在总体上值得肯定的同时，追求概括性的无限额罚金所蕴含的罪刑擅断的巨大可能性，以及追求明确性的绝对确定的死刑所体现出的过度依赖死刑、法官难以应情科处刑罚等问题，恰恰映衬出现行刑法的刑罚配置所出现的两个极端：过于随意或者过于僵化。这两者都不符合平衡理论的要求，也会带来严重的负面后果：在仍然不能给予过高期待的当下刑事法官的整体素质面前，这样的法定刑配置会产生何种结果着实令人担忧。量刑领域所出现的量刑不均衡和量刑公信力低两大突出问题①虽有多种原因，但是法定刑配置上的上述问

① 周长军．量刑治理的模式之争——兼评量刑的两个指导“意见”．中国法学，2011（1）：53-54.

题怕是难辞其咎，故而，要解决量刑上的上述问题，归根结底还需要立法均衡、理性和科学。

三、要恰当对待刑法规范中的原则与例外

刑法立法的核心功能在于通过设定刑法规范，确立基本的行为准则供人们遵守，并对违反该准则的行为予以制裁。刑法所确立的准则即原则，常常伴随着例外，“没有例外就没有刑法发展，刑法生命即告终止”①。因而，在平衡思维指导下如何处理原则与例外之间的关系，是刑法立法技术所必须面对的课题。“承认差异、多样化、不典型（即刑法例外——引者注）的客观存在，并不等于说对刑法不典型现象可以不加控制。否则，对刑事法治来说将是危险的，因为不典型可以是理性的，也可能是非理性的。任何差异性、多样性或者不标准性一旦被任意无限放大，都可能对现代法治构成侵蚀，刑事法治将随着不典型的任意泛滥而失去其统一性、平等性，同案不同刑不同判的情况将蔓延开来。所以，无法回避的问题是如何将刑法不典型现象控制在理性化和法制化的范围之内。”② 在平衡思维看来，需要对刑法原则与刑法例外的对应关系作具体分析，以进一步判断哪些刑法立法上的例外规定恰当地反映了国家需要，而哪些例外规定是非理性的。

（一）有些原则只允许出现有利于被告人的例外

罪刑法定原则被称为刑法中的“铁则”。在现代刑法的“人权保障”价值目标之下，不论行为人的行为危害多么严重、心性多么险恶，都不允许超越刑法的规定而认定他人犯罪、判处他人刑罚。这样看来，罪刑法定原则就明确地否定了不利于被告人的例外。它禁止习惯法、禁止类推、禁止溯及既往、禁止不定期刑等，都应该作此理解。我国现行刑法之中，仍然存在着一些罪刑法定原则的例外，比如第 12 条关于刑法溯及力所规定的“从旧兼从轻原则”即是禁止溯及既往这一派生原则的例外，第 63 条第 2 款关于酌定减轻处罚的规定就是对同条第 1 款减轻处罚明文规定的例外，而诸如第 225 条关于非法经营罪的规定等，则是罪刑法定原则的明确

① 储槐植. 刑事一体化与关系刑法论. 北京：北京大学出版社，1997：326.

② 白建军. 论刑法不典型. 法学研究，2002（6）：117.

性要求的例外。问题在于，《刑法》第12条和第63条第2款所规定的例外都是有利于被告人的，规定如此的例外正是为了获得实质上的公平正义，这样的明文规定的罪刑法定原则的例外值得肯定；相反，诸如非法经营罪等口袋罪的规定，则是明显不利于被告人的，此时被告人常常欠缺对于自己行为的预测可能性，故这样的例外规定应该予以禁止。

（二）有些原则只能例外地允许“例外”的存在

比如，从客观主义以及刑法的最后手段性、刑法的谦抑性等基本立场出发，一般只有在行为人开始实行符合犯罪构成要件的行为之时，方才具有了刑事可罚性。因此，刑法在原则上只在行为人着手实行构成要件行为以后才予以刑罚干预，但基于有效保护重大法益的刑事政策需要，又例外地将刑罚干预触须适当前置，对少量侵犯重大法益，特别是重大国家法益、社会法益或者个人生命法益的犯罪的预备行为，设置形式预备犯的罚则。“立法者希冀通过这种原则处罚实行行为（未遂犯、既遂犯）、例外处罚预备行为（形式预备犯）的制度设计，在刑事法理的正当性与刑事政策的必要性之间，实际上也就是在作为现代刑法正当性基本根据的辅助性法益保护机能与立法者无法回避的有效地保护法益的现实要求之间达成某种妥协与平衡。”① 不过，即便可以认为例外地处罚形式预备犯具备某种刑事政策上的必要性，但是，我国现行刑法的问题在于，它将此种例外变成了原则，在承认了“普遍处罚预备犯完全不具备刑事政策上的必要性”之后，从刑事立法而言，关于预备犯的立法（《刑法》第22条第2款）也就沦落为理想主义立法，丧失了合理性。

如何判断刑法所规定的例外是否具有合理性、正当性？比如，刑法对于非国家工作人员受贿罪与受贿罪、职务侵占罪与贪污罪、挪用公款罪与挪用资金罪，都规定了轻重不同的法定刑，对于盗窃罪与贪污罪则规定了不同的起点刑，这些都可以看作是罪刑平等原则的例外。如何看待这样的例外？结合前述关于平等思维的理解，本书认为这样的例外规定是不必要的，相反，这样的规定强化了官民之间的不平等，贬损了我国刑法科学化的形象，这样的差别是应该取消的。申言之，只有例外的规定具有实质的合理性，才可能被允许，才可能有助于刑法的规范化、科学化的实现，否

① 梁根林．预备犯普遍处罚原则的困境与突围——刑法第22条的解读与重构．中国法学，2011（2）：159.

则，刑法上“例外”的规定即应该受到否定。至于是否具有“实质的合理性”的进一步判断标准，是一个更为抽象的命题。总体而言，既然刑罚法规是关于犯罪及其法律后果的规范体系，则应该围绕犯罪的实体内容即违法与责任展开。就是说，一般而言，凡是关于行为的违法性或者行为人的有责性的，可称为与“实质合理性”相关。当然，这一问题值得进一步研究。

（三）“但书”规定是刑法立法“例外”的明文体现，但其自身理性与否还需辨析

对但书规定①的正面价值必须加以肯定。刑法规范通常都具有一定的作用界域和适用范围，“真理再向前一步就是谬误”，刑法规范的刚性规定有时可能无法原封不动地适用于具体的社会现实，这时就需要通过对刑法规范作用范围等的修复来使之适应社会现实之需要。这种修复，在司法上往往通过法官对刑法条文的适用解释，以自由裁量权的形式体现。但在罪刑法定原则的明确限定之下，这种修复形式的施展空间往往受到很大限制，所以立法自身的修复就格外重要。要解决刑法规范的刚性规定和司法实践的多样需要之间的矛盾，立法上除了可以规定“概括性”“堵漏性”规定（但这需要特别谨慎），还可以规定但书。此两种规定在方向上是不同的：概括性规定是和刑法规范的基本内容同向的、堵漏性的规定，其目的是解决刑法规范的供给不足问题；而但书是和刑法规范的基本内容反向的、除外性的规定，其目的是解决刑法规范的“供给过剩”问题。在此意义上，无论是概括性规定还是但书的规定，都有其必要性，都可以被看作是面对刑法规范的法益保护范围所可能存在的漏洞，立法的一种自我修复。但是，但书毕竟是对基本刑法规范的一种立法上的否定，过多地运用但书会损害基本刑法规范的权威性。就此而言，“慎重运用但书”是理所当然的。不慎重运用但书，相反，但书随处可见、广泛运用，实际上是将例外当成了原则，无疑是本末倒置，是极其有害的。

什么样的“但书”是必要的、理性的，什么样的“但书”则不必要、非理性？这不可能有明确划一的标准，借用白建军教授的话说，“恐怕任

---

① 刑法上规定的但书，除了除外型的但书，还有补充型的但书，比如《刑法》第20条第2款、第21条第2款关于防卫过当、避险过当所规定的“应当负刑事责任，但是应当减轻或者免除处罚”。本节中主要指除外型的但书规定。

何人为给出的界限，其自身的理性化程度如何都值得怀疑”①。但尽管如此，刑法中的除外型但书需要具体分析，这是毫无疑问的。(1) 有些但书规定值得肯定。具体说，在刑法规范的基本内容不经但书限定会明显不合情理、法理，或者但书的规定是为了体现某种积极的有利于被告人的刑事政策时，一般而言，该但书则为必要。比如《刑法》第 8 条关于保护管辖规定中的“但是按照犯罪地的法律不受处罚的除外”即属情理和法律的要求；第 65 条关于一般累犯规定中的“但是过失犯罪……除外”，同样可谓是刑法法理的要求，而《刑法修正案（八）》将不满 18 周岁的人也排除在一般累犯的成立范围之外，则是为了体现对未成年人犯罪“以教育为主、以惩罚为辅”的刑事政策，也值得肯定。(2) 有些但书规定需要批判。具体说，如果相应刑法规范旨在设置立法所宣扬的某种价值取向，并为此设定了某种具体标准，则一般不应再通过但书限定甚至否定这种标准。对此，可以作为靶子批判的是《刑法修正案（八）》关于死刑适用年龄上限的具体规定方式。修正后的《刑法》第 49 条第 2 款规定“审判的时候已满七十五周岁的人，不适用死刑……”。这是创设了基本的刑法规范，但又通过但书设置了例外，即“但以特别残忍手段致人死亡的除外”。在 1997 年刑法为死刑适用设置了年龄下限（已满 18 周岁）之后，《刑法修正案（八）》之所以又设置死刑适用的年龄上限，无非是进一步体现刑罚适用的文明与人道。这一规定主要的意义在于宣示，故而其在限制死刑适用上的实际效果注定十分有限。既然如此，又规定“以特别残忍的手段致人死亡的除外”作为死刑适用年龄上限的除外性配置，就值得推敲。这是因为，设置这一除外性规定可以将那些手段特别残忍的故意杀人犯罪分子等保留在死刑适用对象的范围之内，但即便是“以特别残忍的手段致人死亡的”已满 75 周岁的人，对其适用死刑同样可以认为是不人道和不文明的。任何的立法都不是纯粹技术性的，都是打击犯罪、保障人权等各种力量不断博弈、妥协和平衡的产物。《刑法修正案（八）》在 2010 年 8 月 23 日的草案中尚无此“但书”的规定，但在第三次审议并最终通过的修正案之中加入了该但书。由此即可生动地看出妥协和平衡的过程。但是，设置死刑适用的年龄上限实际上是制定一个规则：只要审判时达到了 75 周岁即可以不适用死刑，对于已满 75 周岁的老人一律不适用死刑，方才

① 白建军．论刑法不典型．法学研究，2002 (6)：120.

能够真正体现刑罚的人道与文明。任何的规则都是有代价的。规定犯罪的时候不满18周岁的人一律不适用死刑，这一规则并无任何的例外，但这也会带来未成年人无论实施多么严重的行为都不会判处死刑的问题，同样可谓是付出了代价。正是这一代价的付出换来了对于未成年人“重教育、轻惩罚”政策的实施效果，是利大于弊的。对照于此，在强调“任何规则的确立都是有代价的”这一前提之下，可以认为刑法关于死刑适用年龄上限的但书规定，表面上看是为寻求刑罚的文明人道和刑罚的报应观念之间的平衡，实质上却纯属画蛇添足、弄巧成拙。

（四）要进一步完善亲告罪“原则＋例外”的规定方式。

我国刑法分则所设置的犯罪绝大多数为公诉罪，仅有5个犯罪被规定为亲告罪，分别是《刑法》第246条“侮辱罪和诽谤罪”、第257条“暴力干涉婚姻自由罪”、第260条“虐待罪”以及第270条“侵占罪”。以上亲告罪立法的具体规定，从平衡论思维对立法技术的要求角度来看，至少存在着以下两个问题。

（1）将侵占罪一概规定为亲告罪明显不妥。第一，将侵占罪一概规定为亲告罪在理论上不妥。立法者设置亲告罪的主要理由在于，对有些侵犯个人权利的轻微犯罪处理时充分考虑被害人的隐私、意愿等，以更好地保护被害人的权利。在侵占罪的场合，其最高刑为5年有期徒刑，已然难说是轻微犯罪。若侵占者最终被判处超过3年以上的徒刑，其已然丧失了被判缓刑的机会而只能被判处实刑，立法者却仍然规定“告诉才处理”，导致了国家将是否发动对一个并非轻罪、可能被判处实刑的犯罪行为之追究的权利完全让渡给被害人个人，这并不合适。第二，在与其他亲告罪的具体规定方式的比较衡量上，也可以发现侵占罪规定的不足。《刑法》所规定的5个亲告罪中，对其余四个的“告诉才处理”规定都作了限定：在侮辱、诽谤“严重危害社会秩序和国家利益”的场合，暴力干涉婚姻自由致使被害人死亡的场合，或者虐待家庭成员致使被害人重伤、死亡的场合，都不属亲告罪，而只有在第270条“侵占罪”的场合，一概规定为亲告罪，并未设置任何例外。可是，将侵占罪规定为毫无例外的亲告罪，并无充分的理由。即使在和其他亲告罪的协调上，对侵占罪的规定方式也应该加以调整。第三，将侵占罪一概规定为亲告罪还会带来司法实践中的困境。正如有学者所说，有些侵占案件涉案数额巨大或者有其他严重情节，犯罪性质恶劣，社会影响也较大，被害人个人往往也没有能力搜集证据加以告诉，更没有能力和全力抓捕犯罪嫌疑人，将侵占罪一概规定为亲告罪，会导致侵占罪在司法实践中时常处于进退维谷的司法困境之中。[①] 可以说，对侵占罪的亲告罪规定也设置例外，规定在"数额巨大或者有其他严重情节的场合"，不在"告诉才处理"之限，既可以和其他四个亲告罪之间保持平衡，也可以解决侵占罪在司法实践中的困境，应该是个明智的选择。

(2) 刑法关于侮辱罪、诽谤罪的但书值得反思。《刑法》第 246 条第 2 款规定，犯侮辱罪、诽谤罪"告诉的才处理，但是严重危害社会秩序和国家利益的除外"。比较另外两个配置了但书的亲告罪会发现，作为公诉罪的条件，无论是暴力干涉婚姻自由场合所要求的"致使被害人死亡"，还是虐待罪场合所要求的"致使被害人重伤、死亡"，都非常明确、易于操作，而在侮辱罪、诽谤罪的场合，"严重危害社会秩序和国家利益"的判断标准本身极其模糊，这就导致了公诉罪与亲告罪的界限极不明确，增强了国家公权力介入公民名誉权纠纷解决的随意性和不确定性，以致实践中出现了这样的状况：在侮辱、诽谤普通农民时告诉才处理，但在侮辱、诽谤县长甚至乡长、村长时就被认为是"严重危害社会秩序"。在难以明确《刑法》第 246 条第 2 款之具体、明确标准的前提下，无法获得该除外性规定自身的合理性。解决这一问题的比较极端的方案是，要么索性取消该但书，将侮辱罪、诽谤罪一概规定为亲告罪，要么放弃亲告罪的规定方式，将该二罪直接规定为公诉罪。但是，一概规定为亲告罪虽可最大限度地保护被害人的隐私，将更多发生在熟人之间的此类案件消化在刑事程序之外，但却存在着对行为人威慑不足、打击不力，且被害人难以有效搜集告诉的证据等问题；而一概规定为公诉罪，虽解决了被害人举证能力不足的问题，却也致使被害人面临着卷入诉讼、二次伤害等危险。现行《刑法》第 246 条的但书试图在这种利弊权衡和二难选择之中作出平衡，但因其给出的成立公诉罪的标准过于模糊，结果在对平衡的追求中迷失了方向。就侮辱罪和诽谤罪而言，由于随着社会发展公民的名誉权在其法益价值序列中的地位抬升，也由于公民个人在证据搜集能力上的欠缺问题确实相当突出，将侮辱罪与诽谤罪一概规定为亲告罪显然不合理；而一概规定为公诉罪也会带来诸如对被害人隐私等的进一步侵害的可能性，反而事与

① 于志刚. 亲告罪的司法困境及其解决. 法学，2008 (5)：65.

愿违。所以，将侮辱罪和诽谤罪原则上规定为亲告罪的同时设置例外，这一立法方式本身还需保留，问题的关键在于明确“例外”的具体标准。在本书看来，现有刑法对公民名誉权的保护力度不够，有必要设置侮辱罪、诽谤罪的加重构成。进一步说，可规定侮辱或者诽谤“情节特别恶劣或者后果极其严重的，处三年以上七年以下有期徒刑”，并且不在“告诉才处理”之限。虽说“情节特别恶劣或者后果极其严重”也仍是模糊规定或曰整体评价，但较之原有的“严重危害社会秩序和国家利益”毕竟要更明确、更具可操作性，而且也将这两个犯罪的加重处罚根据总体上框定在了个人法益的范畴之内。此外，这样规定也能和暴力干涉婚姻自由罪、虐待罪的法定最高刑衔接，和此二罪的刑法规定实现了实质上的均衡。

四、刑法用语要尽量避免粗糙、追求精致

虽然任何的立法用语都不可能完全避免粗糙，但是尽量避免粗糙、追求精致应该是立法语言的目标。对于关乎国民生杀予夺的刑法来说，更应如此。在 1979 年刑法制定当时，由于立法经验缺乏，也为了保持法律足够的弹性以便法官自由裁量，“宁疏毋密”“宜粗不宜细”的立法指导思想占据了统治地位，直接体现为当时的刑法只有区区 192 个条文。在 1997 年系统修订刑法时，随着立法经验的累积，立法者已经逐渐摒弃了“宜粗不宜细”的思想，大量增加了刑法规范，最终 1997 年刑法即有 451 条之多。但是，即便说现行刑法总体上解决了法典过于粗糙的问题，但是其中仍然较多存在着粗糙、粗陋乃至错误的用语，对于刑法立法的科学化形象造成了负面影响。

造成粗糙立法的原因很多。(1) 有的可能是不当地使用了非规范的社会生活用语来代替规范的法言法语，造成了法条用语含义的模糊含混，如《刑法》第 20 条第 3 款特殊防卫权规定中所用的内涵与外延均不明确的“行凶”一词，即属此列。(2) 有的是刑法的条文本身或者和相关条文之间的关系上出现了自相矛盾，导致其含义模糊。1) 比如，《刑法》第 20 条第 2 款关于防卫过当的规定中“正当防卫明显超过必要限度造成重大损害”的表述，就属于同一条文内部的自相矛盾，从而与刑法用语的精确化相去甚远：既然称为“正当防卫”，一定是满足了包括限度条件在内的正当防卫的所有条件，相反，既然是“明显超过了必要限度造成了重大损害”，就不可能再是“正当防卫”。《刑法》第 15 条第 2 款规定的“过失犯

罪，法律有规定的才负刑事责任”，也会给人以“过失犯罪还可能因法律无规定而不负刑事责任”的误导，改为“过失行为，法律有规定的才负刑事责任”在逻辑上无疑更为顺畅。2）有的刑法条文单独来看没有问题，不可谓不准确、不精致，但是联系刑法的其他条文以及基本的条理、逻辑等，就会发现其表述仍然是欠准确、欠精致的。比如《刑法》第 63 第 1 款规定，“犯罪分子具有本法规定的减轻处罚情节的，应当在法定刑以下判处刑罚……”单独看这一规定似乎毫无问题，但是联系《刑法》第 62 条关于从轻处罚的规定以及《刑法》第 99 条关于“以上、以下、以内”含义的立法定义，就会发现，刑法关于减轻处罚的规定并不严谨、并不科学。虽然在法律适用时可以通过补正解释将《刑法》第 63 条第 1 款中的“以下”解释为不包括本数，但是，从刑法立法的规范化、科学化的角度看，显然在立法上将减轻处罚规定为“应当低于法定最低刑判处刑罚”更为严谨、规范和科学。(3) 刑法分则性规范中对一些常见多发的具体犯罪的罪状或者犯罪情节的描述过于简单。典型的，比如《刑法》第 232 条关于故意杀人罪的规定。比较古今中外关于故意杀人罪的立法规定，都可看出我国现行刑法的规定是最为简约粗疏的。这在某种意义上也是对明确性的一种挑战。故意杀人的情形很多，比如激情杀人、因被害人过错杀人、生母溺婴，等等，它们在违法性，特别是可谴责性上存在着重大的差别，立法上完全放弃对这些差别加以规定，并且为故意杀人罪几乎不加区别地配置了从死刑绵延到 3 年有期徒刑的幅度广泛的法定刑，而将具体的刑罚悉数交由司法者自由裁量。“这样一种极其抽象的、概括的刑法条款必然给司法机关适用刑法留下过大的自由裁量空间，同罪异罚、刑罚畸轻畸重将在所难免。”① 不过得说明，这里所说的刑法个罪的描述应该尽量细致，主要是针对一些常见多发、形态复杂的重大犯罪而言的，并非指对所有犯罪都事无巨细地规定入罪的具体条件，像贪污罪、受贿罪的规定，具体到明确的犯罪数字，反而过了头，失去了刑法规范的普适性与规范性。过于粗疏和过于具体的“两个极端同时出现于一部刑法典之中，表明我国刑事立法尚没有明确统一、贯彻始终的立法指导思想和立法表达方式，刑事立法尚在明确性与概括性之间无规则、无意识地游弋摇摆，我国刑事立法的

① 梁根林. 刑事政策：立场与范畴. 北京：法律出版社，2005：300.

技术水平亟待改进和提高”①。

概而言之，追求刑法用语的精致表达②，应该是一项不容懈怠的任务。其对于刑法立法的科学化，同样具有重要意义。以上的分析表明，要实现立法用语的精确化，至少需要：（1）尽量避免使用非规范的社会生活语言；（2）尽量避免同一法条内部或者相关法条之间自相矛盾；（3）对常见多发的重要犯罪的罪状描述，要尽量全面、细致，但是也要注意保持适当的弹性和张力。

五、结语

罪刑法定原则要求刑法立法必须追求明确，但这种明确不可能是面面俱到的绝对明确，而只能是吸纳了概括性立法技术和体现一定开放性特征的相对的明确。在具体的刑法立法技术上，应该特别讲求立法中的明确性与概括性之间的平衡。兜底式规定、无限额罚金和绝对确定的死刑、刑法例外、粗糙的刑法条文表述，都在罪刑法定所要求的明确性方面存在问题。对上述种种刑法立法现象细致加以分析，对于提高刑事立法的科学化水平，具有重要的意义。

立法的不科学会遏制司法的理性，司法的理性根源于立法的科学。“不能认为，只要是对罚则作限定解释所能得出的犯罪成立要件是明确的就可以了。通过这样的限定解释所得到的成立要件，必须是为接触到该罚则的一般的国民所能够认识、理解的。这是因为，未显示明确的处罚范围、暧昧的罚则的存在本身就具有不当的萎缩效果，会侵害国民的自由。在此，存在着一个重要的根据，即不明确的罚则是违反宪法第 31 条或者说罪刑法定主义从而是无效的。”③ 所以，虽然本节的核心阐述总体上指向立法，但其对于刑法适用解释也应该具有启示意义。比如，在认为强奸、抢劫等场合的“其他手段”“其他方法”的规定也和明确性的要求存在距离之后，司法者就更应该自觉按照“等价性”“相当性”要求慎重地

---

① 梁根林．刑事政策：立场与范畴．北京：法律出版社，2005：300．

② 王世洲教授在罗克辛教授的《德国刑法总论》中译本的译序中即宣称“刑法学是最精确的法学”。克劳斯・罗克辛．德国刑法学总论：第一卷．王世洲，译．北京：法律出版社，2005．

③ 山口厚．刑法总论．3 版．东京：有斐阁，2016：18．

对此概括性规定加以填充；在对无限额罚金和绝对确定的死刑立法采取了批判的态度后，在此种立法情形下的刑罚裁量就应该更加慎重并更为自觉地接受罪刑平等原则、罪刑均衡原则的指导；等等。

第三节　刑事立法的双轨制与“轻犯罪法”：以环境犯罪立法为切入点

立法论的内容本身并非本书着力的重点，解释论才是。在本章第一节从立法观念的角度、第二节从立法技术的角度探讨了积极主义刑法观在立法上的体现之后，本节从立法体例（立法体制）的角度，以环境刑法为切入点，进一步表明立场。

一、环境犯罪的行政从属性

我国刑法典中对环境犯罪的罪状设计，多采空白罪状的立法方式。例如，《刑法》第 338 条“污染环境罪”、第 339 条第 1 款“非法处置进口的固体废物罪”、第 340 条“非法捕捞水产品罪”等，刑法条文表述为“违反国家规定”“违反……法规”。与此相对应，相关环境行政法规中也会作出相应的指引性规定。这种规定方式使环境行政法规成为认定行为是否构成环境犯罪的前提性因素。因此，认为环境犯罪是行政犯并具有行政从属性的观点是学说中的主流。现行刑法颁布不久，即有人认为，“行政从属性是环境刑法上一个极为重要的问题，每一种危害环境罪的确立都涉及行政从属性”①。之后，类似的主张始终强势。②

在一定意义上，环境刑法的行政从属性是一个客观存在的法律现象，对此应该辩证分析。其积极意义是可以节约环境犯罪的治理成本，不过这有赖于环境行政执法部门认真履行环境管理职责，有效治理环境问题。但

---

①　杨春洗，向泽选，刘荣生．危害环境罪的理论与实务．北京：高等教育出版社，1999：118.

②　蒋兰香．环境犯罪的基本理论研究．北京：知识产权出版社，2008：70-86．刘仁文．环境资源保护与环境犯罪．北京：中信出版社，2003：195．徐平．环境刑法研究．北京：中国法制出版社，2007：110-117.

从消极方面来说，其不仅可能导致各种治理方法之间无法形成有效合力，还可能因公安机关对环境犯罪案件缺乏专业知识和收集证据的能力，环境犯罪案件材料的来源主要为环保部门的移送，进而导致环境犯罪的处罚具有随意性。而且，按照环境犯罪行政从属性的立场，在行为人按照行政法规的要求或者经行政机关许可后实施某种行为，但却严重污染环境，甚至发生了人身伤亡、财产损失的结果时，会出现案件定性的困难：如仅仅认定为环境违法或者意外事件，有轻纵犯罪之嫌；但在行为人没有违反环境行政法规的情况下，又难以认定行为人构成相应的环境犯罪。就此，有论者提出，“摆脱这种两难困境的有效做法只能是弱化环境犯罪的行政从属性”①。一是因为法定犯的自然犯化是一种趋势，在现今环境犯罪已成世界性公害的情况下，认为环境犯罪属于自然犯也并无不可；二是如过分强调环境犯罪行为对行政法规的依赖，容易形成立法的漏洞。在这个意义上，确实可以说，行政从属性的观点将环境犯罪具有的行政前置评价特征理解为环境犯罪对环境行政执法和行政管理的从属性，从理论上降低了环境刑法在环境保护法律体系中的地位，使环境刑法沦为环境行政法规的附庸。② 而且，将环境犯罪视为从属于、依附于环境行政执法和行政管理的观点，在实践中容易造成环境行政执法和行政管理的强势地位，容易滋生更多的不正当行政干预和地方保护主义，助长行政权排斥司法权的风气，并容易催生环境刑事手段被架空的巨大危险。③ 而且，许多环境犯罪并不需要环境行政执法和行政管理的前置性运用，例如对某些突发的公共环境犯罪案件，公安机关可以直接立案，不需经过环境行政执法和行政管理部门的先行处理与移送。

不过，对这种“弱化环境犯罪的行政从属性”的主张，反对者认为：这是治标不治本的论调。试图在既有的“行政法—刑法”两级体系中将重心向下游的刑法转移，从而在下游实现对环境问题的截堵式处理，不仅会破坏“行政法—刑法”两级体系设置，也会导致司法权不当干预行政权的问题，其最终的效果如何不难想象。所以，科学之举是加强刑法之前的部门法防线，从源头上治理环境问题。一旦刑法之前的部门法（尤其是行政法）解决环境问题的机制畅通，实现较高的环境违法发现率、处置率，作

①② 王勇．环境犯罪立法：理念转换与趋势前瞻．当代法学，2014（3）：64.

③ 赵星．环境犯罪的行政从属性之批判．法学评论，2012（5）：129-130.

为最终救济手段的刑法被求助的可能性将会降低。①

环境犯罪是否具有行政从属性，对于环境犯罪立法是否必须维持目前的法典化模式会产生影响，而这首先取决于对环境犯罪的定性评估。本书认为，环境法益有其一定的独立性，环境犯罪的行政从属性特征也仅仅是弱化而并未消失。

二、行政犯立法的双轨制与“轻犯罪法”

本书对环境犯以及其他的法定犯（行政犯，本书在大致相同的意义上使用这一术语）的立法模式赞成双轨制。这种双轨制，不是单纯的“建立以刑法典为核心、单行刑法为补充的环境犯罪立法模式”②，而是直接在环境法规等行政法规中设置罪刑罚则，创立名副其实的附属刑法。

（一）单轨制（一体化）立法体例及其弊端

在国外的刑事立法体例上，就是将自然犯规定在刑法典中，而将法定犯规定在附属刑法（行政法、经济法等法律）或者特别刑法中。在1997年以前，我国的刑法渊源已朝着分散性方向发展，定罪量刑的法律依据除了刑法典，还包括单行刑法与附属刑法。20世纪末期，1997年修订刑法时基于“要制定一部有中国特色的、统一的、比较完备的刑法典”的考虑，所有的单行刑法均被纳入刑法典；附属刑法的部分规定成为刑法分则的具体条款。由此，法定犯被全部纳入刑法典，法定犯与自然犯均被规定在一部刑法典中，于是形成了自然犯与法定犯一体化的立法体例。这被学者称为刑事立法正要走上分散型立法正道时的“一个大转变”③。

从理论上说，我国的广义刑法是由刑法典（狭义刑法）、单行刑法和附属刑法构成的。但正如有观点所说，域外的附属刑法就是行政刑法，我国的附属刑法是附而不属的影子刑法：行政类法律的“法律责任”章节中规定了“构成犯罪的，依法追究刑事责任”，但该类法律中没有明确的罪刑条款，要追究刑事责任还是要去查找刑法，而刑法中的相关规定又常常过于模糊。我国的附属刑法，不许存在行政刑法，罪刑条款只许出现在刑

① 刘艳红．环境犯罪刑事治理早期化之反对．政治与法律，2015（7）：12.

② 王勇．环境犯罪立法：理念转换与趋势前瞻．当代法学，2014（3）：64-65.

③ 张明楷．自然犯与法定犯一体化立法体例下的实质解释．法商研究，2013（4）：47.

法中。一元化刑法立法模式的出发点原本是突出刑法优位，结果却是弱化了刑法功效。① 针对单轨制立法，有学者提出，我国现有的刑事立法不注意区分法定犯与自然犯而是将两者混为一谈，统统归属于刑法典和单行刑法（特别刑法）中，而在大量的附属刑法中往往只用“依法追究刑事责任”等含糊用语。这种单轨制的立法模式会带来诸多弊端：（1）增加立法与执法成本；（2）容易导致立法留下空白，使执法无法可依，或者对行为人肆意执法；（3）给实现刑罚轻缓化增加难度；（4）不利于保持刑法典的稳定。② 更有学者认为，刑法立法的单轨制是刑法机制运作不畅的外发性原因，即刑与罪的法律规范只存在于刑法典和单行刑法中，单轨制不可避免地使刑法规范与其所依托的相关法律形成毛与皮相分离的状态。而顺应世界潮流，实现刑事立法的双轨制是严密刑事法网、顺畅刑法机制的一个重要方面。③

（二）刑法立法的双轨制

需要明确，刑法典是规范基本生活秩序的法律，直接关系到国民基本生活的安定，属于司法法，而司法法最重要的指导原理是法的安定性。行政刑法、经济刑法是为了实现行政规制、经济管理目的而借用刑罚手段的法律，其指导原理主要是合目的性。“法定犯的变易性较大，而刑法典则相对稳定，将法定犯规定在行政法、经济法中，有利于随时修改法定犯的构成要件与法定刑，实现行政刑法、经济刑法的合目的性，而不至于损害刑法典的稳定性。”④ 实现刑事立法的双轨制，不但可以将法定犯的新罪创设权或罪状完善权交给行政法规、经济法规完成，从而保持刑法典的稳定性，还可以尽可能地避免法定犯与自然犯同居一部法典之中所造成的法定犯攀比自然犯的配刑与量刑，从而避免重刑化的倾向。⑤ 除此之外，也必须承认，随着社会生活的复杂化，犯罪类型会越来越多，一部刑法典事

---

① 储槐植. 1997 年刑法二十年的前思后想. 中国法律评论，2017（6）：卷首语，4.

② 刘仁文. 关于调整我国刑法结构的思考. 法商研究，2007（5）：41.

③ 储槐植，宗建文，杨书文，付立庆. 刑法机制. 北京：法律出版社，2004：25.

④ 张明楷. 自然犯与法定犯一体化立法体例下的实质解释. 法商研究，2013（4）：47.

⑤ 此处观点，受储槐植先生启发。储槐植. 刑事“三化”述要. 中国检察官，2018（1 上）：5.

实上不可能囊括所有的犯罪，在行政法、经济法等法律中直接规定法定犯也就不可避免。①

由此可以认为，直接在行政法规、经济法规之中规定罪刑罚则，形成行政刑法、经济刑法，进而实现立法的双轨制，这种分散性的立法应该是中国刑事立法完善的发展方向。其所具有的优点很明显：由于行政法、经济法的禁止规定与行政犯罪、经济犯罪存在明确的对应关系，了解了行政法、经济法的禁止内容，便知道了相关犯罪的构成要件，因而容易认定犯罪；有利于使特定从业人员在了解行政法、经济法规定的同时，也能知道行政刑法、经济刑法的内容，进而能够预测何种行为构成犯罪，从而避免犯罪；有利于及时修改法律，合理调整行政犯罪、经济犯罪的处罚范围，而且不必修改刑法典。②

这种双轨制立法模式，不单单是解决前述环境犯罪问题的有效途径，也是解决其他法定犯立法模式问题的有效途径。比如，就食品安全犯罪的刑事立法而言，除刑法典之外，也应在诸如《食品安全法》《农产品质量安全管理法》等行政法律中规定与食品安全相关的刑法规范。③ 对于药品安全的问题也是如此。再如，对于知识产权犯罪等也应采取双轨制立法模式，在《商标法》《专利法》《著作权法》之中直接规定罪刑罚则。对于经济犯罪来说，形成以附属刑法规范为核心、辅之以刑法典的模式，进而实行双轨制立法，也应该是我国经济犯罪立法模式的应然选择。④

“自然犯法典化、法定犯附属刑法化”这种双轨制立法的可能障碍，不仅在于“现行的法典化模式已经深入人心、习以为常”这种惯性思维，以及改成双轨制立法模式可能动静太大、成本太高这种形式化忧虑，其实质性理由还在于，那样的话，在中国，只要是公安机关“一家独大”的局面没有改变，就会造成强烈的公安机关利益立法甚至公安机关主宰立法的现象。归根结底，双轨制立法模式在我国并不存在宪法以及立法法上的法

---

① 张明楷. 刑事立法的发展方向. 中国法学，2006（4）：20.

② 同①18-20.

③ 同样的主张，参见张伟. 两岸食品安全犯罪刑事立法比较研究. 当代法学，2015（2）：29-30。

④ 同样的主张，参见唐稷尧. 论我国经济犯罪的立法模式选择——兼论空白罪状内涵的解释与补充. 四川师范大学学报（社会科学版），2006（6）：25-26。

律障碍，其优势是显而易见的，问题只在于如何避免部门立法本身。

（三）"轻犯罪法"的制定

立足于劳动教养制度废除所带来的处罚空隙，更是为了避免目前的行政处罚所存在的弊端，本书认同在我国刑法立法走向分散化的同时，针对轻微犯罪制定"轻犯罪法"。如同西原春夫教授所言，由行政机关直接处罚轻微犯罪，导致"在实际效果上远甚于刑罚的行政制裁相当严重，将这种行政制裁不是交由法院，而是交由行政机关裁量的话，就会违反保障程序公正的宪法精神"①。所以，制定"轻犯罪法"，将《治安管理处罚法》以及之前由劳动教养法规所规定的各种危害行为纳入"轻犯罪法"之中，规定简易审理程序，使各种犯罪行为得到法院的依法审理，"是建设社会主义法治国家的必然要求"②。

这涉及，正确理解现行《刑法》第13条但书的含义，以及对犯罪的分层理解。本书认同，《刑法》第13条中关于"但是情节显著危害不大的，不认为是犯罪"的规定只是个入罪限制条件，而不是直接的出罪理由。在此前提下，仍应在坚持恰当评估犯罪轻重的基础上，对犯罪进行重罪与轻罪的基本分层。重罪与轻罪的区分不仅盛行于大陆法系国家（来自1810年《法国刑法典》，其在重罪与轻罪之外，还有违警罪），而且也为英美法系国家所认可。重罪与轻罪的划分意义体现于实体与程序两个方面：犯罪层级不同，主观要件、未遂犯的成立范围、刑法适用范围、时效制度、保安处分措施的适用、审理程序、审判机构的等级诸方面都大不相同。③ 在我国，为了避免处罚体系退回到行政处罚——劳动教养——刑罚处罚的三级体系之中，没有必要单独设置"违警罪"，但是明确区分重罪与轻罪，并且针对轻罪规定专门的"轻犯罪法"，对轻罪的成立范围、处罚范围（包括是否处罚预备犯、未遂犯等）、处理程序、追诉标准等明确加以规定。这不但对于实现罪刑法定原则、罪刑均衡原则十分必要，也有助于周延保护法益、实现法益保护原则，还有助于在法治的程序和框架之下惩治犯罪，实现刑法的人权保障机能。

---

① 西原春夫．日本刑法与中国刑法的本质差别．黎宏，译//赵秉志．刑法评论（7）．北京：法律出版社，2005：123．

② 张明楷．刑事立法的发展方向．中国法学，2006（4）：22．

③ 陈兴良．本体刑法学．3版．北京：中国人民大学出版社，2017：134-135．

这里还有一个值得讨论的问题是，“轻犯罪法”与双轨制立法、分散化立法之下的单行刑法、附属刑法的关系如何。对此存在不同理解。有人主张在实现刑法典、单行刑法、附属刑法分散化立法的同时还要制定“轻犯罪法”①。也有人主张，“既要缓解刑法典的压力，又要尽可能保持刑法的统一性，在刑法典之外，制定统一的轻犯罪法典，但不再制定单行刑法和附属刑法的思路，对于未来中国而言似乎更为可取”；并主张制定“轻犯罪法”“既尽可能照应了刑事领域法制统一的要求，又基本上能够将单行刑法、附属刑法的内容囊括进来，使之成为这两种特别刑法的替代物，还特别考虑了中国地域辽阔、不发达地区多、各地司法水平差异大的特点，防止刑法立法过于分散所带来的适用不变和错案风险”②。本书认为，单行刑法和附属刑法有其独立存在的必要性，其中所规定的犯罪也未必全是轻罪。“轻犯罪法”并不能取代单行刑法和附属刑法，试图将单行刑法与附属刑法所应承担的任务完全推给所谓的“轻犯罪法”，仍然无法保证“轻犯罪法”这部“小刑法典”的稳定性，无法保证相应犯罪认定的便利性。就理想的刑法立法体例而言，在刑法典、轻犯罪法之外，单行刑法和附属刑法仍是必要的。

三、轻犯罪附随效果的“脱敏”

一旦被认定为犯罪，行为人除面临刑罚后果、《刑法》第 37 条所规定的各种非刑罚处罚措施或者第 37 条之一关于从业禁止的规制之外，还常面临着因犯罪前科所带来的附随性负面效果。除《刑法》第 100 条第 1 款规定的“依法受过刑事处罚的人，在入伍、就业的时候，应当如实向有关单位报告自己曾受过刑事处罚，不得隐瞒”这一前科报告制度之外，《公务员法》《执业医师法》《律师法》等也都有相应的禁止性规定。如《公务员法》第 26 条第 1 项规定，“因犯罪受过刑事处罚的”，不得录用为公务员；《执业医师法》第 16 条第 1 款第 1 项规定，“受刑事处罚的”，“其所在的医疗、预防、保健机构应当在三十日内报告准予注册的卫生行政部门，卫生行政部门应当注销注册，收回医师执业证书”；《律师法》第

① 张明楷．刑事立法的发展方向．中国法学，2006（4）：18-22．

② 周光权．转型时期刑法立法的思路和方法．中国社会科学，2016（3）：141，146．

49条第2款规定，“律师因故意犯罪受到刑事处罚的，由省、自治区、直辖市人民政府司法行政部门吊销其律师执业证书”。相对于资格刑、财产刑乃至自由刑而言，这种对从业资格的剥夺对行为人生活的影响可谓重大和深远。关于这一点，想想一旦因醉酒驾驶被追究刑事责任就将永远无法再担任公务员就很清楚了。

行为人因犯罪所承担的否定性后果应该与其所实施的危害行为的程度相均衡。所以，对于轻犯罪者而言，应该将其犯罪前科与之后的职业要求适当脱钩、“脱敏”。这既符合比例原则，也有助于行为人顺利回归社会，还能促使全社会对轻犯罪者采取更为宽容的态度。《律师法》只是对于“故意犯罪者”吊销执业证书，修正后的《刑事诉讼法》第286条第1款关于“犯罪的时候不满十八周岁，被判处五年有期徒刑以下刑罚的，应当对相关犯罪记录予以封存”的规定，都部分地体现了宽容性理念。推而广之，在律师之外的其他行业，不分年龄，针对包括故意犯罪在内的轻犯罪实现前科与从业之间的脱钩，对于积极主义刑法观的全面展开而言，十分必要。这既能使轻犯罪者受到司法的审判，也能使他们更顺利地改过自新、重回社会。

第三章　积极主义刑法观与刑事司法（上）

——罪刑法定与刑法解释的限度

积极主义刑法观意味着国家在刑法的任务和功能上存在着更多的期待，这要求刑法作为社会控制手段介入社会生活之时，不是以“最后手段”的名义一味退后，而是强调刑法的独立属性，当为则为。这种观念自然也必定体现在立法政策上如何适度犯罪化以及如何在立法技术、立法体例上贯彻落实，但主要还是体现在刑事司法上，即，在实务部门遇到某一问题行为是否构成犯罪、能否适用某一法定刑或者对于刑法的某一规定该如何理解时，如何体现积极主义刑法观。这就是刑法适用解释的问题。罪刑法定原则是当代刑法的铁则，主张积极主义刑法观，当然就会在罪刑法定原则的框架之内，探寻扩大解释与不利于被告人的类推适用之间的界限，为此提出尽可能便于操作的标准，并且接受司法实务的具体检验。对这些问题的回答，是本章的具体任务。

第一节 积极主义刑法观与刑法解释的限度：明显突兀感说的提出

一部刑法典所创设的刑法规范体系形成了刑法规范的供给，而对现实案件是否有必要通过刑法加以规制，则可谓对刑法规范的需求。总体而言，刑法规范的供给不足或曰供不应求具有不可避免性，因为只要抛弃罪刑擅断而坚持罪刑法定，就必然会因为对明确性的追求而抑制刑法规范的供给，致使其无法充分满足现实需要，体现出滞后性的特征。尽管在立法上进一步提高刑法规范的类型化水平有助于批量性增加刑法规范的实质性供给，但是再高明的立法者也不可能指望依赖所谓的立法技术包打天下。探讨在不可避免的供不应求现象之下能动的司法者所能够施展的空间，是本章的任务。

一、通过刑法适用解释尽可能消解刑法规范供给不足问题

（一）要尽量通过各种解释方法增加刑法规范的有效供给

启蒙时代法治原则的创造者所面临的主要还是罪刑擅断问题，因此尽可能地限制法官的权力就是他们的坚定立场，贝卡里亚所说的“刑事法官根本没有解释刑事法律的权力，因为他们不是立法者”，“如果允许刑事法官解释刑事法律，就等于放弃了堤坝，让位给‘汹涌的歧见’”[①]，就是那个时代对于法官解释法律之态度的代表。然而，“今天，人们一致同意，这种机械性的法官概念是行不通的”，“法官必须总是在各种可能的含义之间加以选择，而这种根据特定规则进行的创造性活动，就被人们称之为解释”[②]。而且，当今时代的刑法学者还在如下一点上达成共识：“法律不是嘲笑的对象”，不要动辄批评刑法条文本身。特别是在我国目前法律的权威性仍远远不够的前提下，法学研究者和法律适用者不该“趁火打劫”，

① 贝卡里亚．论犯罪与刑罚．黄风，译．北京：中国大百科全书出版社，1993：12.

② 克劳斯·罗克辛．德国刑法学总论：第一卷．王世洲，译．北京：法律出版社，2005：85.

而应该在尊重法律的前提下尽可能培植、维护法律的权威。所以，面对有待解决的问题行为，解释者需要保持清醒的头脑和谦和的心态，稳步有序地推进事实与法条的对应关系。在所对应的条文似乎难以提供刑法规范的充分供给时，不要匆忙得出“法无明文规定”的结论，而应该借助各种解释方法，尽力挖掘现行刑法所可能提供的供给空间。

（1）首先要瞄准最相类似的法条。1）在平义解释已然能够提供有效的供给时，无须进行扩大解释。比如，若是肯定了丈夫强行和妻子性交的行为具有刑事可罚性，就不能因为《刑法》第236条“强奸罪”的行为对象“妇女”没有明示“包括妻子在内”而认为刑法并未规定处罚这样的行为，而需明确“妇女”完全可以包括妻子。同样，在判断是否构成危险驾驶罪时，将“摩托车”解释为“机动车”也属于平义解释，不必存在任何疑虑。再有，在考虑对拐卖未满14周岁的幼女并奸淫的行为如何定罪量刑时，将该幼女解释为“妇女”并直接认定为拐卖妇女罪且适用加重法定刑，也属于在“妇女”一词的通常含义内适用，并非扩大解释。2）在刑法用语的最通常的含义无法满足事案需要时，可从法益保护的需要出发，对用语的含义作必要的扩充。比如，若是肯定了盗窃Q币等虚拟财产的行为具有刑事可罚性，就不能因为《刑法》第264条中的“财物”没有明确包括虚拟财产而认为“法无明文规定”，而应该认为，“只要是具有经济价值的物品”就是财物①；若是肯定了盗窃他人所珍藏的父母的唯一遗物、前女友所写的唯一情书等，具有动用刑法予以规制的必要性，就应该认为“具有主观情感价值的物品”也是财物。这样的解释方法可谓是基于法益保护目的的目的解释，在结果上，由于扩张了“财物”一词的通常含义、核心含义，也可谓是扩大解释。扩大解释在刑法用语的通常供给无法满足需求的情况下，为具有刑事可罚性的事案提供了边缘性的供给。此时，扩大解释的结果常常是不利于被告人的，但是，不能认为“扩大解释的限度是必须有利于被告人”，而应该明确，因为扩大解释并不违反罪刑法定主义，所以，就应该“既应当允许有利于被告人的扩大解释，也应当允许不利于被告人的扩大解释”②。3）在对刑法用语的通常含义予以扩充

① 至今的反对意见，可见曲新久．区分扩张解释与类推适用的路径新探．法学家，2012（1）：91-93。

② 冯军．论刑法解释的边界和路径．法学家，2012（1）：69.

时，从功能性的角度予以扩充较为常见。比如，如果肯定了将他人打至耳聋的行为具有刑事可罚性，就应该认为《刑法》第234条中的“伤害”不是指外观上对身体完整性的伤害，而是指功能上对身体机能的伤害，从而拔掉了他人的仅存的几根头发而给他人造成精神伤害的行为就不属于“伤害”。再如，对于将他人的数额较大的财物偷出来予以隐匿的，在刑法上如何评价？即便肯定了这一行为的刑事可罚性，它也不可能成立盗窃罪。因为，如果想将此种行为解释为盗窃罪，要么认为盗窃罪的成立不需要非法占有目的，要么认为盗窃罪所要求的非法占有的目的只包括排除财物所有人、占有人加以利用的“排除意思”，而不包括行为人自己或者第三人加以利用的“利用意思”。但是，前者会导致单纯的“使用盗窃”被认定为盗窃罪，后者则可能导致故意毁坏财物的行为被认定为盗窃罪。这不仅和学界的主流立场明显相悖，也不符合当前的司法实践，还会导致盗窃罪的法网大开。因此，将他人数额较大的财物偷出来予以隐匿的，无法成立盗窃罪。在将目光停留在故意毁坏财物罪时会发现，如果认为这里的“毁坏”就是在物质上、外形上破坏了财物的原本样态（这样理解的毁坏被称为“物理上的毁坏”），那么隐匿的行为无疑就不属于“毁坏”；但是，如果将毁坏界定为“效用上的侵害”，那么单纯的隐匿行为就同样可以为“毁坏”这一用语的可能含义所包含。比如日本学者山口厚教授指出：“基于对‘毁弃’、‘损坏’、‘伤害’等法条用语的日常理解，物理性损坏说确有值得倾听之处，但如此一来，毁弃概念的范围过于狭窄，对虽并不属于物理性损坏但损坏了物之效用的行为，认为一律不具有可罚性，并不妥当。”① 立足于后述的刑法积极主义的立场，本书对于将“隐匿”的行为解释为“毁坏”予以认同，并认为这不过是对“毁坏”一词核心含义的一种功能性的扩充。

（2）在最为类似的法条无法提供有效供给的情况下，仍然不可匆忙得出“法无明文规定”的结论，而需要借助体系解释的方法，再次考察：对于源自案件事实的规范需求，现行刑法的规范体系是否提供了边缘性的有效供给。比如，1）拐卖成年男子的，实践中通常按照非法拘禁罪处理。这虽然并不能完整、准确地评价相应行为的法律属性，但是毕竟对于值得科处刑罚的行为有了一个处理，对于相关各方来说，算是“有了一个交

① 山口厚．刑法各论．2版．东京：有斐阁，2010：353.

代”，可以说是一种退而求其次的次优选择。再如，2）在夫妻中的一方看到另一方自杀或者父母看到子女自杀而见死不救，导致对方死亡的，由于在父（母）子（女）之间的赡养义务或者夫妻之间的抚养义务之中，并不包括救助生命的义务，所以，在夫妻一方或者儿子（女儿）自杀，而夫妻另一方或者父（母）亲不阻止或不救助的场合，不能仅仅因为存在特定关系，就将不阻止或不救助的行为认定为故意杀人罪。[①] 但是《刑法》第261条明文规定了遗弃罪，此时从法益保护的角度出发，完全应该将夫妻中的自杀一方或者孩子解释为“没有独立生活能力的人”，将“他人自杀身亡”解释为“情节恶劣”，从而认为此时可构成遗弃罪。又如，3）对于吸食毒品之后在高度亢奋的状态下在道路上驾驶机动车的行为，与之最相类似的条款是规定了所谓危险驾驶罪的《刑法》第133条之一，但是上述的行为无法被纳入该条之中。但是不应该就此径直认为，由于“法无明文规定”，上述的行为就是无罪的。实际上，现行刑法并非对这样的行为全无考虑，而是有条件地为相应行为提供了刑法规范加以规制，只不过不那么明显而已：在吸毒之后驾驶而导致危害公共安全的具体危险已经足够现实和紧迫时，仍有可能按照《刑法》第114条的规定构成以危险方法危害公共安全罪。此外，如果危险驾驶的行为虽未被规定在《刑法》第133条之一中，但是该行为造成了严重的后果，则完全可能按照《刑法》第133条规定的交通肇事罪处理。比如，2012年4月4日，上海稻草人旅行社携24人在苏州太湖乘游艇游览时，撞上前面两艘货船中间的钢缆而发生意外，致4人死亡。调查显示，驾驶员是在两船间距比较小的情况下，强行穿越，属于违章行为。这样的违章穿越的行为属于危险驾驶的行为，但它造成了严重的后果，故可以按照交通肇事罪处理。

借助体系方法寻求刑法规范之供给，有别于法律没有明文规定的情况下寻找最相类似条文这样的类推适用，而仍然属于“寻找法律明文规定”的过程，是借助“刑法正文”即“体系化的文义”[②] 来确定针对具体事案的刑法规范。可以说，这实际上是在固定了刑法规范的“既有供给”的前提下，充分挖掘刑法规范的“可能供给”的一种努力。如此，就可以得出结论，对于类似的行为现行刑法已经提供了充分的供给。

---

① 王作富．刑法分则实务研究：中．北京：中国方正出版社，2007：859.

② 曲新久．区分扩张解释与类推适用的路径新探．法学家，2012（1）：77.

（二）要警惕借扩大解释等弥补供给不足之名行类推适用之实

面临着突出的罪刑擅断问题的启蒙思想家只想着如何去限制法官解释法律的权力，他们没有也不太可能意识到应当划清可以允许的忠实于法律的解释与应当禁止的类推之间的界限。但是，在罪刑法定原则得到确认后，禁止类推问题也就自然而然地得到重视了。只是需要说明，罪刑法定原则所禁止的类推是不利于被告人的类推适用，而非有利于被告人的类推。尽管对于这一立场一直以来也有反对的声音，但德日等大陆法系国家和我国的多数学说都对它予以认可。

就刑法规范的适用而言，在无论如何努力都无法将事实纳入现有法律规定之中时，断然不能借“实质解释”之名行类推适用之实。通常情况下，实质解释（其结局往往表现为扩大解释）与类推适用之间的界限是较为清楚的。强行和已满 14 周岁的男子发生性关系的行为，不但无法在最相类似的强奸罪的框架内得到规制，而且无法在 1997 年《刑法》第 237 条“强制猥亵、侮辱妇女罪”等相关条文中得到解决。实践中已经出现对相应的行为按照故意伤害罪解决的实例。比如，2010 年 5 月 9 日晚上 11 点多，42 岁的行为人张华（化名）在宿舍内对 18 岁的男同事李军（化名）实施“强奸”，“强奸”过程中导致李军轻伤。事后，李军报案。第二天张华被抓。2010 年 8 月 30 日，检方以故意伤害罪对张华提起公诉。尽管故意伤害案一般为公开审理的案件，但基于该案涉及个人隐私，法官最终决定不公开审理。北京市朝阳区人民法院经审理认为，张华故意将他人致伤，且造成轻伤的后果，其行为已构成故意伤害罪。在法院审理期间，经调解，张华赔偿给李军 2 万元。鉴于张华积极赔偿被害人经济损失，并得到被害人的谅解，当庭自愿认罪，法院对其酌情予以从轻处罚，最终判处其有期徒刑 1 年。① 本案中虽然追究了行为人的刑事责任，但是如果被害人并未达到轻伤以上结果则仍无法追责，而且，若受害人为女性则按照强奸罪所追究的刑事责任的起点即为 3 年有期徒刑，因此按照故意伤害罪处理也会导致处罚上的不均衡。对此问题，解释者无论如何高明，也不可能将“男子”解释为“妇女”。当然，2015 年通过的《刑法修正案（九）》已经将《刑法》第 237 条强制猥亵的对象由“妇女”修改为“他人”，因此，

---

① “强奸”男性致人伤 法院首追 42 岁保安刑责. 华西都市报，2011-01-05 (10).

对上述场合在此之后可以按照强制猥亵罪予以处理，但上例所反映出的“不能将‘男子’解释为‘妇女’”的问题无疑仍然存在。比如，拐卖已满14周岁的男子的，无法按照拐卖妇女、儿童罪处理，实践中是按照非法拘禁罪处理的，也还存在评价不充分、处罚不均衡等问题。这样的立法本身的硬伤，只能等待立法本身的修改，任何的初衷良好的适用解释都无能为力。

在上述泾渭分明的场合，不会有人倒向类推适用。但在其他的场合，在扩大解释与类推适用之间的界限并非一望便知时，就存在着借实质解释之名行类推适用之实的充分可能。比如，近年来在围绕真正军警人员抢劫该如何量刑的争论中，一种非常有影响的观点就认为，此时应该适用抢劫罪的加重法定刑，因为“冒充”包括假冒与充当，其实质是使被害人得知行为人为军警人员，所以，军警人员显示身份抢劫的，属于充当军警人员抢劫，从而就属于“冒充军警人员抢劫”而得以适用抢劫罪的加重法定刑，进而能够弥补此时只能适用该罪基本法定刑所导致的不均衡。① 但是，这样的理解实际上是使对“冒充”的解释超出了其可能的含义，因而甚至遭到了同样来自实质解释阵营的一些论者的质疑。② 确实，实质解释是出于法益保护的目的，为解决刑法规范的供不应求问题所作的有益尝试。但是，这种尝试并非万能，因为任何一个语词总有其语义的射程，实质解释在以扩张解释的形式发挥着保护法益、实现正义的功能同时，也容易突破罪刑法定原则的界限，滑向类推适用。应该坦率地承认，《刑法》第263条“抢劫罪”存在着加重构成规范的刚性的供给不足，导致对应该加重处罚的行为无法加重处罚。这只能期待立法的修改，而在抢劫罪加重构成的相关立法变动为比如“军警人员抢劫或者冒充军警人员抢劫的”之前，对于军警人员抢劫的，只能在基本法定刑的幅度之内从重处罚（对此的详细分析，参见本章第四节）。

事实上，在面临实践中存在刑事处罚的必要性但是现行刑法难以提供有效供给的场合时，不单学者可能出于法益保护的目的借扩大解释之名行类推适用之实，而且最高人民法院等所作的司法解释更有这样的动力。比如，《刑法》第145条规定，“生产不符合保障人体健康的国家标准、行业标准的医疗器械、医用卫生材料，或者销售明知是不符合保障人体健康的

---

① 张明楷．刑法学．5版．北京：法律出版社，2016：994.

② 刘艳红．走向实质的刑法解释．北京：北京大学出版社，2009：219-221.

国家标准、行业标准的医疗器械、医用卫生材料，足以严重危害人体健康的”，构成犯罪，而最高人民法院和最高人民检察院在 2001 年 4 月 10 日《关于办理生产、销售伪劣商品刑事案件具体应用法律若干问题的解释》第 6 条第 3 款称，“医疗机构或者个人，知者或者应当知道是不符合保障人体健康的国家标准、行业标准的医疗器械、医用卫生材料而购买、使用，对人体健康造成严重危害的，以销售不符合标准的医用器材罪定罪处罚”。但是，这样将“购买”评价为“销售”，实际上属于类推解释，故受到了学界的批评。①

（三）不利于行为人的当然解释最终必须还原为扩大解释才能获得认可

有一种理解认为：对于那些明显具有刑事可罚性但现行刑法没有明确规定的情形，可以通过当然解释处理。如果较轻的行为已经被规定为犯罪或者按照加重法定刑处理，那么更重的行为当然也要作为犯罪处理或者适用加重法定刑。于是，（1）既然非法制造枪支的行为已经被规定为犯罪，则非法制造大炮的行为更应该作为犯罪处理；（2）既然轻的冒充军警人员抢劫的被规定为加重犯，那么，重的真正军警人员显示身份抢劫的行为也当然应该适用加重法定刑。对于后者，王作富教授、刘宪权教授、林亚刚教授等都予以了肯定，并对真正军警人员抢劫适用抢劫罪的加重情节予以了认可。② 但是，本书特别需要强调这样一点：在实质正义压倒一切的时代，所谓的当然解释尚有其存在的正当性，但在当代罪刑法定的视野之下，当然解释和类推之间的关系就必须成为问题。如果某种重的行为得到允许或者未受禁止，那么轻的行为当然也得到允许或者未受禁止，这样的

---

① 例如张明楷. 罪刑法定与刑法解释. 北京：北京大学出版社，2009：101；冯军. 论刑法解释的边界和路径. 法学家，2012（1）：67。与此相对，曲新久教授对上述司法解释中的“购买”作了限制解释，认为其中的“购买、使用”应理解为购买并使用于众多患者这样一种并列关系，这样的行为就可包含在扩张之后的“销售”的概念之中，从而，这一司法解释就是适当的，并不具有类推性质。曲新久. 刑法学. 北京：中国政法大学出版社，2017：310-311. 曲新久. 区分扩张解释与类推适用的路径新探. 法学家，2012（1）：88.

② 王作富. 罪刑法定与扩大解释. 检察日报主办《法学院》专刊第 1 期，2007-01-05（08）. 刘宪权. 论罪刑法定原则的内容及其基本精神. 法学，2006（12）：77. 林亚刚. 析侵犯著作权行为与侵犯著作权罪的衔接. 法学评论，2006（6）：123.

"出罪，举重以明轻"场合下的解释即便说成是类推，它也属于有利于行为人的类推，并不为罪刑法定原则所禁止。真正成为问题的是另外一种情形下的当然解释，即某种轻的行为已经被规定为犯罪或适用加重法定刑，则较之更重的行为当然应该构成犯罪或适用加重法定刑。这是"入罪，举轻以明重"的场合。前文提到的王作富教授等的理解，正是此种归结。此时，所得出的结论是不利于行为人的，而且罪刑法定原则允许不利于行为人的扩大解释但是禁止不利于行为人的类推适用，因此就必须说明，通过此种"举轻以明重"所得出的不利于行为人的结论，到底是扩大解释还是类推？这是这种结论能否被正当化的关键所在。实际上，不管是当然解释还是类推，在一点上是共通的，那就是都结合相关立法的旨趣、目的等，进行了一种目的论的推论。此外，将并未直接规制的对象和直接规制的对象加以比较，基于两者间所能肯定的类似性而将前者和后者同样对待，在此限度内，也可以认为扩张解释和类推具有同样的特征。由此，屡屡有德国学者如拉仑茨（Larenz）、卡纳里斯（Canaris）、比德林斯基（Bydlinski）、加斯特（Gast）、邦德（Bund）等主张，所谓的扩张解释是类推的一种，或者是类推的特殊事例。也就是说，从规范的保护目的观点来看，通常的狭义的类推是将"同程度"的关系性作为问题的，与此相对，当然解释大概是将更强的关系性作为问题的。可以说，当然解释和类推，无论何者都有"比较的、多值的、家族类似的、语用论上的"构造，并没有本质的构造上的差别。①

既然当然解释和类推之间并不存在构造上的本质差别，当然解释不过是一种强力的类推，那么，就像不利于行为人的类推为罪刑法定原则所禁止一样，不利于行为人的当然解释也应该受到明确的限制。除了需要结合相应法条的立法旨趣、立法目的，更为重要的是，不利于行为人的当然解释也必须受到"刑法用语的可能含义"的限制，超出"可能含义"的不利于行为人的当然解释，同样应该予以禁止。也就是说，任何刑法意义上的解释结论，都必须最终落实到刑法条文具体用语的解释之中，只有能够为现存刑法用语的规范保护范围所包摄，即能够为刑法用语的可能含义所涵盖的，才可能得到认可；相反，即便是某种解释结论具有"当然的"实质合理性，如果无法为现存的刑法规范所涵盖，也只能认为是"法无明文规

① 增田丰. 语用论的含义理论与法解释方法论. 东京：劲草书房，2008：231.

定”而作有利于行为人的处理。具体到相应的事案类型，对非法制造大炮的行为之所以能够按照非法制造枪支罪处理，并不是由于所谓的“举轻以明重”，而是因为在规范的意义上，大炮可以为“枪支”的含义所包容，将“大炮”解释为“枪支”不过是扩张了枪支之通常含义的扩大解释而已；而对真正的军警人员抢劫之所以无法适用抢劫罪的加重法定刑，无非是因为这样的行为类型无法为包括《刑法》第263条第6项“冒充军警人员抢劫”在内的抢劫罪的加重构成规范所包含。在此意义上可以说，当然解释并非一种独立的解释方法，任何的所谓当然解释都不具有天然的正当性。其要想获得正当性都必须还原和落实为对具体条文的解释，以扩大解释或者缩小解释的形式体现在刑法条文之中。①

（四）要采取限制解释的方法对待刑罚规范的供给不足

在观察刑法规范的供给不足时会发现，真正的刑法规范供给不足，除了包括入罪规范无法满足需求这种常见类型，还包括另外一种类型，即刑法分则对具体个罪所配置的刑罚种类无法满足需求。比如我国刑法分则中存在着若干处绝对确定的死刑，这种过于单一、僵化的法律后果即无法充分评价其所对应的行为模式类型。基于罪刑法定原则中“刑之法定”的要求，对于已然该当了相应刑罚后果所对应的行为模式的，除非具备减轻处罚的情节，否则司法者只能按照立法者的配置为行为人裁量法定刑，而不能随意改变。但是，由于相应的刑罚后果确定，特别是在绝对确定的死刑的情况下，需要对相应的行为模式加以规范解释，以尽可能做到罪刑相适应。比如，在2015年《刑法修正案（九）》之前，对于《刑法》第239条中“致使被绑架人死亡……的，处死刑”这一规定就应该结合其有限的刑罚供给作限制解释，将“致使被绑架人死亡”限制解释为“故意伤害被绑架人致其死亡”，甚至是“故意以残忍的方法伤害被绑架人致其死亡”。唯有如此，才能维持最基本的罪刑均衡。再如，现行刑法关于危险驾驶罪的法定刑配置同样存在着刑罚后果过于单一、刑罚供给不足的问题。对此，

① 有研究者指出，如果待解释事项和刑法规定之间具有逻辑上的递进发展关系，那么，就可以通过当然解释将待解释事项吸纳到刑法用语的规范含义之中；如果待解释事项与刑法用语仅仅是并列关系，则不可能将待解释事项解释为符合刑法的规定。刘艳红．走向实质的刑法解释．北京：北京大学出版社，2009：221-222．事实上，该论者所说的值得接受的当然解释，完全可以为扩大解释所包含。

只能通过对《刑法》第133条之一的规范解释，使其和“一到六个月的拘役”这一刑罚后果尽可能相适应。

二、扩大解释和类推适用的界限划分：迄今的努力与存在的问题

（一）不应该接受所谓“允许类推说”

在德国，萨克斯（Sax）主张刑法中根本不存在所谓“禁止类推适用”原则，考夫曼则认为无所谓区分禁止的类推与容许的解释。在日本，植松正教授、阿部纯二教授、伊东研佑教授等也都认为扩大解释和类推在实质上不可能被区别开来。比如阿部纯二教授认为，“目的论的扩张解释和类推解释在推论形式上没有本质的差别”①。植松正教授更是认为，不管是类推还是扩大解释都是“扩展地适用了法律语言的本来固有的概念规定（定义）”，都是因为客观事实和法律规定之间具有某种类似性、共通性而予以适用，两者的区别不过是“名称上的区别”而已。因而，“对刑罚法规在某种程度上也必须允许类推。这也应该说是制定法的宿命，目的就是对于语言的制约所带来的不合理加以救济。为了适应法律制定之后对新的事态进行解释，类推也是必要的”②。伊东研佑教授也认为，类推解释和扩大解释在性质上不可能区分开。③ 我国学者黎宏教授接受了上述几位学者的论断，认为类推也是一种解释方法，大家在日常的司法活动中都在有意无意地采用这种分析方法来对刑法进行解释；进而对“禁止类推解释”的立场提出了质疑。④

以上允许类推说的论者并无一人否定罪刑法定原则，只是认为类推与目的论解释之间并没有本质上的区别，允许类推并不违反罪刑法定原则而已。不过，即便肯定了类推解释方法的存在及一定的合理性，也不等于就能够不加区分地允许所有的类推。“诚然，就法条用语的‘含义的边缘’领域由法官进行法律的续造是必要的，这也就是法律规范内的法律发现，

① 阿部纯二．刑法的解释//中山研一，等．现代刑法讲座：第一卷．东京：成文堂，1977：116.

② 植松正．刑法概论：Ⅰ·总论．再订版．东京：劲草书房，1974：76-77.

③ 伊东研佑．刑法的解释//阿部纯二，等．刑法基本讲座：第一卷．东京：法学书院，1992：59.

④ 黎宏．“禁止类推解释”之质疑．法学评论，2008（5）：45及以下.

也显示出了类推的性格，但是仍然能够区分出来，是依然停留在‘可能的含义’框架内的类推式的法律的继续形成，还是超出了这一框架的法律的续造。”“根据现代的法学理论，刑法中也同样承认由法官实施的法律形成、目的论的法律创造或者是类推式的法律发现。在此，现在所说的‘禁止类推’，并不是禁止法律发现中的类推方法本身，而不过是禁止超出了‘可能的语义’框架的类推的法律发现。必须这样来理解。”① 只要坚持罪刑法定原则，就不应该允许在立法者之外，法官可以在无明文规定时创制法律而将不利后果归于国民。同时，扩大解释的边界以及其与类推适用的区别，被称为“世界性难题”，争论多年但仍未有定论。对于同样地将窃电行为解释为财物，德国的判例曾认为是类推适用，而日本的判例则认为是扩大解释。这就形象说明了区分二者的难度。但是，难以区分也不等于完全无法将二者区分。只要坚持罪刑法定原则，就只能禁止不利于被告人的类推。这样说来，就不应该接受所谓的“允许类推说”。

（二）“法条用语的可能含义”说与“一般人的预测可能性”说的缺陷所在

1. “可能含义说”及其缺陷

对于应该允许的扩大解释和必须禁止的类推适用的区分界限，通说采用了是否超出了“法律用语的可能含义”的标准，认为这应该是法官解释中可以允许的最外延边界。比如德国学者罗克辛教授指出，“仅仅在可能的词义这个框架内的解释本身，就能够同样起到保障法律的预防性作用，并且使违反禁止性规定的行为成为应受谴责的”②。日本学者木村龟二教授则更为明确地指出，“类推解释与扩张解释的区别在于，扩张解释是停留在刑法的成文语言的界限之内，而与此相对，类推解释则超出了这一可能含义的界限，从而对于没有明文规定的事实也承认刑法规范的妥当性。就其他的方面来说，类推解释和扩张解释在目的论的方法上则是共通的。在此意义上，扩张解释和类推解释之间的界限可谓是流动的。但是，是停留在成文语言的可能含义的界限之内，还是超出了这一界限，这不是单单的量上的差别而是质上的差别。扩张解释是对于法律的解释，而类推解释

① 增田丰. 语用论的含义理论与法解释方法论. 东京：劲草书房，2008：167.

② 克劳斯·罗克辛. 德国刑法学总论：第一卷. 王世洲，译. 北京：法律出版社，2005：85.

由法官所作出时，则是法官所进行的法律创造，是一种立法，这一点是不能忽略的。”[①] 川端博教授认为，扩张解释是指对日常用语（自然语言）所具有的标准的含义作更为广泛的理解，将条文的含义在日常用语所可能包含的范围内予以扩大。[②] 我国学者冯军教授则认为，扩大解释就是将刑法条文用语由其核心意义扩大到边缘意义。[③] 可见，衡量被允许的类推解释方法还是应该禁止的类推适用，并不在于这一结论所得出的推理过程，而在于其是否超出了刑法用语的“可能的含义”。不过，虽说不管德日还是我国，刑法理论的通说都将两者的区分标准界定为是否超出了刑法用语的可能含义，但这不可能终结对问题的讨论，因为，“法条用语的可能含义”理论，是存在缺陷的。

法条用语只要是借用了日常用语的表达，那么除数字和固有名词之外，通常，或多或少都可以说是暧昧和不明确的。不光在需要价值判断的“规范的概念”（比如猥亵的概念、淫秽的概念）的场合如此，即便是在所谓“记述的概念”的场合也是一样。比如，在故意杀人罪中的“人”这样相对明确的记述的概念的场合，也会存在着关于人的始期和终期的争论，也不意味着其就从暧昧、不明确的概念中完全解放出来了。日本学者增田丰教授指出，几乎所有的法律概念的外延，就其适用可能性而言都是由“含义的核心”领域和“含义的边缘”领域所构成的，前者是完全能“肯定的案件”，具有“肯定的确实性”，后者则是能够产生“疑问”的事例，是“中性案件”。此外，就法律概念的适用可能性而言，与前述的场合相区别，还有既不属于“核心含义”也不属于“边缘含义”的领域，这是具有“否定的确实性”的“否定案件”。“当我们说到法律概念的暧昧性或者不明确性时，实际上可以作为法律概念用语的‘边缘含义’的不确定性来加以把握。在此，我们一直所说的‘暧昧的概念’或者是‘不明确的概念’，恐怕也就成了那些具有‘宽泛的边缘含义’的概念。这个意义上的暧昧的概念，其‘核心含义’仍可以说是明确的。另一方面，我们在说‘明确的概念’时，可以说是指包含着比较‘狭窄的边缘含义’的概念。但是，即便是这种意义上的明确的概念，其‘边缘的含义’仍然是

① 木村龟二. 刑法总论. 东京：有斐阁，1959：21.

② 川端博. 刑法总论讲义. 2版. 东京：成文堂，2006：51.

③ 冯军，肖中华. 刑法总论. 北京：中国人民大学出版社，2008：53.

不明确的。”[①] 不管是在何种意义上，法律概念都包含暧昧的（开放的、有孔的）“含义的边缘”。这样，在对并不属于法律概念的这一“含义的边缘”的“否定案件”适用刑法规范（法律效果）的场合，也就是在作为欠缺刑法规范之补充手段的“类推”的场合，在论理上来说就属于无视了“可能的含义”的界限。要而言之，是否无视了“可能的语义”之界限的问题，是在就相应的刑法规范的适用不可能性而言存在确定性（明确性）的领域所发生的。这样的话，单纯以语言含义的暧昧性为理由对“可能含义”说提出质疑，可以说理由并不充分。但是，关于“含义的边缘领域”（“中性案件”）与“核心领域”（肯定案件）或者与“超出了边缘”的领域（否定案件）之间的界限，恐怕会产生“新的暧昧性的问题”以及“界限的流动性”的问题。[②] 这恐怕是试图通过“刑法用语的可能含义”来划定扩大解释与禁止的类推适用之界限的观点所无法回避的难题。伊东研佑教授更是指出，所说的“可能的语义”的界限这一点，在实际上是很难确定的，事实上就可能依赖解释者的所谓直观的、感觉上的判断。[③]

2.“一般人的预测可能性”说及其问题

随着社会的发展以及人们的认识能力的进化等，一个词语的可能含义会出现一定程度上的扩张，比如1997年刑法施行之时，“财物”一词的含义还不太可能包括虚拟财产，但是将虚拟财产纳入“财物”之中并不会超出其可能含义。这样看来，刑罚法规中用语的“可能含义”或许并不存在一个固定的边界，其自身也处在流动、变化之中。但是，任何一个刑法用语的含义都总有一个“可能”的边界，这个边界也被称为刑法用语的语义射程。为了判断是否超出了“用语的可能含义”和语义射程，学者提出了“一般人的预测可能性”标准，用是否超出了一般人的预测可能性，即是否超出了一般公民的预测能力和预测范围，来检验是否超出了“可能含义”和语义射程；认为凡是超出了一般人的预测可能性的结论就是类推适用，尚未超出的则是扩大解释。比如，内藤谦教授指出，很多的学说通过是否停留于“词语的可能含义”的界限之内来寻求类推和扩张解释的区

---

① 增田丰．语用论的含义理论与法解释方法论．东京：劲草书房，2008：138.

② 同①140.

③ 伊东研佑．刑法的解释//阿部纯二，等．刑法基本讲座：第一卷．东京：法学书院，1992：59.

别，这包含着妥当的内核。不过，这一场合所说的“词语的可能的含义”，不能为解释者的主观所左右，而必须理解为作为词语所能够具有的客观的、可能的含义，这个可能的含义即便是比日常用语的含义更为广泛，但却没有超出一般人即国民的平均层的理解可能性。① 这里所说的一般人的理解可能性，也就是预测可能性。确实，“一般人的预测可能性”概念和罪刑法定原则密切关联，“国家将违反一般国民预测的某种行为认定为犯罪，或者是科处违反预测的种类或量的刑罚，都可以认为是侵害了国民的基本的权利和自由”②。在这个意义上说，通过一般人的理解可能性、预科可能性的概念将刑法用语的“可能含义”概念加以明确化，是朝着正确的方向迈进了一步。

但是，预测可能性仍是不确定的概念，甚至如曲新久教授所言，较之用语的“可能含义”等概念“更大、更高、更抽象”③。即便同样主张应该将是否侵害了预测可能性作为区分是否为类推的标准，学者间就应该如何来考察预测可能性也存在分歧。比如，西原春夫教授认为，“只有在一般人认为‘若是那个行为能用此条文处罚的话，那么这个行为就当然也能够用这个条文处罚’的限度之内，才应该肯定扩张解释”④。而町野朔教授则认为，“国民的当罚性的意识，和国民对于法律条文含义的预测可能性是不同的问题”⑤。福田平教授更是认为，“法条中所用的词语的可能的含义，可以说是该解释是否侵害了预测可能性的判断资料”⑥。可见，由于对预测可能性的判断见仁见智，甚至其与法条用语的可能含义之间究竟谁是谁的判断资料等都有不同认识，能否借助这一概念顺利区分扩大解释与类推，仍然有疑问。

3. 问题的归结与解决的方向

扩大解释与类推适用之间的界限是流动的。因为语言本身因其用法不同而含义会有所变化，而法律是用语言来记述的，所以这样的流动性也就

① 内藤谦. 刑法讲义总论：上. 东京：有斐阁，1983：32-33.

② 西原春夫. 刑法总论：上卷. 改订版. 东京：成文堂，1991：35.

③ 曲新久. 区分扩张解释与类推适用的路径新探. 法学家，2012 (1)：89.

④ 同②42.

⑤ 町野朔. 刑法总论讲义案：Ⅰ. 2版. 东京：信山社，1995：74.

⑥ 福田平. 刑法解释学的基本问题. 东京：有斐阁，1975：13.

在所难免。除处在通说地位的“可能含义”说和“一般人的预测可能性”说之外，对于扩大解释和类推适用的区分标准，学说上还提出了推论形式区别说、犯罪定型说、存疑时即属类推说①以及形式实质衡量说、合目的性说②等不同主张。但各种学说都有各自的局限，而是否超出了“法条用语的可能含义”为扩大解释与类推适用之区分确定了基本的框架，指明了正确的方向。只是，若将“用语的可能含义”公式无限定地加以适用的话，就会导致这一公式难以发挥划定界限的机能，或者带来允许侵害国民的预测可能性的解释这样的后果。虽说“可能含义”需要通过进一步的操作化和明确化加以限定，但包括“一般人的预测可能性”在内的各种探讨，仍未能为“可能含义”的判断提供一个具体的标准，从而仍不能“药到病除”地解决问题。自然，对于“可能含义”的判断不可能完全抛开具体的刑法用语本身而抽象讨论，但问题在于，对于一个具体用语的“可能含义”的边界究竟何在，语言学本身也不可能给出明确的答案。“一般人的预测可能性”概念试图为划定“可能含义”的边界提供进一步的依据，但其自身也有进一步操作化的必要和可能。

三、刑罚积极主义立场下的刑法适用解释：明显突兀感说的提出

除“可能语义”说和“一般人的预测可能性”等标准具有上述缺陷之外，在本书看来，至今为止对扩大解释和类推适用之区分的讨论所陷入的困境，和未能充分结合刑法介入社会生活的应有态度有关。需要强调，刑法介入（也就是刑罚介入）是积极一些还是消极一些，是采取刑罚积极主义还是采刑罚消极主义，会直接关系到对扩大解释与类推适用之区分标准的具体把握。若是采取刑罚积极主义，则在扩大解释与类推适用的区分标准上可能就掌握得宽松一些，由此，在所得出的结论超出了用语的日常含义时，(1) 只有这种结论使一般人产生明显突兀感时，才算是类推适用；(2) 虽会让一般人感觉突兀但不会感觉明显突兀的，仍然属于扩大解释；(3) 不会让一般人感觉突兀的，当然是扩大解释。而若是在刑法的介入问题上采取消极主义的立场，就会对扩大解释与类推适用之间的界限把

---

① 以上三说，参见荻原滋．罪刑法定主义与刑法解释．东京：成文堂，1998：127-140。

② 以上两说，参见关哲夫．刑法解释的研究．东京：成文堂，2006：270-274。

握得更严格一些，那么不但在前述的场合（1），在场合（2）也会被认定为类推适用，只有在场合（3）才会被认为是扩大解释，才能够被允许。于是，接下来的问题就置换成了：在当下社会，刑法介入（刑罚介入）社会生活是应该积极一些还是该消极一些？对此，前文第一章已经明确了本书采用的是刑罚积极主义的立场，即积极主义刑法观。

在厘定了刑罚积极主义的基本立场后，本书将扩大解释与类推适用的区分标准归纳成“明显突兀感说”。这和日本学者福田平教授所说的“不能允许侵害国民之预测可能性的解释，换言之，不能允许给予国民以突然袭击之感的解释”[①]，或者荻原滋教授所说的“和某种词语的通常理解相去甚远的（对被告人不利的）解释就属于不能允许的类推”[②]，可谓异曲同工。具体而言，明显使社会一般人感觉突兀的结论，属于国家对国民的“突然袭击”，也可谓和某种词语的通常理解“相去甚远”，超出了一般人的预测可能性，从而超出了刑法用语的“可能含义”，因而是类推适用；而不会给社会一般人明显突兀感的结论，就是扩大解释。这样，虽然不是“尽力地把一切类推性适用都往扩张解释里塞”[③]，但本书所理解的扩大解释的范围确实可能相对“扩大”。以下通过具体考察几组相关实例，对上述主张进行展开。

（一）能够使一般人产生明显突兀感，从而属于类推适用的

将已满14周岁的男人解释为“妇女”，从而肯定其可以成为强奸罪、［《刑法修正案（九）》之前的］强制猥亵罪和拐卖妇女罪的对象，会让所有的一般人感到明显突兀。而将“购买”解释为“销售”，将“非财产性利益”解释为“财物”，将军警人员显示身份抢劫解释为“冒充军警人员抢劫”，也会使一般人明显产生突兀感，可谓超出了一般人的预测可能，都属于类推适用。黎宏教授认为，从结论上看，说“真军警抢劫的更应当从重处罚”的解释，恐怕是不会超过一般人的预测的。[④]但问题是，需要一般人预测的，并非“真军警抢劫的更应当从重处罚”这样的结论，而是将“真军警抢劫”解释为“冒充军警人员抢劫”这样的解释。抛开实质的

① 福田平．刑法解释学的基本问题．东京：有斐阁，1975：13.

② 荻原滋．罪刑法定主义与刑法解释．东京：成文堂，1998：158.

③ 杜里奥·帕多瓦尼．意大利刑法学原理．陈忠林，译评．北京：中国人民大学出版社，2004：31.

④ 黎宏．“禁止类推解释”之质疑．法学评论，2008（5）：48.

判断不谈，单就这样的解释结论本身而言，毫无疑问它是超出了一般国民的预测范围的（详见本章第四节）。

（二）不会使一般人感觉明显突兀，从而属于扩大解释的

有些解释结论不会使一般人感到突兀。比如，（1）将“电子邮件”解释为“信件”，从而将非法开拆、删除他人的电子邮件且情节严重的行为解释为《刑法》第252条“侵犯通信自由罪”所要求的毁弃或者非法开拆他人信件，一般人完全可以接受，不会感到任何突兀。再如，（2）将“卖淫”解释为“为获取物质报酬而以交换的方式与不固定的对象发生的性行为”，虽然超出了“卖淫”一词的通常含义，也不会让人觉得突兀，因此，将“组织男子向男子提供有偿性服务”解释为“组织卖淫”就自然是扩大解释。再有，（3）将“虚拟财产”“财产性利益”等解释为财物，也都不会让人感觉突兀，从而，盗窃他人虚拟财产的就能够构成盗窃罪，国家工作人员利用职务便利收受他人财产性利益并为他人谋取利益的，就能够构成受贿罪。

有些解释结论虽会使一般人感到突兀，但是不至于感觉明显突兀。（1）将“大炮”“土炮”解释为“枪支”，（2）将“用于载人的拖拉机”或“作为交通运输工具使用的大型拖拉机”解释为“汽车”①，（3）将“飞机票”解释为“车票”，（4）将“枪支被抢”“枪支被盗”解释为“丢失枪支”，（5）将“隐匿”解释为“毁坏”，（6）将“获得同意进入他人住宅但经要求退出而不退出”解释为“侵入”，（7）将“长期共同生活的家庭雇员”解释为“家庭成员”，这些虽然并不符合一般人关于相应词语的基本印象和第一感觉，但在问题提出后，一般人往往会产生“也是”“这么说也可以”的感觉，而不至于感觉明显突兀。② 可以说，这样的解释虽不同

① 新近的支持这一结论的，比如冯军．论刑法解释的边界和路径．法学家，2012（1）：70．刘明祥．论刑法学中的类推解释．法学家，2008（2）：65。反对这一结论的，比如曲新久．区分扩张解释与类推适用的路径新探．法学家，2012（1）：81-82。

② 黎宏教授认为，将由于被抢等难以抗拒的原因而失去对枪支之控制的场合也理解为“丢失”，这种理解或许已经超出了丢失的通常含义，但是，得出这种结论并没有超出一般人的预测，不会让人大吃一惊。黎宏．“禁止类推解释”之质疑．法学评论，2008（5）：49．这里，黎教授所提出的“不会让人大吃一惊”的判断，和本书所说的不会让人产生“明显突兀感”，是一样的。只不过，黎宏教授据此认为上述的理解属于类推解释，就值得商榷了。在本书看来，这样的解释结论虽然超出了“丢失”一词的通常含义，但并未超出其可能含义，因此就是扩大解释。

于一般人的普通理解，但是尚未超出一般人的预测可能性，亦即如冯军教授所说，“一般公民理性思考后能够领悟”①。所以，对于非法制造土炮的行为，对于破坏载人的拖拉机足以使其发生倾覆、毁坏危险的行为，对于倒卖飞机票情节严重的行为，对于依法配备公务用枪的人员被他人抢劫枪支、盗窃枪支之后没有及时报告而造成严重后果的行为，对于非法隐匿他人财物数额较大或者有其他严重情节的行为，对于获得同意进入他人住宅但经要求退出而不退出的行为，对于虐待长期共同生活的家庭雇员情节恶劣或者长期共同生活的家庭雇员虐待雇主或雇主子女情节恶劣的，就都不能说是“法无明文规定不为罪”，而应该分别定性为非法制造枪支罪、破坏交通工具罪、倒卖车票罪、丢失枪支不报罪、故意毁坏财物罪、非法侵入住宅罪以及虐待罪。

可能有争议的是：将已经离退休的原国家工作人员解释为“国家工作人员”是扩大解释还是类推？在本书看来，无论是将“军警人员抢劫”认定为“冒充军警人员抢劫”，还是将一般人认定为“国家工作人员”，都会使一般人大吃一惊，觉得明显突兀，故这样的结论无疑都是一种类推；但是，将离退休的原国家工作人员认定为“国家工作人员”，虽可能会使一般人一时无法接受，但在想到离退休人员（特别是离退休的领导干部）仍会享受国家工作人员的待遇、仍然具有相应的影响力，以及离退休国家工作人员毕竟曾经是国家工作人员等因素，一般人就会觉得这样的结论并不明显突兀，会发自内心地发出“也是啊”这样的感叹。所以，将“离退休的原国家工作人员”理解为“国家工作人员”应该是一种扩大解释而非类推，因而，2000 年 7 月 21 日起施行的最高人民法院《关于国家工作人员利用职务上的便利为他人谋取利益离退休后收受财物行为如何处理问题的批复》所指出的“国家工作人员利用职务上的便利为请托人谋取利益，并与请托人事先约定，在其离退休后收受请托人财物，构成犯罪的，以受贿罪定罪处罚”的司法解释，就并不违反受贿罪的构成要件和罪刑法定原则。

① 冯军. 论刑法解释的边界和路径. 法学家，2012（1）：70. 但是，冯军教授认为，“车票、船票”的字面含义中无论如何都不可能包括飞机票，从而将“飞机票”解释为“车票”就属于类推适用。这样的结论与本书的判断相左。

四、几个疑问的回答

（一）为什么不能根据“存疑时有利于被告”原则将那些有疑问的解释全部认定为类推

对于本书的主张，会有如下的疑问需要回答。在不能明确地判断某种对刑法用语的理解到底属于扩大解释还是类推适用时，比如在不能明确判断将“飞机票”理解为“车票”是扩大解释还是类推适用时，能不能直接根据“存疑时有利于被告”的原则将这样的解释理解为类推适用，从而予以否定？在国外刑法理论界，确实有学者在扩大解释与类推适用的区分标准上采取“存疑时有利于被告”说。比如日本学者长冈龙一教授认为，“存疑时有利于被告”的法理与罪刑法定主义原理具有同样的旨趣，运用这种法理区分类推适用与扩张解释没有多大问题。具体来说，他认为在疑问程度轻微的场合，就应该是处在允许限度内的扩张解释，而在疑问程度中等或者疑问程度重大的场合，则应当根据“存疑时有利于被告”的法理，作出有利于被告人的判断，认定为应予禁止的类推适用。① 山中敬一教授也认为，“与扩张解释可以限定于可能的语义的框架内这样的论证方法相比，类推这样的论证方法本身不可能被严格地约束在法律条文上，因此就可以说，禁止类推解释仍旧是罪刑法定主义的支柱。在此，通过运用‘存疑时有利于被告’的原则，以‘存疑时即属类推解释’这样的严格解释的精神来面对，这在实务中恐怕也是非常重要的”②。

本书并不接受以上长冈教授和山中教授所得出的结论，理由在于：第一，“存疑时有利于被告”原则中的“疑”应该仅限于事实上存疑，或者说，只有事实上的疑问才算真正的“存疑”——在既存在不利于被告人的事实又存在相反的有利于被告人的事实时，应该作有利于被告的理解。因为这时对被告人不利的证据事实未能达到“排除合理怀疑”的程度，故国家刑罚权的介入就应该慎重，应该重点考虑被告人的人权保障。但是，某种对刑法用语的理解究竟是扩大解释还是类推适用，这属于对法律用语含义范围的理解上的不同，充其量属于形式上的而非真正的“存疑”。认为

---

① 长冈龙一．刑法的解释与罪刑法定主义的原则（二）．东北学院大学论集（法律学）11号（1977）：92及以下．

② 山中敬一．刑法总论：Ⅰ．东京：成文堂，1999：73．

“飞机票”是或者不是“车票”，扩大解释论者和类推适用论者都是基于自身对扩大解释、类推适用之含义的理解，对“飞机票”一词的可能含义和语义射程加以判定，并据此得出了不同的结论。这只是基于不同立场的不同理解而已，而在各自论者看来，他们所得出的结论，都并不存在疑问。第二，如果将以上学者所说的“存疑时有利于被告”的法理与罪刑法定主义原理具有同样的宗旨这样的出发点予以彻底化，那么即便是在轻微存疑的场合，也应该作出有利于被告的解释，从而将某种解释结论认定为类推。区分疑问的程度而分别归类为扩大解释或者类推适用，其理念并不连贯，其立场并不彻底。第三，正如有评论者指出，在说到某种刑法解释“存在疑问”时，其含义可能多种多样。存在着超出了词语的可能含义或者预测可能性这样的疑问时，也可以认为是“存在疑问”的场合。但是，用“存在疑问”这样的概念来重新分析“词语的可能含义”或者预测可能性的界限，虽然有其可取之处，但是能否据此就说使“词语的可能的含义”或者预测可能性更加精密化，也还是有疑问的。① 在本书看来，对某种“解释”结论存在疑问时不能简单适用“有利于被告”的原则，而应该正视刑法规范供给不足的现实，在不侵犯公民的基本权利的前提下，将刑法作为社会控制、社会保护的手段积极地加以适用。“既然对被告人有利的解释未必一直都是妥当的解释，那恐怕就不应该按照对被告人是否有利，而应该按照哪个解释是最为合理的来进行选择。”②

但即便如此，上述长冈教授所提出的结合疑问的程度区分扩大解释与类推适用的思路还是与本书的主张有所契合，即，本书所提出的“突兀感”和上述学者所说的疑问程度是有密切关联的：正是因为产生了突兀感，才进而产生了对于将某种事项“解释”进法条用语之中的“疑问”，而本书所称的“明显突兀感”，也正可谓对应于该论者所说的“疑问程度重大”。但是，虽具体的区分标准上有某些暗合，但在结论上并不一致。在刑罚积极主义理念的指导之下，本书认为只有产生了明显突兀感即重大疑问时，才属于应该禁止的类推适用。这在刑法用语可能含义的边界以及所允许的扩大解释的范围上，较之上述学者向前推进了一步。

---

① 荻原滋. 罪刑法定主义与刑法解释. 东京：成文堂，1998：139-140.

② 同①140.

（二）为什么是“一般人”而不是“行为人”的“明显突兀感”

在将有无预测可能性作为区分扩张解释和类推适用的标准时，通常都是将“一般人”“一般国民”“普通公民”的预测可能性作为标准。在将具有预测可能性操作化为不存在“明显突兀感”时，仍应该坚持一般人标准。对此，也有不同意见。比如，日本学者阿部纯二教授认为，为了真正地在实体上保障预测可能性，并非将“国民的”预测可能性，而必须是将行为人个人的预测可能性作为问题，为什么会认为有“国民的”预测可能性就够了呢？这是不明确的。① 但是，这样的理解是有问题的，也遭到了学者的批评。比如荻原滋教授就认为，行为人个人的预测可能性是和违法性意识相关的问题，属于责任原理的问题。责任原理与罪刑法定主义必须严格地加以区别。前者是关于能否对行为人加以非难的问题，与此相对，后者则是关于国家权力为了防止刑罚权的恣意发动而自我抑制的问题。一般的、平均的国民所无从预测的刑法适用（刑罚的科处）一般是恣意的刑罚权的发动。犯罪人碰巧未能意识到行为的违法性而实施了自以为合法的行为的，在法院判决其有罪的场合，虽也能说这确实是侵害了行为人的预测可能性，但行为人所实施的行为是法规所禁止的行为，因此，只要刑罚权的发动是按照法律规则来的，就难说对行为人科处刑罚是恣意的。② 因此，在明确区分罪刑法定主义和责任主义之不同功能的基础上，确定划分扩大解释和类推适用的界限终究是构成要件该当性阶段需完成的任务，在此阶段只有将“一般人的”预测可能性或者一般人的“明显突兀感”作为标准，才能真正抑制刑法的恣意介入。

（三）以存在“明显突兀感”作为类推适用的标志属于简化论证且无法避免主观随意性

学者针对“一般人的预测可能性说”提出的如下质疑，注定也会构成对本书所提出的“明显突兀感说”的疑问。曲新久教授认为，“我们当然可以直接诉诸‘公民预测能力’进行实质判断，说将枪支扩张解释到包括大炮在内不会让公众大吃一惊。但是，过于简化了论证环节与论证过程，

① 阿部纯二．刑法的解释//中山研一，等．现代刑法讲座：第一卷．东京：成文堂，1977：117：注3.

② 荻原滋．罪刑法定主义与刑法解释．东京：成文堂，1998：137.

论证不充分"①。刘明祥教授也指出，"'预测可能性说'是以一般国民对某种行为按某法条处罚有无预测可能性来区分类推解释与扩张解释的，由于一般国民的范围本来就难以确定，一般国民有无预测可能性也就很难判断……例如，把制造枪支罪中的'枪支'解释为包含迫击炮，这种疑问是大还是小？显然只能是凭主观认识来回答，并没有一个较为客观的判断标准，这就不能避免在判断时出现主观随意性"②。

在本书看来，这样的质疑虽非无的放矢，但也不必过于当真，理由在于：第一，指望完全剥离主观判断，以一个纯粹客观的标准来区分扩张解释与类推适用，即便其初衷值得肯定，实际上也无法做到。前文已提到，无论是"用语的可能含义"还是"语义射程"，表面上看虽存在着客观性，但是解释者在具体判断时，不加入甚至依靠主观判断，仍然无法确定地区分出某种解释结论是否超出了"可能含义"或"语义射程"。可以说，只要认为扩大解释和类推适用的区分是必要和可能的，最终就不得不将其区分标准诉诸某种主观判断，这是不可避免的。第二，本书主张将一般公民是否会产生"明显突兀感"作为类推适用和扩大解释的区分标准，并非试图以"明显突兀感"这样的感官判断来完全取代"预测可能性"和"语义射程"的判断，而实际上是将作为刑法用语的语义射程、一般人的预测可能性等概念进一步地操作化、具体化。就是说，语义学等相对客观的分析仍是必要的，而"明显突兀感"这种直观的标准只是在语义学判断的基础上，对语义学等已经得出的初步结论的一个验证和确认。这一点需要予以明确。

第二节　不存在明显突兀感的例证Ⅰ：受贿罪中的"为他人谋取利益"是混合违法要素

1997年《刑法》第385条第1款规定："国家工作人员利用职务上的便利，索取他人财物的，或者非法收受他人财物，为他人谋取利益的，是受贿罪。"如此规定之下，索贿型受贿罪不要求而被动收受型受贿罪则要

① 曲新久．区分扩张解释与类推适用的路径新探．法学家，2012（1）：86.

② 刘明祥．论刑法学中的类推解释．法学家，2008（2）：68.

求“为他人谋取利益”。这样的理解不但获得了规范性文件的认可①，也始终是学说中的多数说。② 问题是“为他人谋取利益”在受贿罪的构成要件中究竟处于何种地位，对该罪的认定究竟产生何种影响。这也是本节的基本问题意识。

一、既有主要学说的问题所在

在肯定被动型受贿需要“为他人谋取利益”的前提下，理论上围绕其到底是被动型受贿的主观要件还是客观要件展开争论，并形成了客观要件说（以下简称客观说）与主观要件说（以下简称主观说）的基本对立。不过，无论以上何种学说，可能都是片面的，存在着难以克服的弱点，并孕育着被扬弃的契机。

（一）客观说及其问题

1979 年《刑法》第 185 条规定：“国家工作人员利用职务上的便利，收受贿赂的，处五年以下有期徒刑或者拘役。”其中并没有“为他人谋取利益”的要求。直到 1988 年全国人大常委会《关于惩治贪污罪贿赂罪的补充规定》（以下简称 1988 年《补充规定》）中，“为他人谋取利益”的表述才正式出现在关于受贿罪的立法之中。1988 年《补充规定》第 4 条第 1 款规定：“国家工作人员、集体经济组织工作人员或者其他从事公务的人员，利用职务上的便利，索取他人财物的，或者非法收受他人财物为他人谋取利益的，是受贿罪。”1988 年《补充规定》刚通过之后，学界就有观点认为：所谓为他人谋取利益，是指受贿人为行贿人谋取某种非法的或者合法的利益，这是受贿人与行贿人之间的一个交换条件。为他人谋取利益是否实现，不影响受贿罪的成立，但是，如果公务人员收受了财物而实际上没有为他人谋取利益的行为，则不构成受贿罪。③ 时任最高人民法院副

---

① 参见 1999 年 9 月 16 日最高人民检察院《关于人民检察院直接受理立案侦查案件立案标准的规定（试行）》。

② 当然，主张索贿型的受贿罪也要求“为他人谋取利益”的观点始终存在．李希慧．贪污贿赂罪研究．北京：知识产权出版社，2004：141。最新的主张，参见叶良芳．“为他人谋取利益”的一种实用主义诠释．浙江社会科学，2016（8）：28-31。

③ 高铭暄．中国刑法学．北京：中国人民大学出版社，1989：604.

院长主编的、主要由实务界人士完成的著作持同样观点，并明确提出为他人谋取利益是受贿罪的客观要件要素。① 在上述观点看来，所谓“为他人谋取利益”是指客观上具有为他人谋取利益的行为，而不要求具有为他人实际谋取了利益的结果。在 1997 年刑法施行之后，由全国人大常委会法工委刑法室编写的著作在所谓“条文说明”中也认为，“为他人谋取利益”是指受贿人利用职权为行贿人办事，即进行“权钱交易”，至于为他人谋取的利益是否正当、为他人谋取的利益是否实现，不影响受贿罪的成立。② 其中的“利用职权为行贿人办事”，意味着至少开始实施为他人谋利的行为。学界也有不少人坚持这样的立场。③ 这就是客观说的观点。

但是，客观说存在诸多问题。(1) 存在明显的处罚漏洞。比如，在行为人存在为他人谋利的意图但并未开始谋利行为时，按此说难以处罚。(2) 会造成不均衡。在为他人谋取的是正当利益的场合，履行了法定义务的是犯罪，而真诚或虚假许诺为他人谋取该正当利益却并未实施即未履行法定义务的场合，因欠缺“谋利行为”而无法认定为受贿罪，显然无法令人接受。④ (3) 与犯罪既遂的刑法原理不符。在收受贿赂后尚未实施为他人谋取利益行为的场合，根据客观说，犯罪已经既遂但还没有完全符合犯罪构成要件。这违背了刑法的基本理论，因为没有完全符合犯罪构成要件的行为并不构成犯罪，更不可能成立犯罪既遂。⑤ 为解决这一问题，有客观说论者认为，在没有实施为他人谋取利益行为的情况下，可以认定行为人为受贿罪未遂，同时在量刑时可不从轻处罚，这样既不会造成对犯罪分

---

① 林准. 中国刑法教程. 北京：人民法院出版社，1989：640-641.

② 全国人大常委会法工委刑法室. 中华人民共和国刑法条文说明、立法理由及相关规定. 北京：北京大学出版社，2009：779-780.

③ 例如许发民，王明星. 事后受贿行为如何认定//赵秉志. 中国刑法案例与学理研究：第 6 卷. 北京：法律出版社，2004：150。最新的代表，如叶良芳. “为他人谋取利益”的一种实用主义诠释. 浙江社会科学，2016 (8)：25-26。

④ 胡东飞. 论受贿罪中“为他人谋取利益”构成犯罪的罪数问题——兼论刑法第 399 条第 4 款的性质及其适用范围. 中国刑事法杂志，2006 (1)：66.

⑤ 王作富，陈兴良. 受贿罪构成新探. 政法论坛，1991 (1)：24. 张明楷. 论受贿罪中的“为他人谋取利益”. 政法论坛，2004 (5)：147-148.

子的放纵，也不会不符合刑法的理论。[①] 这种理解实际上是将被动型受贿理解为像强奸、抢劫这样的复行为犯。但如此理解存在两个疑问：一是，“收受他人财物”和“为他人谋取利益”两个行为间显然不存在手段行为与目的行为的关系，二者究竟存在何种关系？二是，何为受贿罪的具体法益姑且不论，作为侵犯国家职能的犯罪，何以在利用职务便利收受他人财物时仅是未遂，而在开始“为他人谋取利益”之行为时迅速既遂？此种方案对这两个疑问都难以圆满回答，而这也进一步印证了客观说的问题所在。

（二）主观说及其缺陷

与以上强调“为他人谋取利益”的行为性、客观性特征不同，主张“为他人谋取利益”是主观要件的见解在 1988 年《补充规定》之后、现行刑法颁行之前就已经存在。如有论者指出：“为他人谋取利益，只是行贿人与受贿人之间就货币与权力互相交换达成的一种默契。就行贿人来说，是对受贿人的一种要求；就受贿人来说，是对行贿人的一种许诺或曰答应。因此，为他人谋取利益只是受贿人的一种心理状态，属于主观要件的范畴。”[②] 在现行刑法之后，主观要件说更是认为，为他人谋取利益在受贿罪的构成要件中只是行为人主观上的一种意图，为他人谋取利益并不能由受贿行为本身实现，而有赖于将这一意图付诸实施。[③] 以上观点将“为他人谋取利益”理解为受贿人的一种主观意图，可称为主观说，现在也获得了较多支持。

对主观说的常见批评是，这种理解不符合刑法用语的表述习惯。如有论者明确指出：“对‘为他人谋取利益’的表述难以理解为‘为了为他人谋取利益’。”[④] 不过，如果认为将“为他人谋取利益”解释为“为了（或

---

① 许发民，王明星. 事后受贿行为如何认定//赵秉志. 中国刑法案例与学理研究：第 6 卷. 北京：法律出版社，2004：152.

② 王作富，陈兴良. 受贿罪构成新探. 政法论坛，1991（1）：24. 类似的理论界主张，参见喻伟. 刑法学专题研究. 武汉：武汉大学出版社，1992：508。可代表实务部门的主张，参见肖扬. 贿赂犯罪研究. 北京：法律出版社，1994：205。

③ 陈兴良. 受贿罪研究//陈兴良. 刑事法判解：第 3 卷. 北京：法律出版社，2001：40-41. 陈兴良. 口授刑法学：下册. 2 版. 北京：中国人民大学出版社，2017：468-469.

④ 张明楷. 刑法学. 5 版. 北京：法律出版社，2016：1207.

意图）为他人谋取利益”超出了其语义射程，那么也可认为，将其解释为后述的“承诺为他人谋取利益”存在着同样性质的问题，只是程度差异而已。应该认为，这样的解释结论尽管超出了待解释语词的核心含义，却未超出其边缘含义、可能含义，即使属于不利于被告人的扩大解释，也仍可为罪刑法定原则所接纳。因此，问题不在这里。还有批评指出：主观说把“为他人谋取利益”理解为目的犯中的“目的”，似乎解释不通。受贿罪犯罪行为人的目的应该是收受财物，而“为他人谋取利益”显然不是该罪的目的。① 即便主观说论者为此曾提出了“隐形的目的犯”② 概念，也不过是在先入为主地将被动型受贿命名为“目的犯”之后试图从立法技术上对此种犯罪类型作出说明，其仍未能解决的问题是，在本体意义上，说国家工作人员利用职务上的便利收受他人财物的“目的”是“为他人谋取利益”，这一结论确实难以让人接受。不过，上述针对主观说的批评也只是说明“为他人谋取利益”这一要件与通常的目的犯中的目的要件并不一致，并不能导致直接否定这一要件（可能）为主观要件的结论本身，因为，完全可能认为，与是“显形”的还是“隐形”的目的无关。这里所理解的“主观要件”是目的之外的其他主观内容，因此也就无须称该罪为目的犯。主观说的问题也不在这里。

主观说的真正问题，首先在于在事后受贿的场合，其难以对入罪结论给出令人信服的说明。国家工作人员已经为他人办了事（谋取了正当或不正当利益），他人事后为表示感谢赠送财物而国家工作人员接受的，理应按照受贿罪处理，否则会造成处罚上的不均衡。可是，无论是在收受他人财物时，还是在此前的为他人办事之时，都难以论证国家工作人员具有“为他人谋取利益”的“主观意图”。同时，特别是在正常履职而客观上为他人谋取到利益的场合，行为人通常也不会就受益方将会赠送财物给自己形成期待，故试图将“主观上的期待”作为职务行为和收受财物之间的“主观上的连接点”，也存在问题。

主观说的问题，其次在于在虚假承诺的场合可能会造成处罚漏洞和不

---

① 游伟，谢锡美．“为他人谋取利益”在受贿罪构成中的定位．法学，2001（8）：38．李邦友，黄悦．受贿罪法益新论——以“为他人谋取利益”为切入点．武汉理工大学学报（社会科学版），2013（2）：278．

② 陈兴良．口授刑法学．北京：中国人民大学出版社，2007：725．

均衡。该说认为，“为他人谋取利益”体现为一种主观上的谋利意图即可。可是，“意图”是“希望达到某种目的的打算”[①]，在虚假地承诺为他人谋利的场合，由于并不存在所谓的“意图”，以“意图”为内容的主观说会否定“为他人谋取利益”。但是，在存在真实谋利意图的场合肯定“为他人谋取利益”，而在虚假承诺的场合否定这一点，进而认为不构成犯罪，显然既是处罚的漏洞，也是一种不均衡。主观说之所以顶着“带有明显的为处罚而处罚的功利主义色彩”[②] 的批判却出现这样的漏洞和不均衡，就是因为其过于强调“意图”的真实性、目的性，反而束缚了手脚。即便在坚持主观说说明框架的同时，变更主观说的具体内容以便将虚假承诺纳入其中，也仍留有主观意图难以证明的固有问题，而这也是客观说较之主观说的优势所在。

（三）所谓新客观说实质上是主观说

意识到客观说（即谋利行为说）的明显缺陷，在立足于客观说基本立场的同时，主张要想肯定“为他人谋取利益”至少需要有承诺为他人谋利之行为的见解被提出。如较早的观点认为，“为他人谋取利益”，始自许诺，终至实现，是一种行为，把为他人谋取利益理解为客观要件更为适当。[③] 最新的有力学说亦认为，“‘为他人谋取利益’仍然是受贿罪的客观构成要件要素，其内容的最低要求是许诺为他人谋取利益”[④]。这种观点强调许诺（承诺）谋利行为在认定“为他人谋取利益”方面的独立意义，可称为“承诺行为说”。在强调区别于要求谋利行为的传统客观说（旧客观要件说）、“只要国家工作人员有为他人谋取利益的许诺即可，而不要求客观上有为他人谋取利益的实际行为与结果”的意义上，该观点被主张者自称为“新客观要件说”即新客观说。[⑤] 不过，要问的是：这种至少要求“承诺为他人谋取利益”的观点，究竟是仍属客观说的阵营，还是已经倒

---

① 中国社会科学院语言研究所词典编辑室．现代汉语词典．5版．北京：商务印书馆，2005：1618.

② 游伟，谢锡美．“为他人谋取利益”在受贿罪构成中的定位．法学，2001（8）：38.

③ 高铭暄，马克昌．刑法学：下编．北京：中国法制出版社，1999：1139-1140.

④ 张明楷．刑法学．5版．北京：法律出版社，2016：1208.

⑤ 张明楷．论受贿罪中的“为他人谋取利益”．政法论坛，2004（5）：149.

向主观说？

上述新客观说强调“承诺谋利”中的承诺就是一种客观行为，从而这种承诺也就是客观要素。但是，在默示承诺的场合，如何理解承诺的性质，值得讨论。新客观说肯定承诺（许诺）既可以是明示的，也可以是默示（暗示）的①；并可能认为，“明示的承诺”是积极作为，而“默示的承诺”是“消极不作为”，从而也就是一种行为。在他人主动行贿并提出为其谋取利益的要求后，国家工作人员未予拒绝时，就是一种拒绝义务②的不履行。不过，这样的理解留有疑问。(1) 在“明知他人有具体请托事项”而仍然接受他人财物、未予拒绝的场合，理解为不作为的默示承诺也有理由，不过，从后述2016年相应司法解释第13条将此种情形（第1款第2项）与“承诺为他人谋取利益”（该条第1款第1项）相并列，并赋予其“应当认定为‘为他人谋取利益’”的效果来看，2016年司法解释是进行了拟制规定，即在未肯定存在承诺的前提下直接认定为“为他人谋取利益”。(2) 即便认为2016年司法解释第13条第1款第1项中的“承诺”是指明示承诺，从而也肯定不作为意义上的默示承诺，但规范来看，也可认为不作为的默示承诺就是真实意愿的体现（否则就应该拒绝），从而，也就是“意图”。这样看来，默示承诺与“意图”无法区分，或者说，在规范判断上，两者原本就是一回事。(3) 若是认同了默示承诺与意图是一回事，则其究竟统一属于客观要件还是主观要件，仍会存在分歧。新客观说会在规范评价和不作为的意义上认为其是客观要件，而主观说可能会认为，承诺只是为他人谋取利益的主观意图的外在表现，可以将所谓的承诺行为说并入主观说。而且，从主观说强调“为他人谋取利益……就受贿人来说，是对行贿人的一种许诺或曰答应”来看，承诺行为说一开始就是作为主观说提出的。概而言之，站在客观说的立场上，从规范而不是纯粹事实的角度来理解“承诺”的含义，肯定默示的承诺、暗示的许诺，则在“不作为也是一种行为”的意义上，坚持“承诺”无论明示、默示均属客观要件也并非不可理喻；而站在主观说的立场上，强调承诺与客观谋利行

---

① 张明楷. 刑法学. 5版. 北京：法律出版社，2016：1208.

② 这里的拒绝义务，不应该是拒绝他人要求的义务（因为存在着他人提出正当要求的场合），而是在他人提出要求之后拒绝他人财物的义务。这个义务也和受贿罪的法益挂钩。

为的不同而剥离“承诺”的独自含义，即侧重于承诺不过是谋利意图的外在体现的话，就会认为“承诺谋利说”终究是一种主观说。

不但在默示承诺的场合如此，即便在明示承诺的场合，也完全可能认为，承诺仅仅是主观意图的体现，并不具有绝对的意义。主观说的论者一方面强调“为他人谋取利益”是受贿人对行贿人的一种许诺或答应，另一方面主张“为他人谋取利益”只是受贿人的一种心理态度，属于主观要件的范畴。可见，受贿人对于“为他人谋取利益”所作出的“承诺”究竟是客观行为还是主观心理，判断标准并不明确，而且可能是相对的。“横看成岭侧成峰”，每个解释者心目中都有自己的“庐山真面目”，难以达成共识。在本节看来，从“承诺”本身是主观意愿的体现而并非谋利行为这个角度来看，将其理解为主观要件可能更为合适；同时，在事后受贿的场合，承诺谋利说也难以肯定存在现实的承诺而充其量肯定推定的承诺，从而，仍然无法解决传统主观说在此场合存在的缺陷，和传统主观说共有同样的问题。在此意义上，认为承诺谋利说即所谓的新客观说实质上仍是强调受贿人之心理的主观说，是能够成立的。正因为如此，主观说的代表论者在介绍围绕“为他人谋取利益”的学说争论时，只提到（传统）客观说与（包括承诺在内的）主观说。① 不过，需要明确，“承诺谋利说”究竟该归属于客观说还是主观说，既充分表明了承诺，特别是不作为意义上的“承诺”，与主观要件之间的差别已经极其细微，也体现出这种对立思维所固有的局限性。对此，早有学者指出，许诺为他人谋取利益的意思表示虽然属于客观范畴，实际上与行为人为他人谋取利益的主观意思之间已经只有一步之遥了，彼此之间除了分属客观范畴和主观范畴，已经没有什么实质性区别。这种适用解释也可能导致模糊受贿罪的犯罪构成主观要件与客观要件之界限的后果，因而不是解决受贿罪法网疏漏的最佳办法。② 归根结底可以说，所谓新客观说和主观说的争论，缺乏实体上的依托而更多地体现为一种概念上的游戏，故完全应该将新客观说并入主观说。

二、“为他人谋取利益”是受贿罪的违法要素

“为他人谋取利益”是我国刑法针对被动收受型受贿罪作出的特色

① 陈兴良．贪污贿赂犯罪司法解释：刑法教义学的阐释．法学，2016（5）：72.

② 梁根林．受贿罪法网的漏洞及其补救．中国法学，2001（6）：91.

规定。围绕其在受贿罪犯罪构成中的地位，形成了多种学说互相辩驳而又都难以自圆其说的尴尬境遇。之所以出现如此状况，根本原因在于，学说上的讨论聚焦于“为他人谋取利益”是客观要件还是主观要件。这种提问方式造就了实体上的解释障碍：客观说存在容易导致处罚漏洞等明显缺陷，而主观说（包括所谓新客观说）则在事后受贿等场合力有不逮。问题的解决方向，只能是另辟蹊径，不再纠结于“为他人谋取利益”到底是客观要件还是主观要件这样的“二者择一”的形式化提问方式。

（一）提问方式从形式向实质的转换

犯罪是符合构成要件、违法且有责的行为，构成要件则是违法（或违法且有责）的行为类型。在考察受贿罪中的“为他人谋取利益”这一要件的性质及认定时，真正要问的是，这一要件是否对该罪的违法性或有责性产生影响。正如有论者指出，（传统）客观说和主观说的根本错误在于，没有以受贿罪的法益为指导，脱离了财物和职务行为之间的对价关系这一受贿罪的不法类型，单纯对“为他人谋取利益”作文字上的形式解释，从而使该要件丧失了其应有的真实含义，导致最终无法合理地确定受贿罪的处罚范围。① 这一论断可谓一语中的。在“为他人谋取利益”的问题上，不容否认，只有“是违法要素、责任要素还是单纯处罚条件”的讨论才能将问题从表象引向实质。

在承诺既包括真实承诺也包括虚假承诺、谋取的利益既可能是正当利益也可能是不正当利益的情况下，主张具有“为他人谋取利益”要件较之欠缺这一要件的场合更具作为受贿罪的可谴责性，存在困难。应该承认，“为他人谋取利益”这一刑法规定与受贿罪的有责性没有实质关联性，不属于该罪的责任要素。问题是，“为他人谋取利益”是否对受贿罪的违法性产生影响。对此，主观说进一步主张，“为他人谋取利益应被理解为主观违法要素”②。但是，这一观点并非不言自明，不但需要细致论证，而且还需明确适用范围，进行修正。

---

① 李邦友，黄悦．受贿罪法益新论——以“为他人谋取利益”为切入点．武汉理工大学学报（社会科学版），2013（2）：278.

② 陈兴良．贪污贿赂犯罪司法解释：刑法教义学的阐释．法学，2016（5）：72.

（二）“为他人谋取利益”要件对受贿罪法益侵害的影响

1. 非要件说的问题点

一种代表性观点认为，不应将“为他人谋取利益”作为受贿罪的要件，但可将其作为量刑情节；并为此列举了诸多理由。[①] 但这种所谓“非要件说”实际上混淆了立法论和解释论的界限，并最终沦为立法论上的“取消说”了。在现行立法规定之下，无法借助“客观处罚条件”“表面的构成要件要素”“虚假的构成要件要素”“程序性的构成要件要素”等概念，消解成立被动收受型受贿罪所要求的“为他人谋取利益”要件。这是因为，如后所述，“为他人谋取利益”这一规定，与受贿罪的保护法益有关。

2. 廉洁性说的问题点

在同样规定了受贿罪的日本，学说上就此类犯罪属于“针对国家职能的犯罪”这一点达成了共识，分歧在于如何具体理解该罪的法益。对此，主要存在着职务行为的公正性以及对此的社会一般信赖（保护信赖说）、职务行为的公正性说（纯粹性说、纯洁性说）、职务行为的不可收买性说、职务行为的不可收买性与公正性说（折中说）、清廉义务说的基本对立。[②] 我国的学说状况也大致如此：有观点认为是国家机关的正常管理活动（这与公正性说类似），有观点认为是职务行为的不可收买性，也有观点认为是职务行为的廉洁性。[③]

清廉义务说或者廉洁性说不仅可谓目前我国刑法理论的通说[④]，而且在司法实务中被广泛接受。[⑤] 但是，将清廉义务或者职务行为的廉洁性作

---

① 赵辉．龚建平受贿案法理研究//赵秉志．中国疑难刑事名案法理研究：第3卷．北京：北京大学出版社，2008：117-123.

② 大塚仁．刑法概说（各论）．3版．东京：有斐阁，1996：626．山口厚．刑法各论．2版．东京：有斐阁，2010：610-613.

③ 张明楷．刑法学．5版．北京：法律出版社，2016：1201.

④ 廉洁性说在表述上略有差异，有的表述为“职务行为的廉洁性”，有的表述为“公务人员的廉洁制度”，等等。

⑤ 例如在后文讨论的、具有重要影响的陈晓受贿案中，安徽省合肥市中级人民法院就认为受贿罪的法益是“国家工作人员公务活动的廉洁性”。“陈晓受贿案”//最高人民法院刑事审判第一庭．刑事审判参考：总第8辑．北京：法律出版社，2000：50.

为受贿罪的法益，存在问题。受贿罪当然以违反公务人员的清廉义务为要素，但是，(1)"这种观点导致不要求受贿行为与职务之间具有关联"①，从而可能会混淆单纯违反党纪政纪与违反刑法的界限；(2) 刑法分则第八章的职务犯罪中，比如贪污罪或者挪用公款罪等，也都可谓是侵害国家工作人员职务行为"廉洁性"的行为，将廉洁性作为受贿罪的法益，将导致在法益这一基础层面上无法区分受贿罪与其他职务犯罪而不得不借助犯罪方法等其他标准，这无疑也是廉洁性说的减分之处；(3) 很重要的一点是，在单纯受贿而并未明确承诺同时也无法肯定默示承诺为他人谋利的场合，同样侵害了职务行为的廉洁性，按照廉洁性说理当认定为犯罪，但却因欠缺"为他人谋取利益"要件而无法构成犯罪，从而出现逻辑矛盾。在理论上，或许也可认为，"廉洁性"是受贿罪的法益，但是，由于刑法谦抑或者可罚的违法性或者其他原因，侵害职务行为的廉洁性，从而侵害受贿罪法益的行为，并不必然构成受贿罪。但是，如果认为"犯罪的本质是法益侵害"，则上述的主张就不能成立；即便认为"犯罪的本质是规范违反前提下的法益侵害"，单纯受贿的行为并未违反刑法规范中"为他人谋取利益"的要求而不构成犯罪，这种理解也不过是以罪刑法定主义为幌子，人为造成了受贿罪的法益侵害与犯罪成立之间的紧张关系。

在本节看来，从应然角度来说，只要国家工作人员无正当理由收受了他人的财物，就是对其身份的玷污，进而是对国家廉政制度的破坏。所以，在理想状态上，应该坚持国家工作人员的职务廉洁性属于受贿罪的基础法益。我国学者所理解的"受贿罪的本质是侵害国家工作人员的职务廉洁性"②，也只有在这种应然语境下才是成立的。不过，在实然的、指导司法适用的意义上，像通说那样，认为受贿罪的法益是职务行为的廉洁性，存在前述诸多问题，得不偿失。

3. 公正性说的问题点

认为受贿罪的保护法益是职务行为公正性的观点，至今仍然存在。据此，应认为只有妨害了公正履行职务的受贿行为才构成受贿罪。可是，我国刑法将贿赂的收受等行为规定为受贿罪的基本类型，即使国家工作人员的职务行为本身是合法的，但若就此职务行为收受贿赂，仍成立受贿罪。

---

① 张明楷. 刑法学. 5版. 北京：法律出版社，2016：1201.

② 陈兴良. 贪污贿赂犯罪司法解释：刑法教义学的阐释. 法学，2016 (5)：72.

同时，在因受贿而侵害了职务行为的公正性时，通常仅是酌定从重处罚，如在司法工作人员因受贿而徇私枉法，民事、行政枉法裁判或者执行判决、裁定失职，执行判决、裁定滥用职权等构成犯罪的场合，按照处罚较重的规定定罪处罚（《刑法》第399条第4款）。这些都足以说明，职务行为本身是否公正并非受贿罪着力保护的法益。

有日本学者认为，基于合法的职务行为收受贿赂之所以仍成立贿赂犯罪，理由在于，由此会产生“将职务行为置于贿赂的影响之下的危险”，进而出现“执行职务的过程中不当行使裁量权的危险”，从而，在理解“职务的公正性”时，就应该将执行职务过程中切实行使裁量权这一点也包括在内。这样，受贿罪就被理解成了针对上述意义上的“职务公正性”的危险犯。① 在我国，持公正性说的论者中，也有人接受了上述思路而认为，“国家工作人员在职务关系上收受他人财物的行为并不一定都构成受贿罪，只有在这种收受财物行为可能对其职务行为的公正性产生影响的场合，才能成立犯罪”②。可是，不但将受贿罪理解为危险犯这一结论本身是否合适存在疑问，而且，在将受贿罪理解为危险犯而非实害犯时，还会因“是否可能影响公正性”的判断缺乏明确标准，而导致犯罪的成立范围过于流动化。更进一步说，上述观点主张“执行职务的过程中不当行使裁量权的危险”是受贿罪的法益，可是，“裁量权”本身即是个幅度性的概念，只要职务行为的结果处在“裁量权”的范围之内，就难以说成是“不当行使”，而在该结果超出“裁量权”的范围时，就已然是不公正的行为——若这样理解，则公正性说就仍然未能回答，何以职务行为本身合法而就此职务行为收受贿赂仍成立受贿罪的问题。至少可以说，在我国成立被动型受贿罪要求“为他人谋取利益”这一要件而不论其谋取的利益是否正当，考虑到这一点就可以认为，相对于后述的不可收买性说，公正性说的解释力是逊色的。

（三）“为他人谋取利益”是担保职务行为不可收买性这一法益遭受侵害的联结要素

“清廉义务”或者廉洁性在应然意义上框定了受贿犯罪的可罚性范围，但是，不但其含义有失含糊、宽泛，而且，也和现行刑法所持成立被动型

① 山口厚．刑法各论．2版．东京：有斐阁，2010：612.

② 黎宏．刑法学各论．2版．北京：法律出版社，2016：525.

受贿要求“为他人谋取利益”的立场并不吻合。进一步限定清廉义务的内容，将“受贿行为”与“职务行为”关联起来，充分考量受贿罪“权钱交易”的本质，应该是确定受贿罪保护法益所瞄准的方向。认为受贿罪的法益是职务行为的不可收买性，正是这样的一种学说，因而也最有说服力。也可以说，在现有立法规定之下，在受贿罪法益问题上采不可收买性说是一种虽然无奈然而理性的选择。虽说也可认为，“不可收买性”这一法益是从行为人一方出发所作的描述，刑法所保护而为犯罪行为所侵害的法益应该从被害人的角度确定，甚至进而主张受贿罪的法益是“职务行为的不可交换性”“职务行为的不可交易性”①。不过，在将受贿罪理解为针对作用的犯罪的场合，就并非单纯国家工作人员这一行为人被“收买”，而可认为是职务行为背后体现的“国家作用”被收买和交换，而且，“收买”比“交易”“交换”更为形象、直接。因此，将受贿罪的法益界定为国家工作人员职务行为的不可收买性，并无不妥。

不可收买性至少包括“职务行为的不可收买性本身”和“国民对职务行为不可收买性的信赖”两个方面。② 在国家工作人员利用职务便利索贿的场合，其“索贿”行为（“钱”）已经和“职务”（“权”）挂钩，已然侵犯了公众对其职务行为不可收买的信赖，从而也就侵犯了职务行为的不可收买性。与之相对，在国家工作人员利用职务上的便利非法收受他人财物的场合，已经侵犯了职务行为本身的廉洁性；但在其并未同意为他人谋取利益时，该财物收受行为（“钱”）与其职权行使（“权”）之间就并未建立起对价关系，权钱交易的性质就并未体现出来，公众对国家工作人员职务行为的信赖就并未受到侵害，从而国家工作人员职务行为的不可收买性也就并未被现实侵犯。受贿罪是实害犯而非危险犯。在被动受贿的场合，如果国家工作人员不但收受了财物还同意为他人谋取利益，则此时，“钱”与“权”之间的联系纽带已然搭建起来，社会公众也就会认为职务行为被收买，国民对职务行为不可收买性的信赖，进而该罪的法益也就受到了侵害。也有观点认为，由于行贿的秘密性，只有受贿人的承诺却没有为他人谋取利益的实际行为时，所侵害的仅是“公民对公务人员可期待性的信

① 在2018年7月11日辽宁大学主办的中日刑法贿赂问题研究的学术会议上，四川大学胡东飞教授即持此种观点。

② 张明楷．刑法学．5版．北京：法律出版社，2016：1204.

赖”，而非“公民对职务行为不可收买性的信赖”①。该论者这里所说的“公民”，实际上就是具体的行贿人。但是，判断“公民对职务行为不可收买性的信赖”是否遭到破坏，不应该以具体的行贿人个人为标准，而应该以抽象的社会一般人为标准。在国家工作人员已经真实或者虚假地同意为行贿人谋取利益时，与社会公众在同意当时是否知晓该事实无关，事后地或者至少在行为当时以一般人为标准客观地看来，公众（既然是“公众”，就不是该论者所说的“行贿人个人”）原有的对于权力不可收买的信赖就已经受到了破坏，就应该肯定受贿罪保护的法益被侵害的事实。将“公民”置换为处于秘密状态之下的“行贿人”，将“公民对职务行为不可收买性的信赖”置换为“公民对公务人员可期待性的信赖”，不但有明显的偷换概念之嫌，也和违法性判断应采一般人标准（有责性判断应采行为人标准）的基本理解相悖，是不足取的。

由上可见，在已经开始实施为他人谋取利益的行为，甚至实现了为他人谋取利益的场合，“为他人谋取利益”的行为使国家工作人员的职务行为被现实收买。而不论是真实的还是虚假的为他人谋取利益的“同意”，都摧毁了社会公众对国家工作人员的最后信赖。这种“同意”，同样足以使国家工作人员的渎职行为类型从单纯的“不廉洁”上升为“被收买”。就此而言，在将国家工作人员职务行为的不可收买性界定为受贿罪之法益的前提下，无论是体现为客观的行为还是体现为主观的同意，正是“为他人谋取利益”这一要件，联结起国家工作人员的廉洁义务和其职务本身，使对相应行为类型的否定评价从违反党纪提升至违反刑法（而构成犯罪）。可以说，“为他人谋取利益”与受贿罪的法益侵害相关，是这一犯罪的违法要素。

传统的主观说一方面认为“受贿罪的本质是侵害国家工作人员的职务廉洁性”，另一方面又认为“为他人谋取利益是受贿罪的主观违法要素”。这种理解有自相矛盾之嫌：其不仅难以清楚解释，在单纯受贿等场合，何以侵害了廉洁性、符合了受贿罪的本质却无法构成犯罪；同时，也没有清楚说明，“为他人谋取利益”这一“主观的要件”是如何成为违法要素的。这一主张之所以出现如此矛盾，原因在于其是将应然和实然杂糅在一起讨论，同时对于需要承担何种功能才能被称为“违法要素”这一点也是语焉

① 欧阳本祺．目的犯研究．北京：中国人民公安大学出版社，2009：193.

不详。只有在将受贿罪的法益界定为国家工作人员职务行为的不可收买性的场合，才能为在被动受贿的场合，"为他人谋取利益"是该罪的"违法要素"这一点提供理由充分且逻辑顺畅的说明。

三、"为他人谋取利益"是混合的违法要素

注定会有人反驳说，是单纯处罚条件还是违法要素、责任要素，与"是客观要素还是主观要素"属于不同范畴的问题；即便认可了"为他人谋取利益"是受贿罪的"违法要素"，也仍需判断，其具体体现为客观要素还是主观要素。话虽如此，但问题在于，此前学说的讨论过度纠缠于"是客观要件还是主观要件"的"二者择一"式表态，容易导致绝对化倾向和对立思维，从而要么像客观说那样导致处罚漏洞，要么像主观说那样在事后受贿等场合说明力不足。唯有摒弃这种对立化思维，才可能在"法网严密"和"诠释有力"之间求得两全。

（一）将"为他人谋取利益"称为"主观要素"仅是底线宣示

学说上认为"为他人谋取利益"是被动型受贿罪之主观要件的观点，实际上强调的是，"为他人谋取利益"这一要件"至少需要是"国家工作人员的一种主观心理活动，即宣示的是"只要达到了同意为他人谋取利益之程度就够了"这样一种底线要求，而不意味着其不能体现为外部行为。在"宣示底线要求"的意义上主张"为他人谋取利益"是一种主观要素，体现出这一学说的特色。不过，与绑架罪中"以勒索财物为目的"被明确规定为主观要素不尽相同，受贿罪中的"为他人谋取利益"在其规定本身以及实际体现上，既可能表现为客观行为，也可能体现为主观心理。在国家工作人员已经开始为他人谋取利益，甚至已经谋取到利益时，"为他人谋取利益"这一要件以客观形式体现；而不论是在行为人明确许诺为他人谋取利益还是在对他人的请托不置可否等场合，都应该认定为"同意"为他人谋取利益，从而体现为财物收受者的主观心理活动。而且，在司法实践中，对于受贿罪的认定而言，"为他人谋取利益"体现为客观行为的场合更为常见。在后述的事后受贿的场合，"为他人谋取利益"更是一种纯粹的客观要素，已然突破了主观说所强调的"底线要求"。因此，不应再专门强调"底线宣示"的形式化意义，而应着眼于"为他人谋取利益"的典型表现并照顾全局。

有一点需要补充。收受请托人财物后"虚假承诺"为他人谋利者也有

被纳入处罚范围的必要，而传统主观说即“意图谋利说”在此问题上存在会导致处罚漏洞的缺陷[①]，所以，当“为他人谋取利益”体现为客观要素时姑且不论，在其体现为主观要素时，不应界定为“意图”而应界定为“同意”为他人谋取利益，从而将虚假承诺（＝虚假同意）场合涵盖进现行受贿罪的法网之内。尽管主张意图谋利说的论者可能认为“意图”与“承诺”或者“同意”并无根本区别，同样可以被界定为“虚假的意图”，但已如前述，从其本身的内涵来说，“意图”的目的性特征明显而“同意”“承诺”不具备此种目的性内涵而较为中性，从而，虚假的内容至少更容易被填充进“同意”或“承诺”之中。因此，放弃较为约定俗成的“意图”用法而改称“同意”或“承诺”，更为可取。

（二）混合要素说的展开

被动收受型受贿罪中的“为他人谋取利益”，既可以体现为客观要素，也可以体现为主观要素，从而可称为“混合要素”。主观说认为，为他人谋取利益的行为，不过是主观意图之体现。[②] 可是，这一观点值得商榷：客观上的谋利行为与主观上的谋利意愿毕竟不同，某物的“体现”也并不等于某物本身。本书也认同，受贿罪属于短缩的二行为犯，其中的“二行为”，一是指收受财物行为，二是指为他人谋取利益的行为，前一行为是该罪的实行行为，后一行为仅是该罪的主观内容（不等于目的），不需要有与之相对应的客观要件。不过，必须强调，这是指在“为他人谋取利益”体现为主观要素时，不需要存在与之对应的客观行为——在此意义上，其确实属于“主观的超过要素”——而不意味着，在客观上存在为他人谋取利益的行为时，这种行为仍然是“主观”的。在强调《刑法》第385条中“为他人谋取利益”的规定毕竟有别于《刑法》第239条中“以勒索财物为目的”这一典型的短缩的二行为犯之规定的意义上，认为“实际为他人谋取利益”也是“为他人谋取利益”这一“主观”要件的体现，既在语言逻辑上存在疑问，也有违反罪刑法定原则之嫌。更重要的是，在事后受贿的场合，完全可能存在着“客观上具有为他人谋利的行为效果，主观上却欠缺为他人谋取利益的现实同意”，此时原本就无法说客观行为

---

① 认为在虚假承诺的场合不成立受贿罪而成立诈骗罪的观点，会导致“送财物的一方反而成了诈骗罪的被害人”的结局，并不妥当。

② 陈兴良．贪污贿赂犯罪司法解释：刑法教义学的阐释．法学，2016（5）：72．

（效果）是主观同意（意图）的体现。

在主观与客观的对应关系上，“为他人谋取利益”在实务中可能体现为以下三种情形。（1）在典型受贿的场合，既有为他人谋取利益的意愿，也有为他人谋取利益的行为。这是传统客观说所经营的阵地。（2）在默契型受贿的场合，主观上有为他人谋取利益的（真实或虚假的）同意而客观上欠缺具体的谋利行为。这是主观说的出发点。尽管由于证据证明等原因，对这一场合实务中未必一定处理，但从法益侵害的角度而言，确有处理的必要。传统客观说会导致对这一场合无法处罚，而所谓新客观说虽自信能对此予以处罚，却终归会因在“承诺”（“许诺”）与“意图”或“同意”的区分上出现困难，而导致和主观说之间的界限模糊以致趋同。混合要素说则可以和主观说一样，就对此场合的处罚给予顺畅说明。（3）在事后受贿的场合，客观上虽有为他人谋取利益的行为，但主观上未必有“为他人谋取利益”的同意——事后“基于该履职事由收受他人财物”并不等于具有“为他人谋取利益”的主观心态。若坚持“为他人谋取利益”是主观要素，则在此等事后受贿的场合能否论证具备该主观心态存在疑问、面临困难；而如果主张其属于“混合”要素，即在此种场合其体现为不与主观心态对应的纯粹客观要素，则上述疑问和困难可迎刃而解。①

混合要素说，有别于既有的客观说和主观说。其与传统客观说的区别在于，客观说很难说明，明知他人有请托事项而收受他人财物的情形属于“为他人谋取利益”。即便将此种情形解释为“默示的承诺”，混合要素说也更容易绕过“默示的承诺”到底是“主观意图”还是“客观行为”的难题，而直接认定为“为他人谋取利益”。混合要素说与主观说的不同在于，其在事后受贿等场合，承认仅有“为他人谋取（了）利益”的效果这一客观事实而欠缺主观上的谋利意图或同意时，仍能肯定符合犯罪成立条件——主观说在此情形下大伤脑筋——从而突破了主观说至少要求“谋利心态”的底线。混合要素说也并非所谓的主、客观统一说。曾有观点认为，为他人谋取利益是一种主、客观相统一的要件，既是受贿罪的主观构

① 日本学者内田幸隆教授在2018年7月11日辽宁大学举办的学术会议上所作的题为《日本贿赂罪的特色及其课题》的报告中，涉及了中日两国受贿罪的简单比较，其中即认为，“中国刑法关于受贿罪所规定的‘为他人谋取利益’，在有的场合就表现为主观要素”。可认为这种判断是对本书主张的一种印证。

成要件，又是其客观构成要件。作为法律明确规定的要件，要求行为人在客观上必须有为他人谋取利益的行为，主观上对此也必须有所认识。“为他人谋取利益”的主观意图是区别受贿罪和其他犯罪的界限，这种主观意图必然表现为一种客观的表示行为，这种行为并不要求必须已经为他人谋取了利益，只要受贿人作出为他人谋取利益的承诺即为已足。[①] 但是，这种又被称为“双重要件说”的主、客观统一说并不合适。正如批评者指出的：“在研究上，为了说明各种犯罪构成要件的意义和作用而将其区分为主观要件和客观要件，在区分之后，二者之间应当具有相互排斥的性质，即某要件不可能同时既是客观要件又是主观要件，否则这种区分就没有任何意义了，双重要件说在这一点上恰恰存在问题。”[②] 本书所说的“混合”，并非是指“为他人谋取利益”既是被动型受贿的主观要件，也是其客观要件，而是意在强调“为他人谋取利益”在不同受贿情形下表现形式多样：除可能表现为基于主观同意而实施谋利行为这种情形（典型受贿）之外，也可能表现为单纯同意为他人谋利的主观心态（默契受贿），对这两种场合实际上都可以用主观说加以解释；还可能单纯体现为客观上的谋利行为（事后受贿），此时并不存在与之对应的“为他人谋取利益”的主观认识。在此意义上，混合要素说与所谓“主、客观统一说”或曰“双重要件说”明显有别。本书的主张类似于所谓“主、客观择一说”，不过，“主、客观择一说”的表述会给人以“在被动受贿的场合，不必区分受贿罪的具体情形，谋利行为或者谋利心态具备其一即可”的错觉，因此，本书将此种主张命名为“混合要素说”而非“主、客观择一说”。

（三）混合要素说的进一步论证

混合要素说在理论主张上存在先例可循。比如，针对现行刑法中的一些犯罪（如滥用职权罪与玩忽职守罪）的罪过形式，学界即提出其既可以由故意构成也可以由过失构成的观点，进而创造性地提出“复合罪过”的概念。[③]

---

① 陈毅坚．受贿罪认定的几个问题探析//赵秉志．刑事法判解研究：第2辑．北京：人民法院出版社，2005：294．

② 黎宏．受贿罪中“为他人谋取利益”的理解．(2009-11-05)［2016-10-10］．中国法律信息网：http://www.lijingao.com/cacnew/200911/295047720.htm.

③ 储槐植，杨书文．复合罪过形式探析——刑法理论对现行刑法内含的新法律现象之解读．法学研究，1999（1）：50及以下．

这里的“复合罪过”，与本书提出的“混合要素”有相通之处，或者也可以说，“混合要素说”的提出，受到“复合罪过说”的影响和启发。

混合要素说可以从我国的刑法规定中找到证明。在刑法总则中，我国《刑法》第15条所规定的过失，并非单纯的主观要件，而应该理解为“混合的要件”：在有认识过失的场合，其属于主观要件，受到谴责的是“（已经预见而）轻信能够避免的主观心态”；而在无认识过失的场合，受到谴责的，并不是“（应当预见而）没有预见的主观心态”（“没有预见”是客观事实而非主观心态），而是“应当预见”的前提即预见可能性这一客观事实。如此来说，对应于不同的过失形式，“犯罪过失”既可能是主观的，也可能是客观的，在本书的意义上，也就是一种“混合”的罪过形式。

混合要素说还可直接从刑法分则对其他犯罪的规定及其解释中获得支持。比如，我国《刑法》第389条第1款规定：“为谋取不正当利益，给予国家工作人员以财物的，是行贿罪。”从“为谋取不正当利益”的规定方式出发，理论上更倾向于将其解释为本罪的主观违法要素。但是，在事前行为人并未与国家工作人员之间达成不法约定，国家工作人员违背职务为行为人谋取到不正当利益之后，行为人为表示感谢而给予对方财物即所谓的事后行贿的场合，为了避免处罚漏洞和处罚不均衡，仍应承认此时属于“为谋取不正当利益”。而且，这时也并非将一个客观事实生硬地解释为主观意愿，而是要承认，在仅具有为他人谋取不正当利益之客观事实的场合，由于是“（因为）为他人谋取（了）不正当利益”，所以仍然符合行贿罪的构成要件。对行贿场合的法律规定如此理解，实际上和在被动受贿场合采取混合要素说，在出发点和结论上是协调一致的。

不但在对相关贿赂犯罪的解释中可以为混合要素说找到论据，即便是在与受贿罪完全无关的其他犯罪中，也有“既可能是主观要素也可能是客观要素”的情形。比如，《刑法》第111条规定的“为境外的机构、组织、人员”，相对于窃取、刺探、收买国家秘密或者情报的行为而言，属于主观要素；相对于非法提供国家秘密或者情报而言，则属于客观要素。① 类似法条的存在以及对其应该采取的解释立场，无疑也为混合要素说提供了支持。

---

① 张明楷．刑法分则的解释原理：上．2版．北京：中国人民大学出版社，2011：391.

（四）一个质疑的回答

“为他人谋取利益”既是被动收受型受贿罪的违法要素，又根据不同受贿类型表现为或主观或客观的混合要素，所以是混合的违法要素。混合违法要素说可能会面临这样的质疑：按照这一学说，当“为他人谋取利益”体现为主观同意（或通常理解的“意图”）时，其属于主观的违法要素，这容易理解；可是，当“为他人谋取利益”体现为客观上的谋利行为时，其处在何种体系地位？如认为其属于客观的违法要素，则这一“客观违法要素”会对受贿罪的定罪产生影响吗？如不产生影响，其何以还能称为客观的“违法”要素？这一质疑的逻辑是，客观外化的“为他人谋取利益”的行为甚至谋利结果，对受贿罪的定罪本身并不产生影响，所以，就无法称为客观上的违法要素，从而，只有“主观上的谋利意图”才和行为的违法性相关，才是违法要素。

这种质疑富有启发性，有助于问题讨论的深化。但是，其所立足之“客观的为他人谋取利益的行为或结果对受贿罪的定罪没有影响”这一前提存在缺陷，因为其仅是针对通常的受贿（前文所说的典型受贿＋默契受贿）而言的，而不适用于事后受贿。在事后受贿的场合，国家工作人员事实上并不存在为他人谋取利益的主观同意，只是基于履职行为等，客观上为他人谋取了利益。此时，这种客观上的谋利行为和谋利事实并非为他人谋取利益之主观心态的客观外化，而纯粹是一种客观事实。正是这种客观事实的存在，使他人事后为此向国家工作人员赠送财物的行为具备了依据，使国家工作人员渎职行为的性质，从单纯的不廉洁演变为“权钱交易”，即上升为“被收买”。在此场合，正是这种客观上的“为他人谋取利益”的行为效果，才使受贿罪的法益受到侵害。就此而言，其对受贿罪的定罪产生影响，应该属于客观的违法要素。所以，严密说来，在典型受贿或者默契受贿的场合，“为他人谋取利益”体现为主观违法要素；而在事后受贿的场合，“为他人谋取利益”则体现为客观的违法要素。本书所主张的混合违法要素说，是在这个意义上“混合”的。

四、混合违法要素说的价值体现

之所以提出混合违法要素说，既有试图突出既有谋利心态又有谋利行为的典型受贿是受贿罪主要情形的考虑，也是因为，承诺和同意究竟是客观要件还是主观要件，区分标准含混不清，甚至能否区分都存在疑问，称为“混合”要素，更能突出主、客观之杂糅。同时，主张混合要素说，也是为了强调“提问方式的转换”，意在摆脱“是主观要件还是客观要件”的纠缠，“走出主观与客观的迷思”①。将“为他人谋取利益”理解为被动型受贿罪的混合违法要素，不但存在理论根据及可循先例，且可从其他法律规定及其解释中获得佐证，还具有重要的理论、实践和政策价值。混合违法要素说能够弥补客观说的处罚漏洞和主观说的诠释困境，既可以为2016年相应司法解释的主张提供理论说明，又可以对一直以来司法实务中的既定做法给出更有说服力的解释，从而有助于实践中具体案件的解决。

（一）相对于客观说而言，能对默契性受贿的场合给出恰当说明

在明知他人有具体请托事项而仍然收受财物即前文所称的“默契型受贿”的场合，能否认定为“为他人谋取利益”，始终是个实务难题。在著名的“黑哨”案“龚建平受贿案”中，一审法院认为，龚建平在担任足球联赛主裁判期间，利用职务之便，“明知他人有让其在比赛中予以关照的请托，在比赛前或比赛后非法收受他人给予的钱款……无论其在比赛中是否公平执法，均不影响对其受贿行为性质的认定”。二审法院持同样立场。② 该案表明，司法实践之中早已存在将“明知他人有具体请托事项而收受他人财物”的场合直接认定为“为他人谋取利益”的做法。之后不久，2003年11月13日最高人民法院《全国法院审理经济犯罪案件工作座谈会纪要》（以下简称2003年《纪要》）在明确提出“为他人谋取利益包括承诺、实施和实现三个阶段的行为。只要具有其中一个阶段的行为……就具备了为他人谋取利益的要件”的同时，还规定“明知他人有具体请托事项而收受其财物的，视为承诺为他人谋取利益”。这种“视为承诺为他人谋取利益”的主张随后被2011年11月20日最高人民法院发布的第一批指导性案例中的指导案例3号即“潘玉梅、陈宁受贿案”所确认。③ 如果说2003年《纪要》初步体现了承诺行为说的思想，则指导案

① 借用许玉秀教授的表述。许玉秀．主观与客观之间——主观理论与客观归责．北京：法律出版社，2008：1及以下．

② 北京市宣武区人民法院（2003）宣刑初字第32号刑事判决书，北京市第一中级人民法院（2013）一中刑终字第345号刑事裁定书。

③ 陈兴良，张军，胡云腾．人民法院刑事指导案例裁判要旨通纂：下卷．北京：北京大学出版社，2013：1179-1180．

例3号通过彻底否定将2003年《纪要》的立场解释为谋利行为说即客观说的可能性，坐实了承诺行为说，进而贯彻了主观说。而且，此后的司法判决还认为，这里的“明知他人有具体请托事项”甚至包括“明知他人在赠送财物之后（的将来）必定会有具体请托事项”，即便在存在此种认识的前提下收受财物，仍然是将收受财物当作了（将来的）职务行为的对价，也应该属于“为他人谋取利益”①。

但是，2016年4月18日起施行的最高人民法院、最高人民检察院《关于办理贪污贿赂刑事案件适用法律若干问题的解释》（以下简称2016年《解释》）第13条第1款第2项不是将“明知他人有具体请托事项”的场合“视为承诺为他人谋取利益”，而是直接将其与同条同款第1项中的“承诺为他人谋取利益”“实际为他人谋取利益”并列，意味着即便没有明确承诺行为的场合，也可能因为“明知他人有具体请托事项”而被直接“认定为‘为他人谋取利益’”。有论者对这一规定提出了质疑，认为：仅仅明知他人有具体请托事项就认定为“为他人谋取利益”，缺乏法理依据。例如，国家工作人员甲明知私营企业主乙有具体请托事项，但既没有承诺，也没有实施谋利行为，更没有收受乙的财物，如何能认定甲为乙谋取利益呢？② 但是，这种批评在很大程度上割裂了被动收受型受贿罪各客观构成要件之间的关系：在被动型受贿罪中，只有在国家工作人员已经收受了他人财物的前提下才会成为问题，因此该论者的举例本身就是不成立的。真正要回答的是，在“明知他人有具体请托事项”而收受财物的场合，与以默示（暗示）方式进行许诺是否一回事。实践中，已有判决对此持明确的肯定回答。如在“王小石受贿案”中，裁判要旨明确认为，从证据上看，不能直接得出王小石给予了请托人以谋取利益的许诺这样的结论，“但是，林某和凤竹公司的人请王小石帮助凤竹上市一事时，王小石虽没有明确许诺帮忙，但是从其接受钱财并联系审核员出来吃饭的行为上可以得出王小石是同意帮忙的，这就是一种暗示的许诺”③。像传统的客

① 铁道部原运输局局长张曙光受贿案，北京市第二中级人民法院刑事判决书(2013)二中刑初字第1530号。

② 赵煜．惩治贪污贿赂犯罪实务指南．北京：法律出版社，2017：271.

③ “王小石受贿案”//陈兴良，张军，胡云腾．人民法院刑事指导案例裁判要旨通纂：下卷．北京：北京大学出版社，2013：1164-1165.

观说那样，要求只有开始了谋利行为才属于“为他人谋取利益”，则在明知对方有请托事项时仍收受财物的场合，无法肯定犯罪的成立，从而导致对于具备刑事可罚性的行为无从处罚。而前文提出，要求承诺行为的新客观说本质上是主观说，从而，主观说就可以在“明知他人有明确请托事项的场合而收受财物就是对请托事项的默示承诺”的意义上，将“默示的承诺”纳入“主观要件”的范畴之中，从而找到对默契型受贿场合按受贿罪处罚的法理依据。本书主张的混合要素说也认同“明知有具体请托事项而仍收受财物就是对请托事项的默示承诺”这一论断，进而，可以和主观说一样，对2016年《解释》的相应规定作出恰当说明。

（二）相对于客观说而言，能为收受礼金的场合找到处罚根据

实践中广泛存在的“感情投资”说法，是从赠送财物者的送财动机角度所得出的称谓，而从国家工作人员的角度讲，就是在明知对方没有明确请托事项、纯粹出于联络感情需要而赠送财物、礼金时予以接受。关于对这种收受礼金的行为如何规制，学界存在不同主张，司法实务则对于将这种现象认定为受贿罪采取了较为克制的态度。如在“马向东受贿案”①、“李国蔚受贿案”② 以及“姜杰受贿案”③ 中，在案发时都没有足够证据证明财物赠送者有明确的请托事项，更无足够证据证明国家工作人员为赠财者实际谋取了利益，从而都未将相应财物计算到受贿数额之中。与此不同，在收受礼金之后、案发之前产生了具体的请托事项或者国家工作人员事后实施了为他人谋取利益的行为时，实务中既有认为不管受财和谋利间隔时间多长都足以认定受财行为与之后的职务行为之间的因果关系，进而构成受贿罪的判决④，也有认为在送礼时并无具体请托事项、间隔较长时间之后国家工作人员为送礼者谋取利益的，受财行为与之后的职务行为之间不存在因果关系，因而不构成受贿罪的判决。⑤ 这种不同处理进一步凸

---

① 江苏省南京市中级人民法院（2001）宁刑初字第110号刑事判决书。

② 江西省赣州市中级人民法院（2005）赣中刑二初字第4号刑事判决书。

③ “姜杰受贿案”//最高人民法院刑事审判第一庭，第二庭. 刑事审判参考：总第29辑. 北京：法律出版社，2003：61.

④ 如安徽原副省长王耀忠受贿案，山东省济南市中级人民法院刑事判决书（2006）济刑二初字第34号。

⑤ 如国土资源部原部长田凤山受贿案，北京市第二中级人民法院（2005）二中刑初字第2303号刑事判决书。

显了在“为他人谋取利益”的立法要求之下，对这一要件的不同认识和理解对受贿罪司法认定的重要影响。

2016年《解释》第13条第2款对此种收受礼金问题的刑法处理予以了明确。其在既未要求“明知他人有具体请托事项”也未强调收受礼金之后实际上有为他人谋取利益的承诺或行为的情况下，明确规定，从具有上下级关系的下属或者具有行政管理关系的被管理人员处收受财物价值3万元以上，“可能影响职权行使的”，“视为承诺为他人谋取利益”①。在他人尚无明确请托事项时也“视为承诺为他人谋取利益”，而一旦属于“承诺为他人谋取利益”，最终就是“认定为‘为他人谋取利益’”。在这个意义上，确实存在着对“承诺”的重大扩张。认为这是对“为他人谋取利益”的一种拟制②，也是可以成立的。不过，一旦认为是拟制，就存在着司法解释侵蚀立法权的疑问，这一拟制就难免被批评为实际上超越了受贿罪的界限，是一种类推解释，与罪刑法定原则或多或少存在抵牾。③

在本书看来，在他人没有明确请托事项的场合接受下属或者被管理人员3万元以上的礼金、财物，就可以被理解为国家工作人员对财物赠送方存在一种概括性、抽象性的承诺，即“以后有事尽管来找我，能帮上忙的一定帮忙”。2016年《解释》实际上是将这种概括的、抽象的为他人谋取利益的承诺提升为具有明示承诺的效果，其旨在提醒司法人员注意，“承诺”不但可以是具体的，也可以是概括的；不但可以是针对此前或者当下的请托的，也可以是针对将来的请托的。坚持至少要求谋利行为的客观说立场，确实无法说明2016年《解释》第13条第2款有条件地将收受礼金的行为“认定为‘为他人谋取利益’”的根据。应该认为，该款对于并不具有明确的为他人谋取利益的主观意思的场合也赋予了“为他人谋取利益”的效果。“视为承诺为他人谋取利益”的规定，是对将“承诺”纳入主观范畴的主观说的进一步发展。在典型受贿和默契受贿的场合，主观说

---

① 顺带指出，2016年《解释》第13条第2款在具体规定时，将“索取”和“收受”并列作为“视为承诺为他人谋取利益”的前提，给人以索贿型受贿也需要“为他人谋取利益”的强烈错觉。但是，应该认为，这仅仅是司法解释的一个笔误，并不意味着其改变了索贿型受贿不需要“为他人谋取利益”的共识。

② 陈兴良．为他人谋取利益的性质与认定——以两高贪污贿赂司法解释为中心．法学评论，2016（4）：8-9.

③ 陈兴良．贪污贿赂犯罪司法解释：刑法教义学的阐释．法学，2016（5）：74.

构成了混合要素说的基本内容。在“概括性的、指向未来的承诺”也是“承诺”的意义上，将2016年《解释》第13条第2款的规定不理解为拟制而理解为一种注意规定，就仍可以在主观说，进而混合要素说的框架内说明这一规定的教义学依据。这种提示性、注意性规定，既统一了司法尺度，又弥补了处罚漏洞。可以说，2016年《解释》第13条第2款的规定本身就是主观说，进而混合要素说在司法解释中的具体展开，对于司法实务中认定“为他人谋取利益”也具有重要的指导意义。

而且，对于将收受礼金的行为认定为“为他人谋取利益”，2016年《解释》还特别附加了“可能影响职权行使”的要求。实际上，在具有上下级或者行政管理关系这样的隶属制约关系且财物达到3万元的场合，就能够一般性地排除正常的人情往来而推定“可能影响职权行使”，这时就不应再要求控方额外提供其他证据证明存在影响职权行使的风险。如果辩方能够通过具体证据证明，双方间的经济往来属于正当馈赠，职权的行使并未实际受到隶属制约关系与利益输送的影响①，那就因为其并未“可能影响职权行使”而不符合第13条第2款的适用条件，从而不能被“视为承诺为他人谋取利益”。可以说，该款关于是否“可能影响职权行使”这一条件采用的是推定技术，对这种推定只有在例外场合、在辩方有效反证（门槛是比较高的）的场合才会予以否定，因此，也就不存在所谓主观性、随意性的问题。

（三）相对于主观说而言，能对狭义事后受贿的处罚给出合理解释

在以上默契型受贿和收受礼金（或从另一角度称为感情投资）的场合，混合要素说可以弥补客观说造成的处罚漏洞，并且给出合理的解释。在这两种场合，“为他人谋取利益”表现为（默示的具体或者概括性的）承诺为他人谋取利益。在将所谓新客观说（承诺行为说）理解为主观说之一种的前提下，混合要素说和主观说共享对这两种场合的解释优势。而在狭义事后受贿的场合，较之于主观说的力不从心，混合要素说则会给出更有说服力的理由。

---

① 有裁判指出，区分亲友间经济往来是正当馈赠还是受贿，应当从双方关系、经济往来的价款和事由等方面予以判断。“万国英受贿、挪用公款案”//最高人民法院刑事审判第一庭，第二庭. 刑事审判参考：总第29辑. 北京：法律出版社，2003：54-57。

实践中广泛存在的事后受贿现象，可区分为广义事后受贿和狭义事后受贿。广义的事后受贿，是指国家工作人员利用职务上的便利为他人谋取利益之后，收受了请托人的财物，而不论谋利之时或者之前国家工作人员是否与请托人之间存在赠送财物的约定。其中，若是国家工作人员在履职之前或者之时与请托人之间存在事后赠送和收受财物的约定，则权钱交易的意图以及履职行为与收受财物之间的关联性都很明确，追究国家工作人员受贿罪的刑事责任没有疑问。存在认定困难的是狭义事后受贿的场合：既没有充分证据证明行为人在利用职务便利为他人谋取利益之时或之前就意在以后收受对方财物，更没有足够证据证明双方就履职之后收受财物存在约定。针对狭义事后受贿（下文所说事后受贿均指狭义事后受贿，不再逐一标明），早在现行刑法施行不久，即已经有“陈晓受贿案”的裁判先例，肯定了存在“为他人谋取利益”要素，进而肯定了受贿罪的成立。这一判决也获得了最高人民法院的认可。[①] 问题是，如何对这一结论予以理论说明。

2016 年《解释》第 13 条第 1 款第 3 项规定，“履职时未被请托，但事后基于该履职事由收受他人财物的”，应当认定为“为他人谋取利益”。对此，有主观说论者认为，由于业已履行完职务行为，在事后收受财物之时，不可能再具有为他人谋取利益的主观目的，因此，2016 年《解释》确立的，只要基于履职事由收受他人财物，就应当认定为具备为他人谋取利益的要素的规定，“显然是对为他人谋取利益主观意图的一种拟制”[②]。在事后受贿的场合，主观说一方面要坚持“为他人谋取利益”是主观要素，另一方面又要面对事后受贿场合在收受财物之前或之时确实无为他人谋利之意图这一现实，可谓进退两难，而其认为 2016 年《解释》将事后受贿场合认定为具备“为他人谋取利益”要件属于对主观要件的“拟制”，也是牵强附会。在事后受贿的场合，财物收受者甚至可能未明确意识到他人是因为自己此前的某种职务行为而赠送财物，将一个纯粹客观的事实“拟制”为主观要素，除了是出于处罚需要而为维持主观说之立场不得已而为之，很难给出令人信服的理由。而且，主观说强调事后受贿场合属于

① “陈晓受贿案”//最高人民法院刑事审判第一庭．刑事审判参考：总第 8 辑．北京：法律出版社，2000：47-54.

② 陈兴良．贪污贿赂犯罪司法解释：刑法教义学的阐释．法学，2016（5）：73.

对“为他人谋取利益”主观意图的拟制，这等于承认了在2016年《解释》作出“拟制”之前，对事后受贿按照受贿罪处理是不妥当的。而这显然也非主观说的初衷。

可以说，认为事后受贿场合是对“为他人谋取利益”这一主观要件的拟制，是将“为他人谋取利益”主观要件说的标准绝对化了。如前所述，“为他人谋取利益”是一种主观要件，这一命题应理解为是典型受贿和默契受贿等场合的最低要求、底线宣示而非绝对条件。事实上，无论是2003年《纪要》中的“实施和实现”，还是2016年《解释》第13条第1款第1项中的“实际”为他人谋取利益，都清楚地表明：“为他人谋取利益”既可能以主观态度的方式体现，也可能以客观行为的方式直接展现。履职时虽未被请托，但该职务行为客观上给他人带来了正当或不正当的利益（正因为如此，获利者才会事后赠送财物）时，就可以肯定为是“实际为他人谋取了利益”。在此意义上，该款第3项并未超出第1项的实质内容，而不过是从事后受贿这一特殊类型出发，对“实际”为他人谋取利益所作的一种注意规定，即一种提醒。由于实际上已经通过职务行为为他人谋取了利益，所以完全符合“为他人谋取利益”的要求，也就并不意味着其对“为他人谋取利益”的实质判断标准进行了何种改变。可以说，此处第3项对于“为他人谋取利益”之判断标准构建的意义，在解释学上，是突出了具有“为他人谋取利益”之效果的行为也属于“为他人谋取利益”，即将此处的“为”解释为“因为、由于”或者2016年《解释》所采用的“基于”；在司法实务中，则在于改变了通常的“先拿钱后办事＝为他人谋取利益”的印象，明确将“先办事（＝为他人谋取利益）后拿钱”的情形也纳入行为类型之中，从而确立了“为他人谋取利益的实质就是权钱交易”这一标准。“事前有约定的事后受财与事前没有约定的事后受财只是形式不同，实质上没有任何差别。”① 就此而言，2016年《解释》第13条第1款第3项的规定不过是对实务中既有做法的一种“合法性”确认，即以有权解释的方式明确，刑法中表述的“收受他人财物，为他人谋取利益”将受贿行为置于谋利行为之前，只是表述问题，其并不意味着只有先收受财物后谋取利益才是受贿，从而也就并未凭空创设、“拟制”出一个关于“为他人谋取利益”的新的判断规则。

① 张明楷．论受贿罪中的“为他人谋取利益”．政法论坛，2004（5）：150.

在事后受贿的场合，站在传统客观说的立场上认为“为他人谋取利益”至少需体现为谋利行为时，是可能论证“为他人谋取利益”要件之存在的。而站在混合要素说的立场上也会认为，在事后受贿的场合，“为他人谋取利益”并非表现为主观要素而是表现为客观行为，并且，可以是一种并非在谋利意图支配之下的纯粹行为。只有认同事后受贿场合“为他人谋取利益”并非（拟制的）主观要素而终究是一种客观行为、客观结果，才可以既顺畅论证2016年《解释》第13条第1款第3项的合理性，又对司法实践之中的既定做法进行恰当说明。由此可见，在事后受贿的场合，混合违法要素说较之主观说，具有巨大的解释优势。

（四）能在法条主义的进路下为严密受贿罪法网作出实质性贡献

学说上，很多论者至今对受贿罪中“为他人谋取利益”的规定持否定态度，认为应将其取消。不过，没有对受贿犯罪之“为他人谋取利益”要件进行深入解释，就以影响司法效率等为由主张删除这一要件，是有问题的。“对于‘为他人谋取利益’要件在刑法适用上的障碍与困难，可以通过深入论证司法认定规则的方式进行合理化解。”① 应该看到，在被动收受型受贿的场合，“为他人谋取利益”要件对于联结职务行为（“权”）与财物（“钱”）、说明受贿罪所侵害的职务行为不可收买性这一法益而言，具有不可替代的作用。而且，这一要件还具有重要的政策价值：其使党纪和国法的分工更加明确，“将规矩挺在前面”，以党纪、政纪等处理那些单纯受贿等情形，而对“权钱交易”的情况动用刑法。既要尊重现有规定、承认解释的边界和罪刑法定的底线要求，又要看到“为他人谋取利益”这一要件可能的积极价值。况且，在实践中，从实施权钱交易行为到被查处受贿案件通常有较长潜伏期，一般案件被查处时很少存在国家工作人员还未实施为请托人谋取利益的行为情况。在这样的总体情势下，不应抽象地谈论“为他人谋取利益”在立法上的存废，而应充分考量高压反腐的趋势和大局，适当松缓立法者所设置的紧箍咒，在适用解释上对“为他人谋取利益”采取相对宽泛的态度，有助于尽可能严密受贿罪的刑事法网。与此同时，与1997年刑法规定相比，《刑法修正案（九）》对受贿罪刑罚的变更体现出刑罚轻缓的总体效果，在受贿罪刑事责任的具体承担上适当轻

① 刘宪权，谢杰．贿赂犯罪刑法理论与实务．上海：上海人民出版社，2012：56.

缓，正和“严而不厉”思想合拍。[①] 这样，既可体现对受贿犯罪的低度容忍乃至“零容忍”，从而迎合公众对腐败行为的惩处要求，又能保持国家刑罚资源投入总量的大致均衡，从而保持国家机器的正常运转。正如有论者指出，在2016年《解释》实质性提升定罪量刑数额标准的背景下，腐败犯罪刑事司法规则应当在“为他人谋取利益”要件等入罪条件层面作出真正意义上的扩张性解释，以进一步限缩数额标准提升后对腐败犯罪惩治效率可能带来的负面影响。[②]

不过，如何具体为立法所规定的“为他人谋取利益”要件松绑以满足严密受贿罪法网的需要，考验着解释者的智慧。2016年《解释》第13条采取的路径被批评为实用主义，“跳出法条和理论的双重羁束，直接根据案件处理需要来诠释法条”[③]。但前述分析表明，根据本书所主张的混合违法要素说，在不同类型的受贿场合，“为他人谋取利益”对应不同情形而分别体现为主观要素或客观要素，甚至并非主观意愿之体现的纯粹客观要素。这恰恰最大限度地为2016年《解释》的相应规定提供了理论支持。同时，通过将“为他人谋取利益”中的“为”区分为主观上的“为了”和客观上的“因为”，也可以将混合要素说落实到对《刑法》第385条的具体解释中。在这个意义上，可以说2016年《解释》第13条既有理论支持又有法条依据，并非“跳出法条和理论的双重羁束”，其所采取的总体上仍是法条主义的路径而非纯粹实用主义的考量。混合违法要素说通过探寻适用解释的边界，为立法规定、司法解释的规定以及司法实践的运行提供理论阐释，进而谋求在现行立法之下，受贿罪的法网严密（“严”）与量刑适当（“不厉”）之间的最佳组合方式。再者，对于将“为他人谋取利益”规定为（被动型）受贿罪的成立要件这种极具中国特色的立法实践，学者只有从本土意识出发，通过争论发现问题并且寻找解决之道，才有可能为我国刑法理论自身的发展作出独特贡献。这一点同样是本书所追求的。

---

① 关于“严而不厉”思想，参见储槐植. 刑事一体化论要. 北京：北京大学出版社，2007：53-67。

② 谢杰. 贪污贿赂犯罪治理的制度优化与规则补充——基于对最新司法解释的法律与经济双面向反思. 政治与法律，2016（6）：40.

③ 叶良芳. “为他人谋取利益”的一种实用主义诠释. 浙江社会科学，2016（8）：28.

第三节　不存在明显突兀感的例证Ⅱ：明知是他人捏造的事实而恶意散布的构成诽谤

一、问题的提出

我国《刑法》第246条规定，以暴力或者其他方法公然侮辱他人或者捏造事实诽谤他人，情节严重的，处3年以下有期徒刑、拘役、管制或者剥夺政治权利。那么，行为人明知是他人捏造的事实而予以散布、传播以败坏他人名誉的，是否符合诽谤罪的构成要件？符合这一设问的事案，大致上包括如下类型。（1）记者明知是他人捏造事实诽谤某人，仍对该事情予以报道，导致更多人知悉所诽谤内容的，该记者是否构成诽谤罪？例如，2008年1月1日，《法人》杂志刊发了记者朱某《辽宁西丰：一场官商较量》的文章，文章报道了辽宁西丰女商人赵某因不满西丰县政府对其所拥有的一加油站的拆迁补偿处理，编发短信讽刺县委书记张某而被判诽谤罪。该案中，赵某被认定用编发短信的方式诽谤县委书记张志国。而朱某的报道中两次提到张志国。3天后，西丰县公安局工作人员携带公安局立案文书和拘传文书，到北京《法人》杂志编辑部，要求拘传记者朱某，由于朱某当时没有在单位，西丰警方未能如愿。1月6日晚，西丰县公安局一领导证实，已对朱某涉嫌诽谤立案。由于该案引起了广泛关注，1月8日，西丰警方撤销了对该记者的拘传，并且向其道歉。① （2）在网络诽谤案件中，明知是有人恶意捏造的诽谤他人的事实而在互联网上疯狂转帖的，转帖者是否构成诽谤罪？例如，杨某某为了报复已分手的前女友闫某，以闫的名义开设博客、设立QQ空间，在百度贴吧上传文字和图片，捏造闫患有艾滋病、被其继父强奸等；并将闫及其大哥的手机通讯录上的两百多个电话号码在网上公布，称这些号码的机主均为曾与闫发生关系的“嫖客”，后又在互联网上传了经过加工的淫秽视频。② 在这一广受关注的

① 佚名．辽宁西丰撤销对负面报道记者立案及拘传．南国都市报，2008-01-10（A14）．

② 佚名．“艾滋女”闫某事件始末．山东商报，2009-10-30（C11）．

“艾滋病卖淫女”案件中，杨某某构成诽谤罪等自无疑问，但那些已然明知是一起诽谤案件仍因好事、好奇而疯狂转发杨某某所发布的帖子者，能否同样被认定触犯诽谤罪？(3) 明知是有人捏造的有损他人名誉的短信而大量予以转发的，是否构成诽谤罪？比如在著名的“彭某诗案”或者“稷山诽谤案”中，行为人根据来源于当地百姓流传的一些贬义说法，通过手机短信以自编诗词的方式，向一定的对象发泄自己对当地领导的不满。对于这样的短信传播能否认定为诽谤罪？接到了这样的短信而较原创者予以更大范围传播的转发者，是否构成诽谤罪？又如，收到专门针对具体国家领导人个人的政治谣言而大量转发的，能否构成诽谤罪？

记者发稿、网络转帖或者转发短信等情况，包括明知文章、帖子或短信所涉事实可能系捏造，以及明知该文章、帖子或短信所涉事实确属无端捏造两种可能。在明知可能系捏造的场合，似乎也可以认为行为人欠缺诽谤的故意而否定犯罪的成立。但是，没有理由认为诽谤罪只能由直接故意构成，间接故意型的诽谤罪在法理和逻辑上都完全可能成立。于是，问题就仍然是：在上述几种情况下，行为人明知是或者可能是他人捏造的事实而予以散布、传播以败坏他人名誉的，是否符合诽谤罪的客观要件？对此最为常见的理解是：如果这种行为达到“情节严重”的定量要求的，完全可以按照诽谤罪来处理（以下称此种观点为“诽谤罪说”）。但是，这种观点所面临的一种质疑是：行为人自己并没有“捏造事实”，所以也就欠缺诽谤罪的实行行为，故而不应该构成该罪。结果，对于此种明知是他人捏造的事实而予以散布的行为，就由于欠缺刑法的明文规定而无法作为犯罪处理，并且，认为这是罪刑法定原则的必然归结（以下称此种观点为“无罪说”）。对于以上两种观点该如何取舍？存在这两者之外的其他解决方案吗？其是否合理？不同的选择背后体现了刑法解释立场上的何种不同？这些都是本节所关注和希望回答的问题。

二、诽谤罪说及其问题点

对于明知是他人捏造的事实而予以散布、传播以败坏他人名誉并且情节严重的行为（下文在讨论问题行为的定性时，以“情节严重”为前提，故而不再逐一提及，特此说明），最为常见的理解会认为，其构成诽谤罪。那么，其如何回答行为人并无“捏造事实”之实行行为这样的质疑呢？对此，大致说来会有两种思路。一种思路认为，行为人构成诽谤罪之单独正犯。另一种思路则认为，行为人虽然因为欠缺“捏造事实”的行为而无法构成诽谤罪的正犯，但是可以构成该罪的广义上的共犯。以下对此分别加以分析。

（一）不要求“捏造”行为的诽谤罪正犯说

这是一种非常有影响的观点，也具有相当的代表性。其认为，诽谤罪的成立不一定需要“亲自捏造”，恶意散布者的行为完全符合《刑法》第246条关于诽谤罪的规定的，就应该按照诽谤罪的正犯来处理。比如有学者认为，诽谤罪并非复行为犯而是单行为犯，“单纯的捏造并非本罪的实行行为。将捏造的事实予以散布，才是诽谤的实行行为。换言之，明知是损害他人名誉的虚假事实而散布的，也属于诽谤”①。曾经主张成立诽谤罪需要“捏造并散布虚构的事实”行为②的周光权教授，之后也改变主张，认为本罪是“通过散布、利用捏造的虚假事实诽谤他人”③。

也就是说，在这种观点看来，是否构成诽谤的关键在于是否“将捏造的事实予以散布”，若是，就具备了该罪的实行行为，就属于“诽谤他人”，而捏造事实仅仅是诽谤他人的一种预备行为而已。这种观点还认为，捏造事实本身并不是诽谤罪的独立的构成要件，所诽谤他人的具体事实既可能是自己亲自捏造的，也可能是他人捏造而自己明知且加以利用的，即便在后一场合，也可以认为其是“以捏造的事实诽谤了他人”。持上述主张的论者还提出，以上理解并不违反罪刑法定原则，因为就具体的法条解释来说，可以认为《刑法》第246条最前面的“以”字除了规制紧随其后的“暴力或者其他方法公然侮辱他人”，也规制后面的“捏造事实诽谤他人”，即只要是“以捏造的事实诽谤他人”的，就符合诽谤罪的构成要件，对之定罪就完全存在明确的法律依据。④

但在本书看来，这样的理解值得商榷。就《刑法》第246条第1款的逻辑结构来说，一般认为，其以第二个“或者”为标志，而将该款对具体

① 张明楷．刑法学．5版．北京：法律出版社，2016：919．张明楷．刑法分则的解释原理：上．2版．北京：中国人民大学出版社，2011：503．

② 周光权．刑法各论．2版．北京：中国人民大学出版社，2011：60．

③ 周光权．刑法各论．3版．北京：中国人民大学出版社，2016：65．

④ 以上为2011年8月27日在香山饭店召开的“名誉权的法律保护与刑事司法适用”研讨会上，刘明祥教授所持的立场。

罪状的描述区分为前后两段，前段“以暴力或者其他方法公然侮辱他人”为侮辱罪的基本罪状，而后段“捏造事实诽谤他人”为诽谤罪的基本罪状。认为前段的第一个字“以”可以统摄后段的“捏造事实诽谤他人”不符合一般人的日常认识。而且，“捏造事实”本身毫无争议地属于动宾结构而非偏正结构（法条之中的“捏造”系动词而非“形容词”），“以捏造事实诽谤他人”在表述上不通，说明这样的理解至少并非立法者的本意，而解释为“以捏造的事实诽谤他人”实则是基于法益保护需要的所谓客观解释，实际上已经脱离了立法原有的规定和《刑法》第246条第1款的语脉，是一种典型的实质解释的立场。

在本书看来，只要认为刑法分则各条对具体犯罪罪状的描述以单独正犯为原则，那么，对于诽谤罪而言，其要求“捏造事实”这一点就是理所当然的，这是法条本身的明确要求。同时，单纯的捏造事实由于不能对他人的名誉产生不利影响，故而尚且不构成诽谤罪，只有在捏造事实之后又将所捏造的事实加以散布以败坏他人名誉（即“诽谤他人”）的，即只有同时具备“捏造”和“散布”两个行为，才能构成诽谤罪的单独正犯。完全可以说，“诽谤罪的一个前提或基础条件是，行为人捏造某种足以损害他人人格、名誉的事实并且加以散布。具体包括：（1）要有捏造某种事实的行为；（2）要有散布（传播、扩散）捏造事实的行为。这是认定诽谤罪在客观方面必须遵循的一条底线”①。所以，诽谤罪应该被理解为复行为犯。将该罪理解为单行为犯并进而认为只有“将捏造的事实予以散布”才是该罪唯一的实行行为的观点，值得商榷。而一旦认为诽谤罪是像抢劫罪那样的复行为犯，其实行行为包括“捏造事实”的手段行为和“诽谤他人”的目的行为（散布行为是“诽谤他人”的具体体现），那么，只有存在基于意思联络的明确分工的情形下，捏造者与散布者可以不是同一人，由此，不但只实施了手段行为的单纯的捏造者不构成诽谤罪，而且只实施了目的行为的恶意散布者，也因只能评价其目的行为而不能构成要求复行为的诽谤罪。一般性地肯定捏造者与散布者不必为同一主体并据此认为“无论是捏造并散布虚构事实，还是意图损害他人人格、名誉，捏造虚构事实后由他人散布，或者是明知他人捏造的事实而散布，都会对他人人

① 郑金火. 信守诽谤罪构成的法律底线——从“王鹏案”说起. 法学，2011（5）.

格、名誉造成损害，情节严重的，均符合诽谤罪的构成”①，是有问题的。前两种情形自然可以构成诽谤罪，而第三种情形因为欠缺捏造行为，难以构成诽谤罪。

（二）诽谤罪共犯说

完全可能会有观点认为，虽说刑法分则各条所规定的是单独正犯的成立要件，但是，即便承认明知是他人捏造的事实而予以散布、传播的行为并不符合立法关于诽谤罪的构成要件规定，那也仅仅是不符合诽谤罪对单独正犯的规定而已，对该行为却可能按照诽谤罪的共犯处罚。

此种观点虽解决了明知是他人捏造的事实而予以散布、传播的行为入罪的法律根据，但却要接受有关共同犯罪的法律规定和理论依据的检验。《刑法》第25条第1款规定，共同犯罪是指二人以上共同故意犯罪。通行的共同犯罪理论据此认为，只有两个以上的犯罪主体具有共同的犯罪故意、实施了共同的犯罪行为时，才能构成共同犯罪。但在比如网络转帖或者转发短信的场合，单纯的散布者和诽谤事实的捏造者之间完全可能并无犯意联络，其实施的散布他人所捏造之事实的行为，并非基于与捏造者间之合意的行为分担，所以就难以构成共同正犯。同时，即便采纳片面的承继共犯的概念，认可对片面帮助犯的处罚本身，就明知是他人所捏造的事实而恶意予以散布的行为人而言，也完全可能因其不具有帮助的故意，而无法按照诽谤罪的共犯即帮助犯予以处罚。实际上，恶意散布者完全可能是出于正犯的故意（自己去诽谤他人，而非帮助别人去诽谤他人）而实施了欠缺正犯构成要件的行为，所以，按照共犯来处罚，至少也要认可正犯的故意之中包括共犯的故意。但这样的理解在理论上存在着风险，未必会被广泛接受。此外，在事实捏造者本身并未散布、传播时，要肯定随后的散布、传播者成立诽谤罪的共犯，还需要接受“没有正犯的共犯”概念。这在我国现在通行的共同犯罪理论和犯罪论体系之下，也有很大的困难。

三、侮辱罪说及其反思

这种观点首先承认，明知是他人捏造的事实而予以散布的行为具备刑

① 于同志．网络诽谤的刑法规制．人民司法·案例，2008（14）．

法上的可罚性，但同时又认为，刑法对诽谤罪的规定已经排除了对这一类似行为予以规制的空间，故而只能在诽谤罪之外寻找处罚的根据；并且将目光锁定在同条的侮辱罪。该观点认为，这样的行为也是采用暴力之外的其他方法公然侮辱他人，只要情节严重，认定为侮辱罪毫无问题。①

应该说，这是一种十分精巧的解决问题的思路，同时也是坚持罪刑法定原则的实质解释论者所可能采取的一种思路。这种思路确实解决了处罚相应行为的法律依据，在此意义上值得赞赏。而且，对于具有刑事可罚性的行为，在最为可能的刑法分则条文未能提供入罪的规范性依据时，也确实应该检讨是否可以基于其他可能的刑法条文入罪，故这样的思路也为体系解释方法所认可。不过，在结合相关刑法规范的整体系统来判断某种行为能否入罪时，存在这样一个前提，即体系解释也需要遵循罪刑法定原则，不能借口体系解释而超出某个刑法规定的界限任意扩充其法网的范围，因为那样就倒向了类推适用。是能被认可的体系解释结论还是类推，主要根据某种解释结论是否符合刑法用语本身的可能含义来判断，但同时也需要结合类型性的思考方法，即将某种行为解释为构成某罪是否超出了其定型性特征？回到本节的主题，问题就成了，将明知是他人捏造的事实予以散布以败坏他人名誉的行为解释为《刑法》第246条第1款前段中的“以其他方法公然侮辱他人”，是否超出了“公然侮辱他人”一词的可能含义，是否会模糊侮辱罪与诽谤罪之间的界限、损害两罪各自的定型性？这是问题的关键所在。如果认为“公然”就是“当着被害人的面”②，那么无论是通过网络还是手机短信的方式恶意散布他人所捏造的事实，还是编辑、记者明知可能是诽谤他人的事实而发稿的，都会因为不符合“公然”要件而径可被排除于侮辱罪的犯罪圈之外。但如果认为“公然”的实质在于使不特定人或者多数人可能知悉，被害人本身是否在场不影响对公然的认定③，那么认为恶意散布他人所捏造的事实之行为具备公然要件就不存障碍。同时，认为恶意散布有损某人名誉的事实属于“侮辱他人”，或许也不会超出一般人的预测范围。

---

① 以上观点为笔者和同事李立众教授讨论时，他所持的观点。

② 王作富．刑法．6版．北京：中国人民大学出版社，2016：392.

③ 张明楷．刑法学．5版．北京：法律出版社，2016：917．曲新久．刑法学．北京：中国政法大学出版社，2017：435.

但即便如此，作为两个类型相同但却各自独立的犯罪，诽谤罪与侮辱罪之间还是存在明确差异的。除诽谤罪并未明文要求“公然”要件之外，两罪间的差异更主要地表现为，诽谤罪明确要求“捏造事实”而侮辱罪未作这样的要求；侮辱罪可能以暴力方式或者通过动作进行，但却不存在暴力诽谤或者以动作加以诽谤的情况。所以，问题的关键就在于，问题行为是否符合“侮辱”的本质。在本书看来，与需要“捏造事实”的诽谤行为相比，侮辱的特征在于不使用事实（比如单纯的谩骂）或使用真实的事实对他人予以轻蔑的价值判断。如果认为将他人所捏造的事实予以散布也可能构成侮辱罪，实际上等于否认了侮辱罪和诽谤罪之间的并列关系，而将侮辱罪变成了侵犯公民名誉权的一个口袋罪。这是让人难以接受的。

对于将相应行为定性为侮辱可能会模糊诽谤罪和侮辱罪间之界限的问题，上述主张者并不否认，但却认为，“许多的犯罪都存在一定程度的交叉，对此要有清晰、深刻的认识。因此，模糊两罪界限之说，难以成立”（李立众博士语）。但是，这样的理解仍值得商榷。自然，两个犯罪之间可能会存在交叉（即肯定两个犯罪的构成要件之间的部分重合），但这应该以两罪在行为类型上的明确区分为前提。明知是他人捏造的事实而恶意加以散布的，在类型和性质上本属于诽谤行为，只是受到我国刑法对诽谤罪之规定的限制，而无法按照诽谤罪予以处理。不能为了实质处罚的必要性就在两罪的“交叉、重合”的名义下，抹杀两种犯罪的区别，甚至将其中的一种犯罪变成几乎不受限制的口袋罪，这是得不偿失的。事实上，即便是主张实质解释、承认“大部分犯罪之间都不是对立关系，而是中立关系、包容关系”[①] 的张明楷教授也认为，“侮辱罪与诽谤罪虽然都是侵害他人名誉的犯罪，但前者是使用暴力、语言、文字、动作等方法侵害他人名誉，后者是散布捏造的事实侵害他人名誉。二者在行为内容上没有重合之处，亦即，侮辱行为不能被评价为诽谤行为，诽谤行为也不能被评价为侮辱行为”[②]。这样说来，不但“诽谤罪不是个筐”[③]，需要警惕滥用诽谤罪来封杀正当的或有所偏差的舆论监督和批评、建议，而且侮辱罪的类型

① 张明楷．嫖宿幼女罪与奸淫幼女型强奸罪的关系．人民检察，2009（17）：9.

② 张明楷．刑法分则的解释原理：下．2版．北京：中国人民大学出版社，2011：754.

③ 五岳散人．诽谤罪不是个筐．杂文选刊（上旬版）．2008（3）.

性特征也必须得到维持，“侮辱罪同样不是个筐”。故此，以上侮辱罪说可能值得商榷。

四、无罪说及其问题点

（一）无罪说主张

不少观点认为，在应然的角度上，恶意散布有损他人名誉的事实的行为应该作为诽谤罪予以规制。但是，在当下的司法实务中，由于罪刑法定原则的限制以及刑法解释规则的要求，上述行为无法为《刑法》第 246 条所规定的诽谤罪（以及侮辱罪）的构成要件所容纳。无论是立法机关出版的著作，还是学术界的多数研究，在对诽谤罪进行定义时，都认为诽谤罪是“故意捏造事实，并且进行散播”①，或者“捏造并散布某种事实”“捏造并散布虚构的事实”②。虽然犯罪定义本身不能成为认定犯罪成立与否的独立标准，但是以上定义至少说明，就诽谤罪的类型性而言，更多的学说认可了“捏造并散布事实”这一说法。具体落实到对诽谤罪之构成要件的理解上，上述立法机关出版的著作要求“捏造事实的行为与散播行为必须同时具备才构成本罪”③，而在学界，早有论者基于诽谤罪的客观方面表现为捏造和散布“这两个紧密联系、不可缺一的因素”这一出发点，明确认为“如果不是本人捏造事实，而只是有意或者无意地散布了别人捏造的事实，不能构成本罪”④。这种论断也为后来的具有广泛影响的刑法各论的研究著作所接受。⑤ 只是，上述两种观点都仅认为上述行为“不构成诽谤罪”，但究竟该如何处理，是构成他罪还是无罪，却都未明言，这多少有点令人遗憾。

如前文详述，立足于现有《刑法》第 246 条中“捏造事实诽谤他人”这一诽谤罪的罪状描述，认为该罪不要求“捏造”行为存在疑问，那么，

---

①③　郎胜．中华人民共和国刑法释义．5 版．北京：法律出版社，2011：446．李福成．中华人民共和国刑法问答．北京：人民法院出版社，1997：399．

②　如陈兴良．规范刑法学：下册．4 版．北京：中国人民大学出版社，2017：829．王作富．刑法．6 版．北京：中国人民大学出版社，2016：392．曲新久．刑法学．北京：中国政法大学出版社，2009：403．等等．

④　高铭暄．新编中国刑法学：下册．北京：中国人民大学出版社，1998：726．

⑤　王作富．刑法分则实务研究：中．5 版．北京：中国方正出版社，2013：829．

对于明知是他人捏造的事实而予以散布的行为，就无法先对诽谤罪的实行行为进行曲解而后将该散布者作为诽谤罪的正犯处理；如果不接受片面的承继共犯概念或者虽接受这一概念但实际上散布者并无单方的帮助意思，那么对于明知是他人捏造的事实而予以散布的行为，就无法作为诽谤罪的共犯处理。同时，如果坚持侮辱罪与诽谤罪之间的明确区分，那么，基于警惕侮辱罪因其“其他方法”而被泛化为口袋罪的问题意识，明知是他人捏造的事实而予以散布的行为也就不符合侮辱罪的成立要件。笔者此前也曾认为，“对于这种侵犯公民名誉权的行为遍观刑法分则第四章却发现非常无助时，对明知是他人捏造的事实而予以散布的行为，就只能按照法无明文规定来作无罪处理。这样的结果虽未能两全其美，但是利大于弊，即坚守罪刑法定原则之利会大于放弃了对应罚行为处罚之弊，因而总体上是一种次优的选择，是一种‘必要的丧失’”①。

（二）无罪说的问题点：形式化理解罪刑法定而损害实质正义

或许会有人认为，立法者将诽谤罪的客观行为方式描述为“捏造事实诽谤他人”而没有规定为“以捏造的事实诽谤他人”是有意为之，即立法者意识到存在着行为人明知是他人捏造的事实而予以散布的行为，但又认为这种行为由于欠缺“捏造”行为（捏造事实的行为本身具有重大的违法性和强烈的可谴责性），尚未达到足以动用刑罚的程度，故而没有必要将此种行为也纳入诽谤罪的犯罪圈之中。而且，这样的主张似乎还可以从2001年《刑法修正案（三）》所增加的《刑法》第291条之一对编造、故意传播虚假恐怖信息罪的具体罪状描述中得到印证。该条规定，“编造爆炸威胁、生化威胁、放射威胁等恐怖信息，或者明知是编造的恐怖信息而故意传播，严重扰乱社会秩序的”，构成犯罪。可见，立法者完全清醒地意识到“编造”和“明知是编造的信息而传播”是两回事，也完全掌握了将两者区分的立法技术，那么在诽谤的场合，只是规定“捏造事实诽谤他人”而未规定“明知是捏造的事实而故意传播”，就正是因为立法者意识到这样的故意传播行为并不像“明知是编造的恐怖信息而故意传播”的行为那样具有需要动用刑罚予以惩罚的社会危害性。

诚然，诽谤罪等侵犯名誉权的犯罪原本属于轻罪，不宜过于扩张其处罚范围，上述的说法或许也有一定道理。但是，本书仍不赞同这样的主

---

① 付立庆．恶意散布他人捏造事实行为之法律定性．法学，2012（6）：112．

张。一则，随着社会的发展进化，我国公民已经不再担心基本的生存权，而且在解决了温饱问题跨越到小康社会之后，不但要“活下去”，还要“有尊严地活下去”，正所谓“仓廪实而知礼节，衣食足而知荣辱”，所以，刑事法网对公民个人名誉权的保护应该更加严密和有力；二则，在当前网络传播速度迅猛、手机使用范围广泛的现实之下，借助网络疯狂转帖、利用手机广泛转发的行为，也确实使恶意散布、传播行为具有严重危害。由此来说，在行为确属“情节严重”的条件之下，以社会危害性不大、限制处罚范围等为由，径直否定明知系他人所捏造的事实而恶意散布行为的可罚性，存在明显疑问。这会形成明显的处罚漏洞，不利于对公民名誉权的刑法保护，是因为形式化理解罪刑法定原则而损害了具体场合的实质正义。

五、立法论上的构建与解释论上的努力

（一）立法论

在立法论的层面上，由于可以肯定刑事可罚性，所以对于明知是他人捏造的事实而予以散布、传播的行为，最好的刑法应对方式就应该是在刑法上明确加以规定。如果在刑法分则的条文之中明确规定，“捏造事实诽谤他人，或者明知是他人所捏造的事实而予以散布、传播，情节严重的，处……”，则足以解决对相应行为处罚的必要性和该当刑法规定供不应求的问题。进一步说，这里涉及一个法条规定两种犯罪的立法科学性问题。在本书看来，像《刑法》第 246 条同时规定侮辱罪和诽谤罪，就属于立法不科学的体现。这样的规定方式一方面缘于对两者的区别认识不足（在一定程度上也等于模糊了两罪的区别），另一方面也是因为对各自的犯罪构成重视不够。而且，一法条（特别是同一款）规定两种犯罪还可能会限制对具体犯罪罪状的描述。比如，就《刑法》第 246 条而言，如果接受前面的立法建议对诽谤罪的立法予以完善，那可能就成了“以暴力或者其他方法公然侮辱他人或者捏造事实诽谤他人，或者明知是他人所捏造的事实而予以散布传播，情节严重的……”。这会导致一款之中因“或”字太多而叠床架屋，会影响对具体犯罪罪状的理解。所以，“（刑法分则各本条）一法条（或者一款）一罪名”的立法方式应该更为理想。操作起来也并不多么困难：将侮辱罪留在《刑法》第 246 条，而将诽谤罪从中拿出，规定为《刑法》第 246 条之一（亲告罪规定在该条中同时保留），或者将侮辱罪规

定为第 246 条第 1 款，将诽谤罪剥离出来规定为第 2 款，将现有的《刑法》第 246 条第 2 款“前款罪，告诉的才处理，但是严重危害社会秩序和国家利益的除外”，修改为“前两款罪，告诉的才处理，但是严重危害社会秩序和国家利益的除外”，并作为第 246 条第 3 款即可。

（二）解释论：构成要求“捏造”行为的诽谤罪单独正犯

本书认为，虽然诽谤罪的成立要求亲自捏造，但恶意散布者的行为实际上就等同于“捏造”。这种观点实际上是在认可成立诽谤罪要求“捏造事实”的前提之下，为了追究明知系他人捏造的事实而予以恶意散布者的刑事责任，而对“捏造”一词作了实质化同时也是较为宽泛的理解。因此，比如在 A 捏造了事实但并未打算散布而是将所捏造的虚假事实放在抽屉里，B 偶然得知该事实系他人捏造而恶意予以散布的场合，实际上就相当于 B 捏造了事实并且予以散布，在情节严重时，B 完全符合诽谤罪的成立要件。如此理解“捏造”的含义，虽说超出了“捏造”一词的核心含义，但是并未超出其可能含义，并未超出一般国民的预测可能性。也就是说，这样的解释结论虽会使一般人产生一定的隔阂和突兀，但是，经过细致说明仍可为一般人所接受，从而也就并不“明显突兀”。

明知他人捏造的事实而予以散布者，虽然表面上存在着散布这一积极的身体动作，但从规范性要求来看，却可能将之理解为一种不作为，即其应该履行不去散布的义务却未能履行这一义务，导致了损害他人名誉的后果发生，此种不作为就等同于自己“捏造”。退一步讲，即便认为“不去散布”的作为义务来源本身是个问题，也完全可能从积极作为的角度，肯定“明知是捏造的事实而散布”时的捏造行为性。这是因为，捏造是一种“无中生有”，而散布者所散布的，表面上虽是一种既存的“有”，但是一种不具真实性的“有”，实质、实体上仍然是“无”，所以，“明知是捏造而散布”，也就是一种广义上的无中生有，即捏造。在本书看来，如果散布者本人对于他人所捏造的败坏第三人名誉的事实予以添砖加瓦、增枝添叶，使原捏造者所捏造的事实的细节更详细、可信度更高，则自然可以评价为散布者通过“二次创作”而为他人所捏造的事实作出了独立贡献，此时认为散布者实际上参与了“捏造事实”毫无疑问。因此，将道听途说的某人与多名女性有不正当两性关系的传闻（多名证人证明“听说该某人有这种事”）写成形象的大字报四处张贴的，就应该认为存在“捏造”行为。[①] 若是记者明知是他人所捏造的事实但又对该捏造的事实本身作进一步加工、创作等的，也属于“二次创作”，从而符合“捏造事实”的要件。[②] 即便是此等场合之外，将明知是他人捏造的事实而单纯予以散布的行为解释为“捏造”，也不能就认为是类推适用，并非将实质处罚的合理性凌驾于法条用语的可能含义之上，从而，2013 年 9 月 6 日最高人民法院、最高人民检察院《关于办理利用信息网络实施诽谤等刑事案件适用法律若干问题的解释》第 1 条所规定的“明知是捏造的损害他人名誉的事实，在信息网络上散布，情节恶劣的，以‘捏造事实诽谤他人’论”，就为提倡积极主义刑法观的本书所认同。这一规定是对“捏造”一词的功能性扩张，并不会令人感觉明显突兀，从而也就并不违反罪刑法定原则，可以推广至互联网诽谤之外的其他场合。

（三）积极主义刑法观与能动的实质解释论

关于恶意散布他人所捏造之事实的行为能否作为犯罪处理问题的讨论，可以折射出两种不同的思维范式，同时也体现了两种不同的解释方法之间的差别。主张定诽谤罪，特别是主张定侮辱罪的观点，明显地带有实质解释论的印迹。这种主张实际上是先从行为的法益侵害性，进而从其可罚性出发，在肯定了可罚性之后再落实到对刑法条文的解释上，尽力通过对法条用语可能含义的挖掘来为最终的处罚寻找依据。为此，实质解释论者往往闪转腾挪，也常常能展示出精妙的技巧，最终也可能获得个案之中的实质正义。但是，与实质解释论者往往着眼于当下、着眼于个案的公正不同，形式解释论者往往更关注未来、关注规则的遵守，所以，形式解释

---

① 鲍雷，刘玉民．侵害人身犯罪疑难案例精析．杭州：浙江大学出版社，2007：144－145．

② 但若记者采写、发表的稿件只是对“某人捏造事实诽谤某人”进行了客观、中立的报道，则即便其中存在“报道不实”的问题，也会因为欠缺“捏造事实”的行为而不可能成为刑法关注的问题。就前文提到的记者朱某的案件来说，现有的资料仅表明其文章是对赵某诽谤案的客观叙述与简单评论，不涉及杜撰超出赵某诽谤案的其他事实的问题。新闻评论必定带有评论者的价值判断，尽管未必准确，但这和诽谤与否无关，而恰恰是新闻舆论监督的体现。新闻监督的质量保证不是来自司法关于“诽谤罪”的威胁，而是来自新闻媒体的自律和市场竞争的规律。就此而言，西丰县警方最终撤销立案和撤销拘传，虽是迫于压力，终究也算得上粗暴行事之后的明智之举了。

论者无法接受实质解释论者为具体情形下的实质正义而承担的突破罪刑法定的危险。这是两种解释观的根本分歧。笔者曾经提出："在缺乏规则意识、罪刑法定观念还不深入、定罪冲动还十分普遍而法官的整体素质又确实不高的现实面前，形式解释论或许显得有些僵化、教条，但还是应该得到坚守的。"① 就此而言，笔者改变了之前的观点，但这并非不能忍受。第一，从本书所倡导的积极主义刑法观来看，它自始至终不反对罪刑法定原则，所反对的只是机械性、教条化、过度形式化地理解"法律的明文规定"，进而以"法无明文规定不处罚"为由，人为制造处罚漏洞，并且嫁祸于罪刑法定原则。在积极主义刑法观看来，在法条用语的可能含义内，在不使社会一般人感觉明显突兀的场合，应该适当扩充刑法条文的含义，以周延保护法益；仅在所得出的解释结论不利于被告人且明显令人感觉突兀的场合，才予以否定（下节即是这样的适例）。第二，就法学者来说，当然需要具备批判精神，这能推动学术的进步和立法的发展；但也不能动辄批判，更不能"为了批判而批判"。在尽可能保证司法适用的统一性而不是无所适用的意义上，总体上应该说，不但"法律不是嘲笑的对象"，而且司法解释原则上也不是。最高司法机关颁布的司法解释在我国当下具有"准法源"的性质，在这种解释具有"填补处罚漏洞""实现实质正义"等功能时，不要轻易对之加以批判，而应尽可能予以理解，除非其解释结论确实令人感觉"明显突兀"。第三，学者改变在某一个问题上的结论，甚至改变在某一类问题上的立场，不足为怪，关键是这种改变是否保持了逻辑上的一贯、是否具备实质上的理由。笔者的此处改变以积极主义刑法观作为理念支撑，因此是一贯和有理由的。

第四节 存在明显突兀感的例证：军警人员抢劫行为之法定刑适用

一、问题的提出

《刑法》第 263 条在规定了抢劫罪的基本构成后，又规定了八种适用

① 付立庆．恶意散布他人捏造事实行为之法律定性．法学，2012（6）：113.

加重法定刑的情形，其中有“冒充军警人员抢劫的”，适用加重的法定刑的规定。在一段时间之内，学界对于“冒充军警人员”实施抢劫的研究，主要集中在“军警人员”的范围、“冒充”的含义，以及“冒充军警人员”抢劫是否要求达到以假乱真的程度等方面。在这些问题上，尽管也不无争议，但基本上还是取得了一定的共识。但是，对于真正的军警人员实施抢劫的行为究竟应该如何适用法定刑，研究者间存在着不小的分歧。那么，真正的军警人员显示身份抢劫的，究竟该如何适用法定刑呢？是适用基本的法定刑（3 年以上 10 年以下有期徒刑，并处罚金），还是适用加重的法定刑（10 年以上有期徒刑、无期徒刑或者死刑，并处罚金或者没收财产）？这关系着犯罪行为人是否可能被适用死刑，因此，应该予以仔细辨析。

二、主流观点的立场

如果我们认为冒充军警人员抢劫比真正的军警人员显示身份抢劫具有更为严重的社会危害性①，那么，现行刑法的规定本身是合理的，对于真正的军警人员显示身份进行抢劫的，直接适用抢劫罪的普通法定刑即可，没有什么问题可言。可是，有论者指出，刑法之所以将“冒充军警人员抢劫”规定为法定刑升格的条件，一是因为军警人员受过特殊训练，其制服他人的能力高于一般人，故冒充军警人员抢劫给被害人造成的恐慌心理更为严重，因此该类抢劫易于得逞；二是因为冒充军警人员抢劫导致严重损坏国家机关的形象。然而，真正的军警人员显示军警人员身份抢劫时，同样会产生这两个后果，而且对国家机关形象的损坏更为严重。② 应该说，这样的一种理解在事理逻辑上是通顺的，可以成立。另有论者也认为，冒充军警人员抢劫的行为对军队和警察部队形象的破坏是间接的，军警人员自身抢劫对军队和警察部队形象的破坏是直接的，从主观恶性和社会影响两个方面来看，前者的社会危害性小于后者的。③ 这样的观点是学界的主流的观点。④ 据此，真正的军警人员显示军警人员身份抢劫的，应当比冒

① 刘明祥. 论抢劫罪的加重犯. 法律科学，2003 (1)：51.

② 张明楷. 刑法分则的解释原理. 北京：中国人民大学出版社，2004：238.

③ 刘艳红. 冒充军警人员抢劫罪之法定刑设置疏漏. 法学，2000 (6)：43.

④ 支持这种立场的论者，又如逄锦温. 抢劫罪司法认定中若干问题的探讨. 法学评论，2002 (1)：136。

充军警人员抢劫受到更为严厉的制裁。可是，现行刑法仅将“冒充”军警人员抢劫规定为法定刑加重的情节之一。在现行刑法之下，有学者认为这样的规定属于法外漏洞，不能通过法官的适用解释加以填补（罪刑法定对法官造法机能的严格禁止，决定了法外漏洞不可能经由法官的适用解释予以填补，而必须启动立法程序或者至少进行立法解释才能予以补充）。① 另有学者从刑法解释的限度出发，认为：“在我国，当前最为紧迫的是保障人权的问题。立法与司法应该具有明确的边界，刑事立法的漏洞只能通过立法弥补……”② 以上的论者在立法论上也是主张应该对真正的军警人员抢劫设定加重的法定刑，但是在现行刑法的规定面前，在解释论上却认为这种情况下只能适用基本的法定刑。这里上述论者实际上肯定司法者具有一定的适用解释法律的权力，但又认为这种权力必须受到一定的限制、不能超越必要的限度而侵蚀立法权，而法官能否通过适用解释法律来填补漏洞，也就是立法与司法的边界，就是所谓的法内漏洞和法外漏洞的区分——法内漏洞可以通过法官解释即司法予以填补，对于法外漏洞只能诉诸立法的修改，否则就是司法权侵蚀立法权。尽管在道理上，承认法官可以适用解释法律来弥补法律漏洞的主张无疑是可取的，是对传统的、机械的罪刑法定主义（法官只是法律的执行者而不得解释法律）的一种超越，也尽管主张立法与司法应有明确的界限具有针对性和现实意义，但是问题或许在于法外漏洞和法内漏洞的区分本身，在于立法与司法的边界究竟何在——“真正的军警人员抢劫”未被规定为抢劫罪的加重情节，凭什么说是“法外漏洞”而非“法内漏洞”？

三、解释论者的努力

确实，如果认为刑法关于“真正军警人员抢劫”的处罚问题属于立法漏洞并且是法外漏洞，那么该问题的真正解决只能等待立法，而在现行刑法规定面前，则只能对真正的军警人员抢劫行为适用基本的法定刑。但是，这样的看法也是建立在真正的军警人员抢劫较之冒充军警人员抢劫具有更为严重的危害性（或者如该论者本身所说，前者的危害性“不亚于”

① 梁根林．刑法适用解释规则论．法学，2003（12）：55．

② 蒋熙辉．刑法解释限度论．法学研究，2005（4）：116．

后者的）这一判断的基础上的，既然这样，这就造成了两者之间在法定刑适用上的显著的不均衡，而这种不均衡也在所谓的“罪刑法定原则”的名义下造成了对罪刑均衡原则的破坏（危害性重的行为反而适用轻的法定刑，危害性轻的反而适用重的法定刑）。那么，有没有更好一点的解决问题的办法呢？

实际上，追求正义的刑法学者永远不会放弃通过解释求得合理结论的努力。例如张明楷教授认为，如果将这里的“冒充”解释为包括“假冒”与“充当”，其实质是使被害者得知行为人为军警人员，则可以将军警人员的抢劫认定为“冒充军警人员抢劫”（真正的军警人员抢劫实际上就是“充当”军警人员抢劫，从而也就属于“冒充”军警人员抢劫），从而适用加重法定刑以消除前述的罪刑不均衡现象。[①] 但是，将“冒充”解释为“假冒”与“充当”，是否超出了国民的预测可能性、是否属于类推解释，还大有研究的余地。实际上，将“冒充”解释为“假冒”与“充当”，从而将真正的军警人员抢劫解释为“冒充军警人员抢劫”，从解释结果的角度来看，属于扩大解释。在罪刑法定原则确立之后，理论上一般认为，类推解释应该被排除而扩大解释可以被认可。

但是，在罪刑法定原则追求对国家刑罚权之限制的价值诉求面前，被认可的扩大解释是否必须限于有利于被告人的扩大解释？以上将真正军警人员抢劫的行为（通过将“冒充”一词拆为“假冒”和“充当”）解释为“冒充军警人员抢劫”，在结果上，不但是扩大解释，而且显然是不利于被告人的扩大解释（如解释成立，则被告人被适用加重法定刑，否则就只被适用基本法定刑）。在本书看来，扩大解释是否被认可，不取决于其结果是有利于还是不利于被告人，而取决于这一解释是否会导致“以扩大解释之名行类推解释之实”。而扩大解释与类推解释的区别，尽管很难有一个明确的、具体的标准，但是一般人（一般国民）的预测可能性或者被解释语词的“含义射程”（即语词可能具有的含义）等是经常会被提到的。也就是说，没有超出一般国民的预测可能性的解释结论是扩大解释，否则是类推解释；没有超出语词的“含义射程”的是扩大解释，否则是类推解释。但是，尽管这样的区分标准在理论上不可谓不明确，但实际操作起来

① 张明楷．刑法学．5版．北京：法律出版社，2016：994．张明楷．刑法分则的解释原理：上．2版．北京：中国人民大学出版社，2011：67及以下．

仍然是相当困难的。何谓“一般人”？是被置于行为者境地的一般人，还是不加区别的一般人，或者是法官意义上的一般人？最终，所谓的一般人标准往往沦落为法官标准。何谓语词的“含义射程”或者说“可能”具有的含义？在一个词语的含义不断变化的情况下，其“可能具有”的含义，仍然是不明确的。由此看来，区分扩大解释与类推解释实际上是非常困难的。在这种情况之下，对于扩大解释，特别是对于不利于被告人的扩大解释，终究需要特别慎重。

实际上，之所以即便不利于被告人的扩大解释也常常会被接受，是因为这样的扩大解释是有理由的、有根据的。这就进而延伸到对解释方法（解释依据）的考察。只要一种解释是有理由的，是经过适当的解释方法得出并具有实质合理性的，其解释结论就是可以被接受的。问题仍旧在于扩大解释与因为妨害了行为人的预测可能性与行动自由而为罪刑法定原则所禁止的类推适用之间的界限。就此问题，本书提出以是否会使一般人产生明显突兀感作为扩大解释与类推适用的区分标准（参见本章第一节）。因而据此可以认为，将真正军警人员显示身份抢劫解释为“‘冒充’军警人员抢劫”，注定会让一般人感觉明显突兀，大吃一惊。

当然解释就是这里所说的“适当的解释方法”之一。《唐律》中有“入人罪者，举轻以明重”（以及“出人罪者，举重以明轻”）的说法，意思就是，如果轻的行为被作为犯罪处理了，那么重的行为尽管没有法律的规定，也应该作为法律处理。与此同理，轻的行为被加重处罚了，重的行为也应该被加重处罚。这是当然解释的要求。于是，既然（轻的）冒充军警人员抢劫被规定为加重犯，那么，（重的）军警人员抢劫也“当然”被适用加重法定刑。本章第一节已经提到，王作富教授、刘宪权教授、林亚刚教授等的新近研究都对这样的解释方法予以了肯定，并就对真正的军警人员抢劫适用抢劫罪的加重法定刑予以了认可。[①] 尽管刘宪权教授等也强调当然解释要求我们“应该从立法原意角度理解和适用法律条文”这一点

① 王作富．罪刑法定与扩大解释．检察日报：法学院，2007-01-05（08）．刘宪权．论罪刑法定原则的内容及其基本精神．法学，2006（12）：77．林亚刚．析侵犯著作权行为与侵犯著作权罪的衔接．法学评论，2006（6）：123．

可能还不无讨论的余地①，但是，这些学者所推崇的“举轻以明重”的入人罪（和“重入刑”②）解释规则，还是应该得到肯定的。在适用这样的解释规则作出当然解释的时候，尽管这样的结论可能是不利于被告人的，但是，这样的当然解释并非如前述主流观点所认为的那样，是司法权侵蚀了立法权，而应该认为是司法者基于一种被认可的规则而作出的自由裁量。③ 只是，何谓“当然解释”，当然解释为什么就是“当然”的，还仍是一个问题。对此，陈兴良教授认为，当然解释是指虽刑法条文表面未明确规定，但实际上已包含于法条的意义之中，依照当然解释的道理解释法条意义的方法。当然解释之当然是事理上的当然与逻辑上的当然的统一，两者缺一不可。事理上的当然是基于合理性的推论，逻辑上的当然是解释之概念与被解释之事项之间存在种属关系或递进关系。仅有事理上的当然而无逻辑上的当然，在刑法中不得作当然解释。④ 陈老师并且认为，唐律之中出罪“举重以明轻”、入罪“举轻以明重”也是仅关注事理上的当然，只有同时具备逻辑上的当然的情况下，适用上述规定才合乎法理。⑤ 如果我们接受上述的论断并据此来判断前述解释论者借助当然解释将真正的军

① 对于所谓“立法原意”的一个通常的批判是，立法原意的含义本身是模糊的。何谓立法原意？是当时参与制定立法的刑法学者的解释是立法原意，还是参与组织立法的立法机关工作者的解释是立法原意，抑或参与表决立法的人大代表的理解是立法原意？就此存在“主观说”“客观说”，等等，争论不休，难有定论。

② “出入人罪”的提法得到了广泛的认可，而“轻重人刑”的提法似乎并未获得广泛接受，但是对这一概念的理解并不困难。

③ 应该指出，张明楷教授将“冒充”拆为“假冒”和“充当”，在本书看来，实质上是在“文理解释”的层面上为使真正的军警人员抢劫行为罚当其罪所作的努力；而王作富教授等在此问题上的“当然解释论者”实际上是在认为文理解释无法做到罚当其罪的时候，求助于论理解释（当然解释也是论理解释的一种）。在某种意义上可以说，两种努力之间在目标上是一致的，区别仅在于解释的具体路径不同而已。新近的研究也正是从当然解释的角度，对这样的“拆字”解释予以了赞同。崔少梅，陈洪兵．抢劫罪疑难问题研究——对传统罪名的解读．甘肃政法成人教育学院学报，2004（3）：140．只是，第一，这样的“拆字”本身是否妥当，进而这样的“文理解释”是否站得住脚，还有疑问；第二，在各种解释方法之间（特别是在各种论理解释之间）应该遵循怎样的顺序，还是需要深入考察的。

④ 陈兴良．本体刑法学．3版．北京：中国人民大学出版社，2017：28．

⑤ 同④28，脚注③．

警人员抢劫解释为“冒充军警人员抢劫”是否合乎法理的话，那么，初步看来，这样的解释虽然具有事理上的当然（“举轻以明重”），但却欠缺逻辑上的当然，仍然是不可接受的。结合本章第一节所述，可以认为，当然解释只有最终还原为对具体法条用语含义的“揭示”与“解释”，才能体现为“逻辑上的当然”，才符合罪刑法定原则的要求。①

四、立法论上的建议

如果认为真正的军警人员抢劫时，其社会危害性不如冒充军警人员抢劫时大②（少数说），那么就会得出现行立法的规定是合理的结论。③ 而如果在这个基本的价值判断问题上持相反的立场，即认为真正的军警人员抢劫的社会危害性大于冒充军警人员抢劫的危害性（多数说），那么，《刑法》第 263 条关于抢劫罪的规定，在本节论题的意义上就是不合理的。只是，同样面对这样的不合理规定，少部分学者基于实质解释的立场，试图通过解释论上的努力来“掩饰”或“抹平”立法上的褶皱，而大部分的学者基于法外漏洞与法内漏洞的区分、必须明确界定司法权与立法权的界限、司法权不得不当侵蚀立法权、法官适用解释法律的权力尽管应该得到认可（从而区别于绝对的罪刑法定原则）但是必须适应相对罪刑法定原则的要求而受到严格限制等立场，认为在《刑法》第 263 条的相应规定面前，对于真正的军警人员抢劫的，只能按照基本法定刑量刑（这是追求形式合理性的必要的代价），而这种罪刑不均衡状况的解决，只能诉诸日后立法的修正。这样两种不同的解决路径，实际上也就是追求实质合理性论者（实质解释论者）与追求形式合理性论者（主流观点＝立法修正论者）

---

① 对当然解释的初步研究可见欧阳竹筠，杨方泉．刑法当然解释论．中国刑事法杂志，2005 (3)．

② 刘明祥．论抢劫罪的加重犯．法律科学，2003 (1)：51．

③ 从论述的语脉上看，刘明祥教授是支持现行的立法规定的。只是，他在前述的论述的最后退了一步：“即便是认为真正的军警人员抢劫有必要作为抢劫罪的加重犯予以规定，那也只能通过今后的立法予以增补，而不能随意作不符合立法原意的扩大解释，否则，就违反了罪刑法定原则。”［刘明祥．论抢劫罪的加重犯．法律科学，2003 (1)：51.］在笔者看来，他这样的一种“后退一步”的做法，是他针对自己的论争对象的一种论辩的策略而已，或未必代表他真的认为“真正的军警人员抢劫有必要作为抢劫罪的加重犯予以规定”。

之间的矛盾的体现，而在当代的中国，是应该扩大法官的权力（从而主张实质解释）还是应该限制法官的权力（基于对司法环境、法官素质等的担心），这确实是个两难的命题。

就立法修正论者的具体建议来说，刘艳红教授明确主张《刑法》第263条中相关的关于加重处罚的规定应该修改为“军警人员抢劫或者冒充军警人员抢劫的”①。这样的观点也得到了后来论者的赞同。② 但是，在认可真正军警人员抢劫的社会危害性重于冒充军警人员抢劫的社会危害性的前提之下，将此两种情况“打包”规定在抢劫罪的加重情节之中，似乎又模糊了两者在社会危害性方面的差别。③ 尽管我们也可以如刘艳红教授主张的那样，虽然将冒充军警人员抢劫和军警人员抢劫规定在同样的一个量刑档次，但却在该幅度之内通过对后者的从重处罚来体现两者危害性之间的差异以做到罚当其罪；尽管我们也认为在目前的抢劫罪的加重法定刑之外为军警人员抢劫专门配置更重的法定刑会造成刑罚的不当攀升，并且事实上（由于现在的“十年以上有期徒刑、无期徒刑或者死刑”的起刑点已经过高而我国又缺乏11、12、15年这样的单独的刑格）难于做到（否则会损害刑法的谦抑原则），但是，为什么解决的方案不是将八种加重情节的法定刑起点下调（比如调至7年，规定在上述情况下处7年以上有期徒刑、无期徒刑或者死刑。这样，抢劫罪的基本法定刑的上限与加重法定刑的下限将出现交叉而非现在的重叠，而在理论上，这没有什么不可以的）而将较之上述八种情节更重的情节的法定刑起点设置为10年呢？

实际上，不管我们在具体问题上如何设计立法修改建议，都还是一种就事论事。我们应该跳出具体的法条规定，追求就事论理。这里，军警人员公然抢劫能否被解释为“冒充军警人员抢劫”的问题，实际上凸显了刑事立法技术的重要性。在1979年刑法的第150条第2款，对于抢劫罪的

---

① 刘艳红．冒充军警人员抢劫罪之法定刑设置疏漏．法学，2000（6）：44.

② 例见杨向勇．抢劫罪情节加重问题研究．郑州：郑州大学：27.

③ 在重视两者差别的意义上，要么认为真正的军警人员抢劫的社会危害性小于冒充军警人员抢劫的社会危害性，即承认现行刑法规定方式本身的合理性，采纳前述刘明祥教授的观点；要么在认可真正的军警人员抢劫的社会危害性大于冒充军警人员抢劫的社会危害性的前提下，去掉《刑法》第263条在加重型抢劫罪中规定的“冒充军警人员抢劫的”中的“冒充”，即冒充军警人员抢劫的，属于基本情节，而真正的军警人员抢劫的，属于加重情节。

加重处罚情节使用了“情节严重的或者致人重伤、死亡的”这样的概括性的笼统表述，而在1997年刑法中，第263条明确将抢劫罪的加重处罚情节确定为八种，并且未在最后辅之以“其他情节严重的”这样的概括性描述。这也就使对八种加重情节之外的、与八种情节具有相当甚至更高的危害性的抢劫行为如何适用法定刑成为一个难题。就此，正如梁根林教授所指出的那样，如果立法者能够审慎地选择使用诸如“明示列举”“类比推断”“原则例示”等不同的立法方法，恰当地配置描述性、规范性、封闭性、开放性犯罪构成，原本可以避免许多不该出现的法律漏洞。[①] 所以，对立法现代化的追求，在具体问题上恰当运用相应立法技术，应该是立法者的不懈的使命，同时也应该是研究者持续关注的课题。

---

① 梁根林．刑法适用解释规则论．法学，2003（12）：55．

第四章　积极主义刑法观与刑事司法（中）

——刑法适用中的若干规则

在刑事司法中贯彻积极主义刑法观，除了需要在刑法适用解释的宏观层面上提炼出具体的标准，还需要结合司法实务，在中观层面上总结出刑法适用的若干规则，以便使积极主义刑法观获得充分的支撑。在“严而不厉”思想的指引之下，认同刑法用语的相对性，肯定不同犯罪之间可能的竞合（尤其是交叉竞合）关系，适当放宽累犯的成立条件以体现强烈谴责，这些规则的确立有助于积极主义刑法观的具体贯彻，值得仔细挖掘。

第五节　法条用语的相对性：以拐卖幼女并奸淫行为之定罪量刑为例

一、问题的提出

《刑法》第 240 条“拐卖妇女、儿童罪”，除规定了本罪的基本法定刑（5 年以上 10 年以下有期徒刑，并处罚金）之外，另外设置了本罪的加重构成，其中包括第 3 项关于“奸淫被拐卖的妇女的”，处 10 年以上有期徒刑或者无期徒刑，并处罚金或者没收财产的规定（情节特别严重的，处死刑，并处没收财产）。由此，一个自然的问题是：拐卖幼女并奸淫的，如何定罪量刑？如果我们把定罪准确并且量刑适当视为刑事处罚的合理性之标志的话，那么，怎样的一种解决方案才能获得这样的一种合理性？进而，这一问题的解决背后可能涉及两种什么样的价值之冲突，这种冲突和矛盾，能否解决、如何解决？这是本节讨论所切入的基本问题。

二、认定为拐卖儿童罪一罪无法保证刑事处罚之合理性

拐卖幼女并奸淫的，如何处理？对此，一般来说会存在这样的一个认识前提，即，既然立法（比如《刑法》第 236 条关于强奸罪的规定）明确区分了妇女（第 236 条第 1 款）和幼女（第 236 条第 2 款），又既然《刑法》第 240 条的犯罪对象是妇女、儿童，那么在第 240 条之中，“妇女”是指已满 14 周岁的女性，而“儿童”是指未满 14 周岁的男童和未满 14 周岁的女童（即幼女）。简而言之，幼女属于拐卖妇女、儿童罪中的儿童，从而拐卖幼女的，应定拐卖儿童罪。在此认识前提之下，针对“拐卖幼女并奸淫”的行为存在着如下两种解决方案，需要逐一予以分析。

（一）方案一：定拐卖儿童罪，适用该罪基本法定刑

在以上认识前提之下，既然第 240 条中相应的规定是“奸淫被拐卖的妇女的”适用加重法定刑（而幼女又不属于“妇女”），并且，该条关于加重法定刑的规定采取的是明示列举的封闭式规定方式而没有添加诸如“其他情节严重”“其他性质恶劣”之类的兜底式规定，那么，按照所谓罪刑法定的要求，对于拐卖幼女并且奸淫的，只能按照拐卖儿童罪定罪，在基本法定刑幅度之内从重处罚。但是，这一方案显然是不可取的，因为，没有人会否认，奸淫被拐卖的幼女的行为之社会危害性（法益侵害性）要重于奸淫被拐卖的妇女的行为的社会危害性。对轻行为适用加重法定刑而对重行为适用基本法定刑，这是典型的重罪轻罚，是典型的罪刑失衡。坚持相对（而非机械）罪刑法定原则的解释者，应该着力避免这样的解释结果的发生。

结论是，这一方案会导致量刑失衡，是不可取的。

（二）方案二：对于拐卖幼女并奸淫的，直接按照第 240 条第 1 款第 7 项“造成被拐卖的妇女、儿童或者其亲属重伤、死亡或者其他严重后果”，以拐卖儿童罪处以加重法定刑

这样的一种方案，实际上仍坚持了“幼女”不属于“妇女”而属于“儿童”的认识前提，在此基础上认为奸淫所拐卖的幼女的，属于给被拐卖的儿童造成了“其他严重后果”，所以直接按照第 240 条第 1 款第 7 项适用加重法定刑。这样理解的话，便能保证对于“奸淫所拐卖的幼女的”与“奸淫所拐卖的妇女的”，在同样一个量刑幅度之内进行量刑，从而也保证了对前者能够在此刑罚幅度之内加重处罚以在与后者相比的意义上做到罪刑均衡（前者的社会危害性重于后者的）。但是，在量刑适当之外，这样的处理方式是否也能够保证定性准确？这还需要进一步考察。应该说，将奸淫被拐卖的幼女的行为认定为“拐卖儿童罪”本身还是有合理性根据的，这样的处理保证了幼女、儿童、妇女这几个概念在不同的法条（比如第 236 条、第 237 条、第 240 条）之间以及在同一法条（第 240 条）内部的外延具有同一性。这一点是没有问题的。问题在于，奸淫所拐卖的幼女的，能够认定为给被拐卖的儿童造成了“其他严重后果”吗？答案应该是否定的。第一，从主观方面来说，这里的“造成被拐卖的儿童或者其亲属重伤、死亡或者其他严重后果”，应该限于过失行为，而不应该包括故意行为，比如造成被拐卖的儿童死亡，应该是指在拐卖儿童的过程之中出于过失致使被拐卖儿童死亡，而不应该包括故意杀害被拐卖儿童的情况；对于故意杀害被拐卖儿童的，应该直接按照拐卖儿童罪和故意杀人罪实行并罚。而奸淫所拐卖的幼女的，毫无疑问是一种故意行为，这种故意行为不能被评价为“给被拐卖的儿童造成了其他严重后果”。第二，从客观属性上来说，奸淫行为也不能被评价为“造成被拐卖的儿童其他严重后果”。因为这里所说的“其他严重后果”，应该是指与“重伤、死亡”相当的后果，比如精神失常等。可以认为，第 240 条第 1 款第 7 项的规定属于“结果”加重犯的规定，而奸淫所拐卖的幼女的，应该属于“情节”而非“结果”，在具有相应“情节加重犯”规定时对此可以予以加重处罚，没有这样的规定的时候，不能从实质合理性的角度将“加重情节”解释为“加重结果”，否则就违反了刑法的规定本身。这样看来，对于拐卖幼女并奸淫的，直接按照给被拐卖的儿童造成其他严重后果的规定，以拐卖儿童罪处以加重法定刑，也是不适当的。虽然这样在量刑上能够做到罪刑均衡，但是在定性上，将此处的奸淫幼女的行为解释为“造成幼女其他严重后果”，在主、客观两方面都是有问题的。

结论是，这一方案会导致定性不准，也是不可取的。

三、认定为拐卖儿童罪和强奸罪并两罪并罚同样无法解决刑事处罚的合理性问题

（三）方案三：按照拐卖儿童罪和奸淫幼女型的强奸罪处理，数罪并罚

在同样承认以上“幼女”属于“儿童”而不属于“妇女”的认识前提之下，容易想到的另一种方案是，对于拐卖幼女并奸淫的，按照拐卖儿童罪和强奸罪（奸淫幼女定强奸罪）并罚。[①] 在采取数罪并罚说的场合，对于其中的拐卖行为按照拐卖儿童罪适用基本法定刑（5 年以上 10 年以下有期徒刑，并处罚金）没有疑问，问题是：此时的奸淫幼女行为，适用强奸罪的何种幅度的法定刑？根据《刑法》第 236 条第 3 款的规定，奸淫幼女，有下列情形之一的，处 10 年以上有期徒刑、无期徒刑或者死刑：（1）奸淫幼女情节恶劣的；（2）奸淫幼女多人的；（3）二人以上轮奸的；（4）致使被害人重伤、死亡或者造成其他严重后果的。根据这样的规定，在拐卖幼女的行为人一人（不存在轮奸）奸淫幼女一人（不存在奸淫幼女多人），并且不属于情节恶劣（理由参见后文方案四），也未造成幼女重伤、死亡或者其他严重后果时，对于该奸淫幼女的行为，就无法适用强奸罪的加重法定刑，而只能在强奸罪的基本法定刑（3 年以上 10 年以下有期徒刑）的幅度之内，依照第 236 条第 2 款的规定从重处罚了。在这样的情况之下，根据《刑法》第 69 条判决宣告前一人犯数罪的并罚原则，两罪并罚之后可供选择的刑罚幅度是 10 年以上 20 年以下有期徒刑，并处罚金。从法理的角度上讲，犯罪分子的数个行为确实分别受到了处罚。但是，比照

---

① 事实上，无论是在 1991 年全国人大常委会《关于严惩拐卖、绑架妇女、儿童的犯罪分子的决定》第 1 条（现行《刑法》第 240 条的原型）公布之后，还是在现行《刑法》第 240 条生效以来，都有学者在面对“奸淫被拐卖的幼女”如何处理时主张数罪并罚。关于 1991 年决定时代的主张可参见林亚刚．拐卖、绑架妇女、儿童罪几个问题的探讨．法律科学，1994（1）：82。关于新刑法以来的主张可参见李立众．拐卖妇女、儿童罪//高铭暄，马克昌．中国刑法解释：下．北京：中国社会科学出版社，2005：1655。

一下奸淫所拐卖的妇女时的法定刑规定就会发现，这里仍然存在着罪刑失衡的问题：在奸淫被拐卖的妇女的场合，其适用的法定刑幅度是10年以上有期徒刑或者无期徒刑，并处罚金或者没收财产。就自由刑而言，对于较轻的拐卖妇女并奸淫的行为可能判处无期徒刑，而对于较重的拐卖幼女并奸淫的行为，最高只能判处20年有期徒刑；就财产刑而言，对于较轻的拐卖妇女并奸淫的行为要并处罚金或者没收财产，而对于较重的拐卖幼女并奸淫的行为，只能适用并处罚金。[①] 尽管就我国的刑事司法实践而言确实存在着“无期徒刑有期化”的倾向，无期徒刑经数次减刑而在事实上常常等同于十几年的有期徒刑，但是在法律性质上说，无期徒刑无疑仍是重于有期徒刑20年的，就为司法者所提供的量刑范围来说，可以说存在着轻罪重罚、重罪轻罚的巨大可能（何况还存在着对轻者可以并处没收财产而对重者只能并处罚金的问题）。

结论是，这种并罚的方案，仍然没能有效解决罪刑均衡的问题，就刑事处罚的合理性（定罪准确＋量刑适当）来说，仍然是不理想的。

（四）方案四：按照拐卖儿童罪和强奸罪的加重构成，实行并罚

同样的道理，将拐卖幼女并奸淫的行为按照拐卖儿童罪和强奸罪的加重构成（认为存在着奸淫幼女“情节恶劣”）处理的方案，更是不合理、不妥当的。这样的方案不但同样存在着定性不准确、定罪不协调的问题[②]，而且，还存在着对拐卖幼女的行为双重评价（既被评价为“拐卖儿童罪”，又被借用成强奸罪中的“情节恶劣”）的嫌疑，是尤其不能予以赞成的。

四、认定为强奸罪一罪的观点在定罪上存在着明显的缺陷

（五）方案五：跳出《刑法》第240条的圈子，直接按强奸罪的加重构成刑，以强奸罪一罪论处

如果将先前的拐卖幼女的行为评价为“情节恶劣”（从而将整个拐卖

---

① 对于奸淫被拐卖的妇女的行为来说，存在着“情节特别严重的，处死刑，并处没收财产”的可能，如果对于奸淫被拐卖的幼女的情形按照拐卖儿童罪和强奸罪（奸淫幼女）数罪并罚的话，情节恶劣的话，也可以判处死刑（第236条第3款）。这里倒是不存在问题。

② 与方案三一样，同样是奸淫被拐卖的对象的行为，仅仅因为对方年龄上的差异，而导致或者按照一罪处理或者按照数罪处理，这终归是不够协调的。

幼女并奸淫的行为评价为“奸淫幼女情节恶劣”），按照强奸罪一罪处断的话，就可以在“十年以上有期徒刑、无期徒刑或者死刑”的幅度之内量刑，与拐卖妇女并奸淫的“处十年以上有期徒刑或者无期徒刑，并处罚金或者没收财产”相比，应该说在刑罚后果上，是可以做到重罪重判，实现均衡的（于前者虽然无法并处财产刑，但是却可以判处死刑）。而且，这样的处理也避免了对拐卖幼女行为的双重评价的问题。但是，从量刑的角度看这种方案虽然大致解决了问题，但是从定性的角度来看，还是有问题的，因为：强奸罪的加重构成中所说的“情节恶劣”，一般认为是指《刑法》第236条所列举的加重情节之外的恶劣情节，如在公共场所劫持并强奸妇女的；多次利用淫秽物品、跳黑灯舞等手段引诱女青年，进行强奸，在社会上造成很坏影响、极大的危害等。[①] 可以说，这里的“情节恶劣”，是指在强奸的手段、性质等方面属于“恶劣”的。“情节恶劣”的加重规定，只是一个“情节加重犯”的规定。这些手段、性质等，其自身不应该是犯罪行为。因此，将拐卖幼女并奸淫的行为中之拐卖行为评价为“性质恶劣”，是不恰当的。尽管这样的一种评价避免了按照拐卖儿童罪和强奸罪并罚并对强奸罪适用加重法定刑时的“双重评价”的问题，但是，不但已经成为犯罪行为的拐卖幼女行为未能得到恰如其分的评价，而且，将拐卖妇女并奸淫的行为定为拐卖妇女罪，而将拐卖幼女并奸淫的行为定为强奸罪，仅仅因为犯罪对象年龄上的差别而造成定罪上的如此不均衡。

结论是，这样的解决方案，在定罪上明显存在问题，仍未能解决刑事处罚的合理性问题，故是不足取的。

五、认定为拐卖妇女罪并适用加重法定刑应该是最为理想的选择

由以上对五种方案的分析可以看出，只要坚持“妇女”一词在含义上的统一性，也就是只要坚持认为《刑法》第240条第1款第3项中的“妇女”与该款第1、2项以及第236、237条等中的“妇女”的含义相同（仅限于已满14周岁的女性），那么，在面对“奸淫被拐卖的幼女”该如何处理这一问题时，就总是无法给出令人满意的答案：定罪准确和量刑适当这

① 张明楷．刑法学．5版．北京：法律出版社，2016：876.

两者总是无法两全，从而在此问题的解决上也就无法实现刑事处罚的合理性。那么，在现行的立法面前，对于拐卖幼女并奸淫的行为，究竟应该怎样适用法律才能做到既定罪准确又量刑适当？有这样的可能吗？这样的努力，又将付出什么样的代价？

（六）方案六：仅将第 240 条第 1 款第 3 项中的“妇女”解释为“包括幼女”，对于拐卖幼女并奸淫的，直接认定为“奸淫被拐卖的妇女”，以拐卖妇女罪适用加重法定刑

实际上，正是我们在面临“拐卖幼女并奸淫应该如何定罪量刑”的具体问题时①，才产生了“幼女究竟属于妇女还是属于儿童”的问题，而在不涉及此问题的时候，第 240 条通常都是“妇女、儿童”并提的。在法条并列使用“妇女、儿童”的时候，当然应该认为，这里的“妇女”和“儿童”在外延上是互相排斥的——是“妇女”的则不是“儿童”，是“儿童”的则不是“妇女”。一般来说这不会有什么问题，但在被害人是未满 14 周岁的幼女的情况下，其属于“妇女”和“儿童”的交叉地带，因此在法条将“妇女、儿童”并列时，幼女究竟属于“妇女”还是“儿童”就需要加以检讨。在法律用语中并列使用“妇女、儿童”时，将此时的“妇女”解释为包括幼女，从而将儿童解释为未满 14 周岁的男童，超出了一般国民的预测可能性（没有谁会预测到法律所说的“儿童”仅指未满 14 周岁的男童），所以是不可取的。与此相对，将儿童解释为未满 14 周岁的男女（同时将妇女解释为已满 14 周岁的女性）则不但符合国民的一般预测，而且，也有规范性文件的支持。比如，1999 年 10 月 27 日《全国法院维护农村稳定刑事审判工作座谈会纪要》，2000 年 3 月 20 日最高人民法院、最高人民检察院、公安部、民政部、司法部、全国妇联《关于打击拐卖妇女儿童犯罪有关问题的通知》等，都把（未满 14 周岁的）“子女”归入了“儿童”的行列。但是，这是在法条将“妇女”与“儿童”并列（即表述为“妇女、儿童”）② 的场合。与此相对，在法条仅仅规定了“妇女”而

① 实际上第 240 条第 1 款第 4 项面临着同样的问题：“诱骗、强迫被拐卖的妇女卖淫或者将被拐卖的妇女卖给他人迫使其卖淫的”中的“妇女”也应该包括“幼女”。这与本节所讨论的问题在性质上是相同的，在解决方案上也应该一样。

② 除将妇女与儿童并列之外，法条还可能将妇女与幼女并列（第 236 条第 3 款等）。

没有并列规定“儿童”（如第 240 条第 1 款第 3 项）或者没有另外作出排除性规定（第 236 条第 2 款就是这样的排除性规定）的情况下，对“妇女”一词含义的理解，是否还必须坚持“已满 14 周岁的女性”这一外延，就是需要讨论的问题。应该认为，如果此时认为妇女包括已满 14 周岁的女性和未满 14 周岁的幼女的解释是具有刑事合理性的，并且这样的解释结论也并未超出一般国民的预测可能性（妇女即女性），那么，这样的解释结论由于立法本身并没有明确否定，就应该是可以成立的。若果真这样，将第 240 条第 1 款第 3 项中的“妇女”解释为包括幼女，从而，对于拐卖幼女并且奸淫的行为，直接按照“奸淫被拐卖的妇女”论处（并且在此基础上从重处罚），应该说就是合理的。这样的处理结果，既能保证定罪准确（拐卖妇女罪）又能保证量刑适当（适用该罪的加重法定刑，在此幅度之内从重处罚），应该说是求得了刑事处罚的合理性的。①

结论是，这样的一种方案，保证了定罪准确和量刑适当，实现了刑事处罚的合理，比较而言是最为理想的方案。

六、基本的归结：法条用语的统一性与刑事处罚的合理性之辩证关系

概括来说，在解决“奸淫被拐卖的幼女”如何处理问题的时候，我们实际上遇到了这样一对矛盾，即法条用语的统一性和刑事处罚的合理性的矛盾：坚持法条用语的统一性，坚守所有的法条中的“妇女”都是指已满 14 周岁的女性，则在此前提之下无论我们如何挖空心思（第一种至第五种解决方案），都无法保证既定罪准确又量刑适当，也就是说都无法保证刑事处罚的合理性；而如果我们要追求刑事处罚的合理性（＝定罪准确＋量刑适当），就必须对第 240 条第 1 款第 3 项（以及第 4 项）中所使用的

① 主张对奸淫被拐卖的“幼女”的，按照奸淫被拐卖的“妇女”论处的观点，应该说属于学界现今的有力说，可参见张明楷．刑法学．5 版．北京：法律出版社，2016：897．陈兴良．刑法学．上海：复旦大学出版社，2003：366（该部分为林维博士所撰写）。相似的观点，参见龚培华，肖中华．刑法疑难争议问题与司法对策．北京：中国检察出版社，2002：477．肖中华．拐卖妇女、儿童罪刑事责任条款的适用//赵秉志．中国刑法案例与学理研究：第四卷·侵犯公民人身权利、民主权利罪，侵犯财产罪．北京：法律出版社，2004：157-158。

“妇女”一词作新的理解，认为此种场合的“妇女”泛指一切女性（也就是包括未满14周岁的幼女）。这就造成了同样是“妇女”这一词语，在不同的法条甚至相同的法条不同项之间含义出现不同①，也就是导致法条用语的含义发生了分裂，无从统一。这样看来，在面对对奸淫所拐卖的幼女的行为如何适用法律这一问题时，法条用语的统一性与刑事处罚的合理性之间就发生了矛盾，并且无从调和。

在法条用语的统一性和刑事处罚的合理性之间存在矛盾的时候，不能笼统地说谁优先谁让步。无疑，在刑事处罚的合理性能够通过其他方式（比如前述的方案一至方案五）得到保证的时候，就不应该牺牲刑法用语的统一性，这实际上是一个努力寻求鱼与熊掌之兼得的过程。而在刑事处罚的合理性无法通过其他途径获得而只能通过牺牲刑法用语的统一性才获得时，应该说两者之间才真正发生了矛盾（本节所讨论的主题“奸淫被拐卖的幼女的行为该如何处理”即属于此种情况）。这时，应该说，鱼与熊掌无法兼得，只能有所取舍。问题是：何者为应该舍弃的“鱼”？何者为应该求取的“熊掌”？本书认为，应该牺牲刑法用语的统一性（刑法用语的统一性＝鱼）、承认刑法用语的相对性而追求刑事处罚的合理性（刑事处罚的合理性＝熊掌）。这是因为，刑法用语的统一性背后实际上就是法的安定性的问题（放弃刑法用语的统一性，可能会破坏法的安定性），而法的安定性本身就是一个相对的命题。② 而刑事处罚的合理性背后则是法的正义性的问题，对法的正义性的追求应该是一个绝对的目标。正是通过刑事处罚的合理性，法的正义性得到张扬。承认刑法用语的相对性，从而

① 已如前述，“妇女”仅指已满14周岁的女性的，是指法条明确将妇女、儿童并列（如第240条第1款的第1项、第2项），或者法条明确作出了排除性规定（如第236条第2款，由此规定，同条第1款中的“妇女”仅指幼女之外的女性），或者法条明确将妇女与幼女并列（第236条第3款）等场合。除此之外，有足够的空间将“妇女”解释为一切女性。

② 承认刑法用语含义的相对性，是出于多种原因，比如刑法用语本身的多义性、犯罪的复杂性、刑法规定的错综复杂性、解释的目的性、限制或者扩大解释的必要性，等等。关于对用语的统一性与用语的相对性的关系问题的详尽研究，请参见张明楷．刑法分则的解释原理．北京：中国人民大学出版社，2004：324以下。应该指出，承认刑法用语的相对性、放弃刑法用语的统一性，尽管“并不理想”，但是有时也是不得已的。

为刑事处罚的合理性疏通管道，是解释者在面对具体案例时应该尽可能采取的态度。这是实质解释论的当然命题。

那么，在什么情况之下，解释者可以借助实质解释、借助刑法用语含义的相对性这一武器来填补法律的“漏洞”？在什么情况之下，解释者只能承认立法的缺陷，坚持形式解释（即坚持刑法用语含义的统一性）而将漏洞的填补留给立法本身？这个问题实际上也就是追求刑事处罚的合理性是否应该受到一定的限制，再进一步说，涉及司法与立法的界限、实质解释（其解释结果可能是扩大解释，也可能是缩小解释）与类推解释之间的界分，等等。这些都是近年来学界争论不休、难有定论的问题，但是，是否超出了“一般人的预测可能性”应是处理这些问题时的基本观念，而本书所主张的“明显突兀感说”应该是一个可操作的具体标准。回到本节所切入的主题上来，应该说，将未满 14 周岁的幼女解释为“妇女”没有超出一般人的预测可能性，也不会使社会一般人产生明显突兀感，所以它就是一种实质解释（另一个角度来看，也可以说是补正解释），而不是类推，是应该接受的结论。此时，刑法用语的统一性让位于刑事处罚的合理性。而在另外的场合，在拐卖已满 14 周岁的男子的场合，不可能将被拐卖对象解释为“妇女”或者“儿童”——否则就超出了一般国民的预测可能性，会使社会公众感觉明显突兀。这时候，尽管就拐卖已满 14 周岁的男子的行为来说当然也具有刑事处罚的合理性，但是由于罪刑法定原则的限制，这种刑事处罚的合理性就只能受到损害，只能期望通过非法拘禁罪或者强迫劳动罪等进行不充分的评价，至于完整、充分的评价就只能期待立法的变动本身了。①

如果需要就刑法用语的统一性与刑事处罚的合理性之间的关系作一个小结的话，那应该是，追求刑法用语的统一性和刑事处罚的合理性之“双赢”应该是最为理想的选择，而在两者难以兼得时，在（相对）罪刑法定原则的框架之内，刑法用语的统一性应该让位于刑事处罚的合理性。也就是说，在一般国民的预测可能性（不会使社会公众感觉“明显突兀”）的范围之内，法的安定性（刑法用语的统一性）要让位于法的正义性（刑事处罚的合理性）；而如果超出了一般国民的预测可能性范围，那就应该坚持刑

① 对于《刑法》第 240 条所存在立法缺陷的分析以及立法建议等的全面研究，可参见刘宪权．论我国惩治拐卖人口犯罪的刑法完善．法学，2003（5）：93 及以下。

法用语的统一性，而将对刑事处罚的合理性的追求诉诸立法的变动、完善本身。这是罪刑法定原则的基本要求。这是本节的基本结论。

第六节　刑法适用中的交叉竞合Ⅰ：以抢劫罪与强拿硬要型寻衅滋事罪为例

一、问题的提出

2013年12月26日22时30分许，孙某驾车行驶至北京市通州区梨园镇××小区西口掉头时，与刘某某驾驶的三轮车发生剐蹭，双方因修车问题发生口角。孙某随即从车内拿出自制尖刀捅向刘某某的腹部，用拳头捶打对方胸部，并将自制尖刀架在对方脖子上要求给其修车，后又从刘某某驾驶的三轮车内强行拿走现金人民币110元。刘某某陈述称：案发当晚，其开着“黑摩的”走到××小区西口时，从西口出来向右（北侧）转弯，往前行驶了十几米，然后有一辆黑色汽车从北行驶过来在该路口掉头继续向北走，之后就把自己的“摩的”撞了。刘某某将车刹车下车之后，看见汽车前保险杠中间的位置撞在了自己的“摩的”左后侧尾灯部位。此后下来一名男子，右手拿着一把刀，对自己说：“你他妈赔我钱。”刘某某没说话，对方就拿着刀在那儿比画，要往自己肚子上捅，左手还打人，自己就躲，对方把刀架在自己脖子上说：“妈的，你看看我车牌子，你知道我是干什么的吗?”随后，对方就跑到刘某某的“摩的”上，从中间盒子里抓了一把钱拿走了。

本案中，对孙某的行为应如何定性？检察机关以寻衅滋事罪起诉，人民法院也以同罪判决①，是否妥当？本案的定性争议，在刑事司法适用上带给我们何种启示？

二、认定为寻衅滋事罪的基本逻辑

（一）行为的主、客观特征对定性的影响

本案虽发生在晚间（22时30分许），但所在位置较为繁华，当时仍

① 北京市通州区人民法院（2014）通刑初字第470号刑事判决书。

时常有行人、车辆等来往，因此，孙某的行为容易被认定为已经“破坏社会秩序”，从而，司法者就更容易在刑法分则第六章“妨害社会管理秩序罪”的第一节“扰乱公共秩序罪”之中去寻找合适的罪名。同时，诸如“你看看我车牌子，你知道我是干什么的吗？”之类的言语，也容易被解读为行为人主观上具有明显的逞强耍横的动机，而这种动机又常被认为是寻衅滋事罪的主观特征。由此，司法者就会在刑法分则第六章第一节的犯罪中进一步限缩范围，最终将目光锁定在第293条。

（二）认定为寻衅滋事罪的具体路径

但是，当司法者试图以《刑法》第293条“寻衅滋事罪”处罚行为人孙某时，还面临着孙某的行为具体符合该条第1款第几项的问题。

第293条之中与孙某的行为最为相似的，是其第1款第3项“强拿硬要……公私财物，情节严重”。孙某的行为无疑属于“强拿硬要”（后文亦会涉及，在交通事故摩擦之中，孙某原本即为过错一方，不享有损害赔偿请求权），但是否达到了立法所要求的“情节严重”的标准？对此，2013年7月22日《最高人民法院、最高人民检察院关于办理寻衅滋事刑事案件适用法律若干问题的解释》第4条规定，强拿硬要公私财物1 000元以上的，属于“情节严重”。但孙某案中，孙某事实上仅从刘某某的车上强拿了110元，距离1 000元的标准尚有不小的距离。因此，认定孙某的行为构成强拿硬要型的寻衅滋事罪，在奉司法解释为圭臬的司法机关看来，存在不小的障碍。

那么，孙某的行为是否能构成其他类型的寻衅滋事罪？确实，孙某的行为还容易被认定为第293条第1款第1项规定的“随意殴打他人”或者第2项规定的“恐吓他人”。而且，根据该案的案情，结合前述司法解释，只要孙某持刀殴打刘某某的行为被界定为2013年司法解释规定的“持凶器随意殴打他人”，即符合了第1项入罪的定量要求“情节恶劣”；同样，只要持刀恐吓的行为被认定为“持凶器恐吓他人”，也就符合了2013年司法解释关于第293条第1款第2项的定量要求。事实上，该案的判决书虽然没有回避强拿硬要的问题，但主要是着眼于《刑法》第293条第1款第1、2项而肯定了犯罪的成立。① 这样，既绕开了强拿硬要型寻衅滋事罪

---

① 判决书的表述是：“被告人孙某无视国法，持刀随意殴打、恐吓他人，并强行拿走他人财物，其行为构成寻衅滋事罪，依法应予惩处。”

需要达到1 000元的适用障碍，又可以通过孙某手中的一把刀（评价为“持凶器”）而达到司法解释的定量要求。

可以说，行为人孙某的行为，在确实可能破坏了社会秩序、确实可能具有逞强耍横的动机的同时，具有刑法所规定的寻衅滋事罪的基本特征。不过，就《刑法》第293条具体规定的该罪的几种类型而言，孙某的行为应该是更符合其中的“强拿硬要公私财物”的类型。只是由于无法满足立法上“情节严重”的要求以及由此所派生的司法解释的具体标准，司法者只能“退而求其次”，将目光转向了《刑法》第293条第1款的其他项。最终，通过努力，司法者不仅为将孙某的行为定性为寻衅滋事罪找到了（所谓的）理论根据，还巧妙地为这一定性找到了司法解释上的根据，似乎大功告成。

三、认定为抢劫罪的障碍及其破除

司法机关的上述定罪逻辑，蕴含着巨大的风险，甚至可以说，存在着重大的问题。

一个显而易见的疑问是：孙某用刀威胁对方，并且跳到对方三轮摩托车上强行拿走110元的行为，为什么不构成抢劫罪？对此，一种可能的解释是，孙某之行为的暴力程度并不严重，强取的财物数额又小，就是否成立抢劫罪而言，“情节显著轻微，危害不大”，从而不构成抢劫罪。但明显有别于其他财产犯罪的是，成立抢劫罪并没有“数额较大”或者其他方面的硬性要求，以110元数额太小为由主张不构成抢劫罪，缺乏说服力。真正有价值的疑问，可能是“暴力程度并不严重”这一点。

（一）不定抢劫罪在客观方面的解释及其疑问

事实上，孙某案的司法机关对于将孙某的行为定性为寻衅滋事罪煞费苦心、积极“找法”，然而面对其是否构成抢劫罪的疑问，并不积极。检察机关未以抢劫罪起诉，审判机关也照单全收，未作定性上的改变而以寻衅滋事罪下判。

1. 对抢劫罪之手段行为的程度要求及其理论支撑

细究司法机关的逻辑，一种合理的解释是，其认为抢劫罪的手段行为“暴力”或者“以暴力相威胁”应被限定在最狭义（足以侵害被害人的人身权利）的程度，从而限缩该罪的成立犯罪，使真正被评价为抢劫罪的行为能够具有较强的违法性，从而和“三年以上十年以下有期徒刑，并处罚金”的基本法定刑相适应。循此逻辑，仅抢到110元，也没给被害人造成实际伤害的案件，一旦被认定为抢劫罪，则在像孙某案这样不存在减轻处罚情节的情况下，行为人至少要被判处 3 年以上的有期徒刑，这是否过重?[①] 这种主张会进一步认为，在孙某案中，由于其手段行为尚未达到需要用抢劫罪评价的严重程度，因此就不符合该罪的客观要求。

推广来说，这种主张的基本思路是：如果某罪的刑罚后果严重，则应该对它（基本的或者加重的成立条件）严格限定，以便“罪当其罚”；相反，如果某罪的刑罚后果较为轻缓，则不妨将其成立条件解释得相对宽泛，以周延法益保护。这样的主张意在追求罪刑均衡，可谓用心良苦；在对重罪进行限缩解释时在结论上还是有利于被告人的，也具有道义上的正当性。而且，实践中，往往是一旦判定为“暴力”或者“胁迫”（以暴力相威胁），则一概认定为抢劫，而忽视暴力的程度；在未达到抢夺或者其他犯罪的数额标准时，更会因为抢劫罪没有数额要求而“就高”消化案件，按照抢劫罪处理，从而增加了抢劫罪的定罪数。坚持前述“以刑制罪”的立场，有助于纠正实践中的上述错误倾向。

2. 对孙某案的具体分析

笔者也对这种“以刑制罪”的观念予以认同[②]，但问题是，对罪刑均衡原则的追求需要服从对罪刑法定原则的坚守，这就需要结合案件的事实作具体判断，而不能停留于抽象的主张。在将抢劫罪的手段予以必要限定的前提下，仍会发现，像孙某案这样的“拿出自制尖刀捅向被害人的腹部，用拳头捶打对方胸部，并将自制尖刀架在对方脖子上要求给其修车，后又从被害人驾驶的三轮车内强行拿走现金”的行为，仍旧应该认为对被害人的人身权利造成了严重的威胁，从而完全符合抢劫罪的客观方面。[③]

---

① 在一则案例之中，相关法官即明确表示了类似的思考方法。卢君，杨君相，陈胜友．“两个当场”情形下寻衅滋事罪的认定——陈建、曾小强寻衅滋事案．法律适用，2012（11）：120.

② 付立庆．论绑架罪的修正构成的解释与适用——简评修正案对绑架罪的修改．法学家，2009（3）：73-75.

③ 与此相对，存在着这样的判决：对于在医生工作的卫生室就地取材，使用订书机、算盘、尖玻璃碎片等工具殴打被害人，进而拿走相应财物的，一审法院认为已经足以抑制反抗，从而构成抢劫罪，而二审法院则认为其暴力行为并未达到足以抑制被害人反抗的程度，被害人还有一定的意志自由，从而仅成立寻衅滋事罪。卢君，杨君相，陈胜友．“两个当场”情形下寻衅滋事罪的认定——陈建、曾小强寻衅滋事案．法律适用，2012（11）：117-120.

（二）不定抢劫罪的主观方面的理由及其反思

孙某案的司法机关之所以未对孙某以抢劫罪起诉和判决，可能还缘于另一担心，即：孙某对于强取刘某某的110元，主观上是否具有非法占有的目的？理论上和实务中没有争议的是，抢劫罪的成立在主观上需要有“非法占有目的”。但是，如何判断行为人主观上是否存在这样的目的，是一个问题。结合本案而言，有三个问题值得讨论。第一，本案事出有因；第二，行为人并没有隐瞒身份；第三，只是抓了一把钱，而没拿手机等其他物品。那么，能否依据这些情节否定孙某对110元的非法占有目的？

1. 关于“事出有因”

理论上一般认为，要求“非法占有目的”的取得型财产犯罪属于直接目的犯，非法占有他人的财物即为其直接故意的意志因素，因此又可称之“以结果为目的的犯罪”。对于这种犯罪而言，只要行为人基于故意实施了客观的构成要件行为，就可推定行为人意欲实现构成要件的结果即非法占有他人的财物，换言之，即可推定行为人具有非法占有的目的。就司法实务而言，也就不需要公诉机关积极证明非法占有目的的存在；同时，既然是司法上的推定，就允许辩护方通过反证“不存在非法占有的目的”而否定推定，进而否定相应犯罪的成立。① 因此，对于非法占有目的的认定而言，抽象讨论是否事出有因，无助于问题的解决（任何一个犯罪的发生，都有这样那样的原因）；真正有意义的是，具体案件之中的特定的“因”，是否能够成为否定推定，进而否定行为人具有非法占有目的的根据。比如，在财产的所有权人出借自己的物品而借用人长期霸占不还时，出借人采用暴力或者胁迫手段强行取回自己所出借的财物的，就属于一种“事出有因”，在所有权得以对抗占有权的意义上，上述行为就能够否定行为人具有非法占有目的。就此看来，事出有因中的“因”，如果代表着一种请求权的主体地位，或者说，对取得相应财产具有相当的理由，则在对财产犯罪的保护法益采取本权说而非占有说的前提下，可能会因此而排除非法占有目的的存在，进而否定犯罪的成立。除此之外的“因”，在与请求权无关时，充其量关涉行为的客观不法的程度（而非违法性之有无）和主观上的犯罪动机，从而只可能成为一种量刑事由。

---

① 付立庆. 主观违法要素理论——以目的犯为中心的展开. 北京：中国人民大学出版社，2008：243及以下.

孙某案中，关于拿钱的动机，孙某的供述是："当时我用刀比划对方，看见对方是真怂了，而且当时又是夜里没什么人，我头脑一热，想对方夜里开车肯定是拉黑活的，肯定有钱。我又看到对方车里有纸盒子，就打开把里面的钱给抢走了。这是我的真实想法。"同时，在被问到"你的车在路口掉头，你车前保险杠位置撞在三轮车左侧尾灯了，你认为是谁的责任"时，孙某回答："发生剐蹭后，我没想着谁的责任，后来回到家后，我觉得应该是我的责任。"可见，当涉及事故责任时，结合孙某对讯问的回答，会发现，孙某其实是认识到或者至少应该认识到自己是不享有请求权的。由此，本案中的"事出有因"，就当然不成为否定行为人具有非法占有目的的理由。

2. 关于"未隐瞒身份"

在发生剐蹭事故后，孙某曾把刀架在被害人刘某某的脖子上说："妈的，你看看我车牌子，你知道我是干什么的吗?"孙某所指的自己的车牌是真实的，并未隐瞒而是可以显示孙某的身份，这能否成为孙某不具有非法占有目的的理由？指示、显示自己的车牌，只能表明行为人逞强耍横、争强斗狠的动机，而显然不足以否定其具有非法占有的目的。如果只有匿名、隐瞒身份等才可肯定非法占有目的的存在，那么，在面对面的场合，大概只能肯定陌生人之间的抢劫（以及抢夺）而否定邻里、熟人之间的抢劫（或抢夺），这显然不合适。实务中，警察穿着带有真实警号的制服抢劫的，也会暴露自己的身份。甚至有的行为人为引起对方的恐慌还可能主动暴露自己的真实身份，但这不但不会否定非法占有目的的存在，还会成为酌情从重处罚的理由。因此，以没有隐瞒而是故意暴露自己的真实身份信息为由，否定非法占有目的的存在，缺乏起码的说服力。

3. 关于"只是抓了一把钱，而没拿手机"

孙某案中还有一个情节就是，行为人孙某在用刀捅扎和吓唬被害人之后，又跳上被害人驾驶的三轮摩托车，从前面的三个盒子的中间盒子中抓了一把钱后离开，而没有翻动其他的盒子，没有拿走被害人放在旁边的手机等。对案件事实的详细了解表明，被害人的中间盒子里仅有一百余元而没有更多的钱，而且，就算盒子里有更多的钱而孙某也只是"抓了一把"而没有全部拿走，但也不能就此否认其非法占有目的的存在。在不具有损害赔偿的请求权主体地位的前提之下，孙某对被害人任何财产的取得都属于"非法占有"；在知道或者理应知道自己无权要求对方为自己修车的情况下，孙某跳到对方车上驾驶员的位置从钱盒子里取钱的行为本身，即足以表明其具有非法占有的目的。至于孙某是否将被害人的全部财物拿走，只在认定被害人具体的财产损失时具有意义，而不应该影响非法占有目的的认定。

由此来看，孙某的行为客观上达到了抢劫罪之手段行为所要求的严重程度，孙某主观上具有非法占有目的，将其行为认定为抢劫罪，不存在理论上的障碍。

四、两罪之间的交叉与竞合

（一）对立说及其批判

事实上，学说上的多数说，以及至今的司法解释及其引导之下的司法实践，对于抢劫罪与寻衅滋事罪的关系，总体上还处在“要么此罪，要么彼罪”的对立模式之下。比如，最高人民法院于 2005 年 6 月 8 日公布的《关于审理抢劫、抢夺刑事案件适用法律若干问题的意见》指出，强拿硬要型的寻衅滋事罪与抢劫罪的区别在于，于前者行为人主观上还具有逞强好胜和通过强拿硬要来填补精神空虚等目的，于后者行为人一般只具有非法占有他人财物的目的；于前者行为人客观上一般不以严重侵犯他人人身权利的手段强拿硬要财物，而于后者行为人以暴力、胁迫等作为劫取他人财物的手段。这样的理解理所当然地为学说上的多数所接受。①

结合以上司法解释的规定，归纳起来，学说上一般从犯罪构成的四个方面区分抢劫罪与强拿硬要型的寻衅滋事罪罪。（1）在客体上，前者侵犯的是公民个人的财产权利和人身权利，而后者主要破坏的是社会管理秩序中的公共秩序，对他人财产权的侵犯则是次要的，因此，有人主张，抢劫罪多发生在偏僻处所，强拿硬要型寻衅滋事罪多发生在公共场所，而且多发生在大庭广众之下。②（2）在客观方面上，对前者的手段行为（暴力、胁迫）有程度上的要求，需要足以压制被害人的反抗，对后者则无此要

---

① 比如高铭暄，马克昌．刑法学．6 版．北京：北京大学出版社，高等教育出版社，2014：539．王作富．刑法分则实务研究：中．5 版．北京：中国方正出版社，2013：1139。

② 卢君，杨君相，陈胜友．“两个当场”情形下寻衅滋事罪的认定——陈建、曾小强寻衅滋事案．法律适用，2012（11）：119.

求。(3) 在主体上，于前者行为人只要已满 14 周岁、具有辨认和控制能力即可构成，于后者行为人只有在已满 16 周岁方可构成。(4) 在主观方面，前者要求非法占有的目的，后者则要求逞强耍横、寻求刺激等流氓动机。但实际上，在行为人已满 14 周岁的场合，两者在主体上的差别就无实际意义。而且前文已经表明，抢劫罪也完全可能发生在公共场所、破坏社会秩序，寻衅滋事中的“强拿硬要”也可能导致对方不敢反抗，非法占有的目的与逞强耍横等动机完全可能并存，这时区分谁是主要的主观方面不但困难，也无意义。这样来看，学说上为区分两者所作的诸多努力，仅仅是一般情况下的一种列举，在特殊的场合，是徒劳的。列举犯罪构成的各个要件在一般情形下的差异？试图将其推广成两个犯罪的区分标准，会掩盖两罪可能存在的交叉空间，同时也会模糊两罪相区分部分的实际内容。

本案中，前文已经提及，孙某在回答讯问时提出“还有当时就是生气，我觉得他应该给我修车，可他却让我给他修车，拿钱也有一部分想出气的想法”。加上其“你看看我车牌子，你知道我是干什么的吗?”之类的言语，可见，其流氓动机明显，而这也对司法机关将孙某案定性为寻衅滋事罪产生了重要的影响。但实际上，非法占有目的和逞强耍横的动机完全可以同时存在，此时依据司法解释的用语，似乎应以寻衅滋事罪处理（“还具有”）而不能以抢劫罪处理（“一般只具有”）。但是，除非法占有目的之外还有“逞强耍横”等流氓动机，反而仅成立处罚较轻的寻衅滋事罪，在逻辑上不通。

同时，根据司法解释的说法，强拿硬要型寻衅滋事罪的行为人客观上一般不以严重侵犯他人人身权利的手段强拿硬要财物，而抢劫罪的行为人以暴力、胁迫等作为劫取他人财物的手段。前文已经述及，在孙某案中，孙某的行为兼有暴力、胁迫等，已经严重威胁他人的人身权利；而且，轻的“不以严重侵犯他人人身权利的手段强拿硬要财物”属于“强拿硬要……公私财物”，则重的以“足以严重侵犯他人人身权利的手段强拿硬要财物”反而不属于“强拿硬要……公私财物”，同样在逻辑上不通。不过，2013 年 7 月公布的《最高人民法院、最高人民检察院关于办理寻衅滋事刑事案件适用法律若干问题的解释》则规定，实施寻衅滋事行为，同时符合寻衅滋事罪和抢劫罪的构成要件的，依照处罚较重的犯罪定罪处罚。这明确肯定了不同犯罪之间的竞合关系。应该说是对“对立说”的一种突破。

（二）从属说及其反驳

有一种观点认为，强拿硬要其实就是抢劫行为的一种事实上的表现，可以按抢劫罪来处理，其他类型的寻衅滋事行为也各有归宿，因此，该观点主张废除寻衅滋事罪。[①] 但是，认为所有的强拿硬要型寻衅滋事罪都可以按照抢劫罪处理的观点存在问题。第一，抢劫罪是传统重罪，其基本法定刑为 3 年以上 10 年以下有期徒刑，并处罚金，据此，对其行为手段在强度上有更高的要求；而强拿硬要可能仅仅是因其“强”“硬”而使被害人的自由意思受到部分限制，但并未完全抑制对方的反抗，此时难以认为被害人的人身权利受到了实质性的影响，也难以认为行为人是“强行劫取”了对方的财物，故认定为抢劫罪会导致“轻罪重罚”。第二，如果一方面坚持“所有的强拿硬要公私财物”的行为都构成抢劫罪（并且废除寻衅滋事罪），另一方面又坚持成立抢劫罪须满足手段上的强度要求的话，会使部分强拿硬要行为因未达到抢劫罪的手段强度要求而无法按照犯罪处理，反而会造成处罚的空隙和法网的漏洞。就此而言，在严密法网的意义上，强拿硬要型寻衅滋事罪仍有存在的必要，问题的解决之道在于限制其扩张适用，而非一废了之。

（三）两罪之间的交叉竞合关系

这样看来，强拿硬要型寻衅滋事可能因为客观手段的强度较低而不构成抢劫罪，但反过来，抢劫行为在达到了司法解释规定的 1 000 元的数额要求等情况下，完全可能构成强拿硬要型寻衅滋事罪，可见，两者之间存在着一定的交叉竞合关系，并非互相排斥。[②] 上述的 2005 年司法解释虽然在区分两罪时缺乏足够的操作性，但其反复使用的“一般”字样，仍给上述的“交叉竞合说”留下了可能。至于抢劫罪与强拿硬要型寻衅滋事罪的具体关系，本书认为，存在着如下三种场合：（1）只构成抢劫罪而不构成强拿硬要型寻衅滋事罪的。这是指并未“破坏社会秩序”的抢劫，比如说发生在偏僻地区，没有也不可能为不特定的多数人知悉的，就难以说“破坏了社会秩序”，因此不可能同时构成寻衅滋事罪。（2）只构成强拿硬

① 王良顺．寻衅滋事罪废止论．法商研究，2005（4）：115.

② 肯定了寻衅滋事罪中的强拿硬要行为与抢劫罪等在客观行为方面存在重合与交叉的，比如汤晓慰．寻衅滋事罪司法适用探析．人民检察，2002（8）：10。

要型寻衅滋事罪而不构成抢劫罪的。这是指采用了一些强制性手段，但是暴力或胁迫的程度轻微，不足以抑制被害人反抗的场合。比如在对方仍在做生意之时，采用轻微的威胁、恐吓或者暴力手段，拿走财物的，就不构成抢劫而仅属于寻衅滋事。(3) 同时构成抢劫与寻衅滋事的。这是指行为发生在公共场所因而“破坏了社会秩序”，同时，暴力或胁迫已达到足以抑制对方反抗、强行拿走对方财物的程度。这是两罪交叉的空间。

此外，前述2005年最高人民法院《关于审理抢劫、抢夺刑事案件适用法律若干问题的意见》指出：“司法实践中，对于未成年人使用或威胁使用轻微暴力强抢少量财物的行为，一般不宜以抢劫罪定罪处罚。其行为符合寻衅滋事罪特征的，可以寻衅滋事罪定罪处罚。”据此，在符合“未成年人”“轻微暴力”“少量财物”这三个条件的场合，也仅仅是“一般不宜以”抢劫罪定罪处罚。因而，在孙某案中，在“行为符合寻衅滋事罪特征的”情况下，尽管所获取的仅是“少量财物”，但行为人既非未成年人，其所使用的也非轻微暴力，就能够以抢劫罪定罪处罚。这也可以看作是司法解释进一步认可了抢劫罪与强拿硬要型寻衅滋事罪产生交叉竞合的可能。

(四) 孙某案应该的处理方式

在本书看来，行为人孙某的行为，既构成强拿硬要型寻衅滋事罪，同时也构成抢劫罪，属于两罪的竞合。需要说明，在如此判断时，只考虑了孙某之行为的性质本身而未考虑数额问题。如联系到该案中孙某毕竟只强拿了110元现金而未达到司法解释所要求的强拿硬要型寻衅滋事罪的数额标准，则又需要回答孙某的行为是否构成其他类型的寻衅滋事罪的问题。对此，法院的判决给出了肯定回答。既然如此，孙某的行为同时构成寻衅滋事罪与抢劫罪的判断，就仍然是成立的。

人们往往会进一步追问：寻衅滋事罪与抢劫罪之间的竞合是想象竞合还是法条竞合？这样追问的价值在于：如是想象竞合就适用重法优于轻法的规则，如是法条竞合则适用特别法优于普通法的规则。如非要如此提问并需要回答的话，本书认为，强拿硬要型的寻衅滋事与抢劫之间的交叉关系是法条用语本身造成的，属于法条竞合①；而其他类型的寻衅滋事（比

① 相反，认为此种竞合属于想象竞合而非法条竞合的，比如孟庆华．寻衅滋事罪的理论与实践．北京：人民出版社，2014。可惜的是，作者对此更多的是一种表态，并未展开更充分的论证。

如随意殴打他人，或者追逐、拦截、辱骂他人）与抢劫之间，则可能存在想象竞合的关系或者牵连犯的关系（取决于对行为个数的判断）。在其他类型的寻衅滋事与抢劫之间产生关联时，无论如何理解，最终都应该按照抢劫罪处理（重罪，或者是目的行为），而对强拿硬要型寻衅滋事罪与抢劫罪而言，在产生交叉竞合关系时，抢劫罪是特别法，如按照特别法优于普通法的规则，应该优先适用抢劫罪。不过，本书进一步认为，同样是法条竞合关系，也存在着包容竞合与交叉竞合等不同类型：包容竞合是立法者有意为之，比如诈骗罪与合同诈骗罪，立法者在普通犯罪构成之外通过行为主体、行为对象等的变化而有意创设了新的犯罪，故应该尊重立法本意，优先适用特别法；而交叉竞合是由于立法用语本身的复杂、变动以及含义辐射范围等原因而被动产生的法条之间的竞合，并非立法者有意为之，因此就不应适用特别法优于普通法的规则，而应该按照重法优于轻法的规则处理，如此方能实现罪责刑相适应。①

对于本节所切入的孙某案来说，比较抢劫罪与寻衅滋事罪的法定刑后容易发现，抢劫罪的处罚会更重，因此，也应该按照抢劫罪处理。可见，只要肯定强拿硬要型寻衅滋事与抢劫之间存在竞合而孙某案又满足了这种竞合关系，则无论将其理解为法条竞合还是想象竞合，最终都应该按照抢劫罪处理。由此来看，该案中检察机关所提出的寻衅滋事罪的指控以及人民法院的同罪判决，是值得商榷的。至于具体的刑罚裁量，完全可以是判处 3 年以上有期徒刑同时判处缓刑，以做到罪责刑相适应，符合“严而不厉”的要求。

五、结论

行文至此，以下的内容是笔者在本节想要强调的，也值得进一步思考。

（1）寻衅滋事罪脱胎于 1979 年刑法中的流氓罪，被认为是“传统口

① 有学者主张“大竞合论”，认为：无须严格区分法条竞合与想象竞合，只要构成要件间存在竞合关系，从一重处断即可，“本法另有规定的，依照规定”不是法条竞合适用规定，而应该在想象竞合“从一重处罚”的意义上把握。陈洪兵．不必严格区分法条竞合与想象竞合——大竞合论之提倡．清华法学，2012（1）：56 及以下．至少在“法条竞合也并非一律按照特别法处理”的意义上，上述主张有其积极意义。

袋罪的历史遗留”①。虽然其没有设置兜底性条款，但其行为方式的多样化，使其仍实现了自身的口袋化。在现行立法之下，如何在司法上规范其适用具有实在的意义。对此，有人主张对寻衅滋事罪的司法适用先进行软化和弱化处理，“在可能涉及与寻衅滋事罪法条含义相关的具体案件的处理上优先选择非犯罪化处理，动用刑罚时也需择优选择其他适当罪名”②。这种“明修栈道，暗度陈仓”的处理方式旨在追求寻衅滋事罪立法上的最终废除。但是，以“强拿硬要公私财物”为例，本书肯定寻衅滋事罪在严密法网的意义上具有存在价值。在此意义上，就不存在软化、弱化甚至虚化寻衅滋事罪的适用问题，而是应该在对该罪以及相关犯罪的构成要作恰当理解的基础上，结合竞合犯的处理原则，恰当适用寻衅滋事罪，以在保护法益（其要求首先是“严密法网”）和保障人权（其体现常常是“刑罚轻缓”）之间寻求平衡。

（2）相对于传统的社会危害性说，法益侵害理论具有一套更具规则的操作标准，因此，具有一定的解释学上的优越性和说服力，逐渐成为我国刑法学研究中的强势理论。但是，任何理论都有一定的作用域而非“放之四海皆准”，对于“法益”概念在解释学上的意义，不能高估甚至迷信。比如，以前是“客体”，现在是“法益”的概念，常用来作为此罪与彼罪的区分标准。但是，就像要区分爆炸罪与以爆炸方式实施的故意杀人罪，并不是靠“客体”或者“法益”是公共安全还是特定人的生命这样的抽象因素来区分，而是必须依据行为的地点、行为的对象这些客观的、具体的因素来区分。同样，是否“破坏社会秩序”也不足以用来区分抢劫罪与寻衅滋事罪。因此，只有正确评估一个概念的价值，才能发挥其应有的作用。

（3）人们习惯于去问：“强拿硬要型寻衅滋事罪与抢劫罪的界限何在?”但实际上，有些犯罪之间界限分明，有些犯罪之间则存在竞合关系。因此，研究两个犯罪之间是否存在竞合，特别是是否存在交叉的竞合，是学者的任务。本节的研究初步可以得出这样的结论：两个不同类型的犯罪，完全可能存在交叉（如抢劫罪与寻衅滋事罪）；而两个相同类型的犯罪，可能存在一定的重合（比如抢劫与抢夺、盗窃），但却不存在交叉，更可能是互相排斥的（如盗窃与诈骗）。因此，“与其重视犯罪之间的界

① 于志刚．口袋罪的时代变迁、当前乱象与消减思路．法学家，2013（3）：67.

② 张训．口袋罪视域下的寻衅滋事罪研究．政治与法律，2013（3）：43.

限，莫如注重犯罪之间的竞合”① 的观点，既有理论价值，也有实践意义，值得认真对待。

（4）刑法典中的情节（以及数额等）规定，造成了司法机关被动等待司法解释、“无司法解释则不（会）办案”的局面，而最高司法机关也疲于应付各种各样的请示，陷于对诸种情节（数额）的解释而无力从事更多的规则制定工作。对此，学界多有诟病。我们固然可以批评具体司法机关的机械与惰性，但在司法者整体素质不高而又缺乏担当的形势之下，再不放手、给其在具体案件之中适用、解释法律的权力的话，就永远无法倒逼司法者有担当、敢负责。所以，即便在立法上完全取消犯罪成立的定量要求可能会带来诸如犯罪圈大幅扩大等问题，因此需要慎重，但在司法层面，最高司法机关也不应再针对具体的情节、数额等进行统一的“规定”或提出“意见”，而是将案件处理的权力交给法官并且贯彻“审者裁判、判者负责”，则不但在孙某案之中就不会出现司法者千方百计“找法”的尴尬，而且，司法者也才会真正在压力和动力之中得以快速成长。

（5）以刑制罪的观念，至今未获得主流学术界的认同，可谓是弱势理论，但反而更应该引起重视。“刑法学研究应该从弱势理论入手”②。只是，对于以刑制罪（刑罚反制犯罪）这一理念的产生背景、价值目标、适用范围，其所追求的罪刑均衡原则与罪刑法定原则的关系究竟如何，其需要受到何种限制，等等，都需要认真研究。尽管“真理常常掌握在少数人手中”，但是“真理再向前走一步就是谬误”。因此，对以刑制罪观念予以重视确实应该，同时，对这一观念深入研究实属必要。对此，本书将在第六章第二节、第三节中予以集中探讨。

第七节　刑法适用中的交叉竞合Ⅱ：交叉式法条竞合关系下的职务侵占罪与盗窃罪

一、问题的提出

随着电子商务的发展，快递运输业中侵财犯罪频发。对于快递行业

① 张明楷. 犯罪之间的界限与竞合. 中国法学，2008（4）：87.

② 张明楷. 刑法学研究的几大关系. 法学家，2014（6）：79.

员工侵犯客户财物的情形如何规制，论以何罪名，是司法实务面临的具体问题，也考验着刑法理论抽象出的对几种常见多发的财产犯罪的区分标准。

为行文便利，本节从一则真实案例切入。该案案情如下：吴某某系北京某快递有限公司的押送员，其工作职责是押运货物、分拣货物。2014年11月29日5时许，吴某某在快递公司内分拣货物时，将装有蓝黑色万国手表一块、银色浪琴手表一块的快件占为己有。当快递公司经理找吴某某询问是否拿走了该手表时，吴某某承认拿走并称扔进了垃圾桶，之后又推托说无法找到手表。近一个月之后该经理打电话报警。经鉴定，该两块手表均系仿冒，万国牌手表价值人民币2 000元，浪琴牌手表价值人民币3 000元。2015年3月4日，吴某某到山西省内一派出所投案（以下简称“导入案例”）。

类似案件中，侵财行为人的行为应被定性为盗窃罪、职务侵占罪还是普通侵占罪？符合职务侵占罪的构成要件但又未达到其数额标准时，是否应按照罪刑法定原则作无罪处理？在实际处理上，是否一定要起诉、定罪？本节将以“导入案例”为例，在立足于刑事实体法上的定性考察的同时，兼顾司法处理的现实需要，即以刑事一体化的视角思考该问题，以期作出更加务实的解读，并实现司法实务与学术理论间的互动。

二、区分职务侵占罪与盗窃罪的几个可能标准

快递公司员工将客户的货物藏匿之后据为己有时，司法者很容易想到盗窃罪的罪名；同时，该案由于事实上具有“拒不退还”的性质，也可能与侵占罪发生勾连；再者，由于是员工在分拣货物时将客户的财物藏匿，与其自身的工作相关，故又容易让人联系到职务侵占罪。这时就需要回答：对于这几个同属侵犯财产罪的罪名，是否总能清楚区分？该如何区分？这些犯罪之间，是否存在着竞合的可能？①

（一）“本单位财物”

通常用来区分职务侵占罪与盗窃罪的一个标准是，职务侵占罪侵犯的

① 除专门强调外，本节下文的分析将集中于对职务侵占罪与盗窃罪的关系的描述，但分析结论也适用于职务侵占罪与诈骗罪的关系等其他场合。

对象只能是公司、企业或者其他单位的财物，即“本单位财物”，而盗窃罪等侵犯的则可能是任何公私财物。[①] 据此，如果不属于“本单位财物”，自然不能成为职务侵占罪的对象。在“导入案例”中，就可能认为：快递公司保管、运输中的财物，所有权并未发生转移，仍是客户所有的财物而非快递公司员工所在单位的“本单位财物”，因此，不能成为职务侵占罪的对象。不过，直接据此否定职务侵占罪的成立过于草率，还需要细致的分析。

《刑法》第 91 条第 2 款规定，“在国家机关、国有公司、企业、集体企业和人民团体管理、使用或者运输中的私人财产，以公共财产论”。不过，如何理解这一规定是个问题。有力的观点将其理解为法律拟制[②]，据此其法律效果仅适用于刑法明文规定的情形，因而不具有普遍意义，对法律拟制的内容不能推而广之。[③] 但是，将此规定理解为法律拟制，只意味着在不符合该款的明文拟制条件时，不具有相应的拟制效果，即只意味着，不在国家机关、国有公司、企业、集体企业和人民团体管理、使用或者运输中的私人财产，仍是私人财产；而并不涉及“在非国有的单位管理、使用或者运输中的私人财产，能否以本单位财产论”的问题。换言之，“在非国有的单位管理、使用或者运输中的私人财产，能否以本单位财产论”，并不能从《刑法》第 91 条第 2 款中寻找答案，而应该另外独立判断。

这里的独立判断，需要结合《刑法》第 91 条第 2 款为什么是法律拟制而非注意规定、其根据究竟何在而展开。来自立法机关的理解认为，在国家机关、国有公司、企业、集体企业和人民团体管理、使用或者运输中的财产“虽然属于私人所有，但当交由国家机关、国有公司、企业、集体企业和人民团体管理、使用、运输时，上述单位就有义务保护该财产，如果丢失、损毁，就应承担赔偿责任”[④]，因此，将其拟制为公共财产将使

---

① 黎宏．刑法学各论．2 版．北京：法律出版社，2016：313.

② 张明楷．刑法分则的解释原理：下．2 版．北京：中国人民大学出版社，2011：673.

③ 同②632，641.

④ 全国人大常委会法制工作委员会刑法室．中华人民共和国刑法条文说明、立法理由及相关规定．北京：北京大学出版社，2009：116.

相应人员在管理、使用或者运输中能够尽到更多的义务和责任。这样理解的话，在非国有单位管理、使用、运输中的财产，相应单位同样承担在财产毁损、灭失时的赔偿责任，因此同样有义务严格管理、谨慎使用或者运输财产。这样，在以“存在赔偿责任”为由而将《刑法》第 91 条第 2 款理解为拟制时，“在非国有单位管理、使用或者运输中的私人财产”也具有被拟制为“本单位财产”的实质理由，从而即便不存在同样的拟制规定，仍可能一般性地认为，“在本单位管理、使用或者运输中的私人财产，应以本单位财产论”①。这样，在非国有的快递公司保管、运输中的财物，以快递公司的财物论，就属于快递公司员工所在单位的“本单位财物”，可以成为职务侵占罪的对象了。

退一步讲，即便认为《刑法》第 91 条第 2 款的规定属于“法律拟制”而不能推广适用，在非国有单位管理、使用、运输中的私人财产不能“以单位财产论”，但是，只要在财产犯罪的保护法益上采取占有说，则非国有单位由于管理、使用运输等原因而占有的他人财物，仍可能成为职务侵占罪的侵害对象。② 可以说，以行为对象是否属于“本单位的财物”作为判断能否构成职务侵占罪的理由，可能会因为对“本单位财物”的理解不同而出现不同的结论。

（二）占有关系以及行为方式对定罪的影响

涉案财物的占有状况通常也用来区分职务侵占罪与盗窃罪等，并且通常认为职务侵占罪的犯罪对象是由于职务原因而在行为人本人占有之下的财物，而盗窃罪的犯罪对象则是在他人（包括所在单位）占有之下的财物。这样理解时，在“导入案例”的场合，似乎行为人的行为就难以成立职务侵占罪（或者侵占罪）。“导入案例”中，吴某某的行为显然不构成《刑法》第 270 条第 2 款规定的、以他人的遗忘物或者埋藏物为对象的（脱离占有物）侵占罪。在以《刑法》第 270 条第 1 款规定的（普通）侵占罪为考察对象时，着眼于法条所规定的“代为保管的他人财物”的属性，一般将“变合法占有为非法所有”作为（普通）侵占罪的特征。在此理解之下，“导入案例”中的快递员个人并不享有对客户财物的控制权利和支配力，其不过是客户财物的占有辅助人，接受快递服务的客户财物终归是处于快递公司

① 黎宏．刑法学各论．2 版．北京：法律出版社，2016：337.

② 采此观点的，比如马克昌．百罪通论：下卷．北京：北京大学出版社，2014：849-850。

的合法控制即占有之下。也可以说，在公司管理、使用、运输中的财物，由公司本身而非具体员工“代为保管”。所以，快递公司的负责人将客户财物据为己有时，自然符合侵占罪的构成特征（进而可能构成作为特别法的职务侵占罪），但作为占有辅助人的快递公司员工将客户财物占为己有时，因欠缺合法占有的事实前提，自始即欠缺成立（普通）侵占罪的可能。

但是，不能成立《刑法》第270条第1款规定的（普通）侵占罪，不意味着当然不成立第271条所规定的犯罪。有关司法解释将该条的罪名确定为“职务侵占罪”，似乎意味着其与（普通）侵占罪之间存在着包容、竞合的关系，职务侵占罪仅是在普通侵占罪的基础上增加了“利用职务上的便利”的客观要件。如此理解的话，不成立（普通）侵占罪则绝无成立职务侵占罪的空间。但是，《刑法》第271条第1款规定的行为实质是“将本单位财物据为己有”，至于“据为己有”的具体方式，不应该受到限制。关于职务侵占罪的行为方式，学界通说认为包括利用职务便利的侵吞、窃取和骗取行为。[①] 不过，也有人将《刑法》第271条第1款规定之罪限定理解为业务侵占罪，认为其系将基于业务而占有的财物非法占为己有[②]；还有人明确将职务侵占罪的行为手段限定为“侵占单一手段”[③]。张明楷教授之前虽接受通说立场，认为职务侵占的行为方式包括侵吞、窃取、骗取三种[④]，但之后改变了立场，认为应该将盗窃、诈骗行为排除在职务侵占罪之外，将职务侵占罪的构成要件行为限定为将基于职务或业务而占有的单位财物据为己有的狭义侵占行为，对于公司、企业或者其他单位的人员利用职务上的便利窃取、骗取本单位财物的行为，直接认定为盗窃罪、诈骗罪。[⑤] 以上观点可统称为“单一行为方式说”，由此可通过行为方式区分职务侵占罪与盗窃罪以及诈骗罪，对“导入案例”以及后文四

---

① 高铭暄，马克昌．刑法学．8版．北京：北京大学出版社，高等教育出版社，2017：514．王作富．刑法．6版．北京：中国人民大学出版社，2016：425.

② 陈洪兵．体系性诠释“利用职务上的便利”．法治研究，2015（4）：66.

③ 最近的主张，比如苏云，张理恒．快递公司分拣员窃取邮包行为定性盗窃罪之刑法教义学可行性路径分析——以杨某窃取邮包二审无罪案展开．中国刑事法杂志，2015（5）：58。

④ 张明楷．刑法学．4版．北京：法律出版社，2011：908.

⑤ 张明楷．刑法学．5版．北京：法律出版社，2016：1021．张明楷．贪污贿赂罪的司法与立法发展方向．政法论坛，2017（1）：10.

川的无罪案件都可以没有障碍地以盗窃罪定罪处罚。应该承认，这些主张确实有助于实务中对一些案例的处理，而且将职务侵占罪的行为方式限定为狭义侵占可能也更符合有关司法解释概括的《刑法》第 271 条的罪名本身。但是，本书仍坚持通说，认为《刑法》第 271 条规定的职务侵占罪的行为方式不限于狭义侵占。

（1）上述单一行为方式说实际上是将《刑法》第 270 条与第 271 条捆绑在一起，认为第 271 条规定的是特殊类型的侵占。在某种意义上，这种理解可谓是受日本刑法紧随第 252 条“侵占罪”在第 253 条明确规定业务侵占罪的影响。但是，日本刑法的这两个条文在法条中明确使用了“侵占”（日文“横领”）一词，同时，日本刑法中的罪名是由法律明确规定的，这一点不容忽视。而在我国，《刑法》第 271 条本身（以及《刑法》第 270 条）并未采用“侵占”一词，有关司法解释将《刑法》第 271 条的罪名概括为职务侵占罪并不天然地具有规范依据和法律上的正当性。而且，如果强调第 271 条规定的是特殊的侵占即职务侵占的话，可能还会造成财产保护的不平等，即：何以在主要针对私人财产的（普通）侵占罪场合，其一概被规定为亲告罪、法定最高刑仅为 5 年有期徒刑且附加刑最高只是并处罚金，而在针对公司、企业等单位财物的职务侵占罪场合，其一概被规定为公诉罪、法定最高刑为 15 年有期徒刑并且可以并处没收财产？仅以后者因利用了职务上的便利而侵犯了职务行为的廉洁性为根据，理由明显过于牵强。

（2）《刑法》在第 271 条第 1 款之后，紧接着在该条第 2 款规定，“国有公司、企业或者其他国有单位中从事公务的人员和国有公司、企业或者其他国有单位委派到非国有公司、企业以及其他单位从事公务的人员有前款行为的”，依照贪污罪的规定定罪处罚。尽管单一行为方式说主张者自信该第 2 款不足以成为自身观点的法律障碍①，但细究起来，这里仍可能会出现不协调。如果按照单一行为方式说将盗窃、诈骗行为排除在职务侵占罪的行为方式之外的话，就会出现下面这样的问题：国有公司、企业或者其他国有单位中从事公务的人员和国有公司、企业或者其他国有单位委派到非国有公司、企业以及其他单位从事公务的人员，利用职务便利将本单位财物侵吞为己有的，依照贪污罪定罪处罚；这些人员利用职务便利将

① 张明楷．贪污贿赂罪的司法与立法发展方向．政法论坛，2017（1）：10.

本单位财物窃取罪或者骗取为已有的，则只能按照盗窃罪或者诈骗罪定罪处罚。但根据《刑法》第 382 条第 2 款，受国家机关、国有公司、企业、事业单位、人民团体委托管理、经营国有财产的人员，利用职务上的便利，侵吞、窃取、骗取或者以其他手段非法占有国有财物的，以贪污论。这也会出现不协调，即：同样是利用职务上的便利而窃取或者骗取本单位财物，仅因“受委派”与“受委托”的区分而成立不同的犯罪，即于前一场合成立盗窃罪或诈骗罪而于后一场合成立贪污罪。对此，缺乏实质性理由。

(3) 像《刑法》第 382、383 条规定的贪污罪与第 384 条规定的挪用公款罪的对应关系那样，将第 271 条与第 272 条密切关联起来理解职务侵占罪与挪用资金罪之间的关系，是非常自然的。由此，挪用资金的手段行为也不限于将自己占有的资金挪用，而完全可能是利用职务上的便利采用窃取、骗取等方式将由单位占有的本单位资金挪用。如此，职务侵占与挪用资金的区别也仅在于是否有非法占有的目的，在行为方式上则没有差别。相反，如果认为挪用资金的手段也只限于将自己占有的资金挪用的话，则公司、企业人员利用职务便利采用窃取、骗取等方式挪用单位资金且具有归还目的的，就既不构成挪用资金罪（因为行为方式的原因），也不构成盗窃罪或诈骗罪（因为没有非法占有目的）。这显然并不合理。如果认为《刑法》第 272 条规定的行为方式可以包括侵吞、窃取和骗取的话，为保持第 271 条和第 272 条之间的协调，肯定第 271 条规定的行为方式也不限于狭义的侵占，就是十分自然的。

(4) 公司、企业等单位人员利用职务上的便利同时使用侵吞、窃取、骗取等多种行为方式将本单位财物据为已有的，按照通说直接构成职务侵占罪一罪，处理起来十分方便，而按照单一行为方式说却要构成数罪，在处理时也过于烦琐。

总体而言，主张将盗窃、诈骗行为从职务侵占罪中排除的观点，既会造成前述的各种不协调，也忽视了职务侵占罪之规定可能存在的实务处理便利方面的考虑，为本书所不取。有关司法解释将《刑法》第 271 条的罪名确定为职务侵占罪值得商榷，那种主张其罪名应概括为“公司、企业、单位人员贪污罪”的观点①——虽为该论者自身的新主张所代替——本书认为是一针见血的。

---

① 张明楷. 刑法学. 北京：法律出版社，2011：907，注 101.

（三）“利用职务上的便利”

通常用来区分职务侵占罪与盗窃罪的另一个标准，是前者需要“利用职务上的便利”而后者不需要。事实上，“利用职务上的便利”也确实是《刑法》第 271 条的法定要求。问题在于对“利用职务上的便利”的具体理解。

虽针对《刑法》第 271 条中的“利用职务上的便利”无司法解释予以规定，但对《刑法》第 382 条的同样规定，却有司法解释明确述及。根据 1999 年 9 月 16 日起施行的最高人民检察院《关于人民检察院直接受理立案侦查案件立案标准的规定（试行）》，在贪污罪中，“利用职务上的便利”是指利用职务上主管、管理、经手公共财物的权力及方便条件。2012 年 9 月 18 日最高人民法院《关于发布第三批指导性案例的通知》（指导案例 11 号·杨某虎等贪污案）也指出，贪污罪中的“利用职务上的便利”，是指利用职务上主管、管理、经手公共财物的权力及方便条件，既包括利用本人职务上主管、管理公共财物的职务便利，也包括利用职务上有隶属关系的其他国家工作人员的职务便利。由于上述两个司法解释性文件将“主管、管理、经手公共财物”的“权力”与“便利条件”并列，则即便仅利用了职务上主管、管理、经手公共财物的“方便条件”，同样属于“利用职务上的便利”，而不应该要求必须具有并且利用了手中的“权力”，否则“方便条件”的规定即失去了意义。在将以上“权力及方便条件”中的“及”解释为“或”的前提下[①]，再去区分“利用职务上的便利”与“利用职务形成的便利条件”或“利用工作上的便利”[②]，意义就极为有限。可以说，只要不属于利用因职务等所产生的熟悉地形等有利条件的，就能够认定为属于“利用职务上的便利”。同时，区分“职务”与“劳务”，将“利用劳务上的便利”排除在外的理解，即便在贪污罪的场合是必要的（这主要是因为国家工作人员的本质特征是依法从事公务，带有职权性），

① 刑法典中的“和”字有时也应该理解为“或”，比如《刑法》第 20 条中的“和其他权利”，或者第 251 条中的“和侵犯少数民族风俗习惯”，均是如此。立法或者司法解释将处在选择关系的两个事项表述为“和”或者“及”，尽管并不严谨，但也仅仅是一种表述习惯而已。

② 采取这种理解的，比如马克昌．百罪通论：下卷．北京：北京大学出版社，2014：854。

但在职务侵占罪的场合，缺乏足够理由。[①] 尽管《刑法》第 271 条采用的是“利用职务上的便利”的表述，但既然从事劳务者也完全可能“经手”本单位财物，其也就具备了实施职务侵占行为的客观可能。在职务侵占罪的场合，一方面认为“经手”公共财物的方便条件也可以形成职务便利，另一方面又试图将“经手”限定为具有一定的权限和管理的属性，并不合理。这不仅因为在贪污罪司法解释的场合是将“经手”与“主管”、“管理”相并列，也因为，从文义解释的角度来说，“经手”原本也缺乏“权限”和“管理”的属性。这样，对《刑法》第 271 条中的“职务”作较为宽泛的理解，将一些通常认为是“劳务”的行为也纳入“职务”之中，符合实质解释论的法益保护追求，因为，具有相应主体身份者即便是利用劳务等形成的便利条件而侵吞、窃取、骗取本单位财物的，也会侵犯其相应身份所形成的“职务（=‘劳务’）行为的廉洁性”。在职务侵占罪的场合，判断是否属于“利用职务上的便利”，应着眼于行为人之取财行为与其职务、身份之间的客观关联性，而不应该将“职务行为的廉洁性”扩张化甚至神秘化，进而将仅仅有损“劳务行为廉洁性”的行为予以剔除。[②] 如此说来，在“导入案例”中，主张行为人吴某某作为快递公司员工，所从事的仅仅是“劳务”，其隐匿客户财物并据为己有的行为也仅是利用劳务之中形成的便利条件，从而相应行为不属于职务侵占罪的观点，理由并不充分，缺乏足够的说服力。

不过，在将《刑法》第 271 条中的“利用职务上的便利”宽泛理解为“利用工作上的便利”，将“利用劳务上的便利”也囊括其中时，会面临着这样的一个疑问：这样的话，该条中的“利用职务上的便利”的要件岂非

① 较早持这种理解的，比如许海波. 职务侵占罪的职务便利应包括劳务之便. 检察日报，2005-07-05。新近的主张，可见黎宏. 刑法学各论. 2 版. 北京：法律出版社，2016：337-338. 王作富. 刑法分则实务研究：中. 5 版. 北京：中国方正出版社，2013：1006。此外，也有论者认为劳务人员不应一概被排除在职务侵占罪的主体之外（这与本书的主张相同），但又认为职务侵占罪与贪污罪中的“利用职务上的便利”含义相同（这与本书的主张稍有不同）。郭泽强. 关于职务侵占罪主体问题的思考——以对“利用职务上的便利”之理解为基点. 法学评论，2008（6）：146 及以下.

② 有学者认为，职务侵占罪保护的是双重法益，除包括单位的财物所有权之外，还包括单位公共权力，从而，利用因承担事务而具有的控制、支配单位财产的地位是“利用职务上的便利”的实质内涵。刘伟琦. “利用职务上的便利”的司法误区与规范性解读——基于职务侵占罪双重法益的立场. 政治与法律，2015（1）：58.

要被架空？对此，有学者试图从是否具有“合法持有本单位财物”的前提出发来框定“利用职务上的便利”的意义，认为“因工作关系，熟悉作案环境，容易接近单位财物等情况而盗窃的，应当按照盗窃罪处理”①。但这不过是将典型的盗窃从职务侵占罪中剔除而已，而在像“导入案例”这样的场合，对于一个分拣员和押运工，能否肯定其“合法持有”本单位财物，恐怕会有不同的理解，无助于问题的解决。

本书认为，公司、企业或者其他单位的人员将本单位财物据为己有时可能采用各种手段，实践中也可能是多个手段交替、混杂使用，立法者出于司法处理上的便利考虑，规定对这些场合不必按照盗窃、诈骗、侵占等其他犯罪处罚或者并罚，而统一按照职务侵占罪一罪处理。就是说，完全可以认为，职务侵占罪中的“职务上的便利”，更多的是一种或者应该被解释为一种司法便利上的考虑，其并不形成或者对应于“职务行为廉洁性”这一新的独立的法益（否则就难以解释，为何侵犯“职务行为廉洁性”和“单位的财产权利”两个法益的犯罪，其起刑点要高于盗窃、诈骗、侵占罪的起刑点，而其法定最高刑又低于盗窃罪和诈骗罪的法定最高刑）。这样理解的话，“利用职务上的便利”在认定职务侵占罪成立时所起的作用有限（尽管不是完全没有），反过来，认定职务侵占罪时，也就不必过于被束缚于“利用职务上的便利”这一着眼于诉讼经济的要件了。

(四) 定量因素

无论是职务侵占罪还是（典型的）盗窃罪，都有“数额较大”的要求，也就都可能因为未达到犯罪的定量标准、数额要求而不成立犯罪。结合前文对“本单位财物”、占有关系对定罪的影响、“利用职务上的便利”的理解，就可能认为，“导入案例”中的吴某某客观上利用了职务上的便利，采用秘密窃取的方式将本单位所占有的财物非法据为己有，具有职务侵占的属性，但由于未达到“数额较大”的标准②而不构成犯罪。“导入

① 王作富．刑法分则实务研究：中．5版．北京：中国方正出版社，2013：1006.

② 经实物鉴定，两块手表为仿冒手表，价值5 000元。根据2010年5月7日最高人民检察院、公安部《关于公安机关管辖的刑事案件立案追诉标准的规定（二）》第84条，公司、企业或者其他单位的人员，利用职务上的便利，将本单位财物非法占为己有，数额在5 000元至1万元以上的，应予立案追诉。而北京地区“数额较大”的执行标准为1万元。

案例”中的公诉机关承办人员即持这种意见。事实上，以未达到“数额较大”的定量标准为由否定成立职务侵占罪是最为便捷和稳妥的做法。但在类似案件中，如果数额达到了定罪标准，则对行为如何定性的讨论仍不可避免；而且，如果认为行为在性质上是职务侵占而仅仅数额未达标准，则接下来的问题就是，能否直接得出“不构成犯罪”的结论？

三、职务侵占罪与盗窃罪之间的竞合关系

（一）不能机械理解“法无明文规定”

在“导入案例”中，承办案件的检察官认为，吴某某的行为符合职务侵占罪的构成特征，只是未达到其数额标准，因此，按照罪刑法定原则，行为不构成犯罪。需要承认，这是一种有代表性的思考方法，不但存在于部分检察人员的思维之中，也为一些审判实践所认可。如 2014 年发生在四川省的快递公司分拣员窃取邮包的案件中，涉案金额达到盗窃罪的定罪金额而未达到职务侵占罪的定罪金额，一审法院认为构成盗窃罪并据此判处罚金刑①，二审法院则认为该行为在性质上是职务侵占但未达到定罪标准，从而宣判无罪。② 甚至，在四川省人民检察院依照审判监督程序提起抗诉后，2015 年 7 月 28 日四川省高级人民法院仍然裁定维持四川省成都市中级人民法院（2014）成刑终字第 293 号的无罪刑事判决。③ 足可看出，这样的理解具有相当的代表性，且检法两家在对此问题的理解上容易产生重大分歧。但在本书看来，上述无罪立场只是一种较为传统甚至较为机械地理解罪刑法定原则的思考路径：以为“法无明文规定”就相当于“不符合最为接近、最相类似的刑法条文”。实际上，由于法条用语本身的复杂性，也由于立法者认识能力的局限性，完全有必要承认：存在着通过恰当解释而认定行为符合其他法条规定的情形，只要最终的解释结论处在法条用语的含义射程之内，就不存在违反罪刑法定原则的问题。因为行为未达到职务侵占罪的入罪标准即直接认为无罪，等于直接忽视了盗窃罪等

---

① 四川省双流县人民法院（2014）双流刑初字第 338 号刑事判决书。

② 四川省成都市中级人民法院（2014）成刑终字第 293 号刑事判决书。另请参见苏云，张理恒．快递公司分拣员窃取邮包行为定性盗窃罪之刑法教义学可行性路径分析——以杨某窃取邮包二审无罪案展开．中国刑事法杂志，2015（5）：53-54。

③ 四川省高级人民法院（2015）川刑提字第 2 号刑事裁定书。

其他法条规定的存在，是对罪刑法定原则的曲解。

以上传统理解立足于一个基本前提：虽同为侵犯财产罪职务侵占罪与盗窃罪、诈骗罪等之间属于不同的犯罪类型，存在泾渭分明的界限，能够区分开来。因此，行为在符合某个犯罪类型（比如职务侵占罪）却因未达到定量要求而无法被认定为该罪时，当然也会因为不符合其他犯罪类型（比如盗窃罪）而不成立其他犯罪，最终，只能按照无罪处理。可是，虽说同属财产犯罪的盗窃罪与诈骗罪之间可以通过是否存在着被害人的瑕疵交付行为而予以明确区分，但就职务侵占罪与盗窃罪之间而言却不尽然。在典型场合，是成立职务侵占罪还是盗窃罪不难区分，但在像“导入案例”这样的场合，行为人利用职务便利窃取了本单位所有（或占有）的财物时，这种区分极为困难，甚至是无法实现的。

事实上，在“导入案例”中，快递公司员工吴某某出于非法占有目的，秘密将客户所有的两只手表据为己有的行为，完全符合盗窃罪的成立条件。尽管其中存在着对财物数额的认识错误（以为都是真货，价值数万元，其实是假货，总计只值 5 000 元），但既然主观上认为是数额较大的财物、客观上也达到了数额较大的标准，则关于手表本身是真货假货以及其相应价值的认识错误就不影响定罪。行为人在将财物隐匿之后据为己有的时点上已经成立盗窃罪既遂，之后公司负责人找其询问客户财物下落时，即便其及时交出财物，也应认为仅是盗窃既遂后的返还财物，实务中是否作为犯罪处理另当别论，但在理论上，仅仅是犯罪既遂之后的量刑情节而已。

（二）法条竞合与想象竞合的区分

在行为同时符合职务侵占罪与盗窃罪的成立条件时，是只能按照职务侵占罪处理，还是需要比较两罪的法定刑，按照处罚较重的规定处理，存在着特别法优先说与重法优先说两种可能性。特别法优先说认为，两罪之间是法条竞合关系，而法条竞合的处理原则是“特别法优于普通法”；重法优先说或者认为两罪之间是想象竞合关系，或者认为即便两罪之间是法条竞合关系，只要没有“本法另有规定的，依照规定”的明文记载，就同样应该优先适用重法。不过，“特别法优于普通法”的原则或口号只是表明，在行为完全符合特别法的要求时需要适用特别法，而并未回答，在行为不符合特别法的数额规定时，还能否依旧适用普通法。此时，如果肯定普通法的适用，可称为普通法补充说（此时的普通法未必是重法）；而如果不能适用普通法，则可谓是特别法排斥普通法说。于是，首先需要分清：法条竞合与想象竞合之间究竟该如何区分？职务侵占罪与盗窃罪之间如存在竞合，属于何种竞合关系？

一般认为，法条竞合与想象竞合都是行为人实施了一个行为而触犯了数个罪名，其区分标准主要在于：法条竞合的一个行为是出于一个罪过，产生一个结果，而想象竞合往往是出于数个罪过，产生数个结果；法条竞合是法规的错杂规定即法条内容存在着包容或者交叉关系，导致一行为触犯数个刑法规范，而想象竞合是基于犯罪的事实特征，一行为触犯数个罪名。① 这样来看的话，职务侵占罪与盗窃罪之间并非数个罪过产生数个结果的情形，也并非具体案件中犯罪的事实特征导致一行为触犯数罪名，而终究是因为法条规定本身的原因而出现竞合关系。进一步讲，这两罪之间的法条竞合属于交叉竞合关系：利用职务便利的盗窃既构成盗窃罪也构成职务侵占罪，属于交叉地带；与管理、经手财物等“职务”无关，只利用了熟悉地形等甚至不能被评价为“工作便利”“劳务便利”的纯粹便利条件的，只构成盗窃罪，不构成职务侵占罪；利用职务上的便利，采用侵吞或骗取方式将本单位财物据为己有的，只构成职务侵占罪而不构成盗窃罪（此时又存在着职务侵占罪和诈骗罪或侵占罪之间的竞合）。所以，尽管未必在所有的场合法条竞合与想象竞合之间的区分都会泾渭分明，甚至可能还存在着“将大量的想象竞合归到法条竞合的特别关系”② 的问题，但至少在职务侵占罪和盗窃罪的关系上，在坚持职务侵占罪的行为方式并非侵占这一单一手段而是包括盗窃、诈骗在内的综合手段的前提下，就应该认为两者间存在法条竞合而非想象竞合关系。所以，直接根据想象竞合场合“重法优于轻法原则”来处理这两罪之间的竞合，是不妥当的。

（三）法条竞合时是否一律特别法排斥普通法

相对而言，肯定职务侵占罪与盗窃罪之间存在法条竞合关系，更为务实和可取。问题是，在法条之间存在普通法与特别法关系时，是否无论普通法条中有无“本法另有规定的，依照规定”的要求，都一概按照“特别

① 高铭暄，马克昌．刑法学．8版．北京：北京大学出版社，高等教育出版社，2017：188.

② 张明楷．自然犯与法定犯一体化立法体例下的实质解释．法商研究，2013（4）：55.

法优于普通法”的原则处理？有论者认为，既然立法者已经将特别法条独立加以规定，就应该严格依法办事，不能由司法机关司法人员随意选择，因此，重法优于轻法不能作为独立竞合的补充原则。[①] 另有论者进一步认为：比如在金融诈骗罪的场合，是立法者出于对金融领域特殊规制的需要而作的特别规定。在行为不符合特别法条的规定时，出于对立法者特殊考虑、特殊规制需要的尊重，仍然不能适用普通法条。如果允许普通法作为重法补充适用，可能导致司法的越权，甚至可能动摇刑法的根基。该论者进而认为，罪刑法定所要求的刑法的明确性与可预期性是得出特别法优先适用的必然逻辑结果，除非有刑法的明文例外规定，否则就应按照特别法条优于普通法条的规则适用。[②]

确实，上述主张着眼于立法者制定特别法条的初衷，因此容易获得主观解释论者的支持。但是，即便在客观解释者看来，在立法者出于特殊考虑（比如出于对金融市场交易秩序的尊重，而对金融领域的诈骗设置更高的入罪门槛）的场合，这样的主张也不无道理。但无论如何，为了尽可能避免造成处罚上的漏洞和不均衡，在法条竞合时“一概特别法排斥普通法”，需要被限定在极为特殊的场合，具有在特定领域适用的特殊且充分的理由。在职务侵占罪与盗窃罪发生竞合的场合，立法者在盗窃罪（以及诈骗罪、侵占罪）之外专门设立职务侵占罪，并非为了维护某种特殊秩序、特殊利益，而无非是为了司法实务处理的便利（本书的理解）。即便像一般理解那样，认为立法者专门规定职务侵占罪是为了凸显对非国家工作人员职务行为的特殊要求，也不构成只以行为是否成立职务侵占罪作为判断对象的充分理由。[③] 在行为不符合职务侵占罪这一特殊法条时，为了避免出现处罚上的漏洞，完全可以也应该按照盗窃罪（或者诈骗罪、侵占罪）等普通法条处理；而在行为同时符合职务侵占罪与盗窃罪时，由于在普通法条盗窃罪处并无“本法另有规定的，依照规定”的明文强制，就需

---

① 陈兴良．刑法各论的一般理论．2版．北京：中国人民大学出版社，2007：340.

② 蔡道通．特别法条优于普通法条适用——以金融诈骗罪行为类型的意义为分析视角．法学家，2015（5）：29及以下.

③ 在本书看来，“道路交通领域的风险分配原则”也不足以成为“特别法排斥普通法”的充分理由，从而，在违反交通运输管理法规而致一人重伤的场合，尽管不符合交通肇事罪的规定（这很大程度上是因为司法解释将“致人重伤”限定为“致三人重伤”），但仍应该按照过失致人重伤罪处理。

要比较法定刑的轻重，按照重法优于轻法的原则处理。就此而言，在法条竞合的场合，除法律明确规定了“法律另有规定的，依照规定”并且事实上符合该特别法的构成要件的场合之外，应该按照“重法优于轻法”的原则处理。在本书看来，这样的主张是罪责刑相适应原则（罪刑均衡原则）的要求，同时也并不违反罪刑法定原则。

四、连带的思考

本节还想从两个方面进行一些连带性的相关思考。

（一）“犯罪情节轻微不需要判处刑罚”

在肯定了快递公司员工吴某某之行为虽因未达到职务侵占罪的入罪标准而不构成该罪但却构成盗窃罪之后，检察机关接下来面临的问题是，能否根据《刑事诉讼法》第 173 条第 2 款的规定，予以酌定不起诉（相对不起诉）。该款规定：“对于犯罪情节轻微，依照刑法规定不需要判处刑罚或者免除刑罚的，人民检察院可以作出不起诉决定。”但《刑法》第 37 条也只是规定，“对于犯罪情节轻微不需要判处刑罚的，可以免予刑事处罚……”，而且没有任何一个刑法条文明确指出何时“不需要判处刑罚”。《刑法》第 24 条第 2 款规定的“对于中止犯，没有造成损害的，应当免除处罚”，是刑法典中唯一的“单一免除处罚情节”，其他的，比如防卫过当或者从犯等，都附有免除处罚之外的其他选择性后果。

那么，如何理解这里的“犯罪情节轻微”？无疑，“犯罪情节轻微”是介于“情节显著轻微”和“情节较轻”之间的一种中间情形。在“情节显著轻微”（并且“危害不大”）时“不认为是犯罪”；而在“情节较轻”且符合相应犯罪的减轻犯罪构成时，需要结合其刑罚配置判处相应轻缓的法定刑。介于两者之间的“犯罪情节轻微”，以成立犯罪为前提（因此是“犯罪情节”轻微），同时又较之“犯罪较轻”更轻，因此“依照刑法规定不需要判处刑罚或者免除刑罚”。其中的“依照刑法规定……免除刑罚”，是指相应案件中存在着刑法明文规定的“免除处罚”的情节，而所谓的“依照刑法规定……不需要判处刑罚”，在本书看来，是指只要实质性符合了“犯罪情节轻微”的要求，则出于对刑罚谦抑（刑法谦抑原则的应有之意）的考虑，就应该认为符合了条件。所以，问题的关键是如何判断是否属于“犯罪情节轻微”。在以报应刑为基础、以预防刑为补充的现代量刑原理的指导之下，应该综合考虑案中情节与案外情节的轻重程度加以判断。(1) 案中情节（主要是报应需要）和案外情节（主要是预防需要）都轻微的场合，无疑属于“犯罪情节轻微”。(2) 案中情节轻微（因此报应的必要性弱）但案外情节严重的（因此预防的必要性强），或者相反，案外情节轻微但案中情节严重的，都不应属于“情节轻微”。(3) 案中情节与案外情节中，一方轻微、另一方普通（说不上轻微，但也说不上严重）的，全案情节是否属于“犯罪情节轻微”，则需要司法者裁量判断。

以下结合“导入案例”，具体展示一下本书所理解的“犯罪情节轻微”的判断标准。在这一案件中，与吴某某有关的主要情节包括：(1) 犯罪手段。吴某某是利用担任快递公司员工所形成的占有辅助人的地位而将客户的手表秘密据为己有的。这种犯罪手段与贴身扒窃、溜门撬锁或者砸碎自动取款机取钱等方式明显有别。单就犯罪手段而言，应是较为轻微的。(2) 犯罪结果。吴某某误以为两块手表为名表，价值上万元，但实际上只价值 5 000 元。这里作为“犯罪情节”讨论的“犯罪结果”当然是指客观上的结果，而不是行为人意欲实现的结果。5 000 元无疑达到了盗窃罪“数额较大”的标准，但也仅仅是部分超出了而已（根据有关司法解释的规定，“数额较大”的标准为 1 000 至 3 000 元，北京地区的标准为 2 000 元），远未达到“数额巨大”的标准（司法解释规定为 3 万元至 10 万元，北京地区的标准为 6 万元）。因此，就犯罪结果（犯罪数额）来说，虽算不上“轻微”，但也是“较轻”的。除以上两个案中情节外，本案中吴某某有如下案外情节值得重视。(3) 自首情节，吴某某主动到派出所投案，并且如实供述。(4) 立功情节，吴某某协助司法机关抓获另一涉案人员——收购赃物的贾某某。(5) 赔偿。吴某某的父亲赔偿了被害人 1.4 万余元（当时还属无实物鉴定，认为两块手表价值过万元），并且也取得了被害人的谅解。这些案外情节都表明吴某某的人身危险性较小，再犯可能性较低。根据以上分析，吴某某的案中情节“较轻”，报应的需要不大；案外情节则可谓“轻微”，表明其预防（尤其是特别预防）的需要较小。综合起来说，认为其属于“犯罪情节轻微，不需要判处刑罚”可能较为合适。相反，如果纠结于吴某某的盗窃数额已经是数额起点的 2.5 倍这一事实，可能就会坚持定罪起诉的结论。这当然也是司法裁量权范围之内的事情。不过，如果考虑到刑事政策上“宽严相济”的立场的话，则将有限因而宝贵的司法资源集中于打击严重的犯罪，而对轻微的犯罪网开一面（所谓“轻轻重重”），从而对吴某某作酌定不起诉处理，可能会收到更好的法律效果和社会效果。

（二）争议处理时的选择

许多案件在实体定性上虽无太大争议，但在具体处理时可能遇到程序性疑问，而且，这样的疑问还具有一定的普遍性，值得讨论。假设，在13名检察委员会委员对案件的处理结论进行投票时，出现了这样的结果，即主张法定不起诉者2人，主张酌定不起诉者5人，主张定罪起诉者6人，那么，多数意见是什么？起诉，还是不起诉？

其实，判明多数意见的关键，是厘清酌定不起诉的5票究竟应该加给不起诉一方还是加给起诉一方。对此，双方各执一词：主张应加给“不起诉”一方的认为，酌定不起诉的法律效果就是“不起诉”；而主张加给起诉一方的则强调，酌定不起诉的前提是行为构成犯罪。《最高人民检察院检察委员会议事规则》（已失效）对此没有给出回答，在理论上加以探讨显得必要。本书认为，如果聚焦于酌定不起诉的适用条件，则其确实以行为已经构成犯罪为前提，从实体上来说，可能将酌定不起诉的5票加给起诉一方更为合适，也更能保证“实体公正”。不过，刑事诉讼法之所以规定酌定不起诉制度，既有从犯罪嫌疑人自身利益角度的考虑（既然情节轻微，就可以网开一面，以使其尽早回归正常生活），更有效率方面的考虑（既然不需要判处刑罚或者会免除刑罚，就没有必要再去浪费宝贵的司法资源）。此时，如果过度强调酌定不起诉以行为构成犯罪为前提，从而将其归入定罪起诉的阵营，可能有违设置酌定不起诉的宗旨，既会导致对犯罪嫌疑人不利的局面，更会造成司法资源的浪费。因此，在出现前述局面时，侧重酌定不起诉的法律效果而非适用前提，强调效率，可能更为可取。

五、结论

本节围绕一个真实的案件展开，但并非一个纯粹针对个案的案例分析。内容并无太多创新之处，主要是希望通过讨论强调以下结论。

（1）尽管学说上可能会为了区分职务侵占罪与盗窃罪（或者诈骗罪）而提出若干标准，但这些标准都不过是对典型情形的经验描述而非逻辑必然。对“本单位财物”以及“利用职务上的便利”等因素的分析表明，职务侵占罪与盗窃罪（或者诈骗罪）之间存在着交叉竞合关系，应该妥当处理。

（2）主张将盗窃、诈骗行为从职务侵占罪中排除的观点，虽会在一些案件中有助于问题的解决，但既会造成各种不协调，也忽视了职务侵占罪之规定可能存在的实务处理便利性方面的考虑，并不足取。对一些争议案件，完全可能通过认定为竞合犯来处理。

（3）在交叉式法条竞合的场合，除非法条有“本法另有规定的，依照规定”的明文要求且行为符合特别法的全部要件，否则应该按照重法优先适用的规则处理。同时，在行为符合特别法的行为类型而只欠缺数额要件时，除非有充分理由认为这种特别规定确实是出于保护特殊利益的考虑，否则，原则上应该允许普通法补充适用。

（4）刑法是刑事诉讼法的基础，刑事诉讼法是刑法的保障和落实，两者关系密切，不可分割。关于“犯罪情节轻微不需要判处刑罚”的理解，需要贯通刑法与刑事诉讼法，在两部基本法律之间求得协调。对“酌定不起诉”归属的理解也不能拘泥于实体而要充分进行程序考量。只有打通刑事法领域的专业槽，从事刑事一体化的研究，刑法学者的研究结论才能经受实践检验，并且获得公众认同。

第八节 累犯的扩张认定：以对“应当判处有期徒刑以上刑罚”的理解为中心

一、问题的提出：对累犯判处拘役是“法律适用错误”吗

行为人党某某，1963 年出生，曾因犯招摇撞骗罪，于 2008 年 12 月被判处有期徒刑 1 年 3 个月，2009 年 4 月刑满释放（因为存在先行羁押的折抵问题）。2013 年 3 月，党某某接其女儿电话，称在住处受到其男友张某殴打。党某某来到该处欲让张某离开，二人发生互殴。期间，党某某将张某面部打伤，经鉴定为轻伤；其被张某打致轻微伤。后党某某经公安机关电话传唤至派出所接受审查，如实供述了自己的行为。之后，党某某赔偿被害人经济损失并获得谅解。北京市通州区人民法院于 2013 年 6 月 19 日开庭审理并当庭宣判：党某某犯故意伤害罪，系累犯，应当从重处罚；系自首，且已赔偿损失并取得谅解，依法可从轻处罚。最终判决党某某犯故意伤害罪，判处拘役 3 个月。① 北京市通州区人民检察院认为，最

① 北京市通州区人民法院（2013）通刑初字第 538 号刑事判决书。

终3个月拘役的刑罚本身虽可接受，但既然认定为累犯，就只能判处有期徒刑以上刑罚，因此该判决存在法律适用错误，并据此提起抗诉。① 北京市第二中级人民法院认为，原审法院"根据党某某犯罪的事实、性质、情节及其对于社会的危害程度所作出的判决，定罪及适用法律正确，量刑适当，审判程序合法，应予维持"，并进而驳回了检察机关的抗诉，维持了原判。②

该案件所提出的法律问题是：党某某是否构成累犯？若成立累犯，是否还能判处低于有期徒刑的刑罚比如拘役？进而，我们该如何理解累犯成立条件中的刑度条件？

二、本节展开的两个前提和一个共识

本节的展开需要明确两个前提，并申明一个共识。

（一）前提Ⅰ：累犯从重处罚的刑法设置具有必要性和合理性

有学者基于刑法客观主义的立场，认为累犯从重处罚规定系刑法主观主义的产物，有违反禁止重复评价的嫌疑："仅仅因为其以前有犯罪的事实，就对后罪从重处罚，等于是把已然受过刑事处罚的事实，在对后罪进行处理时又拿来重新评价一次，成为对后罪从重处罚的理由。其正当性在法理上未必讲得通。"③ 但在本书看来，累犯从重处罚的根据并不在于其曾犯罪的事实本身，而在于其所体现出的更高的再犯可能性。因此，从预防犯罪的刑罚目的出发而从重处罚，此即预防刑的需要。这与刑法客观主义的立场并非不可兼容。在重新犯罪率居高不下的当今中国社会，累犯从重处罚的规定不应该放弃，相反，恰恰应引起重视。

（二）前提Ⅱ：互殴中的故意伤害仍是犯罪

有学者基于被害人承诺的法理，认为在互殴之中应认定双方承诺了轻伤害，故而二人间的相互斗殴阻却违法性，其中致人轻伤的行为不构成犯罪。④ 若果真如此，则党某某案的解决就十分简单了——后行为不构成犯罪，自然无累犯与否可言。但从理论上说，认为互殴之中存在"双向的被

① 北京市通州区人民检察院京通检抗字（2013）0002号刑事抗诉书。

② 北京市第二中级人民法院（2013）二中刑抗终字第1514号刑事裁定书。

③ 周光权．刑法客观主义与方法论．北京：法律出版社，2013：275．

④ 张明楷教授在其研究中，提出了这种富有启发性和挑战性的思路。张明楷．故意伤害罪司法现状的刑法学分析．清华法学，2013（1）：20及以下．

害人承诺”本身就值得商榷；而且在当下的司法实践中，往往只要造成了轻伤以上的后果，就按照故意伤害罪处理，故司法实务接受上述观点也有很大困难。本节的展开，以党某某的行为构成故意伤害罪为前提，且即便抛开该具体个案，本节后面的讨论仍有普遍意义。

（三）基本共识：判断后罪应当判处的刑罚应先将前罪事实切割开来

在以上两个前提之下，判断党某某的行为是否成立累犯，关键在于其所犯的故意伤害罪是否“应当判处有期徒刑以上刑罚”。对此，无论理论界还是实务部门，就如下一点可以说已经取得了共识，即在判断后罪是否“应当判处有期徒刑以上刑罚”时，需要将行为人“曾犯前罪”这一点切割开来、不予考虑，否则就意味着曾犯前罪这一不利于被告人的事实受到了重复评价，“既成为再犯之罪应当判处有期徒刑以上刑罚的依据又成为构成累犯从重处罚的依据”①，而这是应该禁止的。

以上两个前提和一个共识，构成本节讨论的逻辑起点。

三、对《刑法》第65条“应当判处有期徒刑以上刑罚”的通常理解及其质疑

（一）通常理解：“应当判处有期徒刑以上刑罚”应根据前科之外的所有事实判断

对于如何判断“应当判处有期徒刑以上刑罚”，通常的理解是，要考虑除曾犯前罪之外的所有情节，而在实际量刑时，不再考虑其他情节。这种思路的必然逻辑结论是，“一旦认定为累犯，由于不再有其他的量刑情节需要考虑②，就必然会实际上判处有期徒刑以上刑罚”，换言之，“累犯不可能判处拘役”。比如，有学者认为，“所谓‘后罪应当判处有期徒刑以上刑罚’，是指根据后罪社会危害性的大小，实际上应当宣告有期徒刑以上刑罚”③。另有

① 阮齐林．刑法学．3版．北京：中国政法大学出版社，2011：290.

② 这里暗含的思考方法是，即便是有利于被告人的情节（比如自首、立功），同样不允许重复利用，因为这同样是一种双重评价，从实质正义的角度出发，也应该予以禁止。

③ 周光权．刑法总论．3版．北京：中国人民大学出版社，2016：432. 高铭暄，马克昌．刑法学．8版．北京：北京大学出版社，高等教育出版社，2017：261. 马克昌．刑罚通论．武汉：武汉大学出版社，1999：413.

论者明确提出“后置累犯情节认定”的命题，“累犯情节的认定不仅应当后置于所有犯中情节的认定，还应后置于所有犯后情节的认定”，这是因为，“首先，在犯罪实施过程中的所有事实情节都构成了对行为人社会危害和主观恶性程度的评判基础，是评判现行犯罪所不可或缺的部分；其次，所谓犯后情节诸如自首、立功等法定情节与现行犯罪的关系是相当紧密的，尤其自首内容直接指向构成后罪的基本事实”，“至于行为人对被害人的赔偿、行为人与被害人的关系等虽然都属于酌定情节，它们与行为人后一次犯罪的关联性明显比自首、立功等情节的附着犯罪程度更大，因此在运用这些情节完成对后罪的整体评价后，累犯情节才可能进入确认阶段”①。事实上，在党某某案中，检察院正是基于这种逻辑，认为既然是累犯就应该宣告有期徒刑以上刑罚，既然宣告了拘役刑那就不是累犯，因此既认定为累犯又同时仅宣告拘役属于“法律适用错误”；并据此提出了抗诉。

（二）对通常理解的几点质疑

1. 可能导致不合理的量刑结果

按照前述通常理解的逻辑，即按照所谓的“后置累犯情节认定”的话，会导致先考虑从轻情节最后考虑累犯这一从重情节，这样的结局通常是对被告人不利的。这是因为，先考虑从轻的实质是为被告人划定了一个刑罚的下限，在确定成立累犯之后，所有的从轻情节都已经被评价过了，就只剩下累犯“从重处罚”这个情节了，这样，“从重”的结果就是欠缺对“从重”的足够约束和控制，这实际上是对被告人不利的，可能导致刑罚适用的过度。对此，前述“后置累犯情节认定”（本书将其概括为“累犯情节后置论”）的主张者实际上也意识到了，但又认为“后置累犯情节的认定与确定它在整个情节体系中的适用顺序是两个问题”，并接受量刑情节的适用应当先从重后从宽，“这样做从整体上节俭刑罚的作用会更突出，尤其在减轻情节存在的情况下，它不仅能够保证累犯从重处罚得到宣

① 王利荣．普通累犯制度的法律解析．中国刑事法杂志，2005（6）：36．相同的主张，还可见陈兴良．刑法总论精释．2版．北京：人民法院出版社，2011：820。该部分为柏浪涛博士所撰。该论者还据此否定了与本节切入的案例类似的场合成立累犯。

告还实际上抑制了罚度”[①]。但这样的主张存在着逻辑上的矛盾，令人费解：既然是在考虑了包括从宽情节在内的各种情节之后认定了累犯的成立，难道在认定累犯并从重处罚之后，再将已经考虑过的从宽情节又考虑一遍吗？如果是，那岂不是对这种从宽情节重复评价了？即便是有利于被告人的双重评价，也不应该被认可。如果不是，那么该论者所说的“先从重再从宽”中的“从宽”情节何来？难道此时不是只剩下累犯一个情节了吗？

除此之外，依通常理解的“累犯情节后置论”还可能得出其他情形的不当量刑结论。在犯罪人后罪所涉事实缺乏基本的案前、案中、案后的从宽情节，相反，却具备种种从严情节的场合（比如故意伤害致人轻伤，属于轻伤上限，同时拒不认罪、拒不赔偿），仅凭这些从严情节对基准刑进行调节即足以判处法定最高刑（上述场合是 3 年有期徒刑），最后就完全没有适用累犯从重处罚的空间了。在存在升格的法定刑的场合虽可部分解决这一问题[②]，但升格的法定刑有其适用条件，所以不可能彻底解决这一问题（比如党某某案中无论如何不能适用故意伤害致人重伤的法定刑）。此种情形之下，可充分体现出“累犯情节后置论”的弊端。

2. 会导致其他情节在累犯情节的认定中被矮化

按照通常理解的逻辑，在考虑是否“应当判处有期徒刑以上刑罚”时将除曾犯前罪之外的所有量刑情节综合评价即“打包”“估堆”评价的话，会使其他情节被矮化。这是因为，如果像通常理解的那样，自首等其他情节会变成判断是否成立累犯的一个素材，原本完全独立的两个情节却变得一个依附于另一个，这在逻辑上不得不认为是有问题的。因此，不能因为

---

① 王利荣．普通累犯制度的法律解析．中国刑事法杂志，2005（6）：37.

② 1997 年 11 月 4 日最高人民法院《关于审理盗窃案件具体应用法律若干问题的解释》（自 1998 年 3 月 17 日起施行）第 6 条第 3 款第 4 项规定，盗窃数额达到“数额较大”或者“数额巨大”的起点，并且具有累犯情节的，可以分别认定为“其他严重情节”或者“其他特别严重情节”。但是，这一规定导致只属于“从重处罚”情节的累犯变成了刑罚加重事由，因此其受到学界的批判也就理所当然（张明楷．刑法学．北京：法律出版社，2011：889，注 77．周光权．刑法客观主义与方法论．北京：法律出版社，2013：276）。不过，自 2013 年 3 月 18 日颁布的最高人民法院、最高人民检察院《关于办理盗窃刑事案件适用法律若干问题的解释》实施后，前述 1998 年 3 月施行的盗窃罪司法解释同时废止，从而也就纠正了该解释的这一个错误。

累犯被规定在刑法典具体量刑制度的最前面，就认为累犯是“量刑制度之首”“量刑情节之首”，而当然应该认为，累犯情节和其他法定量刑情节（比如自首）具有同样的法定地位，区别无非是从严还是从宽这种方向上和“应当”还是“可以”这种强制力上的差别而已。

3. 会导致是否系累犯在犯后罪后不能确定而处在流动、变化中

根据除曾犯前罪之外的所有情节判断对后罪是否“应当判处有期徒刑以上刑罚”，还会出现这样的问题：行为人是否因为犯后罪而构成累犯，并不是在后罪完成之后即能判定，而是始终处在不确定之中。由于行为人存在着诸如自首、立功、赔偿等法定、酌定的从宽情节或者各种酌定的从重情节，所以只有到法庭审理乃至宣判之时，是否成立累犯才能“揭开面纱”，使累犯情节完全变成法官裁判时的一种规范判断。但在本书看来，累犯的成立与否虽然离不开规范判断，但其首先属于事实范畴，在行为人再次犯罪之后，依据后罪的犯罪事实即已能确定其是否构成累犯。致使一个量刑情节存在与否在刑罚量定之前始终处于不确定状态，无论如何是不合理的。难免有人会说，自首情节难道不也因对“如实供述”的认定会根据供述、翻供、再供述、再翻供等而处于一种不确定状态之中吗？但要注意，自首情节是一个与行为的可谴责性（从而责任大小）有关的案后情节，自然需要考虑犯罪之后、裁判之前的整体表现是否达到了规范性的要求，而累犯则是因为重新犯罪而被贴上的标签，因此只应该和后罪的基本事实有关，而后罪的基本事实在后罪完成以后已经固定下来了，所以，累犯情节是否存在应该具有相对的明确性、确定性，而不应该长时间地处在不确定的流动之中。

4. 会导致法官不由自主地陷入先入为主的误区中

基于禁止重复评价的原则，通常的理解在判断对后罪是否“应当判处有期徒刑以上刑罚”时也认为不应该考虑前罪事实，但是，“假如法官不考虑前科因素，按照常规仿佛对没有前科的犯罪人一样对该罪行没有判处有期徒刑以上刑罚，如判处管制、拘役，则使其前科因素竟然在量刑中没有丝毫的体现，似有漏罚之嫌。宁愿遗漏还是宁愿重复评价？的确是两难选择”①。在这样的困境之下，司法机关在案件审判中就更容易作出“宁愿重复评价”的选择，而陷入一种先入为主的误区。比如，郑某曾因犯盗

① 阮齐林. 刑法学. 3版. 北京：中国政法大学出版社，2011：290.

窃罪被判处有期徒刑 7 年，在刑满释放两个月后再次盗窃他人财物人民币 1 050 元，法院认定“被告人郑某刑满释放后 5 年内又犯盗窃罪，系累犯，依法应当从重处罚”，并判处其有期徒刑 10 个月，并处罚金1 000 元。法院在此的逻辑是，首先认定其为累犯，然后对累犯“应当”从重处罚，所以最后量刑自然是有期徒刑而不是拘役；被告人的后罪被判处了有期徒刑，也就充足了被告人被认定为累犯的所有条件，因而做到了罪刑法定。[①] 就是说，通常理解强调除去前罪事实之外的所有情节都是判断是否“应当判处有期徒刑以上刑罚”时的考虑对象，就会强化法官这种先入为主的倾向和“打包判断”的做法，结果很容易陷入“因为是累犯所以判处有期徒刑，因为判了有期徒刑所以是累犯”这样的循环论证的误区之中。

难免会有人说，以上几点其实都是认识和判断上的，只要采纳不同的理解，这些问题就都可以避免或者说就并不存在，因此，前文实际上是“先描黑再批黑”。但事实上，前文所列举的几个问题都不同程度地存在着，单独就某一个问题或许不必过于夸大，但当这些问题交织在一起时，就会使相应的问题变得突出。这是本书想要强调的。再者，由于有期徒刑和拘役之间存在刑期上的交叉（既存在 6 个月的拘役，也存在 6 个月的有期徒刑），所以诸如党某某案中，在认定为累犯的前提下，3 个月或 6 个月拘役的量刑结论虽然不为检察机关所接受，但若是量刑为 6 个月的有期徒刑的话，则检察机关一定会欣然接受。尽管在理论上可以说 6 个月的有期徒刑比 6 个月的拘役体现了国家更强烈的谴责和否定评价，可实际上，两者并没有本质上的差别。既然能允许对累犯判处 6 个月的有期徒刑，为什么就不能允许对其判处 6 个月或者 3 个月的拘役呢？认为“累犯不得判处拘役”的说法，可能过于机械、教条了。

四、本书的主张及其论证

（一）基本主张：“应当判处有期徒刑以上刑罚”应该根据案中事实判断

本书认为，在判断对后罪是否“应当判处有期徒刑以上刑罚”时，需要尽可能排除法官的恣意判断，这就应该只考虑与案件本身有关的情节，

① 刘丽华．论我国刑事司法中累犯认定的误区．南华大学学报（社会科学版），2005（6）：65.

而不考虑其他。换言之，除不考虑行为人曾犯前罪这一事实之外，对其他的案前情节（比如行为人的一贯表现）、案后情节（比如赔偿、自首等）也都一概不予考虑，而只考虑案中的情节，比如行为本身、行为对象、行为后果等。① 根据这种思路，由于是根据与案件本身直接相关的“裸的事实”来考虑是否“应当判处有期徒刑以上刑罚”，之后在具体量刑时再考虑其他情节，就会得出这样的结论：根据案中事实认为“应当判处有期徒刑以上刑罚”，进而成立累犯之后，再考虑包括累犯从重处罚在内的其他情节，由于自首等情节发挥作用，就会使累犯可能被判处低于有期徒刑的刑罚。事实上，党某某案中，法院的判决就是遵照了这样的逻辑。②

在此，需要明确“裸的事实”、案中事实的含义与范围，以尽量避免使是否“应当判处有期徒刑以上刑罚”的判断充斥随意性。案中事实与案外事实的区分自然会有证据法和诉讼法上的标准，单就刑事实体法来说，案中事实与案外事实是以情节与犯罪行为在时间上的关系为标准作出的区分，在犯罪过程中出现的各种情节属于案中事实，在犯罪行为之前或者之后所出现的各种情节属于案外事实。但这是从形式上作出的区分，从实质

---

① 有学者认为，是否“又犯应当判处有期徒刑以上刑罚”之罪之判断需要“纯粹客观地就本次犯罪事实，单独考虑其应否判处有期徒刑以上刑罚”（黎宏．刑法学．北京：法律出版社，2012：369），这似乎蕴含着和此处主张类似的观点，只不过该学者强调在考虑对后罪是否“应当判处有期徒刑以上刑罚”时需要“撇开过去曾经犯罪的前科事实”以避免重复评价，而没有直接涉及是否应该考虑犯后罪之后诸如自首等量刑情节的问题。这一点是需要强调的。

② 另有法院正是只考虑了案中事实而认定对行为人“不应当判处有期徒刑以上刑罚”。比如，王某于1998年3月因犯受贿罪被判处有期徒刑15年，2009年4月刑满释放。同年7月，王某谎称自己能帮被害人张某办理城市户口，骗取张某人民币7 000元，后被抓获，赃款被其挥霍，至法院判决时也未予以返还。尽管检察机关起诉认为王某构成累犯，但法官认为后罪没有被判处有期徒刑以上刑罚，因此不构成累犯；并判处其拘役5个月。值得注意的是，“法官在量刑幅度内没有先考虑刑满释放后三个月就重新犯罪以及犯罪后潜逃，诈骗款项未予返还等情节，依据犯罪数额先行选择适用了拘役”［刘晓燕．从累犯认定看量刑规范与量刑建议．中国检察官，2010（4）：48-49］。可见，法官在判断对后罪即诈骗罪是否“应当判处有期徒刑以上刑罚”时，并未考虑潜逃、未返还等案后事实而只是根据盗窃数额这一案中事实来判断。这在本书看来是值得肯定的，其据此认为王某不构成累犯的结论，本书也完全予以接受。

上来说，案中事实一般与行为的法益侵害性直接相关，而案外事实通常无关于行为本身的法益侵害性而仅关乎行为人的非难可能性或曰可谴责性。所以，本书所理解的案中事实主要包括以下方面：(1) 行为方式，即行为本身的实现方式，比如是积极的作为还是消极的不作为，是暴力的手段还是胁迫的手段、暴力的程度如何，等等。(2) 行为样态，即行为的完成程度。犯罪预备、犯罪中止与犯罪未遂等，是关于实行行为存在样态的情节，现实地决定着行为之违法性的大小。① (3) 行为对象。不同的行为对象，既可能减轻行为的违法性，也可能加重行为的违法性。前者比如，被害人存在着严重的过错，就可能导致其法益的要保护性部分地丧失；后者比如，强奸幼女、故意伤害孕妇或者盗窃孤寡老人财物的违法性，就比强奸普通女性、故意伤害一般人和盗窃一般人财物的违法性要更重。(4) 行为性质。防卫过当、避险过当等属于行为的性质，也是和行为本身密切相关的、影响行为之违法性强弱的情节，因此属于案中事实②；主犯、从犯等是依据其在共同犯罪中所起的作用而作出的分类，这种分类不但关系到行为人的可谴责性，而且也对行为的违法性产生影响，因此，也是案中事实。(5) 行为后果。直接的行为后果是案中事实的重要构成部分，这一点显而易见。(6) 行为动机。与前五种案中的客观事实不同，行为动机属于案中的主观事实，其与行为的法益侵害性本身无关而只表明行为人可谴责性的强弱——为了吃喝玩乐而盗窃的可谴责性自然强于为了给老娘治病而

① 时延安教授认为，如果只依靠“裸的事实”来判断对后罪是否“应当判处有期徒刑以上刑罚”，则在后罪成立中止的场合，可能因不考虑中止情节而先认为对后罪“应该判处有期徒刑以上刑罚”，而后再按照犯罪中止情节减轻或者免除处罚，这就可能导致出现“成立累犯但却免除处罚”这样的不当归结。在本书看来，对累犯免除处罚自然不够合理，但在将犯罪中止等理解为案中事实后，就可以将这一情节作为判断对后罪是否“应当判处有期徒刑以上刑罚”时考虑的对象，从而就完全可能因为中止情节的存在而否定对后罪“应当判处有期徒刑以上刑罚”，从而可以有效地避免“成立累犯却免除处罚”这样的尴尬结论。

② 有学者主张，“防卫过当和避险过当的客观危害性相对较低，行为人主观恶性也相对较小且未表现出再次危害社会的人身危险性。因此，我国将来在修改《刑法》时应明确规定防卫过当与避险过当不构成累犯”[韩轶. 我国累犯制度立法之完善. 法商研究，2006 (3)：29]。在解释论上，在将防卫过当、避险过当界定为案中事实的前提下，就会有更大的可能认定对后罪“不应该判处有期徒刑以上刑罚”，从而行为人不属于累犯。

盗窃的可谴责性；为了让身患重病的妻子脱离苦海而杀妻自然要比为了迎娶新欢而杀妻更值得非难。行为动机虽无关于法益侵害性，但却属于重要的案中事实，在判断对后罪是否"应当判处有期徒刑以上刑罚"时，必须加以考虑。概言之，本书所理解的案中事实虽然也有一定的伸缩性，但其范围相对而言仍然是较为明确的。

（二）规范渊源："应当判处有期徒刑以上刑罚"中的"有期徒刑"接近但并不完全等同于基准刑

"应当判处有期徒刑以上刑罚"中的"有期徒刑"无疑不是指"法定刑"，否则后罪只要是危险驾驶罪之外的故意犯罪，就可以构成累犯，在事实上几乎消解了成立累犯的后罪刑度条件。这里的"有期徒刑"也不应是通常理解所主张的"宣告刑"，因为宣告刑是法院依据所有量刑情节所"宣判"并"告知"被告人的最终量刑结论。但根据通常的理解，此处的"有期徒刑"也并非最终确定的量刑结局，而无非是法官头脑中所预断的一种"准量刑结论"而已。法官只有将这样的"准量刑结论"再结合累犯这一从重处罚的情节，才能确定最终的量刑结论并宣告给被告人以及社会公众。

《刑法》第65条中"应当判处有期徒刑以上刑罚"中所说的"有期徒刑"，实际上是指处在最初的法定刑与最终的宣告刑之间的一个过渡状态，其类似于最高人民法院所确定的"基准刑"。2004年10月1日起在全国部分法院试点实施的《人民法院量刑指导意见（试行）》第11条规定，"为防止量刑失衡，应当确立各罪的量刑基准，即按照刑法分则构成规定，对已确定适用一定幅度法定刑的个罪，在排除各种轻重情节的情况下，依其一般既遂状态的基本事实而应判定的刑罚"。及至2010年10月起在全国法院全面试行的《人民法院量刑指导意见（试行）》，虽未明确提出"基准刑"的定义，但仍接受了基准刑的概念，并将其作为法定刑幅度内的量刑起点与最终宣告刑之间的一个重要环节。在研究者看来，基准刑相当于确定后罪的"通常的刑罚量"，"为法官的法定刑运用设置一道起码的栅栏，尽可能地防止量刑畸轻畸重现象；如果缺乏这一条基准线，就没有参照物引导法官的行为，刑罚权的运用大有失控之虞"[①]。根据2010年《人民法院量刑指导意见（试行）》，量刑的步骤是：（1）根据基本犯罪构成事实在基本的法定刑幅度之内确定量刑起点；（2）根据影响犯罪构成的犯罪

① 周光权. 刑法客观主义与方法论. 北京：法律出版社，2013：251.

数额、犯罪次数、犯罪后果等其他犯罪事实，在量刑起点的基础上增加刑罚量确定基准刑；(3) 根据量刑情节调节基准刑，并综合考虑全案情况，依法确定宣告刑。成立累犯对后罪所要求的“应当判处有期徒刑以上刑罚”中的“有期徒刑”，也是一种从相应法定刑到最终宣告刑的过渡形态。其与上述基准刑概念有相似之处，但也并不完全相同。两者之主要不同在于，基准刑是在由基本犯罪构成事实所确定的量刑起点的基础上，根据犯罪数额、犯罪次数、犯罪后果等犯罪事实所确定的，并不包括其他的各种量刑情节；而本书所主张的“案中事实”、裸的事实，除了包括决定量刑起点的基本犯罪构成事实以及犯罪数额等影响犯罪构成的其他犯罪事实，还包括与行为样态、行为方式、行为性质、行为对象等有关的事实，这些事实在上述《人民法院量刑指导意见（试行）》中虽是在量刑基准的基础上最终确定宣告刑时的调节情节，但仍属于与行为本身相关的情节，仍是“案中情节”，在判断对后罪是否“应当判处有期徒刑以上刑罚”时，仍需要考虑。这一点是需要明确的。

（三）理论支撑：对累犯从重处罚的根据在于责任刑的升高以及一般预防的需要

如何理解对后罪“应当判处有期徒刑以上刑罚”，实际上和对累犯受从重处罚之根据的理解相关。对此，日本学界存在着对立的观点。一种观点认为，对累犯从重（日本规定为“加重”）处罚，除了因为其具有较之初犯者更重的责任，还因为其在性格或者人格上具有特别的危险性。也即，对累犯之所以加重处罚，是因为前罪刑罚的执行未起到防止再犯的效果，因此再将刑期延长。其根据就是行为人的危险性即特别预防的需要（佐伯千仁、大塚仁等）。但是，有批评者指出：在日本现行刑法上对累犯加重处罚的条件规定了前罪是否被科处刑罚以及刑罚执行的完毕，要是考虑行为人的危险性的话，就没必要规定这样的要件了。应该认为，之所以对累犯从重（加重）处罚，是因为这样一点：尽管其曾经受刑但却再次实施了违反规范的行为，因此，规范的非难程度更高。换言之，其责任更重（植松正、团藤重光、西原春夫、大谷实、高桥则夫等）。① 后一种观点在

① 大谷实．刑法讲义总论．新版第 3 版．东京：成文堂，2009：523．川端博．刑法总论讲义．2 版．东京：成文堂，2006：677．高桥则夫．刑法总论．东京：成文堂，2010：510.

日本学界获得了更多的支持。概言之，前述第一种观点实际上认为累犯的从重（加重）处罚根据在于“责任刑＋预防刑”，而后一种观点（多数说）认为累犯的从重（加重）处罚根据只在于责任刑。

我国学者对累犯从重处罚根据的认识也有分歧：既有学者认为“对累犯从重处罚，是基于特殊预防的考虑”①，也有学者认为，“受过一定刑罚处罚之后一定期限之内再次犯罪，表明该犯罪分子比其他犯人具有更深的主观恶性和人身危险性，应当对其予以更严厉的处罚，唯此才能实现刑罚的一般预防之目的”②。在本书看来，对人身危险性（再犯可能性）仅应该在对犯罪人量定具体刑罚时予以考虑（所谓在具体量刑时考虑特殊预防的需要），而累犯作为规范性的法定量刑事由，判断其成立条件时应该仅考虑其“受过前罪刑罚而再犯后罪”所带来的责任加重（即仅考虑一般预防的需要），而用于判断是否具有“非难可能性”加重的，应该是基本的案件事实，至于赔偿、自首、立功或潜逃等，属于表明行为人的人身危险性的事实，所以不应该在判断累犯成立与否时予以考虑。这样的结论，和我国学者所主张的“一般来说，案中情节是影响责任刑的情节，案外情节是影响预防刑的情节”③，是一致的。

（四）思想基础：严而不厉

本书主张判断对后罪是否“应当判处有期徒刑以上刑罚”需要依据案中事实并进而得出“对于累犯也可以判处拘役甚至管制”的结论，并非空穴来风、小题大做或者异想天开，而是有着背后的思想基础的。可以说，储槐植先生所提出的“严而不厉”思想④至今有其积极意义，并足以成为本书主张的理论支撑。

1．严：放宽累犯的成立条件以体现强烈谴责

在1997年刑法制定的过程中，就曾有学者提出，1979年刑法典将管制犯和拘役犯排除在普通累犯成立范围之外，对于遏制再犯的发生缺乏威慑力；因此其建议扩大一般累犯的刑种条件，并主张维持前罪原有的刑种

---

① 张明楷．刑法学．4版．北京：法律出版社，2011：513.

② 黎宏．刑法学．北京：法律出版社，2012：367.

③ 同①503.

④ 储槐植．刑事一体化论要．北京：北京大学出版社，2007：54-67.

条件，取消后罪的刑种条件。[1] 虽说 1997 年刑法最终未采纳此种建议[2]，但本书认为这样的建议具有一定合理性：在当今“宽严相济”刑事政策的背景之下，需要体现对初犯、偶犯的从宽和对再犯、累犯的从严。按照本书的逻辑，通常[3]会导致“应当判处有期徒刑以上刑罚”的犯罪较宽，进而通常自然会导致累犯的成立范围相对较宽，但这并非不可接受，而恰恰是主张刑法积极主义的笔者所追求的。在本书看来，对被告人来说，就像其往往并不关心具体的定罪（罪名）而更关心量刑一样，其常常也并不关心自己是否被评价为累犯而仍是更为关心最终的量刑结论。但对国家来说则不然。前罪是故意犯罪且被判处有期徒刑以上刑罚，在刑罚执行完毕或者赦免之后较短的时间（5 年）之内又故意犯罪，本身已足以体现出犯罪人的严重的人身危险性和再犯可能性。此时国家将其行为评价为累犯并且从重处罚，从而表现出对相应行为的“低度容忍”，可以更好地实现通过刑罚预防犯罪（无论是一般预防还是特殊预防）的目的。在此，不是说对后罪“应当判处有期徒刑以上刑罚”这一累犯成立条件完全不起作用，而是说尽量通过刑法解释方法，弱化这一条件在限

① 高铭暄. 中华人民共和国刑法的孕育诞生和发展完善. 北京：北京大学出版社，2012：250.

② 不过，1997 年刑法将累犯成立的时间间隔从前罪的刑罚执行完毕或者赦免以后“3 年”之内再犯罪改为“5 年”之内，仍然体现了放宽累犯成立条件的努力方向。

③ 之所以说“通常”，是因为还存在着另外的情形：如果仅根据裸的事实是“不应当判处有期徒刑以上刑罚”的，但若根据除前罪事实之外的所有情节，因为这些情节中酌定的从严情节（如逃跑、拒不供述、未能退还赃物等）的作用，就会被认为“应当判处有期徒刑以上刑罚”——按照本书观点不构成累犯的，按照通常理解反而会构成累犯。不能否定这种情形的存在，但是，第一，我国刑法之中除危险驾驶罪之外的所有犯罪的法定刑之中都挂有有期徒刑，并且在有期徒刑与拘役等构成选择刑时，立法通常将有期徒刑规定在先（在立法者看来应首先考虑有期徒刑），因此，按照裸的事实来认定“应当判处有期徒刑以上刑罚”的概率是比较高的；第二，除（前罪事实与）裸的事实之外的其他案前或者案后事实中，只有从严情节的作用超出从宽情节的作用时，才可能发生按照裸的事实“不应当”而按照所有情节“应当”判处有期徒刑的情况，但这本身又是个小概率事件，因为一个案件通常总会伴随着这样那样的从宽从严情节，同时从宽情节还常是法定的，而从严情节都是酌定的，法定情节的作用空间自然要大于酌定情节的作用空间。概括来说，根据裸的事实“不应当”而根据所有情节“应当”判处有期徒刑的，少之又少，不是矛盾的主要方面。

制累犯成立中的作用（其只要能够将轻微的犯罪——比如盗窃了刚够数额标准的财物的——过滤掉就够了[①]），以此来体现国家在预防犯罪过程中的基本努力。

2. 不厉：对累犯仍可能判处拘役乃至管制才足以体现罪刑相适应

将某一犯罪人认定为累犯，已然体现了国家的一种更为严厉的否定评价，仅此即可吻合设置累犯制度的宗旨。诚如贝卡里亚所说，对于犯罪最强有力的力量不是刑罚的严酷性，而是刑罚的确定性和及时性。[②] 在认定为累犯之后，再通过各种情节调整最终的宣告刑，会在体现刑事政策和追求实质正义之间取得较好的平衡。这正是本书所期望的。

这样，本书已经破除了对累犯必然要判处有期徒刑以上刑罚的命题。这是否会"钝化"累犯从重处罚的功能或者说令累犯从重处罚的效果缩减？[③] 本书对此疑虑的回答是：首先，对于累犯仍旧需要比照不是累犯的同类情况从重处罚；其次，在客观结果上，只有在认定为累犯的同时存在着在抵消了"裸的事实"之外的从严情节之后仍有有必要评价的从宽情节时，才会发生虽属累犯但最终并未体现为"从严"的情况；最后，真的出现前述情况时，就是本书所说的"不厉"的问题，这虽然确实存在着"钝化"、萎缩累犯从重处罚这一命题的效果，但是却既有利于被告人（最终结局上），也有利于社会（认定为累犯，从而在刑罚目的实现上）。概括言之，并非前述"累犯情节后置论"主张者的观点，而恰恰是与之相反的本书的主张（可称为"累犯情节前置论"）"不仅能够保证累犯从重处罚得以宣告，还实际上抑制了罚度"。可以说，以上主张是笔者所追求的积极而又稳妥的刑法观在累犯问题上的体现，是在此问题上的辩证法。

五、对本书主张的可能批判及其回答

本书的主张在解释论上可能面临着如下几种批判，而在笔者看来，这些批判虽都富于启发，但却都可予以回答。

---

① 像前文提到的郑某某案，根据裸的事实即可认为对其"不应当"判处有期徒刑以上刑罚，从而排除累犯的成立。

② 贝卡里亚. 论犯罪与刑罚. 黄风，译. 北京：中国法制出版社，2002：65-70.

③ 笔者就本节内容与好友刘伟博士（江苏省社会科学院）讨论时，他的观点。

（一）是否符合《刑法》第 65 条规定本身

《刑法》第 65 条规定“应当*判处有期徒刑以上刑罚”，如果在肯定对后罪“应当”判处有期徒刑以上刑罚（进而成立累犯）的前提下又最终（由于自首等从宽情节）判处拘役，是否前后矛盾？是否违反法律规定？本节开头党某某案中的检察机关之所以决定抗诉，主要就是出于这个原因。

首先，需要明确，此处的“有期徒刑”指的是一种应然状态，其依据的是案中情节；最终宣告拘役则是依据包括案中情节、案前情节（除去前罪事实）和案后情节在内的所有量刑情节，指的是一种实然做法，应然状态和实然做法之间完全可能并且常常会发生分离。

其次，更进一步说，需要看到刑法用语的相对性问题。同一刑法用语在不同场合的含义可能并不一致。这一点不仅适用于刑法分则描述具体罪状的用语①，也适用于刑法总则中的用语。比如，同样是“可以”，在刑法总则的不同场合其含义即不尽相同：在通常的场合（如第 23 条第 2 款关于未遂犯的处罚）是劝导性规范，对司法者没有强制约束力；但在个别的场合，则是命令性规范，对司法者有硬性的约束力（如《刑法》第 48 条规定的“对于应当判处死刑的犯罪分子，如果不是必须立即执行的，可以判处死刑同时宣告缓期二年执行”中的“可以”，需要被解释为“应当”，否则会导致对不是必须立即执行死刑的犯罪分子仍保留立即执行死刑的可能性，这既会造成逻辑上的混乱，也不符合我国的死刑政策）。同样，《刑法》第 65 条之中的“应当”就需要理解为“应该”“从应然的角度”，而不能和其他场合一样理解为相当于“必须”②。表面上看，本书一方面主张“后罪应当被判处有期徒刑以上刑罚”，进而构成累犯，另一方面又接受事实上对

---

* 着重号为笔者所后加。

① 比如《刑法》第 240 条“拐卖妇女、儿童罪”中的“妇女”一词，在第一项加重情节（“拐卖妇女、儿童集团的首要分子”）中指已满 14 周岁的女性，而在第三项加重情节（“奸淫被拐卖的妇女的”）中，则是指包括不满 14 周岁的幼女在内的所有女性。只有如此理解才能保证处罚的合理性。对此，参见本书第四章第五节。对刑法用语的统一性与相对性的更全面、更深入的分析，请参见张明楷．刑法分则解释原理：下．2 版．北京：中国人民大学出版社，2011：775 及以下。

② 有论者认为，这里的“应当”判处有期徒刑以上刑罚，是指“实际有可能”被判处有期徒刑以上刑罚。陈兴良．规范刑法学：上册．4 版．北京：中国人民大学出版社，2017：374.

后罪不判处有期徒刑以上刑罚，似乎是一个悖论或者自相矛盾，但在对此处“应当”的含义表明态度之后就可以认为，对累犯事实上不判处有期徒刑以上刑罚，完全不违反“应当”判处有期徒刑以上刑罚的刑法规定。

（二）与《刑法》第48条“应当判处死刑”之间是否缺乏协调

遍观整部刑法典，除第65条规定了“应当判处有期徒刑以上刑罚”之外，只有第48条有类似的规定。该条规定，“……对于应当判处死刑的犯罪分子，如果不是必须立即执行的，可以判处死刑同时宣告缓期二年执行”。一种很自然的理解是，在考虑是否“应当判处死刑”时，不能只考虑案中情节（裸的事实），而必须将案前情节、案后情节等一并考虑，否则只根据案中情节决定是否“应当判处死刑”，而将其他的情节（比如自首等）作为下一步考虑的因素的话，会导致死刑（包括“死缓”）的适用范围扩大，这无疑不符合我国当下的死刑政策。这种理解进而会认为，在《刑法》第65条的场合判断是否“应当判处有期徒刑以上刑罚”若是仅以案中情节为基准，与上述对第48条的相应理解不够协调。

必须承认，上述对《刑法》第48条的理解理所当然，据此担忧本书关于《刑法》第65条之理解的主张也有一定启发性。但是，以《刑法》第48条的结论来推出针对第65条应该采取的结论，缺乏逻辑上的必然性。换言之，完全可以对此两处的“应当判处”作不同的理解。自然，对法律用语包括刑法用语的解释通常需要保持一致性，即采取所谓体系解释的结论；但在存在实质性根据时，完全可能作相对解释。在本书看来，《刑法》第48条的场合是能否判处死刑的问题，从严格限制死刑适用的角度讲，应该对其作更严格的解释，因此只能综合考虑全案情节；而第65条的场合是能否构成累犯的问题，从后述的通过严密法网达到预防犯罪目的的刑事政策考虑出发，完全可以将累犯的成立范围解释得更宽泛一些。

（三）与《刑法》第74条、第81条第2款之间是否存在矛盾

《刑法》第74条规定，对累犯不适用缓刑。这体现了立法者对累犯的一种严厉评价。① 据此，难免有人会认为，主张累犯可以被判拘役与立法

① 如后文涉及，认定为累犯只是表明了国家的一种政策选择和基本态度，和行为人自身的再犯可能性、人身危险性等并无必然联系，因此，本书同意一些学者主张的“对累犯可以适用假释”的立法建议。韩轶．我国累犯制度立法之完善．法商研究，2006（3）：29-30．苏彩霞．现行累犯制度的不足及其完善．法学，2002（4）：32-33，41．

的上述旨趣间缺乏整合性。但是，不难理解，立法只是明文排除了对累犯不判处缓刑，根据反对解释规则，鉴于累犯所体现出的较为严重的人身危险性，立法只是要求对累犯判处实刑，但具体是管制、拘役还是有期徒刑或以上的刑罚，立法并未涉及。所以，对累犯判处拘役不存在违反刑法规定的问题。

针对本书之观点的另一个批判可能在于：根据《刑法》第 81 条第 2 款的规定，对累犯不得假释。可见在立法者看来，累犯（人）是一种相当严重的犯罪人，既然如此，怎么还可以对累犯判处拘役？在本书看来，上述批判虽有一定道理，但还是可以化解的：在根据本书的主张对累犯判处拘役时，原本就不符合适用假释的前提条件（被判处有期徒刑或者无期徒刑的犯罪分子），因此，就不存在是否允许假释的问题。详言之，在本书看来，累犯有两种，判处了低于有期徒刑刑罚的累犯与判处了有期徒刑以上刑罚的累犯：对第一类累犯而言，其裁量刑（宣告刑）较低，没有适用假释的实质必要性，因此，立法在适用前提（《刑法》第 81 条第 1 款）上已经将此种情形排除在假释的适用范围之外；对第二类累犯而言，其裁量刑（宣告刑）较高，因此才体现出了行为人较高的人身危险性和再犯可能性，故而立法者通过明文规定（《刑法》第 81 条第 2 款）将上述情形排除在假释的适用范围之外。这样来看，就不能简单地认为，主张累犯可以被判处拘役与《刑法》第 81 条第 2 款的旨趣相冲突。

六、余论：构建对再犯的合理反应体系

注定会有人担心，本书的主张会模糊或者缓和累犯与再犯之间的界限。但首先，没有必要担心本书的主张会模糊两者间的界限。在本书理解之下，成立累犯仍对前罪实际被判处的刑罚、前罪与后罪的时间间隔、前罪与后罪的罪过形式等存在要求，所以即便是对“应当判处有期徒刑以上刑罚”的解释在结论上放宽了这一要件对成立累犯的限制意义，最终累犯与一般再犯之间的界限仍是相对明确的。

至于本书的主张可能会缓和累犯与再犯之间的界限，这在某种意义上恰恰是本书所想要强调和追求的。我国刑法明文规定了累犯这一量刑制度，但对再犯情节未有涉及，形成了累犯与再犯截然分立的局面。但与此同时，即便是普通的再犯，也仍有从重处罚的因素需要考虑，“特定时间内再次故意犯罪，且前后罪都是故意犯罪，表明了对于犯罪人前罪所评价

的刑罚，在量上是有所欠缺的，应当在所犯的新罪上加以弥补，而不应当前后罪之一的刑罚过轻，而否定此种制度的存在价值”[①]。因此，不应人为地过于夸大累犯与再犯之间的界限，这既不利于对再犯的犯罪预防，也在司法实务中没有太大的实益。相对于纠缠于累犯的成立条件而“一叶障目”，本书所主张的关于普通累犯成立条件中刑度的理解，就是通过将一部分通常更容易被认定为再犯的犯罪人认定为累犯，提升刑事司法对这部分再犯的反应强度。这样，更有助于构建合理的针对再犯的反应体系，更有助于实现预防犯罪的刑罚目的。

① 于志刚．刑法总则的扩张解释．北京：中国法制出版社，2009：227．

第五章　积极主义刑法观与刑事司法（下）

——财产权保护与财产犯罪的认定

在刑事司法中贯彻积极主义刑法观，除了需要在宏观上确立刑法适用解释的基本原则，尤其是扩大解释与类推适用的区分标准，在中观上提炼刑法适用中的具体规则，还需要在微观上结合具体的问题场域、具体的犯罪类型予以校验落实。就此，从财产权的保护和财产犯罪的认定这一视角切入，是比较适宜的。这既是因为财产权关乎人的基本生存权，其保护问题涉及民商法、行政法等其他诸多领域，也是因为，刑法上的财产概念该如何界定、刑法介入财产权保护时该如何考量、刑法上的财产权保护如何体现均衡原则等，都直接关乎积极主义刑法观的具体展开。此外，从涉枪“两抢”案件这样一个更加细微的问题入手，有助于对积极主义刑法观的进一步的实践检验。

第九节　刑法中的财产概念

一、学说状况

尽管我国刑法分则第五章“侵犯财产罪”将行为对象主要规定为“财物”，但学界更多的观点认为此处的“财物”包括财产性利益在内。在虚拟财产被一般性地理解为“财产”的情况下①，可以说，我国刑法语境下的“财物”与“财产”应属同义语。② 关于“财产”的概念，德国学说上除了所谓人的财产说③、机能财产说④的见解，主要存在着法律财产说、经济财产说以及法律经济财产说的基本对立。这种学说对立直接影响了我国刑法学对此的理解。人的财产说存在着将“财产”与“人”之区别予以模糊化的根本疑问，因此仅止于少数学者主张；而机能财产说兴起较晚，目前还处在完善阶段，故其影响也还比较有限。本书主要围绕后三种学说展开评述。

（一）法律财产说及其问题点

法律财产说强调“纯法律的财产概念”，为宾丁（Binding）所创用。其主张：财产是财产权利与财产义务的总和，与经济上的价值无关。财产损害，是财产权利的丧失以及财产义务的负担。⑤ 据此，行贿款物等不法原因给付物、妓女受骗提供性服务之后形成的无效债权、违法犯罪所得等不受民事法律保护的权利，不能成为侵犯财产罪的保护法益；相反，即便无经济价值的民事权利也属于“财产”。在德国，这种见解较为古老，见

---

① 陈兴良. 虚拟财产的刑法属性及其保护路径. 中国法学，2017（2）：146-172.

② 王钢. 不法原因给付关于认定财产犯罪的影响. 法学家，2017（3）：136.

③ 该说认为，财产是人格发展的基础，是人所具有的经济潜能或者说对作为社会共同体经济交往之客体的支配性。王钢. 德国判例刑法分则. 北京：北京大学出版社，2016：212.

④ 该说由金德霍伊泽尔等主张，认为财产指的是个人对于他法律上应得的（具有抽象的金钱价值的）利益的合力处分权。蔡桂生. 刑法中侵犯财产罪保护客体的务实选择. 政治与法律，2016（12）：36.

⑤ 林东茂. 刑法综览：修订5版. 北京：中国人民大学出版社，2009：331.

于帝国法院的早期判决中。① 我国传统刑法理论一般认为，诈骗罪侵犯的是“公私财产的所有权”② 或者“公私财物所有权”③。这种所有权说，被认为“实际上是一种法律的财产说”④。

法律财产说的主张并不可取，理由在于：第一，这一学说以刑法上的判断从属于民法这种从属性思想为理论基础。尽管就世界范围尤其是德国而言，可以说“从 20 世纪 30 年代起，人们不再认为刑法从属于民法”，“故法律的财产说丧失了理论依据”⑤，但在我国，刑法从属性主张仍有市场。例如，最近有学者从刑法谦抑原则的着眼点应从主要钳制立法转向制约司法活动的命题出发，认为刑法具有二次规范性，对财产犯罪的认定，尤其是对财物概念、财物的他人性的判断等而言，刑法必须和民法的立场保持一致。⑥ 至少在财产概念问题上，这就是在主张刑法从属性说。更明显的是，有学者主张刑法在实质上受制于其与前置法之保护性规则共同保障的调整性规则的规定，因而刑法是从属法、次生法，“前置法定性与刑事法定量的统一”是对刑法与其前置法在犯罪规制上的定性从属性和定量独立性关系的揭示与反映。⑦ 这可谓是明显的刑法从属性的主张。但作为宪法之下的基本法律，刑法与民法分属不同法律部门，“各种法律基于其固有的目的而产生不同的法律效果；目的不同，违法性的内容便不同”⑧。不存在以“法秩序的统一性”等为由而主张刑法从属性的实质理由。第二，“纯法律的财产概念”将权利等同于财产，而不考虑该权利有无经济价值，导致可能涵盖的范围太广，因为并不是所有的主体权利都具有财产权的特征；同时，占有、劳动力等“事实地”具有经济价值，却并没有以财产权利的形式存在，不会被认为是财产，又导

① 王钢. 德国判例刑法分则. 北京：北京大学出版社，2016：212.

② 高铭暄，马克昌. 刑法学. 7 版. 北京：北京大学出版社，高等教育出版社，2016：503.

③ 王作富. 刑法. 6 版. 北京：中国人民大学出版社，2016：418.

④ 蔡桂生. 论诈骗罪中财产损失的认定及排除. 政治与法律，2014（9）：52.

⑤ 张明楷. 论诈骗罪中的财产损失. 中国法学，2005（5）：120.

⑥ 周光权. 积极刑法立法观在中国的确立. 法学研究，2016（4）：33.

⑦ 田宏杰. 行政犯的法律属性及其责任——兼及定罪机制的重构. 法学家，2013（3）：55.

⑧ 张明楷. 论诈骗罪中的财产损失. 中国法学，2005（5）：120.

致可能涵盖的范围太窄。[①] 第三，实践中大量的诈骗罪都是针对不法原因给付物，不法原因给付物可以成为诈骗罪的保护对象几成通说。[②] 然而法律财产说无法对此作出说明。第四，在我国，成立财产犯罪通常有“数额”要求，如一种物品并无经济价值就无法计算其涉案“数额”，主张法律财产说在此场合尤其存在障碍。由于具有上述缺陷，“法律财产说在理论上与实践中的缺陷相当明显，已完全崩溃”[③]，“今天已经基本无人主张”[④] 了。

（二）法律经济财产说

法律经济财产说认为，除违法利益外，由法秩序保护的整体上有经济价值的利益是财产。也即其认为，个人经济上的财货总数，倘若可受法秩序保护，或至少不受法秩序非难，即为财产。这一学说在我国获得了多数学者的支持。[⑤] 尽管有论者认为当前德国司法判例的立场总体而言比较接近法律经济财产说[⑥]，但从其原则上将非法获得的占有仍认定为财产的立场来看，说德国判例更接近于经济财产说也未尝不可。基于以下几点，法律经济财产说又被称为折中说：关于不法原因给付与诈骗罪的成立与否问题，这一学说与法律财产说在本质上相同；关于成立诈骗罪与是否需要经济损害的问题，这一学说与经济财产说相同。[⑦] 法律经济财产说试图调和法律财产说和经济财产说的弊端，但它否定了民法上违法的利益也能成为刑法上侵犯财产罪保护法益的可能，从而导致侵犯财产罪的保护法益较之法律财产说的保护法益更为狭窄。是否有必要将处罚范围划定如此之窄，存在疑问。特别是，这会导致对非法的价值一概不予保护，故值得商榷。

---

① 林东茂．一个知识论上的刑法学思考：增订3版．北京：中国人民大学出版社，2009：148．江溯．财产犯罪的保护法益：法律—经济财产说之提倡．法学评论，2016（6）：89．

② 游涛．普通诈骗罪研究．北京：中国人民公安大学出版社，2012：66．

③⑦ 张明楷．刑法学．5版．北京：法律出版社，2016：930．

④ 王钢．德国判例刑法分则．北京：北京大学出版社，2016：212．

⑤ 例如，王钢．不法原因给付对于认定财产犯罪的影响．法学家，2017（3）：136．江溯．财产犯罪的保护法益：法律—经济财产说之提倡．法学评论，2016（6）：89-90．蔡桂生．刑法中侵犯财产罪保护客体的务实选择．政治与法律，2016（12）：39．张明楷．诈骗罪与金融诈骗罪研究．北京：清华大学出版社，2006：219。

⑥ 同④213．

二、经济财产说的理论支撑

经济财产说认为，作为整体的具有经济价值的利益即一个人所应得的财货总和就是财产，这和财产权是否被法律承认、是否有正当来源并无关系。据此，即便是民法上的无效债权、违法犯罪所得、不法原因给付物等，都能成为侵犯财产罪保护的财产。因此，这种学说又称为纯粹的经济财产说。经济财产说首先为德国的帝国法院所承认，二战后也为德国的联邦最高法院所采纳。经济财产说的主要价值在于，其能够有效地在财产犯罪领域杜绝法外空间的出现，从刑事政策来看具有显著的优越性。① 进一步说，刑法保护不正当来源的财产，可以相当程度地避免私力救济。② 在我国，由于诉讼成本高、效率低，法院判决得不到执行是常态；人们不信任法律，不通过法院，而是通过黑恶势力等讨债的，在民间不是个别现象。“在这种情况下，如果我们还纵容所谓的权利行使行为，只会使本已混乱不堪的包括财产秩序在内的社会秩序更加恶化。”③ 经济财产说在总体上是可取的，其具有较为坚实的理论支撑。

（一）以刑法的独立性思想为基础

从理论上说，法秩序统一性这一价值目标固然应该坚守，但这不等于违法一元论，不同部门法的违法判断具有相对性④，对这一点也必须承认。再者，不但从我国法制史上看，相当长的时间之内是“诸法合体，民刑不分”，后来民法才从刑法中分离出来，“从这个角度讲，不是刑法从属于民法，而是民法从属于刑法”⑤；而且，我国晚近以来的刑事立法也有意淡化刑法的从属性，刑法与民法、行政法的界限越来越模糊，在有些领

---

① 王钢．德国判例刑法分则．北京：北京大学出版社，2016：212．

② 林东茂．刑法综览：修订5版．北京：中国人民大学出版社，2009：331．林东茂．一个知识论上的刑法学思考：增订3版．北京：中国人民大学出版社，2009：149．

③ 陈洪兵．经济的财产说之主张．华东政法大学学报，2008（1）：44．

④ 对此，请参见王昭武．法秩序统一性视野下违法判断的相对性．中外法学，2015（1）：170及以下。

⑤ 同③43．

域，立法者反而将《治安管理处罚法》上没有相关明确处罚规定的行为直接规定为犯罪（比如在法律规定的国家考试中的“替考”行为），有意彰显刑法的意义独特性和优先性。① 在这样的理论认识和立法背景之下，经济财产说以刑法的独立性思想为理论基础，有其合理性。②

（二）以事实主义为基础

法律财产说强调从形式上保护民事法上的权利，只要侵害了权利，不论有没有实质的经济损失，都认定造成了财产损害。与此不同，经济财产说建立在事实主义的基础之上。如德国最系统地展开经济财产说的学者布伦斯（Bruns）即认为：损害是事实，法律也不能否认这一事实，民法只是决定这种损害由谁来负担的法律后果，犯罪则随着损害的发生而达到既遂。损害的恢复与损害的发生没有关系。科尔哈斯（Kohlhaas）也认为，无效的债权，只要有事实上的价值，就应当被认定为财产，属于财产犯罪的保护法益。③ 这些主张都带有明显的事实主义的色彩。

（三）在法解释上具有整合性

从刑法秩序一致性的角度讲，强取、窃取或破坏窃贼偷来的东西，成立抢劫罪（或抢夺罪）、盗窃罪与毁损罪。诈骗罪是财产犯罪的类型之一，对财产概念的解释不能自外于其他财产犯罪，骗取小偷的赃物、骗取应召女郎的性劳务，均应成立诈骗罪。④ 这可谓是刑法解释上的理由。

（四）未必以行为无价值论为前提

有日本学者指出，刑法的独立性思想、事实主义、行为无价值论，是支撑经济财产说的理论基础。⑤ 之所以认为行为无价值论也是经济财产说的理论支撑，是因为：行为无价值论认为，犯罪是对义务的侵害，犯罪人通过其行为所显示的犯罪人的意思以及因此而对一般法秩序形成的危险，

---

① 周光权. 转型时期刑法立法的思路与方法. 中国社会科学，2016（3）：126.

② 关于刑法独立性主张的理由以及对刑法从属于民法主张的反驳，参见张明楷. 论诈骗罪中的财产损失. 中国法学，2005（5）：120。

③ 劳佳琦. 关于霸王嫖能否构成诈骗罪问题的探讨. 江苏警官学院学报，2011（3）：13-14.

④ 林东茂. 刑法综览：修订5版. 北京：中国人民大学出版社，2009：331. 林东茂. 一个知识论上的刑法学思考：增订3版. 北京：中国人民大学出版社，2009：149.

⑤ 林干人. 财产犯的保护法益. 东京：东京大学出版会，1984：138.

是处罚的根据。即使基于这种处罚根据而保护了不值得保护的被害人时，刑法也必须如此。[①] 在本书看来，即便行为无价值论和规范违反说的支持者更容易采纳经济财产说的立场，但经济财产说并不以行为无价值论为必然前提。换言之，即便在违法性本质问题上采纳法益侵害说和结果无价值论的立场，同样可能采纳经济财产说。这取决于对财产犯罪所保护之"法益"的理解。只要是在刑法独立性的框架之下，认为在刑法上值得保护的利益并不以具有民法权利为必要，就仍然可能承认事实上存在的经济价值就值得刑法保护，就是刑法上的法益。所以，关键是对刑法与民法间之关系的认识以及对法秩序统一性的具体理解，即便坚持结果无价值论，也仍然可以主张经济财产说。

三、经济财产说的具体展开

经济财产说不仅具有较为充分的理论支撑，也在一定意义上得到了我国司法实务的具体印证，以下略举数例予以说明。

（一）截取贿赂

通过"截贿"而行骗的事情常有发生。比如，A 自称认识办案民警，可以帮忙，先后从因贩毒而被拘捕的嫌疑人 B 之亲属处取得 15 万余元，并虚构其中 14 万元已经送出而占为己有。在此案例（以称"截取行贿款案"）中，法院审理后认定，行为人 A 以非法占有为目的，谎称钱已经送出，其行为已经构成诈骗罪，而送出的 14 300 元构成行贿罪，需要数罪并罚。[②]"因为行为人获得财物的手段，属于虚构事实的诈骗手段，行贿者因为行为人的诈骗而多支出了'贿赂'，遭受了财产损失，受贿者因为行为人的诈骗而少收受'贿赂'，同样遭受了财产损失。尽管贿赂的财物属于赃物，但并不表明赃物在被追缴前其事实占有状态或所有权不受法律保护。"[③] 尽管也有法院判决对于这种基于非法占有目的的截贿行为是否构成诈骗（或者侵占）采取了回避态度[④]，但仍然应该认为，这种采用虚

---

① 劳佳琦. 关于霸王嫖能否构成诈骗罪问题的探讨. 江苏警官学院学报，2011（3）：14.

② 安徽省安庆市中级人民法院（2014）宜刑重终字第 00001 号刑事判决书。

③ 肖中华. 贪污贿赂罪疑难解析. 上海：上海人民出版社，2006：244.

④ 辽宁省东港市人民法院（2015）东刑初字第 00163 号刑事判决书。

构事实或者隐瞒真相的方式骗取不法原因委托物或不法原因给付物的，能够肯定其财产损害，有必要按照诈骗罪处理。

（二）骗取赌资

在我国，对于骗取赌资的案件，无论是设置圈套诱人参赌，以打假牌的方式“赢取”他人钱财的[①]，还是设置圈套控制赌博输赢并从中获取钱财的[②]，或者是利用自己准备的特定赌具控制赌博输赢行为的[③]，都被司法机关认定为诈骗罪。“赌资在我国属于投入非法活动中的金钱，将骗取赌资作为诈骗罪处理，说明司法机关并不关心金钱利益是否合法，这时判定财产受到侵害，就证明其采取的是纯粹的经济的财产说。”[④]

不过，在骗取赌资的案件中主张应按照赌博罪处理的意见仍有市场，且 1995 年最高人民法院《关于对设置圈套诱骗他人参赌又向索还钱财的受骗者施以暴力或暴力威胁的行为应如何定罪问题的批复》也指出，行为人设置圈套诱骗他人参赌获取钱财，属赌博行为，构成犯罪的，应当以赌博罪定罪处罚。而如果按照纯粹的经济财产说，这时就应定诈骗罪。因此，这一规范性文件也被认为是经济财产说的一处“解释疑难”[⑤]。但在该规范性文件颁行之后，司法实务针对相关案例及其分析仍认为，应将诱骗参与赌博的行为与赌博过程中的诱骗行为截然分开。如果行为人通过设置圈套等方式诱骗他人参赌，欺诈行为是为了保证赌博的顺利进行，则应按赌博罪处理；反之，利用赌局诱使他人参赌并通过虚构事实、隐瞒真相的方法骗取参赌方财物，赌博输赢完全由行为人一方掌控的，不符合赌博行为凭借偶然事实决定输赢的特征，属于以赌博之“名”

---

① 黄艺等诈骗案——设置圈套诱人参赌，以打假牌的方式“赢取”他人钱财的行为构成赌博罪还是诈骗罪//最高人民法院刑事审判第一、二、三、四、五庭. 刑事审判参考：2007 年第 4 集，总第 57 集. 北京：法律出版社，2007：33-42.

② 王红柳、黄叶峰诈骗案——设置圈套控制赌博输赢并从中获取钱财的行为，如何定性//最高人民法院刑事审判第一、二、三、四、五庭. 刑事审判参考：2013 年第 1 集，总第 90 集. 北京：法律出版社，2013：75-79.

③ 史兴其诈骗案——利用自己准备的特定赌具控制赌博输赢行为的定性//最高人民法院刑事审判第一、二、三、四、五庭. 刑事审判参考：2013 年第 1 集，总第 90 集. 北京：法律出版社，2013：75-79.

④ 蔡桂生. 刑法中侵犯财产罪保护客体的务实选择. 政治与法律，2016（12）：37.

⑤ 同④38.

行诈骗之“实”，此时应以诈骗罪论处，完全存在着之后转化成抢劫罪的可能。① 这样来理解的话，上述 1995 年的批复也就不足以成为经济财产说的一个解释疑难。实务中常常将骗赌案件按照赌博罪处理的一个现实考虑是，一旦定性为诈骗罪，与被告人相对的一方需被认定为被害人，被告人通过赌博欺诈获取的钱财（即赃款）应当发还被害人。比如在李海波诈骗案中，法院即明确判处“追缴各被告人的违法所得，发还各被害人”②，而并未认定参赌者的财物属于赌资而予以没收。对此，相应案件的主审法官认为，“正是由于被告人客观上设置了不法原因，进行了诈骗行为，被害人才产生了认识错误，处分自己财产，使自己的财产遭受损失。因此，认为行为人参与赌博活动，因此出现的财产损失、赌债、赌资不受民事法律保护，从而使得本案没有被害人，进而阻却本案被告人成立诈骗罪的理由也是不能成立的”③。

值得注意的是，有论者基于法律经济财产说的立场，也对骗赌（以及明知是假毒品而加以贩卖的）行为构成诈骗罪给出了说明。其认为，在不法原因给付人（比如参与赌博者）因受到受领人欺骗而实施不法原因给付之时，给付人并不丧失损害赔偿请求权，从而其所给付的财产仍是法秩序

---

① 陈建新等赌博案//最高人民法院中国应用法学研究所．人民法院案例选（分类重排本）：刑事卷 6．北京：人民法院出版社，2017：2881.

② 李海波等诈骗案//最高人民法院中国应用法学研究所．人民法院案例选（分类重排本）：刑事卷 6．北京：人民法院出版社，2017：2858.

③ 王爱国诈骗案//最高人民法院中国应用法学研究所．人民法院案例选（分类重排本）：刑事卷 6．北京：人民法院出版社，2017：2894．不过，此类案件中的被害人实际也是赌博参与人，赃款发还赌博参与人，势必造成对赌博行为打击不力的问题。对此，有论者建议，应当区别不同情况进行处理：如果被害人本不具有赌博意思，而是基于行为人的欺骗而产生赌博意愿，并陷入赌博陷阱，从而被骗钱财的，因被害人不具有通过赌博进行营利的目的，对其合法财产权益应予保护，故对于扣押或者退缴的赃款应当发还被害人，或者责令被告人退赔被害人经济损失；如果被害人本身也是参赌人员，由于其具有通过赌博进行营利的目的，其本身有积极参与赌博的行为，因此，其所输钱款属于赌资，对于赌资无须通过行政处罚程序予以没收，而可直接在刑事程序中予以追缴没收。王红柳、黄叶峰诈骗案——设置圈套控制赌博输赢并从中获取钱财的行为，如何定性//最高人民法院刑事审判第一、二、三、四、五庭．刑事审判参考：2013 年第 1 集，总第 90 集．北京：法律出版社，2013：79.

所保护的财产，其因受到欺骗而遭受了财产损失，行为人因此构成诈骗罪。[①] 但问题在于，"在不法原因给付人因受到受领人欺骗而实施不法原因给付之时，给付人并不丧失损害赔偿请求权"这一结论本身是否成立。无论是在前述截取贿赂的场合、此处被欺骗而参赌的场合还是后述的故意贩卖假毒品的场合，财物给付人对于自己给付的财物将用于行贿、赌博或者购买毒品这一点本身终究是明知的，在此意义上的给付就仍是"不法"的，以这种给付是因受到领受人的欺骗而作出的为由认为其仍受法秩序的保护，理由未必充分。相比而言，不去纠缠财物本身的"合法性"与否而是聚焦于其经济价值，通过经济财产说对此予以说明则要顺畅得多。

（三）骗取毒品和枪支弹药

有观点在原则上承认"第三人骗取他人非法占有的财物可以成立诈骗罪"的前提下，又认为，由于持有毒品和枪支弹药均属可罚，若认定从毒贩手中骗取毒品构成诈骗罪，会使一部刑法中出现评价上的自相矛盾，使人怀疑持有毒品不是犯罪[②]；并进而认为这也是经济财产说的一处"解释疑难"[③]。确实，即便在今日的德国，毒品交易中的毒犯仍不能援引诈骗罪条款而要求骗得毒品的买客为毒品付款，因为毒犯给付的是不受刑法保护的毒品；而买客请求毒犯返还毒资的，受诈骗罪条款保护，因为他支付的是"干净的钱"。2003年，德国联邦法院还认定卖大麻却交付巧克力给买客的毒犯构成诈骗罪。在我国，最高人民检察院1991年4月2日《关于贩卖假毒品案件如何定性问题的批复》（已失效）以及最高人民法院1994年12月20日《关于执行〈全国人民代表大会常务委员会关于禁毒的决定〉的若干问题的解释》（已失效）第17条都规定，明知是假毒品而冒充毒品贩卖的，以诈骗罪定罪处罚。司法实务中据此通常也只单向地将以假毒品欺骗买客获取财物的行为认定为诈骗。有论者认为，"可以认定，

① 江溯．财产犯罪的保护法益：法律—经济财产说之提倡．法学评论，2016（6）：95-96.

② 蔡桂生．论诈骗罪中财产损失的认定及排除．政治与法律，2014（9）：52.

③ 蔡桂生．刑法中侵犯财产罪保护客体的务实选择．政治与法律，2016（12）：38.

当买客倒过来骗取毒贩子的毒品时，毒贩的毒资请求权不受保护”[1]。但是，本书不承认这种特殊性和例外。即便对毒品的非法占有（持有）本身是一种刑事违法行为，也并不妨碍从毒品持有者手中骗取毒品的行为仍具有可罚性。这是因为，即便认为毒品等违禁品不存在合法的交易市场，也不能否定其本身客观上具有经济价值；况且，也可以认为，持有人对毒品等的占有本身就具有经济价值，对这种占有的侵害也会导致经济财产的损失。这样来看，不按照诈骗罪等财产犯罪处理，无疑是对相应行为的纵容。按照法律经济财产说，毒品等违禁品在被国家没收之前，私人对其的持有为行政法和刑法所禁止，并不具有合法性，从而毒品等违禁品不属于财产犯罪的行为客体，对这些违禁品的侵害不能被认定为财产犯罪。[2] 这不但会导致处罚上的漏洞（得出无罪结论时）或者不恰当（按照妨害社会管理秩序罪或者其他犯罪类型处理时），也和相关司法解释的结论不协调。在本书看来，将骗取、窃取、夺取毒品等违禁品的行为按照相应财产犯罪处理并不属于刑法评价的自相矛盾，这是因为：加害与被害本就是相对的。就像在互殴造成双方轻伤的场合，两方都既是加害人又是被害人一样，在骗取毒品的场合，毒品持有者针对国家的毒品管理制度而言是加害人，但针对实施欺骗者而言，又是财产损失的受害人。因此可以说，在涉及从毒贩处骗取毒品以及与此相同性质的骗取他人非法持有的枪支弹药的问题上，经济财产说仍应得到贯彻，并不足以成为一处“解释疑难”。至于违禁品的具体数额问题，2000 年最高人民法院《全国法院审理毒品犯罪案件工作座谈会纪要》规定，“认定盗窃犯罪数额，可以参考当地毒品非法交易的价格”。这明显体现出了经济财产说的立场。尽管这一纪要为 2008 年最高人民法院印发的《全国部分法院审理毒品犯罪案件工作座谈会纪要》所取代，而且后者仅规定“盗窃、抢夺、抢劫毒品的，应当分别以盗窃罪、抢夺罪或者抢劫罪定罪，但不计犯罪数额，根据情节轻重予以定罪量刑”，但后一纪要仍认可了毒品的“财物”属性，仍可以说是坚持经济财产说而非法律经济财产说的证明。

---

① 蔡桂生．论诈骗罪中财产损失的认定及排除．政治与法律，2014（9）：52.

② 江溯．财产犯罪的保护法益：法律—经济财产说之提倡．法学评论，2016（6）：92.

四、对经济财产说所谓缺陷的回应

经济财产说遭受的一个批判是，其不利于保护所有权人或者债权人的财产，例如，债权人通过欺骗方法实现债权的，也成立诈骗罪，这可能难以让人接受。[①] 然而，即便在上述场合得出所有权人或者债权人构成诈骗罪等财产犯罪的结论，也是旨在指引这些权利人尽可能放弃私力救济，通过正当的、合法的途径行使权利，否则，就可能构成犯罪。在刑法独立性说的立场，民法上的权利人这一身份并不足以成为刑法上财产犯罪的免罪金牌，就此而言，这样的结论有一定的合理性，并非“难以让人接受”。同时也需要明确，尽管根据经济财产说，能够肯定受骗方客观上存在财产损失，但不等于在这一立场看来，所有权人将他人占有的自己财物骗回的，或者债权人通过欺骗方式实现债权的，必然成立诈骗罪。对此，可能存在以下不同的出罪路径。路径之一，认为“非法占有目的”是主观构成要件要素，而所有权人、债权人原本就没有非法占有目的[②]，从而否定其诈骗罪的构成要件该当性。事实上，司法实务中，对于所有权人擅自取回由公权力机关依法查封、扣押的财产的，通常并非按照财产犯罪处理，而是明确体现出了这样的倾向：如果所有权人取回财物之后并不向公权力机关提出索赔的，则因其主观上欠缺非法占有目的，其行为只构成非法处置查封、扣押、冻结的财产罪等妨害社会管理秩序罪，而不构成侵犯财产罪。[③] 如果所有权人取回财物之后又向公权力机关申请赔偿的，才肯定其非法占有目的，进而肯定其行为成立相应财产犯罪。[④] 由此看出，司法实

① 张明楷．论诈骗罪中的财产损失．中国法学，2005（5）：120.

② 有观点认为，“非法”占有目的中的“非法”，既可能是实体上的，也可能是程序上的，只要具有手段的非法性即可肯定非法占有目的。武良军．暴力、胁迫行使债权行为的刑法评价．政治与法律，2011（10）：72. 但单纯根据手段行为的违法来肯定行为人的非法占有目的，既和《刑法》第238条第3款的规定不符，也会导致将实体问题和程序问题混同，还会导致不当地扩大处罚范围，实为不妥。

③ 陆惠忠、刘敏非法处置扣押的财产案——窃取本人被司法机关扣押财物的行为如何处理//最高人民法院刑事审判第一、二、三、四、五庭．中国刑事审判指导案例：5·妨害社会管理秩序罪．北京：法律出版社，2012：171-172.

④ 叶文言、叶文语等盗窃案——窃取被交通管理部门扣押的自己所有的车辆后进行索赔的行为如何定性//最高人民法院刑事审判第一、二、三、四、五庭．中国刑事审判指导案例：4·侵犯财产罪．北京：法律出版社，2012：322-325.

务中既没有否定本人所有的财物可以成为侵犯财产罪的对象，又对此采取了比较克制的态度。尽管也有学者基于“司法机关对财物的占有也值得刑法保护”的理由而对这样的实务立场持否定态度①，但这种实务倾向本身是客观存在的，不容忽视。路径之二，结合对《刑法》第238条第3款规定的分析，认为在债权人索取债务的场合对方欠缺法律上的财产损失，从而不构成犯罪；并认为，该款可以类推适用于以其他方式索取债权的行为。② 路径之三，承认“以所有人事后索赔的行为来回溯性地建构一个其擅自取回所有之财物时的非法占有目的，显然不符合主观目的与客观行为必须同时存在的原理”③，进而承认所有权人、债权人存在“非法占有目的”并承认诈骗罪等财产犯罪的构成要件该当性，在之后违法性判断的法益衡量中，以所有权或者债权可以对抗占有（包括合法占有）为由，否定诈骗罪等的成立。路径之四，不接受上述三个路径，而是在满足紧迫性等要件的场合，主张通过“自救行为”这一违法性阻却事由出罪。

经济财产说面临的另一个批判是，其过于扩大财产犯罪的处罚范围，至少与我国的国情、刑事政策不相符合，例如，欺骗妓女，使其与自己发生性行为的，也要构成诈骗罪，可能难以被国民接受。④ 但对于骗取有偿性服务的行为，只要达到数额标准，就同样应该认定为诈骗罪，“难以为国民所接受”即便是事实，但“国民的可接受程度”常常是流动并需要引导的，不足以构成否定经济财产说的实质理由。根据批判者的观点，（1）如果行为人原本没有支付嫖宿费的意思，欺骗妓女，使其提供性服务的，由于性服务本身充其量是一种劳务，应被排除在财产性利益之外，所骗取的性服务这一利益不具有经济价值，故妓女没有遭受财产损失，行为人不成立诈骗罪；（2）如果行为人原本打算支付嫖宿费用，与对方发生性关系后，采取欺骗手段使对方免收嫖宿费的，属于欺骗对方，使

① 张明楷．法益初论．北京：中国政法大学出版社，2000：605．黎宏．拿走被依法扣押财物定盗窃罪：法理充足，实践认可．检察日报，2010-12-14（03）．

② 于改之．自力实现债权行为的刑法教义学分析——以我国《刑法》第238条第3款的性质为基础．政治与法律，2017（11）．

③ 江溯．财产犯罪的保护法益：法律—经济财产说之提倡．法学评论，2016（6）：92．

④ 张明楷．论诈骗罪中的财产损失．中国法学，2005（5）：121．

其免除行为人的非法债务。欺骗行为没有侵害妓女的合法的财产权益，妓女也没有遭受财产损失。[①]（3）至于在妓女已经获得嫖宿费用之后，嫖宿者使用欺骗的手段骗回所给付的嫖宿费用的场合，未见批判者明确表态，但如果得出同样否定妓女遭受财产损失的结论，恐怕会导致对其权利保护的不力局面，也和前文所示我国司法实务中将截取贿赂、骗取赌资等行为按照诈骗罪处理的现状有失协调；而如果得出肯定妓女遭受财产损失的结论，则判断妓女是否遭受财产损失，进而行为人之行为是否成立诈骗罪就会取决于嫖宿费用尚未支付（而通过欺骗免于支付）还是已经支付（而将其骗回），其中的不均衡也是显而易见的。在经济财产说看来，（3）的场合自不必说，即便是在（1）和（2）的场合，也能在双方约定的数额范围内肯定妓女的财产损失，也就是说，妓女所损失的，并非其所支付的有偿性行为这一"劳务"，而是就此所约定的报酬。[②] 顺便指出，在德国，司法实践中主张经济财产说较为常见。德国联邦法院早先曾判决，嫖宿妓女后用假币支付嫖资的，不构成诈骗罪。但这就明显偏离了经济财产说。到2001年德国出台了保护妓女权益的法案后，德国法院用诈骗罪保护妓女的嫖资请求权。而在日本，关于欺骗卖淫这种案件虽有争议，但实务中肯定诈骗罪的判决和理论上的肯定主张同样引人注目。[③] 给付在先场合的骗取钱财属于骗取"财物"，给付在后场合的骗免债务属于骗取财产性利益，就财产损失而言本质上是一样的。至于批评者所谓的肯定被骗妓女遭受财产损失"至少与中国的国情、刑事政策不相符合"的论断，很大程度上是刑法教义学立场之外的"先有结果后找理由"，未必具有足够的说服力。

经济财产说面临的一个关键性批判是，按照这一学说，一些诸如去世母亲唯一遗物这样的具有主观情感价值却欠缺客观经济价值的物品无法得到保护。但是，可以通过主张特殊物品对被害人所具有的"情感价

---

① 张明楷．论诈骗罪中的财产损失．中国法学，2005（5）：125-126．同旨主张，参见西田典之．刑法各论．6版．东京：弘文堂，2012：213。

② 同旨主张，参见陈洪兵．经济的财产说之主张．华东政法大学学报，2008（1）：48。

③ 实务判决，参见名古屋高判昭和30年（1955）12月13日，高等裁判所刑事裁判特报，2卷24号，1267页；理论上的肯定主张，比如团藤重光、福田平、内田文昭等，参见西田典之．刑法各论．6版．东京：弘文堂，2012：213。

值”也是一种经济价值（参见本书第五章第十节）来化解这一问题。需要说明，这并非将任何没有经济价值的物品都一概作为“财物”看待，因此也就不是对经济财产说的放弃或者无原则扩张，而是仅限于特定物品对法益主体而言“具有主观情感价值”且无可（或至少是难以）替代时。就此而言，也就仍然坚持了经济财产说的基本框架。在与纯粹的经济财产说加以区分的意义上，可将此种主张称为“修正的经济财产说”。这种主张的顾虑在于，主观情感价值终究无法用金钱衡量，和我国刑法成立诈骗罪要求的“数额较大”之间可能难以兼容。不过，具体数额计算实际上是法定刑选择问题，鉴于诈骗罪立法过于强调数额而轻视情节的现实，按照“存疑时有利于被告”的原则，适用最低档法定刑即可。

五、经济财产说的障碍破除

主张经济财产说所面临的真正障碍不是来自实务处理，而是来自立法本身。我国《刑法》第 91 条规定了“本法所称公共财产”的范围，第 92 条则规定了“本法所称公民私人所有的财产”的范围。有论者认为，其中，第 92 条强调“合法”或“依法”，第 91 条虽未如此强调，但我国是社会主义公有制国家，因此公共财产具有当然的合法性，所以，无论是公共财产还是公民私人所有的财产，作为财产犯罪之对象的“公私财物”，其前提是具备合法性，即并非法秩序所禁止之物或者利益；并进而认为，我国《刑法》立法对财产犯罪采取的是一种类似于法律财产说的财产理论。① 另有论者认为，我国《刑法》第 92 条明文宣示了刑法上的财产不包括违法的财产，这可看作是法律经济财产说在刑法条文上的明确依据。②

但本书认为，上述刑法立法规定不足以成为主张经济财产说的法律障碍。对此，至少有两种解决思路。一是，恰当界定《刑法》第 91 条中的“国有财产”的范围，在《刑法》第 64 条规定的“违禁品和供犯罪所用的本人财物，应当予以没收。没收的财物和罚金，一律上缴国库”的意义

① 江溯．财产犯罪的保护法益：法律—经济财产说之提倡．法学评论，2016（6）：90.

② 蔡桂生．刑法中侵犯财产罪保护客体的务实选择．政治与法律，2016（12）：38.

上，将公民私人非法所有的财产直接认定为“国有财产”，进而认定为“公共财产”，并最终认定为财产犯罪的行为对象“公私财物”①。对这种思路的顾虑或许在于，根据我国《物权法》第 23 条，动产物权的设立和转让，自交付时发生效力，但法律另有规定的除外。因而，对于公民私人非法所有的动产在将其没收之前，国家并未现实地享有所有权。② 但即便如此仍可认为，国家是否进行了没收只具有法律程序上的意义，并不否认此时在最终归属上，财产是国家所有的。二是，如不采取上述思路，也可以认为，《刑法》第 91、92 条关于公私财物的规定是从所有权说或本权说角度进行的规定，并不能直接作为法律经济财产说的根据。进一步说，虽然《刑法》第 92 条强调“公民私人所有的财产”的“合法”或“依法”，但这是对“所有权”的描述或者界定，并不妨碍公民由于违法甚至犯罪行为而“非法占有”的财产属于“依法归（所有权人）个人所有的其他财产”，因而其仍然属于所有权人“私人所有的财产”。不论何种途径，总体上都可解决经济财产说与《刑法》第 91、92 条的兼容性问题。不过，话说回来，此时经济财产说与法律经济财产说的差别，也就没有那么大了。既然如此，与其竭力主张法律经济财产概念而遭受对实务处理说明不力的诘问，不如直截了当地主张经济财产说。

第十节　刑法介入财产权保护时的考量要点

对于国家的立法者和司法者来说，刑法的制定和刑罚权的发动应该为国民，特别是普通公民的（有限的、来之不易的）财产保护发挥重要的作用，使他们能够分享国家富强、繁荣的文明成果，真正体现社会的和谐。同时，在飞速发展、无限可能的当下社会，到处是机遇，处处有风险。特别是在市场经济仍有待完善、拜金主义盛行的时代，尽管一个正常的理性人应该为自己的行为承担风险，但国家、社会和法律（包括刑法）也不能将一切风险及由此产生的不利后果都交由个人承担。此外，一个健康而良性运转的社会，应该是个充满诚信的社会，而在当下中国，各阶层、各行

① 陈兴良．规范刑法学：下册．4 版．北京：中国人民大学出版社，2017：875.

② 类似的主张，参见张明楷．法益初论．北京：中国政法大学出版社，2000：582。

业普遍缺乏诚信也是个毋庸回避的现实。在财产权保护问题上采取何种立场，“不是一个简单的刑法解释技巧和解释结论选择问题，而是一个必须结合刑法与民法的功能分工以及当代中国法治语境下刑法谦抑的考量才能予以正确解读的政策性选择问题”①。立足于以上基本社会现实，本节着力探讨刑法介入财产权保护应立足于怎样的基本原理，并通过具体实例来对上述原理加以检验。

一、刑法介入财产权的保护以存在实质上的财产损害为前提

刑法介入以成立犯罪为前提，而犯罪的本质是法益侵害。因此，刑法介入财产权的保护以存在实质上的财产损害为前提。对此需要强调以下几点。

（一）财产犯罪的对象必须具有经济价值

财产犯罪的侵害对象是否必须具有经济价值？在我国，由于侵犯财产罪的对象被规定为“财物”，并且“数额较大”是大多数财产犯罪的入罪条件，因而通常认为不具经济价值的物品不能成为财产犯罪的对象。不过，我国刑法规定的盗窃罪中也有“多次盗窃”等其他情形构成犯罪或者“有其他严重情节”的适用盗窃罪加重法定刑的规定，可见直接的经济价值并非盗窃罪等财产犯罪入罪考量的唯一因素。窃取他人无经济价值的特定物品给他人造成严重精神负担（比如窃取了被害人珍藏的已故母亲的举世唯一的照片，从而导致被害人承受极度精神痛苦）的，能否肯定盗窃罪的成立？问题的关键并非是否可能达到“数额较大”，而在于这样的特有“物品”本身能否被称为“财物”。财物之所以区别于一般物品，就在于其具有财产价值。在解释论上，恐怕更容易通过对是否具有经济价值采客观标准来否定前述相应行为构成财产罪；但对被害人而言，这样的特殊物品比几千元的财物要贵重得多，无罪的结论会造成相应被害人的合法权益无从得到刑法的有效保护。因此，将客观上不具有经济价值但对所有权人、占有人具有情感价值的特殊物品解释为“财物”（对经济价值的判断采取主观标准）是可以考虑的，而且这也不能说就超出了“财物”一词的可能

---

① 梁根林．刑事法网：扩张与限缩．北京：法律出版社，2005：55.

含义。[①] “只有主观上与客观上都完全没有价值的东西，才不是刑法上的财物。”[②]

再有，QQ号码（一种即时网络通讯工具）等能否成为财产犯罪的对象？在电气、煤气等被评价为“财物”，偷电等被无争议地认为构成盗窃罪的背景之下，“财物”概念并不限于固体物（甚至也不限于有体物）。所以，只要是具有经济价值的物品，不论其存在形态，均可能被评价为“财物”。QQ号码由于具有稀缺性、能够为人力所控制并且可能用于买卖（并且不能说是非法买卖）、可以用金钱来折算，所以是有经济价值的，因此就可能被评价为财物（这样的在网络空间中特定的、具有某种经济价值的物品也被称为“虚拟财产”）。[③] 此外，“财产性利益”能否成为侵犯财产对的对象？顾名思义，“财产性利益”是财物之外的有财产价值或曰经济价值的利益。取得财产性利益主要有使对方负担债务、使自己免除或者延期履行债务以及接受对方提供的劳务等途径。中国刑法没有像日本刑法那样明确区分财物罪与利得罪[④]，关于

---

① 既然后述的QQ号码等都可以被称为虚拟财产而被解释为“财物”，那么这种特殊物品（上述遗物，又如情书等）就没有理由不被解释为“财物”。不过，将此种特殊物品解释为“财物”，从而将其纳入财产犯罪的调控范围中时，会遇到这样的问题：这样的物品不能在市场上进行流通，如何确定犯罪的数额？在本书看来，根据特定物品对被害人的重要程度等因素，在确定其法益侵害性程度已达到需动用刑罚规制的前提下，应该本着“有利于被告”的原则，适用相应犯罪的最低档法定刑（在例外地具备“情节特别严重”的情形时，也不排除导致法定刑的升格）。此外，本书认为，导致侵害此种具有特殊情感价值（主观意义上的经济价值）的特殊物品时难以确定犯罪数额，从而难以确定法定刑幅度的根源，归根结底还在于“以数额定罪”（所谓“以赃论罪”）的立法模式。在立法上放弃对犯罪数额的要求应该是财产犯罪立法的理想模式，对此“限制处罚范围”等理由都应该是下位的。

② 赵秉志．外国刑法各论：大陆法系．北京：中国人民大学出版社，2006：145.

③ 关于QQ号码属于虚拟财产的较为详细的论证，可参见于志刚．论QQ号的法律性质及其刑法保护．法学家，2007（3）：53-58。

④ 在日本，以行为对象的区别为基准，根据行为客体是“财物”还是财产上的“利益”而将财产罪分为财物罪与利得罪（由于在一定的财产犯罪中，财物罪规定于相应法条的第1款而利得罪规定于第2款，故分别称为第1款犯罪和第2款犯罪）。日本刑法中的盗窃罪、侵占罪、赃物参与罪、毁弃·隐匿罪属于财物罪，而抢劫罪（强盗罪）、诈骗罪、恐吓罪（敲诈勒索罪）由于在第1款规定了财物罪而在第2款规定了利得罪，从而以财物和利益两者为对象。使用电子计算机诈骗罪由于以“利益”为对象，故属于利得罪。

财产犯罪的对象也只规定为“财物”，那么对“财产性利益”的侵害能否构成相应犯罪就需要借助刑法的解释。对物化的“财物”之外的其他形态的财产权同样需要动用刑法予以保护，于是，在司法上（适用解释上）就可以通过对“财物”概念作扩大解释（认为“物化”的“财物”是刑法中“财物”概念的核心含义，而其他形态的财产权载体是“财物”概念的边缘含义，仍未超出该概念的语义射程，未超出一般国民的预测可能性）来将财产性利益等纳入刑法的保护范围。① 这样的解释一方面可以说使用了扩大解释的方法，另一方面也可谓坚持了客观解释的立场（不拘泥于所谓的“立法原意”，而是根据解释对象的客观可能含义，结合法益保护的需要进行解释），总体上是值得肯定的。扩展来说，任何有形或者无形的具有经济价值的物品，只要未被单独评价（著作权等无形资产受刑法的另外规制，所以对此等资产的侵害不适用财物犯罪的评级序列），就都可能被解释为“财物”而成为财产犯罪的对象。不过，“财物”概念的语义射程之边界何在，是否所有的“财产性利益”（是否所有的财产权的存在形态）都能被解释为“财物”，仍是个问题。从法律适用的安定性角度出发，将财产犯罪的对象明确区分为“财物”和“财产性利益”（也就是规定利得罪），或许是立法的一个方向。②

---

①　不但在财产犯罪中，在受贿罪中，同样是通过对“财物”的扩大解释，而将“财产性利益”纳入该罪的保护范围中。至于非财产性利益，则超出了“财物”的语义射程。

②　这里涉及一个问题：在财产权涉及的相关概念的内涵上，刑法与民法是否存在着差异？是否应该存在差异？对此，本书接受某论者的如下论断：刑法意义上的所有权，并不限于《民法通则》第 71 条规定的内容，也包括对一定物质利益的请求权（债权），这一范畴更接近于民法中财产权的概念，但应该排除知识产权的内容。刑法意义上的所有权之所以还涉及民法意义上债权的范畴，其原因即在于刑法的保护是最终性的，因为无论是所有权还是具有财产内容的债权，都是为了确定一定财产的归属，而这种归属状态就是一个法秩序所确认并维护的状态。民法上所有权和具有财产内容的债权的区分，是基于其权利义务关系特性的不同，从而产生了财产权利实现上的差异。“在民法规定的种种复杂财产关系面前，刑法不能仅仅以民法上的所有权作为财产犯罪的法益，而应当将所有权以外的也作为法益予以保护，因为对于刑法而言，财产权利实现方式并不是其关心的重点，重要的是确认财产权利的最终归属，并且认为对这一财产权利归属形成障碍的严重侵犯行为属于犯罪（当符合刑法某一犯罪的犯罪构成时）。从这个意义上说，刑法意义上的所有权是实质意义上的，其基本内涵是确认一个有法律根据的财产权利的归属，而这种归属正是法秩序的具体体现。”（朱景文，韩大元. 中国特色社会主义法律体系研究报告. 北京：中国人民大学出版社，2010：257. 引用部分为刘明祥教授、黄京平教授等的合作成果。）

此外，必须要明确，说“财产犯罪的对象必须具有经济价值”，是就犯罪既遂而言的，并不意味着客观上不法取得了不具有经济价值的物品时一概属于无罪。比如，看到他人提包里装有大把现金而心生邪念，在将该提包窃为己有后才发觉实际是假钞，此时若将违法性的本质理解为行为无价值时自不必说，即便将其理解为结果无价值，只要认为法益侵害的危险性（而不是单纯的实害本身）也属结果无价值，那么就会认为这样的场合成立盗窃未遂。所以，意图非法取得数额较大的财物，客观上也具有侵害财产法益的危险性，而只是偶然取得了无经济价值的物品（或者未取得任何物品）的，仍有成立财产犯罪之未遂的可能（实践中是否处罚是另一回事）。

（二）对财产损害的实质判断要采取整体财产说

学界一般认可了诈骗罪的客观构造是欺诈行为→认识错误→处分财产→财产损害，即诈骗罪的既遂需要对方遭受财产损害。问题是：是否任何违背物主主观意愿、由欺骗引起的财产转移，都属于诈骗罪既遂所必备的财产损害？比如，被害人想买张大千的画作而行为人故意将齐白石的画说成是张的（假设两人的画在市场上等值）而将其卖给被害人的，能否认定为存在财产损害，从而成立诈骗罪？在德国，盗窃罪是针对所有权的犯罪，只要取得了对象物即告成立；而德国刑法明文规定诈骗罪是针对整体财产的犯罪，要以财产损害的发生为要件①；理论上也认为，诈骗罪是针对被害人的“净财富”（net wealth）所实施的犯罪（所谓“净财富”，是指法律上的利益减去债务以后的余额）。而在日本，其刑法并未将诈骗罪规定为针对整体财产的犯罪，而是和盗窃罪一样规定为基本的取得罪，因此类似案件是否构成诈骗罪就存在着整体财产减少说和个别财产减少说间的对立。按照这样的概念区分，德国在立法上认可了整体财产减少说并为学说所支持。据此，如果被害人的“净财富”没有受损，就没有刑事责任。这意味着仅仅干扰了被害人的商业自治不足以构成诈骗罪。这一重要原则以否定式表述为，刑法不保护以自认为适当的方式处置自己财产

---

① 德国刑法第263条（诈骗）规定：“意图为自己或第三人获得不法财产利益，以欺诈、歪曲或隐瞒事实的方法，使他人陷于错误之中，因而损害其财产的，处5年以下自由刑或罚金刑。”德国刑法典：2002年修订．徐久生，庄敬华，译．北京：中国方正出版社，2004：128.

的自由。[①] 而与此相对，普通法可谓是实实在在地保护这种自由，或者说是保护商业自治权的。这是普通法的宗旨之一。[②] 这也可以说是采取了个别财产减少说的思路。

实际上，以上问题涉及财产处分自由（美国学者弗莱彻教授称之为“商业自治权”）是否属于财产法益的内容之一的问题（即便不将财产处分的自由理解为“财产法益”的内容本身，但只要将这种自由理解为诈骗罪侵害的法益，问题就依然存在）。如果结论是肯定的，则对财产处分自由的侵害亦是侵害了诈骗罪的保护法益，从而应该构成该罪，那就会倾向于英美法系的实践。[③] 本书则认为，财产处分的自由不宜被理解为财产权本身的内容或者诈骗罪的保护法益，所以虽有欺骗行为但支付了物有所值的商品或对价时不应认定为诈骗罪（即在此问题上本书支持整体财产说）。这既是刑法谦抑（刑法的补充性、宽容性）原则之下的结论，也有助于促进市场经济本身的自律和健康发展。确实，如果在市场经济的发达阶段，就应该将是否实现了实体上的商业正义的判断交给市场本身，而刑法要为商业自治权提供充分的保障；但在市场经济才刚刚起步、尚欠发达的阶段，如果放弃实体性判断在诈骗罪等的认定中的限缩

① 乔治·弗莱彻. 反思刑法. 邓子滨，译. 北京：华夏出版社，2008：39-40.

② 对此，美国学者弗莱彻教授从发达市场经济的特征和刑法的任务的角度阐述了是否应该保护商业自治权的问题。他指出，“英美法和德国法在惩罚诈骗罪问题上的突出差异在于，由于英美法对商业自治权的保护，因而并不要求就被害人是否物有所值作实体判断。英美法根深蒂固地厌恶对交易物的比较价值做出实体判断……而德国法与此不同，它显然没有公开放弃对交易公平性的实体判断，在契约法和诈骗罪中都是如此。这种不同态度的支撑点在于对市场作为商业正义的仲裁者的信任程度有所不同。一种笃信市场的文化，不会去二次判断买主是否自觉物有所值，不会去听他抱怨假如知道真相就不会购买商品。不过，市场只有在商业自治不受限制的程度上才能起作用，因此，刑法的任务就应当是保护商业自治，而不是保护实体性的商业正义”（乔治·弗莱彻. 反思刑法. 邓子滨，译. 北京：华夏出版社，2008：40)。

③ 在日本也有判例认为，即便是在支付了相当对价的场合，若存在欺骗行为的话则肯定诈骗罪的成立。其理由中虽也提到了不要求财产损害的观点，但主要还是将财物的交付本身理解为损害［最决昭和 34 年（1959）9 月 28 日］。不过，诚如前田雅英教授所说，在形式上将“交付本身即是损害”这一说明本身予以彻底化时，可能会导致在实质上否定诈骗罪系财产犯罪这一点。前田雅英. 刑法各论讲义. 4 版. 东京：东京大学出版会，2007：287.

作用而将之归结于市场的自律，不但会导致在依然缺乏起码诚信的中国对诈骗类犯罪的处罚范围过宽①，而且，恐怕也无益于市场经济向正常的轨道发展。因此，在中国现阶段坚持被害人的“净财富”是否产生了损失的实体判断，将是否存在着整体上的财产损害作为诈骗罪既遂与否的标志，是务实的态度。

不过，这里还涉及一个“净财富”（“整体财产损害”）如何计算的问题。应该说，对“净财富”的分析，只有在“经济现实”（而非法律的权利义务）的基础上，才得以深入进行。也就是说，衡量是否存在整体财产的损害，要单纯依靠经济价值的比较而不能附加法律手段一并判断。“如果考虑购买者（消费者）民法上的权利，诈骗交易不太可能影响到被害人的净财富，因为他们可以主张退货和要求被告人赔偿。仅仅考虑被害人法律上的权利，将忽视为弥补诈骗损失和主张法律权利的开销。”② 可以肯定，“在民事上存在着通过被害人保护或者第三人保护的制度而回避损害的方法时，这并不能成为否定财产犯成立的根据”③。虽在民法上诈骗的被害人能取消意思表示，但也不能说在刑法上就不成立诈骗罪了。可见，在私法上通过旨在保护被害人或者保护第三人的制度予以弥补，并不意味着没有发生刑法上的财产的损害。在此，虽然肯定了被害人获得了民法与刑法的“双重法律保护”，但如果否定了财产犯成立的话，被害人的保护就会遭到决定性的抹杀。

在主张“是否存在财产损害需要按照整体财产做实质判断”时需要明确其适用范围，即，这样的论断是仅适用于诈骗罪（以及敲诈勒索罪）等交付罪，还是也适用于盗窃罪等夺取罪?④ 比如，看到他人办公室中自己所需的高价外文书而偷偷拿走并原价留下书款的，或者看到他人新买的高档手机心生喜欢而偷偷拿走并按市价留下价款的（之所以会如此，前者可

① 商品原本价值2万元但欺骗对方说可以值10万并且“跳楼甩卖”以2万元卖给对方的场合，也会被定为诈骗罪。在中国这将导致诈骗罪泛滥成灾。

② 乔治·弗莱彻. 反思刑法. 邓子滨，译. 北京：华夏出版社，2008：41.

③ 井田良. 刑法と民法の関係//山口厚，井田良，佐伯仁志. 理論刑法学の最前線：Ⅱ. 东京：岩波书店，2006：65.

④ 转移占有型的取得罪可以分为交付罪（存在基于被害人瑕疵意思的交付行为）和夺取罪（不存在交付行为，转移占有完全违背被害人的本意），前者以诈骗罪为典型，后者以抢劫罪和盗窃罪为典型。

能是因为书难以买到而后者可能是因为懒得去买），是否构成盗窃罪？从理论上讲，上述行为仍然侵犯了他人对财物本身的占有权以及所有权中的使用、收益、处分等权能（从而也就侵犯了所有权整体），不管关于盗窃罪的保护法益采本权说还是占有说，这样的行为都可能构成犯罪。可是，这可能导致盗窃罪的处罚范围过宽。中国刑法规定的财产犯罪的成立条件要严于德日等国的，现行刑法之下的刑法适用解释也应该按照限制处罚范围的政策思想，严格界定盗窃罪的成立范围。因此，需要对以上的本权说或者占有说作实质性限定，只有侵犯了本权或者是占有而致使他人受到了实质上的财产损害的，才能成立相应犯罪（并根据损害的情况计算犯罪数额）。只是，如前所述，是否造成财产损害需要以行为完成之后为判断标准，而不能以案件处理时为标准（否则在行为人控制财物之后又马上将原物送回的场合就会认为不存在财产损害，但这不符合理论上的通说和司法实践）。之所以盗窃却同时留下对价的行为不成立犯罪，而盗窃并控制财物后马上返还原物的行为却成立犯罪，是因为前一行为实际上不具有非法占有的目的，而后一行为存在这样的目的。所以，在认为此种主观上的“非法占有目的”属于主观违法要素的前提之下，就可以认为后一行为的定型的危险性要重于前一行为的，从而就有动用刑法的必要。所以，偷走他人财物而留下对价的行为就不同于盗窃既遂之后返还财物的行为，于前者应该以“被害人的整体财产并无损失”为理由否认盗窃罪的成立。① 这和前述在诈骗罪场合“整体财产说”（“净财富”）的立场是一致的。

也就是说，在中国，不单对诈骗罪等交付罪要求财产损害，对盗窃罪等夺取罪同样要求财产损害（而不是单纯在形式上侵害所有权或者占有权），而在是否存在财产损害的判断上要坚持实质性的标准，采纳整体财产说。

---

① 对于偷走对方物品而留下对价的行为，还可能存在着如下两种思路：其一是按照强迫交易罪处理，但这并不具备该罪所要求的暴力、威胁手段，而且在被害人不在场的情况下也难以说存在“交易”；其二是根据所偷走的物品是一般物品还是特定物品来区别对待，但这也会因为两者的区分标准不够明确而罪与非罪之间界限模糊。所以，只要能够认为在偷走他人物品时提供了相当对价的，都不应按照犯罪处理；如果偷走的是特殊的具有情感价值而不具有一般经济价值的物品，则因为其价值不能以金钱衡量（也就无所谓“对价”），所以，根据本书的“主观情感价值”也是经济价值的观点，应该按照犯罪处理，其留下金钱的行为则成了量刑情节。

（三）被害人同意于对实质上财产损害的判断有重要影响

容易理解，在存在真实的被害人同意时，并无实质性的财产损害（如经被害人同意而毁坏了其财物的，不构成故意毁坏财物罪；被害人知道行为人在行骗却仍基于怜悯或者基于其他原因而给予其财物的，充其量仅成立诈骗未遂[①]）。问题是，对形式上的被害人同意场合的处理。比如著名的“托普洛斯基案”。托氏想从一家包装公司偷一些肉制品，遂找该公司一名新职员杜兰合作，因为杜兰欠他的钱。杜兰向公司经理报告了托氏的犯罪意图，经理指示杜兰假意合作并与托氏密切接触。他们计划由杜兰把4箱肉放在厂房的装卸台上，托氏冒充买肉的客户开着自己的货车来到现场，像其他客户一样，将箱子装上货车后开走。尽管装卸处主管显然不知道这是一个圈套，但公司经理一直在监控。托氏将货车开走后不久就被捕。[②] 在此时，能否以盗窃罪（包括盗窃未遂）追究嫌疑人（被告人）的刑事责任？在本书看来，尽管嫌疑人本身具有人身危险性，但既然被害人（雇主等）的财产并未受到现实的侵害（甚至没有被现实侵害的危险），那么就不能认定行为人之行为构成盗窃罪。这时，就需要对财产权是否受侵害作出实质评价（至少不能以行为人控制了被害人的财物为由认定行为人之行为构成盗窃既遂）。此时不能简单用警察圈套[③]或者被害人同意[④]来否定定罪，而必须通过实质判断法益侵害即财产损害（及其危险性）的有无来确定刑法介入的必要性。

不过，主张存在形式上的被害人同意时不成立财产犯罪（至少是既遂）是有条件的，即，被害人对所作出的同意不存在认识错误。如被害人

---

① 在著名的“正龙画虎”案中，陕西农民周正龙因宣称拍摄到了真的华南虎照而得到陕西省林业厅的2万元奖励，并最终因此而被论以诈骗罪。但如果陕西省林业厅事实上明知周的虎照为假而出于其他目的（比如宣扬自己的政绩，或者宣传当地的旅游资源等）仍将奖金颁给周正龙的，则周之行为充其量只成立诈骗未遂而已。

② 此案例参见乔治·弗莱彻. 反思刑法. 邓子滨，译. 华夏出版社，2008：52。

③ 此种情形与警察圈套有两个不同点：（1）这个陷阱的设置者是私人而非警方。（2）此种情形下是最终的偷窃者首先起意；而在警察圈套的场合，是在警察等的引诱之下方才产生犯罪意图。

④ 这里即便存在着所谓被害人同意，那也是表面上的同意。在这里，被告人与被害人目标不一（偷窃者的意图是偷东西，而被害人让他这么做是为了当场抓住他），不像性交合意或者同意手术那样二者的目标汇合在一起。

因受欺骗等导致认识错误而作出同意，则该同意存在瑕疵，此时的财产转移仍能被评价为财产损害，从而，相应的行为仍可能构成犯罪。

二、刑法介入财产权保护需在“维护秩序”和“依赖民法”间寻求平衡

（一）单纯以维护财产秩序为理由并不足以动用刑法——兼驳所谓的“秩序维持模式”

在检讨是否成立财产犯时，如何定位民事实体法所预定的权利义务关系是个问题。在此，存在着这样的思考范式：否定是否成立犯罪从属于民事实体法上的权利义务关系，只要为了确立、保护能够支配民事关系的规则或秩序，就肯定财产犯的成立。彻底贯彻这一思想的解释论立场可被称为“秩序维持模式”。有评论者认为，秩序维持模式“很可能会导致本该是为了财产保护而发动的财产犯处罚规定，变成是为了抑制一般的违法行为而使用，具有将处罚根据从财产保护抽象化、稀薄化为某种公益的保护或者是纯然的秩序维持这样的危险”①。对此特别成为问题的是：能否以侵害了民法上不受保护的经济上的利益为理由而肯定财产犯的成立？日本有地方法院的判决认为，“即便是在被害人不存在民事上值得法律保护之利益的场合，若是容忍通过不法的手段而扰乱财产法秩序的行为的话，结果就是，使得私人的财产上的正当的权利、利益之实现也变为不可能，因此，免除清偿通过暴利行为所形成之债务这一利益，也应该理解为属于强盗利得罪的客体”②。这样的判决可以说正是采纳了秩序维持模式。确实，比如在行为人委托他人去杀害被害人，在他人已将被害人杀害而向行为人要求酬金时，行为人通过欺骗以及威胁而免除了“债务”的履行的场合；又如，在嫖娼之后通过欺骗和吓唬而免除了嫖娼款之“债务”的履行的场合，“既然根本不存在值得法律保护的财产性利益，若是不以秩序维持为理由的话，恐怕就不能肯定财产犯的成立”③。

财产犯的成立以存在实质上的法益侵害为前提（已如前述），而法益

① 井田良．刑法と民法の関係//山口厚，井田良，佐伯仁志．理論刑法学の最前線：Ⅱ．东京：岩波书店，2006：60.

② 大津地判平成15年（2003）1月31日，判例タイムズ1134号311页。

③ 同①61.

顾名思义是指为法律所保护的利益。不存在对法律所保护之财产利益的侵害时，当然就因欠缺法益侵害而不具备财产犯成立的前提。因此，单纯以维护财产秩序为理由并不足以动用刑法，这样的结论可谓顺理成章。而且，这样的立场也得到了我国刑事立法的肯定。根据我国《刑法》第238条第3款的规定，为索取债务非法扣押、拘禁他人的，依照非法拘禁罪的相关规定处罚；而相关司法解释则明确规定，这里的债务也包括“赌债、高利贷等法律不予保护的债务”。这可以看作是在财产犯成立问题上立法及司法解释明显没有采纳“秩序维持模式”，因为采纳了“秩序维持模式”就是认可了即便不存在值得法律保护的财产法益，为了单纯的财产法秩序也能成立财产犯，由此，为索取赌债、高利贷等而非法拘禁他人的，就应该成立侵害双重法益的绑架罪。既然立法和司法解释认为此时只按照相应的人身犯罪处理，就意味着相应的财产秩序并不受法律保护。这样的立法规定和司法解释的理解在本书看来是值得支持的。

（二）刑法介入财产权保护不以民事法规范调整无效为必要——兼驳所谓“民法依存模式”

与上述“秩序维持模式”相反的另一种思考方法是，使是否成立财产犯完全从属于民事实体法上的权利义务关系，只有积极出现了违反民事实体法所预定的权利义务关系之事态的行为，才肯定财产犯的成立。此种见地彻底化时所产生的解释论立场被命名为“民法依存模式”。例如，所有权人X将某物租赁给了Y，租赁合同已经到期而Y仍未将该物返还，X动用武力将该物取回。根据民法依存模式，刑法上的财产犯规定完全从属于民事实体法上的权利义务关系，正是为了避免出现违反上述权利义务关系的事态，也因此才有了财产犯的规定。若这样理解，因为Y在与X的关系上并没有民法上的对抗权，所以就可以否定上述场合X的行为成立财产犯。无疑，这种民法依存模式具有相当的理论阐释力，而笔者也确曾在此前的教学和研究中采纳这样的主张。

不过，深究起来，这里涉及自力救济的限度问题。在法治国家中，原则上要禁止权利人自身通过动用武力来寻求实现权利的自力救济（自救行为），取而代之的是，无论是谁都能够寻求国家机关的法律救济。即便是为了保护、实现正当的权利，也不允许私人行使武力。这是因为，将贯彻权利保护一般性地作为（集中地掌握着强制力的）国家机关的角色，在结局上也是更为适宜的。“要是这样的话，为了禁止、压制这种自力救济行为而肯定财产犯的成立就不意味着单单是为了维持抽象的秩序而发动刑法，其正是有助于财产保护的；况且，若是认为该种行为在刑法上合法的话，因为错误而阻却了故意，其结果是，正当权利者的该种权利也可能受到侵害，（那样的话财产保护就会弱化），考虑到这一点，就进一步增强了将之作为处罚的对象的说服力。”① 在此，刑法的财产犯规定，虽说是以所有权（以及其他的本权）保护为基本，但比如在日本刑法第 242 条② 中，可能理解为预定了在上述的场合亦依然得以适用，从而将事实上的占有亦纳入保护范围之内了。我国刑法虽没有像日本刑法那样明确规定“由他人占有的本人财物（就盗窃、抢劫而言）视为他人财物”，但《刑法》第 91 条第 2 款也规定“在国家机关、国有公司、企业、集体企业和人民团体管理、使用或者运输中的私人财产，以公共财产论”。在上述的场合，民法意义上的所有权者采用窃取、骗取、夺取等方式不当取回自己的财产的，完全可以成立相应财产犯罪。这至少说明，在涉及“国家机关、国有公司、企业、集体企业和人民团体管理、使用或者运输”的场合，我国的刑事立法没有采纳彻底的“民法依存模式”，即没有着眼于民事实体法上的所有权归属，而是肯定了所有权者亦可能触犯相应的财产犯罪。

在所有权人从国家机关、国有公司、企业、集体企业和人民团体之外的他人处以不当方式取回（比如偷回）自己所有的财物时，因不能直接援引前述《刑法》第 91 条第 2 款的规定，故其行为是否构成财产犯罪就没有明确的法律依据而需要进行解释。对此，有必要进一步分析。在他人非法（无正当理由）占有本人财物时，此种非法占有状态并不受民法保护，此时如所有权人窃取回自己的被盗物品的，因为并未侵犯他人的任何财产权（或者可以说所有权人的所有权足以对抗他人的不法占有权），自然不会成立盗窃等财产犯罪。不过需要强调，并非他人非法占有的财物一概不能成为财产犯罪的对象，只是非法占有人在面对财物的合法所有人时失去了对抗权而已。尽管是非法占有的他人财物，第三人采用不当方式据为己

① 井田良．刑法と民法の関係//山口厚，井田良，佐伯仁志．理論刑法学の最前線：Ⅱ．东京：岩波书店，2006：63.

② 日本刑法第 242 条规定：虽然是自己的财物，但由他人占有或者基于公务机关的命令由他人看守时，就本章之罪（盗窃和抢劫罪），视为他人的财物。

有的（比如从窃贼处偷走或骗走赃物等“黑吃黑”行为），仍能成立相应财产犯罪。而这不仅仅是为了保护即便是赃物也不能随意取得的财产法秩序，还是为了保护具体的财产权本身不受侵害。只不过，在诸如此等“黑吃黑”的现象中，所侵犯的并非财物所有权人对财物的所有权①，而仍不过是财物占有人对财物的一种占有。虽然这种对财物的占有在民法上是违法的，但是只有经过正当的途径和程序才能改变这种不法占有的状态，而未经正式途径与程序的任何排除该占有状态的行为都会在刑法上受到否定评价，而这样的处理正是为了保护财物本身不受任何的不法侵害。② 所以，这虽然造成了民法和刑法在评价上的不同，却也是为了保护法益所必须接受的。

除了上述不法占有的财物也可能受到刑法的保护（只有所有权人可以对抗此种占有），更重要的是对不当取回他人合法（有正当理由）占有的本人财物的处理。此时根据他人占有财物的具体理由以及是否“找后账”等，又可以细分为如下情形：（1）不当取回无偿借给他人的财物而不“找后账”；（2）不当取回有偿租赁给他人的财物而不“找后账”；（3）不当取回由他人合法占有的本人财物而“找后账”的。如果按照“民法依存模式”，在情形（1）和（2）中，尽管他人对财物的占有是受法律保护的，但行为人取回（哪怕是窃取、骗取或者抢取）自己财物的行为即便方式不可取，仍能认为行为人对财产的所有权可以对抗占有人的占有权，此时不成立针对财物本身的财产犯罪，此外，在情形（2）中给对方带来租金方面的损失的，可按照相应的取回财物的手段认定成立相应的财产犯罪；而在情形（3）中，所有权人采用不当手段取回财物虽因所有权可以对抗占有权而不致成立犯罪，但随后“找后账”索赔时仍能成立诈骗罪（而非根据取回的手段认定成立相应犯罪）。由此可以看出，尽管采纳“民法依存模式”也并非就导致所有权人针对他人占有的本人财物的任何行为都一概不构成财产犯罪，但仍会明显限缩财产犯罪的成立范围。在本书看

---

① 如果认为窃取赃物等仍是保护财物（原）所有权人的所有权，由于该所有权已经经过先前的财产犯罪而受保护，因而会导致对财物所有权本身的多重保护，而这无疑是过度的。

② 这种占有被称为“需要通过法定程序改变现状（恢复应有状态）的占有”（张明楷．刑法学．5版．北京：法律出版社，2016：942）。

来，与“秩序维持模式”会导致财产犯罪的成立范围过宽相反，“民法依存模式”总体上会导致财产犯罪的成立范围过窄，同样不利于对财产权的保护。

在以上情形（1）、（2）中，按照“民法依存模式”否定所有权人针对相应财物的行为成立财产犯罪时，实际上是在盗窃罪等的保护法益问题上采取了“本权说”（所有权作为本权可以对抗占有权），但相应的行为被解释为无罪确实会存在着纵容所有权的不当行使问题。实际上，以上两种情形下所有权人不当取回自己财物的行为，都不属于通常意义上的自救行为，因为一方面不存在针对财物的“不法侵害”（自救行为之成立亦应以存在不法侵害为前提），另一方面又存在着通过正当法律途径寻求救济的充裕空间。故而，（1）（2）两种情形下的行为无法通过自救行为理论而在刑法上正当化，其之所以不会被按照财产犯罪处理，是因为跳出了刑法本身的范畴，借助“法秩序的统一性”的名义来寻找根据。这实际上会致使民法上的所有权价值凌驾于刑法的正当性判断之上，是危险的。这不仅会容易走向野蛮、产生暴力，而且也容易破坏法的安全。此外，若对所有权人采用不当手段取回他人合法占有的本人财物的行为不按照犯罪处理但却令其承受行政处罚等的话，同样会侵害“民法依存模式”的论者本身所主张的“法秩序的统一性”这一价值。所以，按照“民法依存模式”，以所有权对抗占有权为理由在上述场合得出无罪的结论，是有问题的。在结论上可以说，所谓的“民法依存模式”同样不值得赞同。

（三）刑法介入财产权保护要在“维持秩序”与“依赖民法”之间寻求平衡

所有权人不法取回他人合法占有的本人财物时，并不能单纯以民法上的所有权本身并未受到侵害为理由而否定财产犯罪的成立，此时仍有充分理由来肯定财产犯罪的成立——这不光是为了保护正常的财产秩序免受不当侵犯，而且也是为了保护财产权本身（即合法的占有权）不受侵犯。比如就盗窃罪来说，应该认为，盗窃罪的刑法条款是为了达成对物的法律保护目的，其可罚性的范围，不能只局限于民法上的所有权的概念；况且，刑法上物的窃取行为的核心在于对物的持有支配关系的破坏，故于物由所有权人以外的第三人持有的情形，盗窃罪所要保护的法益，除所有权之外，还包括持有权。[①] 所以，在上述他人合法（有正当理由）占有本人财物的场合，财物所有权人采用不法方式取得的，仍能成立财产犯罪。这就导致与前面正相反的结论，即，受到民法的保护（在民法上享有所有权）而在刑法上却会成立财产犯罪。

不过，主张所有权人以不法手段取得他人合法占有的本人财物可能构成相应财产犯罪，会面临着这样一个自然的诘问，即：取得类的财产犯罪（故意毁坏财物罪和破坏生产经营罪之外的财产犯罪）都要求不法所有目的（通常表述为“非法占有目的”），而此种情形下的所有权人并无此目的，所以其不应该构成相应财产犯罪。在本书看来，这和如何理解《刑法》第 91 条第 2 款的法律性质以及如何理解“刑法上的所有权概念”有关。就前者而言，如果认为该款是法律拟制，则由于法律拟制的效果不能推广，被他人占有的本人财物（不符合第 91 条第 2 款的情况下）仍属于财物所有权人的财物，此时如认定成立财产犯罪就只能认为是侵犯了占有权；但如果认为该款是注意规定，则除《刑法》第 91 条第 2 款的规定之外，任何他人合法占有的本人财产同样都要以他人财产论，此时就可以认为是他人的所有权受到了侵害，就可以认为行为人（民法上的所有权人）具有“不法所有”的目的，从而其取回行为构成财产犯罪。虽然租赁、借用、寄存等合法占有行为并不导致民法上所有权的转移，但只要将《刑法》第 91 条第 2 款理解为注意规定，只要认为已合法占有就应被视为在刑法上发生了所有权转移，就可使刑法上的所有权含义不同于民法上的，同时也就破除了此时行为人不具有“不法所有目的”的障碍（当然，此时应充分考虑行为人毕竟在民法上是财物的所有权人之事实，从而在量刑上有足够体现——不但应在法定刑幅度内从轻处罚，也可考虑动用《刑法》第

① 林山田. 刑法各罪论：上册. 修订 5 版. 台北：兴丰印刷厂，2005：304. 持有权是对物的事实支配与监督权，其与民法上的占有虽然类似，但在法律性质上却有所不同。主要的不同是占有分为直接占有（对物为事实上管领的占有，例如质权人、承租人、受托人的占有）和间接占有（基于某种法律关系，由直接占有人作为媒介而为的占有，例如出质人、出租人、委托人的占有）。持有是刑法所创设的概念，着重于对持有物在事实上有直接的持有支配关系，因此不承认间接占有人为持有人。就此来说，持有的范围较民法上占有的范围为狭小。基于约定俗成的原因，本书在此仍使用“占有”的概念来涵盖“持有”，不过，此时刑法上所保护的“占有”不同于民法上的占有而仅指其中的直接占有。这一点需要强调。

63 条第 2 款来减轻处罚）。

概括说来，在财产权的法律保护体系中，要恰当处理民法与刑法的关系。既要避免民法刑法化，解决刑法介入财产权保护过度的问题，又要避免另一个极端即刑法民法化，解决刑法介入财产权保护不足的问题。由此会出现“民法上违法却能成为刑法所保护的法益”或者“受到民法的保护却在刑法上成立犯罪”的现象，导致民法的评价和刑法的评价出现结局上的不同。这也就造成了在刑法上是否成立相应财产犯罪并不依赖民法上相应的权利义务关系归属问题，明显不同于单纯的“民法依存模式”。结合前文对“秩序维持模式”的批判，在是否成立财产犯罪问题上，本书的主张可以说是在“秩序维持模式”和“民法依存模式”之间寻求到了一种恰当的平衡：既在成立财产犯罪时要求一定的财产损害而不是单纯为了维护财产秩序而动用刑法（从而就放弃了“秩序维持模式”），又在正确理解“法秩序的统一性的”同时主张财产犯罪的成立不以民事法律关系调整无效为必要（从而就缓和了“民法依存模式”）。这是在探讨财产权的刑法保护时的一种辩证的态度和一种平衡的艺术。要言之，刑法介入财产权的保护，要在“秩序维持模式”和“民法依存模式”之间寻求适当的协调和平衡。

三、刑法介入财产权保护要妥善对待平等保护原则

刑法介入财产权的保护不仅需要以存在实质性的财产损害为前提，需要在“秩序维持”和“依赖民法”之间寻求平衡，而且，为了保证法治本身的公平、正义原则的实现，也需要关照刑法介入与否和对不同主体的平等保护之间的关系。限于篇幅，在此只结合若干实例展开。

（一）不同智识者受骗与刑法的介入

问题是：不同智识者的认识能力存在不同，这对被害人的认识错误以及同意的效果是否会产生不同影响并最终影响到刑法介入的必要性？

德国学者阿梅隆（Amelung）教授指出，刑法是国家保护法益的最后手段，如果被害人本身可以通过适当的手段来保护法益却任意不采用该手段，则刑法没有介入的余地。比如在是否成立诈骗罪的问题上，既然客观上存在足以令人怀疑的事实而被害人仍然交付财物，便可以认为被害人在足以保护其法益的情况下不予保护，在刑法上属于涉及风险的投机行为，缺乏刑法保护的必要性。许内曼（Schünemann）教授进一步指出，被害

人的行为于犯罪的成立有其独立的地位；对行为人施以刑罚的必要性与对被害人予以保护的必要性是相对存在的，因为刑罚为国家预防社会侵害的最后手段，在被害人能够但却疏于自我保护的情况下，即被害人不值得保护也不需要保护的情况下，国家刑罚权便无发动的余地，对行为人也就没有处罚的必要。[①] 在我国，深受以上“被害人自我答责”思想影响并将该思想较早介绍到国内的冯军教授接受了上述立场。针对民事欺诈与刑事诈骗的界限，冯教授指出，两者的区别在于被害人的认识错误具有怎样的产生根据。在民事欺诈中，被害人之所以产生认识错误，主要是因为其自己存在轻信心理或者贪利动机等过错，因此这种过错必须由被害人自己加以避免；而在刑事诈骗中，被害人之所以产生认识错误主要是因为行为人制造了有力的证据，被害人具有相信行为人的适当理由，因此被害人的认识错误必须由行为人负责消除。[②] 得承认，以上重视被害人过错在定罪中的意义，从被害人自我答责角度区分民事欺诈与刑事诈骗的主张是富有启发性的。但是，其结论仍令人难以认同。比如冯教授又认为，诈骗罪是对公信力的破坏，公信力乃是客观信赖的表现。诈骗罪是对保障客观信赖的实在法规范的破坏，惩罚诈骗罪就是保障客观信赖的实在法规范。“保障公信力的实在法规范具有远比具体财产更大的价值，这正是对诈骗罪科处的刑罚应该远比故意毁坏财物罪更重的理由。”[③] 可是，这种观点难以解释，惩罚盗窃罪并不保护公信力，为何对盗窃罪科处的刑罚等于（在 1997 年刑法对盗窃罪规定了死刑的情况下，一度重于）对诈骗罪科处的刑罚？进一步考虑实务中掌握的诈骗罪入罪数额通常高于盗窃罪入罪数额这一点的话，上述的观点恐怕就更难以成立。冯教授还认为，“目前，迫切需要划定国家和公民个人在管理诈骗风险上各自应该承担的责任界限，划定这个界限的标准是：一个人的被骗是因为他相信了具有公信力的东西，还是因为他相信了自己的任意”[④]。可在本书看来，即便认为诈骗罪的法规范保护公信力，也不能就认为对一个轻信、贪利者的欺骗就没有损害公信力，

---

① 王梅英，林钰雄．从被害者学谈刑法诈欺罪．月旦法学杂志，1998 (4)：97 及以下．

② 冯军．刑法问题的规范理解．北京：北京大学出版社，2009：35．

③ 同②56－57．

④ 同②57－58．

因为公信力实际上正是由针对每个个体的具体信用联结而成的。

冯教授认为，“一个理智的公民，有义务运用他的理智去获得他应该获得的知识。问题的关键在于：一个理智的人被欺骗而实施的行为是否具有一种理性的根据。如果不具有理性的根据，那么就是理智者的任意行动，欺骗者就不成立诈骗罪，充其量成立民事纠纷；如果具有理性的根据，那么，就是理智者的理性行动，欺骗者就成立诈骗罪”①。可是，是否存在“理性的根据”本身是一个缺乏统一标准的问题，对于甲被害人来说没有理性的根据，对乙被害人来说却可能有理性的根据，将是否存在这样根据的标准归结为所谓是否侵害公信力的所谓“一般人标准”，会妨害对于具体情况下确实陷入认识错误并（就其本身而言具有理性根据地）处分财产者的财产保护力度。进一步说，如果受骗者存在责任（稍加谨慎便不会陷入认识错误）就将风险完全归于受骗者，“便意味着缺乏必要谨慎与知识的人的财产乃至人身，不能得到刑法的保护。这难以被国民接受”②。对于智商高一点、精明一点、不那么容易上当的人的财产的侵害由行为人承担刑事责任，而对过于贪财、不那么精明、很容易上当的人的财产的侵害就由“被害人自我答责”（行为人只承担民事责任），这样的结论会导致出现在法益保护上的不对等和不均衡，是本书所不能赞同的。

在本书看来，被害人过错的有无及程度不应该是区分民事违法与刑事犯罪之界限的主要标准。这涉及被害人的过错在犯罪成立与否中的地位评价问题。上述观点的主张者认为，比如在交通肇事的场合，如果被害人毫无过错或者只承担次要责任，则行为人可能需要承担刑事责任；而如果被害人承担主要责任，则行为人之行为通常不构成犯罪。据此其认为，被害人过错对于行为人的刑事责任之产生具有重要的影响。可是，之所以被害人存在主要过错时交通肇事罪不成立，是因为被害人的主要过错影响了交通安全，甚至危害了他人的生命、财产安全，从而行为人之行为的法益侵害性以及非难可能性就都没有达到需要动用刑罚予以规制的程度。而在一般的财产损害案件之中，尽管被害人存在贪利动机或者轻信心理，但不能据此就认为被害人只能要求返还财产，行为人只能承担民事责任。理由在于：第一，从预防犯罪的刑罚目的来看，不管被骗者产生认识错误是因为

---

① 冯军．刑法问题的规范理解．北京：北京大学出版社，2009：58-59.

② 张明楷．诈骗罪与金融诈骗罪．北京：清华大学出版社，2006：118.

轻信、贪利还是因为具有适当的理由，对于行为人的欺诈行为都有通过施加强烈的剥夺性痛苦而预防其再次犯罪（特殊预防），同时警示社会一般人不能效仿（一般预防）的必要性。第二，和交通事故案件中的被害人过错不同，财产侵害案件中被害人的轻信心理或者贪利动机并不会对他人造成不利的影响，不会对他人的权利构成威胁，故行为人的行为之法益侵害性与非难可能性均无轻减的空间。

（二）"拾遗而昧"与刑法的介入

在普遍缺乏诚信的中国当下，拾遗而昧并非个别现象，能否对其追究刑事责任？在刑法适用解释的技术层面，这主要涉及对《刑法》第270条中的"遗忘物"的解释，即：此处的"遗忘物"是否包括"遗失物"？如得出肯定结论，则拾遗而昧可能构成侵占罪；否则可能无罪。多数说认为这里的遗忘物不包括遗失物，遗忘物和遗失物明显有别：前者是财物所有权人或持有人将所持财物放置在特定场所，因疏忽而忘记拿走；而后者则是财物所有权人或持有人因过失而将所持财物丢失在不特定场所；遗忘物的所有权人或持有人一经回忆一般能够知道财物所遗忘的位置，相对容易找回遗忘物，遗失物的所有权人或持有人一般不知财物失落何处，亦不易将其找回；遗忘物一般尚未完全脱离所有权人或持有人的控制，遗失物则完全脱离了所有权人或持有人的控制；遗忘物一般脱离所有权人或持有人控制的时间较短，而遗失物一般脱离所有权人或持有人控制的时间较长。① 不过，相反的学说也非常有力（有力说）。这种主张认为，遗忘物和遗失物具有不可分性，不应区分遗忘物和遗失物，《刑法》第270条中的遗忘物也包括遗失物。此外，还有一种比较温和的主张，认为在适用论（司法）上应否定将拾遗而昧入罪而在立法论上应肯定有将其作为侵占罪处理的必要性。② 这可称为司法否定而立法肯定说。

在本书看来，即便是在罪刑法定原则的允许范围内，对于同一解释对象"遗忘物"可能会有不同的解释结论，而这又与解释目标（是准备将"拾遗而昧"作为犯罪处理还是相反）相关。而"拾遗而昧"究竟是否该作为犯罪处理，已不是一个单纯的解释技术问题，而是一个刑事政策选择问题。而且，在本书看来，要探讨拾遗而昧有罪与否，有必要借助平等保

① 高铭暄．刑法专论．2版．北京：高等教育出版社，2006：717.

② 梁根林．刑事法网：扩张与限缩．北京：法律出版社，2005：57.

护的思想。若像多数说那样否定将拾遗而昧入罪，尽管“遗忘物”与“遗失物”的区别会从财物所在地点是否特定、所有权人或持有人对财物的控制力强弱等角度着手进行综合判断，但由于上述判断标准难以泾渭分明，最终在很大程度上将不得不依赖财物所有权人或持有人的主观心态（经回忆是否清楚财物所在位置）来加以区分。这就会造成财物所有权人或持有人因“过失”而失去对财物的控制（财物属于遗失物）时拾遗而昧不是犯罪，而财物所有权人或持有人因“疏忽”失去对财物的控制（财物属于遗忘物）时拾遗而昧就构成侵占罪的状况，从而导致以财物所有权人或持有人对于财物脱离其控制的主观心态为标准区分遗忘物和遗失物，进而区分罪与非罪的情形。无疑这并不符合我国的犯罪构成理论（传统理论认为应该根据行为人而非被害人的行为及其主观心理来认定犯罪）。而且，同样重要的是，这也会造成对被害人财产权保护的不平等：对“过失”者的财产只通过民事法等加以保护而对“疏忽”者的财产却动用刑法予以保护。罪与非罪取决于财产所有权人或持有人对财物失去控制是出于“过失”还是“疏忽”(进一步，甚至取决于财物所有权人或持有人的记忆力是好还是坏：如果财物所有权人或持有人记忆力好，经回忆能想起失落地点的就是遗忘物；财物所有权人或持有人记忆力坏，再怎么回忆也无法想起财物放置地点的就是遗失物)，这样的主张不能让人赞同。由于遗失物不同于抛弃物，所有权人或持有人并未放弃所有权（或占有权），财物脱离占有完全违背所有权人（或持有人）的本意，故而对遗失物仍有动用法律予以保护的必要。而且，既然对单纯的占有都可能有必要通过刑法加以保护（占有说），那么对遗失物的所有权保护同样有必要诉诸刑法。[①] 这并非要通过刑罚权的发动来动员整个社会形成“拾金不昧”的善良风俗（从而也就不是为了“维持秩序”），而是基于以下考虑：要想保护遗失者对遗失物的所有权（或占有权），单纯的民事法保护难以奏效。和对遗忘物的保护一样，出于预防犯罪和法益保护的需要，有必要动用刑罚。在对拾得遗失物且拒不交出的行为有必要动用刑罚予以规制的意义上，本书和前述“司法否定立法肯定说”的主张者梁根林教授之观点是一致的，区别在于，在本书看来，可以对《刑法》第 270 条中的“遗忘物”作扩张解

① 张明楷教授也认为，“从实质上说，对侵占遗失物数额较大的行为，也有值得以刑法进行规制的必要”(张明楷．刑法学．5 版．北京：法律出版社，2016：970)。

释而将“遗失物”涵括进来，而梁老师认为这样就成了类推解释了。看来，问题的实质在于“遗忘物”这一用语的可能含义（或者“含义的射程”），在于将“遗失物”解释为“遗忘物”是否超出了一般国民的预测可能性。本书认为并未超出。虽然这样的理解可能过于宽泛，从而超出了一般人的预测可能性，但至少，认为“遗失物”属于“遗忘物”是本书所接受的。①

顺带指出，学界还有这样一种观点，其认为侵占遗失物虽可以构成《刑法》第 270 条规定的侵占罪，但并非适用该条第 2 款（即其认为“遗失物”有别于“遗忘物”）而是适用该条第 1 款（其认为所拾得的遗失物属于“代为保管的他人财物”）。② 这种观点和本书的结论是一致的，只不过是论证的思路（以及实际适用时依据的具体条款）有别而已。本书认为，典型的侵占罪（《刑法》第 270 条第 1 款）所侵害的法益除了他人的财产所有权，还有委托信任关系，而遗失者和拾遗者之间没有这种信任关系；此外，拾遗者在拾遗的一刹那，就已经有了据有财物的意图，而典型的侵占罪要求行为人在持有该物的过程中形成“变合法占有为非法所有”的意图。所以，认为所拾得的遗失物属于《刑法》第 270 条第 1 款中的“代为保管的他人财物”有困难。

（三）不法者财产的保护与刑法的介入

在讨论财产权的刑法保护时，不容回避的问题是：对不法者③的不法财产是否同等地予以保护？这突出体现在侵占基于不法原因的委托物或者基于不法原因的给付物的场合。关于上述场合是否成立侵占罪，刑法理论上素有争论。④ 但是，应该认为，刑事立法将侵占代为保管的他人财物规

---

① 张明楷教授甚至认为，只要是非基于他人本意而又脱离其占有的，偶然由行为人占有或者占有人不明的财物，均属于遗忘物。张明楷．刑法学．5 版．北京：法律出版社，2016：970.

② 陈灿平．刑民实体法关系初探．北京：法律出版社，2009：282-284.

③ 这里所说的“不法者”未必十分准确而只是一种“大致如此”的说法而已。

④ 持肯定说的，比如周光权教授［周光权．侵占罪疑难问题研究．法学研究，2002（3）］、刘志伟、左坚卫教授（赵秉志．中国刑法案例与学理研究：第 4 卷．北京：法律出版社，2004：541-542）等。与此相对，旗帜鲜明地赞成否定说的，比如刘明祥教授（刘明祥．财产罪比较研究．北京：中国政法大学出版社，2001：344-346），较近的否定说代表，则比如陈灿平博士（陈灿平．刑民实体法关系初探．北京：法律出版社，2009：273-279）.

定为侵占罪，是因为侵占罪侵犯了法律所保护的委托信任关系与委托人的财物所有权。既然在基于不法原因而委托或给付的情况下，所存在的事实上的委托信任关系并不受法律保护，对基于不法原因而委托或给付的财物，委托人或给付人不能行使财物返还请求权，那么受托人或受给付人对该财物的侵占，“就不存在具体被侵害的法益，因而缺乏犯罪的本质要素——法益侵害”①，从而就不成立侵占罪。

针对基于不法原因给付物是否成立侵占罪，有主张认为，可以按照给付者的“效果意思”对财物的性质作具体区分。（1）在诸如将金钱等财物作为贿赂送给公务员或者作为维持婚外性关系之对价而给予女性的场合，并不是因为基于不法原因给付之类的给付者在民法上不能请求返还，而是因为基于行为者的效果意思所有权已经归属了对方，已经欠缺了侵占罪中的“他人财物”这一要件。（2）与此相对，在从一开始财物的给付者就不存在转移财物所有权之意思的场合，诸如想要给公务员送钱而将金钱拜托给介绍贿赂方，或者为了收买选举权人而先将金钱寄放在其处的场合，由于给付者的效果意思并未指向所有权的转移，在此限度之内可以说仍能肯定给付者的所有权。② 应该说，根据效果意思判断财物的所有权归属是否发生转移，进而判断财物是否能成为侵占罪的对象（据此可分别命名为“不法原因给付物”和“不法原因委托物”，于前者给付者有将所有权转移给受托者的意思，于后者则没有），这样一种细致的分析颇具诱惑力。对此有论者评论道：“对应于给付者的效果意思而区分为以上两种情况，有个好处就是可能会在法律的适用上得到明快的解决。如果在民法上综合地考虑当事者之间具体的利益关系来判断是否作为不法原因给付而否定物的返还请求权并使之与刑法上是否成立侵占罪之判断相互关联的话，就还有个侵害判断的安定性的问题。”“在此，事后的包括性的利益衡量（民法）与设定事前的明确的行动规则（刑法）各自的要求变得对立起来，认为刑法要追求更为明确的区别基准也有充分的理由。”“但是，上述效果意思的不同导致法律结论上出现很大的不同，这是不能正当化的。请求返还为了实行杀人而拿出的现金的场合，不论当初那钱是借给的还是送给的，恐怕

① 梁根林．刑事法网：扩张与限缩．北京：法律出版社，2005：57.

② 井田良．刑法と民法の関係//山口厚，井田良，佐伯仁志．理論刑法学の最前線：Ⅱ．东京：岩波书店，2006：74-75.

都不能说是刑法上值得保护的财产。问题仍旧是给付者有无法律上值得保护的利益，这一判断大概可以归结为给付者的利益能否依赖于国家的保护这样的判断。要是这样的话，对于关于给付行为的违法性程度的判断，民法与刑法就不应该是即便产生偏差、龃龉也没关系的。在此，'法秩序的统一性'的要求要发挥作用了。如果脱离开个别具体财产的保护，将'通过保持一定的秩序来唤醒、发扬市民的守法意识'作为处罚的目的的话，那就恐怕是采用了秩序维持模式了。"①

作为结论，在将不法原因给付物（也包括不法原因委托物）据为己有、数额较大而拒不退还的场合，不应该认为成立侵占罪。这样虽造成了刑法对不法者与合法者之财产的不平等保护，但这种形式上的不平等正是为了体现实质上的正义与公平：正因为考虑到不法原因给付者（委托者）的财物丧失了法益的要保护性（可以认为不法者自己放弃了相应财物的法律保护），所以也就不需要动用刑法加以保护；而就合法者的合法财产来说，即便是可以通过民事法等途径追回财产、挽回损失，但从法益保护、预防犯罪等角度出发，其仍应作为犯罪处理。

自然，由于不存在完全相同的案件，所以也就并无百分之百的完全平等，但类似场合的尽量类似处理同样是一种实质上的平等。在充分考虑实质性的公平正义理念并同时充分理解平等保护原则存在例外的情况下，刑法是否介入对财产权的保护终归还是要考虑类似情形的处理，尽可能做到平等保护。

四、刑法介入对财产权的保护需正确理解其谦抑性原则

除以上几方面之外，探讨刑法介入财产权保护的范围，归根结底还需要从刑法谦抑性的角度加以展开。

（一）刑法的谦抑性与财产权保护

犯罪的本质是法益侵害，刑法的目的是法益保护，这是客观主义刑法观的基本立场。但即便刑法是为了保护法益而存在的，其也并非保护法益的唯一手段，刑法以外的法律规范（如民法、行政法等）、法律之外的社

① 井田良．刑法と民法の関係//山口厚，井田良，佐伯仁志．理論刑法学の最前線：Ⅱ．东京：岩波书店，2006：74-75.

会规范等，也都发挥着维护秩序、保护法益的任务。在法律制裁中，除了刑罚，还有损害赔偿、合同无效、行政处罚等；附随于法律之外的社会规范的制裁，也包含各种各样的形态。所以，“刑法虽说是为了法益保护，但也没有必要‘出风头’，仅仅注目于对我们的社会生活来说无可替代的重要法益，在通过刑罚之外的制裁其保护要么不可能要么不充分的场合，刑法再出手的话足矣。”① 刑法并非单纯的“法益保护”，它是为了这样的法益保护而存在的：通过作为最严厉的法律制裁的刑罚加以保护是适当的，通过刑罚之外的手段则不能充分地予以保护。“在说到刑法具有保护的机能（法益保护机能）时，必须在这样的含义上加以理解。”② 具体到对财产权保护的刑法介入，“有必要考虑财产犯与私法上的救济之间的关系。不能忘记的是，并非所有的对财产权的侵害都被作为是财产犯。也就是说，即便是侵害财产权的行为，通过作为私法上的制裁的损害赔偿而恢复了财产秩序，要是能够认为这样就足够了的话，就不会科处刑罚，即，财产犯是对于认为私法上的制裁不充分的行为加以处罚。像这样第二次地发挥机能的性质可称为财产犯的补充性。这也是刑法之补充性的体现”③。这样的话，财产犯罪所类型化的，也就限定在达到了动摇财产秩序的核心或者基干之程度的行为，换言之，也就是抽选出了侵害“作为制度的财产权”的行为。因而，在对财产犯罪的各个具体规定进行解释时，就必须实质性地检讨，相应的行为究竟是否侵害了“作为制度的财产权”，或者是否应该等待通过私法的解决。④

刑法谦抑原则的内容中重要的是其补充性和片断性特征。所谓刑法的补充性，是指对法益的保护，在其他手段不充分时，刑法才应该作为其他手段的补充而适用。“若通过民法或行政法的规制能显现出充分的效果的话，刑法就不应该出手。刑法必须是保护法益的最后的手段（ultima ratio）。科处刑罚这一点，可以比作为了治疗重病而施行危险的手术。要是属于不动手术通过喝药等也能治疗的病症，医生恐怕就不会冒着危险而实施增加

---

① 井田良．讲义刑法学·总论．东京：有斐阁，2008：16-17.

② 同①17.

③ 川端博．刑法各论讲义．东京：成文堂，2007：211-212.

④ 同③212.

患者负担的手术。”[①] 根据刑法的片断性，“刑法对法益的保护，不可能是完美无缺、包罗万象的，而是特意地选出其中的一部分加以处罚，其必须具有这样的片断性特征。刑法并非是对所有的法益侵害样态都一概加以处罚，而只要选择出基于违法的状态而对值得周到保护的重要法益予以侵害的行为加以处罚的话就足够了”[②]。当然，对像人的生命这样重要的法益来说，要对所有样态的针对生命的攻击都加以惩罚。而与此相对，对像财产这样的法益来说，刑法的片断性及补充性特征表现得非常明显：刑法只处罚出于故意的对财产的侵害，出于过失的对财产的侵害则通常不成为处罚的对象，而即便是出于故意的对财产的侵害也并非全部都受到处罚。刑法对法益保护所具有的补充性特征，在刑法对个人财产法益的保护上能清楚地体现出来。如果是单纯地不履行合同（契约不履行），尽管产生了重大的财产损害，刑法也不会对一般的契约不履行行为（即便是故意实施的）加以处罚。对于存在合同关系的债权者的利益，原则上可以认为，不通过刑法而通过民法的手段来保护就足够了。财产犯罪毕竟仅仅侵犯了他人的财产权，而且财产权在个人法益体系中又处在比较靠后的位置（轻于生命、健康、自由等无须赘言），而且在财产法益之中，与“财物”相比，“财产性利益”受保护的范围要更窄。由此可见，并非财产的侵害全部被视作犯罪，财产保护中相当大的部分需要求诸民法，这一点是必须要注意的。

（二）规定财产犯罪需考虑的要素

可以说，规定财产犯罪的旨趣在于，通过禁止、压制针对财产的不法侵害行为来寻求对公私财产的保护。尽管财产的形态、价值、效用等是多样的，但需要追问的是，究竟惩罚对何种财产的什么样的不法侵害才应该是刑法的任务。结合前文的研究，本书认为，将一种行为规定为或者认定为财产犯罪，需要考虑下面几方面因素加以判断：(1) 被侵害财产的经济上的重要性，通过刑罚加以保护的必要性，特别是通过刑罚之外的个人的、社会的或者法律的手段来防止侵害是否可能；(2) 被侵害财产的恢复是否可能及困难程度；(3) 通过刑法加以保护是否具有实际效果[③]；(4) 类似行为是否被规定为（或被解释为）犯罪。具体来说，被侵害财产的经济价

---

①② 井田良．讲义刑法学・总论．东京：有斐阁，2008：18.

③ 藤木英雄．刑法讲义各论．On Demand 版．东京：弘文堂，2003：266.

值越大，动用刑法加以保护的必要性也就越大，反之亦然；但是，尽管被侵害财产价值巨大，但通过刑罚之外的其他方法能够有效防止侵害、避免损失的，亦没有必要动用刑法。通过刑法保护相应财产权能较好地起到预防类似问题再次发生的效果时，动用刑法的必要性也就越高；此外，如果类似的行为被规定（解释）为犯罪，则相应行为更可能受到同样的对待（当然这不是绝对的，因为不可能存在完全相同的案件），这样更有助于实现刑法的平等保护。

比如，被侵害财产的恢复是否容易与是否需要刑法介入的关系问题，可以通过不动产一直未成为盗窃、抢劫等罪的犯罪对象（动产则一直是）这一点加以说明。盗窃与抢劫是财产犯罪中最古老的类型。不过，尽管不动产在财产中是最重要、最基本的，但在盗窃与抢劫的场合，由于通过实力夺取其占有并不容易，对不动产的侵害也并不转移占有，所以很容易确定加害者是谁，通过民事方法恢复被侵害财产也很容易，而且实施加害行为的人也常常是有资力、财力的。考虑到如此诸般事情，尽管从适用解释的角度看，我国刑法将盗窃罪、抢劫罪的犯罪对象规定为“财物”，而不动产可以毫无障碍地被解释为“财物”，但刑法理论一直未将不动产纳入上述犯罪的犯罪对象之中，司法实践亦采同样的立场。应该说，这样的处理是和前文所主张的在刑法谦抑原则和补充性特征的前提下何时发动刑法的认识是一致的（或者说，刑法理论和司法实践在盗窃、抢劫问题上对不动产的处理，印证了本书先前的观点）。与此相对，动产（货币、有价证券等亦然）很容易转移占有，并且一旦其占有被夺取，通过私人之手就很难发现犯罪嫌疑人，从犯罪嫌疑人那里再将其取回亦极其困难，若是仅仅依赖通过民事的方法来恢复权利、填补损害的话，在财产的保全上就是不充分的。因此，很久以来，动产就一直是通过盗窃罪、抢劫罪而成为刑法保护的对象。

考虑刑法之外的其他手段对法益的保护是否充分，还能体现出财产犯罪具有历史性特征。“由于财产犯既包含了从古时就存在的盗窃、抢劫这样的形态，也包含了侵占、背信这样的比较新的形态，其历史的发展亦投射到规定的形式之中”①。财产犯罪之所以包含种种不同的犯罪类型，无非是因为成为保护对象的财产所具有的含义根据历史的、社会状况的变化

① 川端博．刑法各论讲义．东京：成文堂，2007：212.

而有所不同。与盗窃、抢劫相比，诈骗、侵占、背信等犯罪都是比较新的犯罪类型，这些犯罪主要都是围绕着财产的交易而产生的，由具有背信性格的行为所构成。在封闭、固定社会中的小规模的交易，由于都是在相互熟悉的关系中所实施的，所以依据存在于封闭社会的道德律、在对违反信赖关系者实施严厉的地区性社会制裁的基础上，在很多方面就能得到保障，没有必要通过刑罚予以干涉。但是，当交易关系超出了封闭的地区社会的框架而发展到大量交易的阶段时，对当事人之间的信赖关系就无法通过法律之前的道德律，通过对相应道德律加以印证的地区社会的人与人之间的结合或者行业内的自主规制而加以担保，随之而生的就是，为了确保流通中的信用关系，就产生了处罚信赖行为的必要。这成为诈骗、侵占等新型犯罪登场的重要的背景。① 可以说，伴随着对交易中信赖关系的保护所出现的新型犯罪，不但印证和深化了我们对财产犯罪的补充性的认识，也让我们看出财产犯罪历史性的一面。

自然，任何人都难以给出一个明确的数学公式告知法官在符合什么条件时刑法就需要发动，但在财产权保护中，刑法发动的必要性这一结论（因变量）是被侵害财产的经济价值、其他保护手段是否充分、动用刑罚的实际效果以及类似行为的处理等因素（自变量）共同作用的结果。法官在根据上述诸多因素综合判定后，认为对相应财产权的侵犯（实质上的财产侵害）已经威胁甚至动摇了整体财产秩序的基础（前述所谓“作为制度的财产权”）时，在罪刑法定原则所允许的范围内，就足以动用刑罚。

（三）谦抑性原则发挥作用的具体展开

一国的刑法典中作为财产犯罪受处罚的行为，不过是对财产的不法侵害的一部分而已，其处罚范围具有片断性。即对于对财产的侵害或者侵害危险，亦能诉诸私法的规制与救济。通过刑法所禁止和压制的，只限于极其重大的不法侵害。这正是刑法谦抑原则的要求和刑法的补充性特征的体现。在展开对财产犯罪的具体解释论时，也必须要辨别究竟是应该诉诸私法的问题，还是具备当罚性、应该通过刑事法加以处理的问题。② 以下结合两则实例，具体观察一下刑法谦抑性原则所发挥的作用。

---

① 藤木英雄．刑法讲义各论．On Demand 版．东京：弘文堂，2003：267.

② 山中敬一．刑法各论：Ⅰ．东京：成文堂，2004：223.

1. 恶意欠薪行为的刑法介入

单纯的债务不履行等，属于民事法上的侵权问题，不为刑法所处罚。不过值得注意的是，《刑法修正案（八）》明确将拒不支付劳动报酬的恶意欠薪行为纳入犯罪，并且规定在“侵犯财产罪”而非“妨害社会管理秩序罪”之中。但是，这并非将单纯的债务不履行行为规定为犯罪，而是将严重侵害劳动者财产权的类型性不法行为规定为犯罪，旨在通过威慑的一般预防实现对劳动者财产权的合理保护（所以也就不是单纯为了“维持欠债还钱的社会秩序”）。而且，此时刑法的介入也充分考虑了刑法的最后手段性特征（实践证明，当前我国的民事、行政法律手段都未能有效解决恶意欠薪问题；成立该罪还以“经政府有关部门责令支付仍不支付”为要件），并考虑了刑法介入与实际财产损害之间的关系（所以才规定“尚未造成严重后果，在提起公诉前支付劳动者的劳动报酬，并依法承担相应赔偿责任的，可以减轻或者免除处罚”）。总体上说来，尽管对该罪的设置也有不少反对的声音，本书对《刑法修正案（八）》的这一做法仍持赞成态度。

2. 骗购住房行为与刑法的介入

通过提供关于收入、年龄、婚姻、住房条件等方面的虚假资料而骗购经济适用房（以下简称经适房）的现象，在中国屡屡曝光。实践中对此通常只是收回房子或者附带行政处罚了事。即便针对相应行为须予以刑事处罚，也至多是针对其中提供虚假材料的手段行为按照伪造、变造居民身份证罪［《刑法修正案（九）》修改为伪造、变造、买卖身份证件罪］，伪造公司、企业、事业单位、人民团体印章罪等处罚，而未将骗取经适房的目的行为按犯罪处理。这除因为认为其仅是民事欺诈行为外，还可能因为骗购者人数众多、“法不责众”等现实。①

但是，骗购经适房的行为是否构成诈骗罪，关键不在于该行为是刑事欺诈还是民事欺诈（因为两者可以竞合），而在于是否存在成立诈骗罪所需的法益侵害，即是否存在因（欺诈引发的）基于瑕疵意思的交付而转移的物或财产性利益的丧失。这里，需要判断被害人将特定房子售卖给行为

---

① 周光权教授的分析，参见赵雯，陈俊侠，张永兴．骗购保障房定诈骗，行还是不行．检察日报，2010-04-21（05）。学界关于无罪论的主张，参见阴建峰，张巧娜．骗购经济适用房行为定性分析．法学杂志，2011（3）：38-39。

人的同意是否有效。若得出肯定回答，则不构成诈骗；若认为同意无效，则需继续回答，骗购行为是否给被害人造成了财产损害。对此，首先要考察有无法益关系错误。诈骗罪并非单纯保护商业信用或者交易秩序，其所保护的法益必然与财产权相关，问题是其具体内容如何。如果将法益处分的自由理解为诈骗罪的保护法益，认为在诈骗罪中，财产是作为“交换手段、达到目的的手段”而受到保护的，那么就会认为，在“财产的交换”“目的的达到”这一点上有错误的，就肯定存在“有关法益的错误”①。据此，在骗购经适房的场合，就会认为有关机关确实产生了以为行为人符合购买条件的错误认识，而且，经适房属于稀缺资源，将其分配给符合条件者是为了实现特殊的公共利益，因此，此种错误就与“交换手段”“目的达成手段”有关，将经适房分配给不符合条件者，则国家的相关目的落空。这种错误就是有关法益的错误，而非仅仅是有关附随事项、有关动机的错误，故被害人的售房同意应该无效。② 退一步讲，如果认为诈骗罪的保护法益仅是财物本身而不包括财产处分的自由，认为在骗购经适房的场合将相应房子出售给具备资格者的错误是动机错误，就需要进一步判断这种错误是否侵犯了被害人的自我决定权。在行为人提供了（虚假的）符合条件的申请时，政府有义务按照事先的分配规则为其提供相应房源，被害人的选择权已经受到侵害，所以，该同意就仍然不是自由意志的体现，从而是无效的。

尽管缺乏明文规定，但从“数额较大”的入罪要求中仍可看出，财产损害是诈骗罪的构成要件，问题是如何具体理解。在肯定房屋开发商系骗购的被害人的前提下，将诈骗罪解释为针对个别财产犯罪的场合③自不必

① 山口厚．刑法各论．东京：有斐阁，2010：268．小林憲太郎．いわゆる“法益関係的錯誤”の意義と限界．立教法学，第68号（2005）：39．

② 与此相对，在虚报年龄购买了限制向未成年人出售的物品（酒、书等），或者伪造医生的处方而购买处方药等场合，由于无论是对药品的规制还是对书籍等的年龄限制，都与财物的分配毫无关系，其目的仅仅在于，防止因使用不当而造成危害。所以，物品的交付，就不过是与对价的支付之间存在交换关系而已，只要对这一点不存在错误，就不成立诈骗罪。西田典之．刑法各论．6版．东京：弘文堂，2012：205．山口厚．刑法各论．2版．东京：有斐阁，2010：270．

③ 如此理解的，比如张明楷．刑法学．北京：法律出版社，2011：849．黎宏．刑法学．北京：法律出版社，2012：757．

说，即便将其解释为针对整体财产的犯罪，骗购经适房时，开发商仍存在实质性财产损害：经适房与同质的普通商品住房之间存在价差，骗购者正是通过骗购行为少交了差价而致使开发商受到相应损失。所以，无论是采个别财产说还是采整体财产说，都能肯定骗购经适房时的财产损害，差别在于其具体数额认定。① 采纳个别财产说，就应认为诈骗的数额是该经适房的市场价格；采纳本书主张的整体财产说，则应该认为经适房与同质的普通商品房之间的差额是诈骗的犯罪数额。② 但无论采何种观点，都应该肯定骗购经适房的行为构成诈骗罪。③ 如此，既可以弥补单纯收回房屋等方式所造成的规制不力的局面，也可以从 2014 年 4 月全国人大常委会关于《刑法》第 266 条的解释中找到依据。该解释指出："以欺诈、伪造证明材料或者其他手段骗取养老、医疗、工伤、失业、生育等社会保险金或者其他社会保障待遇的，属于刑法第二百六十六条规定的诈骗公私财物的行为。"完全可以将骗购经适房的场合解释为属于上述立法解释中的"骗取其他社会保障待遇"。

前面两则事例说明，刑法的谦抑性原则和补充性特征并非空洞和抽象的，其在限制刑法介入财产权保护方面发挥着积极的作用，但这种作用又不是至高无上的。只有正确理解刑法的谦抑性本身，并且充分结合本书所展开的其他主题，才能恰当发挥谦抑原则和补充性特征在刑法介入财产权保护时的作用。

五、主要结论

探讨刑法介入对财产权的保护范围，可以从立法以及适用解释（即司

---

① 正因为如此，骗购外汇的行为与骗购经适房的行为虽在外观上类似，但却存在着实质性不同：无论如何都不应认为骗购外汇的行为造成了财产损害，所以不成立侵犯财产的犯罪。其只因侵犯了国家对外汇的管理秩序而成立破坏金融管理秩序类型的犯罪。

② 令人疑惑的是，张明楷在采纳个别财产说的前提下，认为诈骗的数额是经适房与商品房的差价。张明楷．刑法学．法律出版社，2011：896.

③ 肯定说论者，还比如周光权［赵雯，陈俊侠，张永兴．骗购保障房定诈骗，行还是不行．检察日报，2010-04-21（05）］、蔡桂生［蔡桂生．论诈骗罪中财产损失的认定及排除．政治与法律，2014（9）：55］、胡霞［胡霞．骗购经济适用房行为之刑法学思考．中国刑事法杂志，2012（10）：31 及以下］等。

法）两个层面展开。在立法上，我国刑法的财产犯罪法网总体上可谓是“厉而不严”：一方面，现有财产犯罪法定刑配置偏重［过多依赖重刑，财产刑规定仍然不足。在《刑法修正案（八）》取消盗窃罪的死刑之后，这一问题得到有限缓解］。另一方面，财产犯罪法网不够严密，缺少许多需要规定的犯罪而导致了法益保护上的漏洞。这至少包括：（1）缺乏针对全体财产的犯罪（如背信罪）的规定；（2）在针对个别财产的犯罪中，缺乏针对利益罪的特别规定，使财产性利益能否成为犯罪对象只得求诸刑法的适用解释，导致了法律适用的不安定；（3）在毁损罪中，只规定了毁弃行为按照犯罪处理，而对隐匿行为未加规定，造成了法律调整上的空隙；（4）在取得罪中，对间接取得罪（有关赃物等的犯罪）虽在妨害社会管理秩序罪中有类似规定，但对财产权的保护尚有不足；（5）在属于直接取得罪的侵占罪中，并未将脱离占有物类型性地规定为犯罪对象，这也造成了对该类财物保护上的空隙。所以，既需要从立法上尽量完善财产犯罪的法网设计，也需要至少在观念上为拉低财产犯罪的整体法定刑做准备（从而逐步实现财产犯罪法定刑配置的渐次均衡）。“严而不厉”应该是在财产犯罪整体法网设计上的思想指针、理论武器和分析框架。此外，在立法论上，规定财产犯罪的数额要求虽可举出“限制处罚范围”“法不责众”等诸多理由，但也会带来何以“定量上的有限差异会导致定性上的天壤之别”这样的疑问以及“以赃论罪”“算数司法”之类的困惑。取消财产犯罪的数额要求应该是一种理想状态和远景目标。①

除刑事立法需要在财产权的刑法保护方面有所作为外，在刑法适用解释即刑事司法上探讨财产权的刑法保护范围问题同样值得重视，而这正是

---

① 就对财产权的侵害来说，在我国，除让行为人承担恢复原状、赔偿损失等民事责任之外，主要是采取了行政处罚和刑事处罚的二级制裁体系，这体现在：达到了财产犯罪的定罪数额（或者其他入罪标准）的，适用刑事处罚，否则即通过行政处罚的方式加以制裁（而适用行政处罚也就否定了犯罪之成立）。可是，为什么一个数字（数额标准）就可以决定刑事处罚（犯罪）和行政处罚（违法）之间的界限？其合理性颇可质疑。取消财产犯罪的数额规定，取消对侵害财产权行为的二元处罚机制，虽然表面上会带来财产犯罪数量剧增、司法系统难以承受的问题，但这样做整合了对侵害财产权行为的评价体系，使被纳入刑事司法系统的犯罪嫌疑人、被告人的权利能够得到更充分的保障；而刑事司法系统也可以通过内部的分流、过滤机制等消化案件过多的压力。当然，这是一种理想的状态，在我国实现起来尚待时日。

本节研究的重心。对此，本节的主要结论包括：（1）刑法介入财产权保护范围需要刑法基本原则的指导，需要在罪刑法定原则所允许的范围之内最大限度地通过扩张解释来拓展财产权的保护范围；探讨刑法是否要介入对具体财产权的保护时还需要格外注意平等保护的问题，这是刑法面前人人平等原则的要求和实践；刑法介入财产权的保护需要考虑诸多因素，不能以谦抑原则以及补充性特征为借口而束缚其在财产权保护方面的手脚。（2）刑法介入财产权保护以存在实质的财产损害为前提。客观上不具有经济价值但对被害人具有特殊情感价值的物品仍可能被评价为“财物”；不光是诈骗等交付类财产犯罪，即便盗窃罪等非交付类财产犯罪，其成立同样需要财产损害（而不能仅考虑形式上的所有权或占有权受到损害），而有无财产损害要根据是否存在整体财产损失作实质判断。此外，无论是存在真实的还是形式上的被害人同意，只要被害人不存在认识错误，就不能成立相应财产犯罪（至少不能成立既遂）。（3）刑法在积极介入财产权保护的同时又要慎重。既不能借口刑法谦抑、刑法的补充性而使刑法对财产权的保护缺位，又不能不顾财产权在整个法益（主要是个人法益）序列中的位阶关系而过度倚赖刑法。刑法介入财产权保护既不能单纯为了维护所谓“财产秩序”，也不能完全依赖民事法，而必须寻求一种两者之间的协调。此间所存在的民法评价和刑法评价的不一致，正是为了实现实质上的法益保护和正义公平。

第十一节　刑法对财产权保护中的均衡性原则

刑法是最后手段法，是法益保护的最后一道防线；刑罚亦体现为强烈的剥夺性痛苦。通过刑法和刑罚保护公民的财产权，既要积极，又要慎重。所谓积极，是指在行为严重侵害财产权的整体或者部分，刑法必须介入时，不能借口“刑法谦抑”而将法益保护的责任推给民事法律等其他规范调整；而所谓慎重，是指又必须看到刑法的特性本身以及财产权在整个个人法益体系中的位阶顺序，“不当为则不为”。刑法在保护财产权中所扮演的角色，可称为适度性原则。刑法对财产权的保护，不但要适度，还要平等，要平等保护不同财产权主体的权益。平等目标是一个大的原则，然而这一原则亦可能存在适用上的例外。此外，刑法对财产权的保护还要均衡，这既体现在对具体犯罪构成要件的解释（解释论层面）上，也体现在对具体财产犯罪的罪状设定和刑罚设置（立法论层面）上。实现对财产权的适度、平等且均衡的刑法保护，应是立法者和解释者共同追求的目标。关于刑法对财产权保护中的适度性原则和平等性原则笔者将另外撰文探讨，且本书前文已有相应涉及，此处专门讨论均衡性原则在财产权的刑法保护中的运用问题。

一、财产犯罪具体构成要件解释中的均衡

在对刑法所规定的各财产犯罪的构成要件的解释中，必须从均衡原则出发，在对相邻犯罪的解释、适用中，既要避免两罪之间出现构成要件的交叉，又要尽量避免两罪之间构成要件的空隙，如此才能最大限度地借助具体法网实现对财产权的刑法保护。

（一）要尽量避免两个财产犯罪之间出现构成要件的交叉

并非对于两个犯罪（包括两个财产犯罪）的构成一概不能要求同样的要件（比如两个财产犯罪都要求“非法占有的目的”是十分正常的），但是至少不同犯罪的客观构成要件，特别是核心的要件之间当然应该存在差异——正是这些要件之间的差异构成了不同犯罪的识别标准，若抹杀了这些差别也就模糊了不同犯罪之间的界限。对此，学理上的解释应该充分发挥作用。

比如，就抢劫罪与敲诈勒索罪来说，学理上主张两罪的行为方式都要求是“暴力或者胁迫”，但又认为其区别在于，前者的暴力或者胁迫达到了足以抑制被害人反抗的程度，被害人在不能反抗、不敢反抗或者不知反抗的情况下丧失对财物的占有，而后者的暴力或者胁迫只是致使被害人产生恐惧心理，被害人在仍有意志自由和选择余地的情况下交付财物，这就避免了两罪在构成要件上的交叉。再如，抢劫罪与抢夺罪都包含“抢”字，通常认为，前者的“抢”系“对人暴力”而后者的“抢”系“对物暴力”，但这样的观点值得反思。一下子将骑在发动中但未行驶的摩托车上的被害人推开、骑车就走的行为，实际上仍然存在着通常观念上的“对人暴力”，但却难以被认定为抢劫（所谓“飞车抢夺”的，也常常伴有对人暴力，但当然不能一概被认定为抢劫）。抢夺罪并非一律不存在对人暴力，而是即便存在着对人暴力，这种暴力也仅止于轻微的、尚不足以抑制对方反抗的程度。这才是抢夺罪区别于抢劫罪的要点所在。只有明确了以上这些，才算基本上厘定了抢劫罪的构成要件和相近犯罪之间的界限，避免了不应有的交叉重合；也才算是清楚了抢劫罪刑法规范的保护范围。放开一点说，刑法各论在研究

此罪与彼罪的界限时，应该避免泛泛而谈，而要着重探讨两罪在相似构成要件中的细致区别，如此方能尽力避免出现两罪构成要件之间的交叉或重合。

（二）也要尽量避免两个财产犯罪之间出现构成要件的空隙

不能人为划定两个犯罪各自的界限而实际上遗留下法益保护上的空隙。比如，就盗窃罪和抢夺罪来说，通说认为成立盗窃罪需要“秘密窃取”（并通过主观性、相对性等特征对这一要件进行限制），但同时又不放弃抢夺罪中的“对物暴力”要件，这就可能导致处罚上的空隙。本想入室盗窃却发现瘫痪在床但神志清醒的老妇，虽遭其喝止而仍气定神闲地取走财物的，按照前述理解，因为并未“秘密窃取”（行为人明知被害人已经知晓其行为）所以不能被认定为盗窃罪，又因为没有“对物暴力”（在观念上不能看作是“抢”）所以不能被认定为抢夺罪，这就会导致无法处罚本应处罚之行为的尴尬境地，造成财产权保护的真空。所以，在解释盗窃罪与抢夺罪的构成要件、界定两罪的区别时，要么放弃盗窃罪的“秘密窃取”要件而主张“平和取得说”（这实际上就等于肯定了盗窃罪具有财产犯罪兜底性罪名的性质），要么维持盗窃罪的“秘密窃取”而放弃抢夺罪的“对物暴力”要件。只有这样，才能避免两罪之间存在处罚范围上的空隙。而放弃抢夺罪的“对物暴力”要件之后，要求“公然夺取”的抢夺与要求“秘密窃取”的盗窃之间的主要区别，就在于“是否秘密”了。如果不是“秘密窃取”，属于公开地转移占有型的取得财产罪且不满足抢劫、诈骗、敲诈勒索等罪的特征的，即是抢夺。

再如，盗窃罪和侵占罪之间的界限何在？黑暗之中拿错了他人的贵重行李而后产生了非法占有意图并据为己有的，属于盗窃罪还是侵占罪？认定为侵占罪，需要明确，在拿错行李者和财物所有人之间并不存在法律意义上的“委托保管”的信任关系，所以行李不属于“代为保管的他人财物”，同时在行为人拿错行李时该行李仍在所有人的占有之下，行李不属于“遗忘物”等；若认定为构成盗窃罪，则又无法回答“盗窃罪的非法占有目的产生在转移财物占有之前”，因行为人是在取得财物的占有之后才产生不法占有的目的。所以，要想实现对上述财产的刑法保护①，要么放

① 本案中单纯的民事法保护是不充分的，无论是从“国富民穷”时公民财产保护的角度、风险社会的风险分担角度还是从诚信缺失时的诚信培植角度，都应该认为此时有必要动用刑法。

弃侵占罪中"代为保管的他人财物"中对"代为保管"的法律（或规范）层面的要求，要么放弃盗窃罪的"在转移占有之前具有非法占有意图"的要件，显然，后者将损害盗窃罪的定型性特征，而前者有助于对法益的保护。[①] 由此可见，需要从对财产权的全面刑法保护的全局高度，借助体系解释等方法对各个财产犯罪的构成要件进行整体性安排。

二、财产犯罪的法定刑配置及其均衡

财产犯罪的法定刑配置也需要遵循适度且均衡的原则。现行立法在这方面做得怎么样？值得反思。

（一）是否适度

财产犯罪毕竟仅仅侵犯了他人的财产权，而且财产权在个人法益体系中又处在比较靠后的位置（轻于生命、健康、自由等，无须赘言）。对财产犯罪配置法定刑时必须考虑这一点。评价财产犯罪的法定刑配置是否适度，至少要回答两个问题：第一，对财产犯罪能否配置死刑？第二，对财产犯罪能否配置自由刑？

关于对财产犯罪能否配置死刑的问题，有必要将抢劫罪与其他财产犯罪分而论之。对同时侵犯他人人身权利的抢劫罪配置死刑并非全然不能理解。不过，从立法技术上讲，如果规定抢劫造成他人死亡或者在抢劫过程中杀害被害人则转化成相应侵犯人身权利之犯罪的话，那么，对抢劫罪完全不必规定死刑。比如，对于在公共交通工具上抢劫凭什么最高配置死

---

① 《刑法》第 270 条第 1 款中"代为保管"，是只限于基于委托、寄存、借用等法律关系而代为保管，还是也包括基于错拿等事实原因而产生的事实上的"代为保管"？换言之，在认为《刑法》第 270 条第 1 款所规定的侵占罪除了侵犯财物的所有权还侵犯了委托信任关系时，这种委托信任关系是否必须是基于法律事实而建立？素有争论。应该说，从立法处处限制侵占罪的处罚范围这一明显倾向来看，认为成立普通侵占罪需要行为人基于法律原因而保管财物或许更为适宜；不过，从避免两个构成要件之间产生空隙的角度来看，主张只要在事实上存在委托信任关系即可成立侵占更为合理。况且，既然立法规定将遗忘物和埋藏物两者据为己有、拒不交出时也可成立侵占罪并适用和普通侵占罪同样的法定刑（而未像其他一些国家一样，规定普通侵占罪较之脱离占有物侵占适用更重的法定刑），那么也就不必过于强调对所谓"委托信任关系"的保护。这样来看，认为《刑法》第 270 条第 1 款中的"代为保管"不限于基于法律关系所产生的就更有理由了。

刑？确实，在公共交通工具上抢劫已经超出了单纯的侵犯财产权而具有危害公共安全的性质，在这个意义上较之一般的抢劫罪对其加重处罚可以理解。但是，抢劫罪本身原本就不是单纯的侵犯财产权的犯罪（复杂客体），在其基本法定刑的幅度之内（最高10年有期徒刑）从重处罚亦非不可能包含对危害公共安全（也仅仅是威胁而已，如果是实害，则会有“致使被害人重伤、死亡”或者“数额特别巨大”来评价）的评价。保守点说，对于在公共交通工具上抢劫的，最高法定刑定为无期徒刑足矣。其他抢劫罪的加重构成同样存在着配置死刑过重的问题。

在1997年刑法中，对于只侵犯财产权的盗窃罪在“盗窃珍贵文物，数额特别巨大”或者“盗窃珍贵文物，情节严重”这两种情况下配置有死刑。但这终归是一种过度的反应。这不仅可能会导致对公私财产的不平等保护，而且也会导致保护法益与侵害法益的显著不对等。此外，1997年刑法在盗窃罪中规定了死刑而对较之更重的抢夺罪或者敲诈勒索罪等则未规定死刑。这样的规定尽管也存在着诸如犯罪发生的可能性之类的理由（立法者认为，盗窃金融机构或者盗窃珍贵文物是可能的，而抢夺或者敲诈勒索金融机构或者珍贵文物则不太可能），但从体系解释的角度而言，盗窃罪的死刑规定仍然有问题。2011年施行的《刑法修正案（八）》取消了盗窃罪的死刑规定，这既是在废止死刑道路上的重大进步（至此财产犯罪中只有抢劫罪仍保留死刑），也和体系解释的要求相吻合。

对财产犯罪配置自由刑甚至无期自由刑，倒是值得思考——凭什么我拿了你的钱，你就剥夺我的自由，甚至（即便是名义上）剥夺终生自由？如果机械地从保护法益和剥夺法益的对等性来看，财产犯罪理应对应于财产刑，而且这还可以堂皇地冠以刑罚轻缓化的招牌。但是，现代刑法中的刑罚配置已不单纯地满足于报应（即便是报应，也早非以眼还眼、以牙还牙式的同态复仇）而要考虑预防犯罪的需要，这样来看，为多发的财产犯罪配置自由刑以实现威慑预防（消极的一般预防），是值得肯定的——放眼世界各国，为财产犯罪配置自由刑者实属通例，无须大惊小怪。不过，对财产犯罪行为人可以判处无期徒刑吗？自然，在我国当前的司法语境下，无期徒刑有期化的倾向明显（无期徒刑通常实际执行十四五年之后即会因减刑而变为有期徒刑），这可能并非一个真问题，但在《刑法修正案（八）》提高了无期徒刑减为有期徒刑的上限、提高无期徒刑实际执行期限的背景之下，对财产犯罪行为人判处无期徒刑，仍需慎之又慎。

（二）是否均衡

考察财产犯罪的法定刑配置是否均衡，有两个层次：（1）总体上说，和其他类型的犯罪相比，我国刑法对财产犯罪的刑罚配置是否均衡？（2）在财产犯罪内部，各种具体财产犯罪之间是否做到了罪刑均衡？

就（1）来说，曾有日本学者指出，在私有财产制度之下，必须保护个人的财产不受不法的侵害这一点虽说理所当然，但在日本，“财产犯的法定刑较之针对自由的犯罪等却有稍稍过重之嫌”①。在本书看来，这样的问题在中国刑法中同样存在。比如说，侵犯他人自由的非法拘禁罪的基本法定刑最高才是3年有期徒刑，这仅相当于盗窃、诈骗等数额较大情形的法定最高刑，然而只要达到数额巨大，则最低法定刑为3年有期徒刑。无疑，自由法益在个人法益的价值序列中是高于财产法益的。由此可以说，即便不考虑死刑问题，我国刑法关于侵犯财产罪的刑罚配置也仍然是偏重的。②

就（2）来说，涉及各财产犯罪的轻重顺序及法定刑配置问题。但丁（Dente）在其名著中论证说，相对于盗窃罪，诈骗罪和侵占罪是更为严重的犯罪，因为不管是诈骗罪还是侵占罪，都不仅取财，而且背信，“崩坏了亲善的纽带”③。可是，我国刑法上，诈骗罪的法定刑和盗窃罪的一样，侵占罪的法定刑（包括犯罪成立条件）则明显轻于盗窃罪的。如果说侵占罪的法定刑轻于盗窃罪的可以理解（盗窃罪的实际上重于侵占罪的，因为其不仅侵犯了所有权，还同时侵犯了占有权，而后者只侵犯了所有权），但诈骗罪的法定刑等同于盗窃罪的或许令人遗憾。④ 再如，1997年刑法

---

① 曾根威彦．刑法各论．4版．东京：弘文堂，2008：101.

② 在这样的认识前提下，考虑到整体上通过立法降低财产犯罪的法定刑配置的可行性不高，在法定刑裁量的司法实践中尽量降低财产犯罪的刑罚适用量（判处相对较轻的刑罚），这应该是较为实际和可行的。

③ 乔治·弗莱彻．反思刑法．邓子滨，译．北京：华夏出版社，2008：223.

④ 不过，这也许可以作如下这样解释：但丁从诈骗罪“背信”的角度认为其重于盗窃，这只说出了问题的一个方面；另一方面，盗窃罪是完全违背被害人的意志而取得财物，而诈骗罪是基于被害人的有瑕疵的意思而取得财物，被害人的认识错误部分地抵消了诈骗的危害性。综合来看，立法者或许是认为盗窃和诈骗的法益侵害性与预防必要性大致相当。

规定敲诈勒索罪的最高法定刑是10年有期徒刑，而较之更轻的诈骗罪的最高法定刑是无期徒刑。这也是一个明显的不协调。《刑法修正案（八）》规定，敲诈勒索“数额特别巨大或者有其他特别严重情节的，处十年以上有期徒刑”，从而将该罪的最高法定刑提高到15年有期徒刑［《刑法修正案》还为该罪增设了选科或者并科罚金］。这部分地弥补了敲诈勒索罪在罪状和法定刑上的法律漏洞，在方向上值得肯定。但是《刑法修正案》将敲诈勒索罪的最高法定刑规定为15年有期徒刑，仍然低于诈骗罪的法定最高刑无期徒刑，在体系解释的观点看来仍不够彻底，即在敲诈勒索罪和诈骗罪的法定刑设置上仍可谓失之均衡。

就财产犯罪内部的罪刑均衡问题而言，需要讨论故意毁坏财物罪的刑罚配置问题。就我国现行刑法的刑罚配置而言，作为毁弃型财产犯罪的故意毁坏财物罪的法定刑轻于取得型财产犯罪中的盗窃、诈骗等罪犯①而重于侵占、挪用型财产犯罪的法定刑。这是否科学？依据何在？一般观念恐怕会认为，尽管取得型财产犯罪是财产犯罪的中心类型而毁弃型财产犯罪不过是财产犯罪的边缘类型，但单就财产损害来说，毁弃型财产犯罪可谓更为严重——毁弃型财产犯罪甚至包括在物理上消灭财物或者完全使财物丧失使用价值，故其侵害十分严重；而取得型财产犯罪仍然保留财产的使用价值（归自己或者第三人使用），从社会整体的角度计算并不存在着财产的损失，因而对整个社会来说，毁弃型财产犯罪的危害性应该重于此种取得型财产犯罪的危害性。与此相对的另一种观点则认为，财产犯罪终究是侵犯个人法益的犯罪，其侵害性轻重应该根据对个人财产权的侵害加以衡量。就毁弃型财产犯罪来说，其通常出于泄愤等动机，是“损人不利己”的；而就取得型财产犯罪来说，其出于非法占有的目的，“损人而利己”，这种非法占有的目的成为该罪的“主观违法要素”，导致取得行为的法益侵害性增强，乃至使之超出了毁弃型财产犯罪的法益侵害性。应该说，后一种观点亦具相当说服力。可是，取得型财产犯罪的非法占有目的是否像绑架罪中的“勒索财物目的”一样属于主观的超过要素本身就

① 尽管侵害结果更为重大，但是毁弃型财产犯罪的刑罚更轻，而且单纯出于毁弃目的的对财产利益的侵害不被处罚。比如，由于仇恨他人而打算施以财产上的损害，使对方获得错误的情报，令其投入了巨额的资金，据此使对方受到了重大的损害，但即便如此亦不成立犯罪。

有争议[1]，即便认为其非法占有目的属于主观违法要素、对行为的违法性产生影响，这种观点也难以说明，为什么侵占罪同样是取得型财产犯罪，也具有非法占有目的，可是其法定刑却轻于毁弃型财产犯罪的？如此看来，单纯根据有无“非法占有目的”、是否“利己”并不能排列取得型财产犯罪与毁弃型财产犯罪之间的轻重顺序。这样看来，对于为什么在法定刑上诈骗、盗窃等取得型财产犯罪重于毁弃型财产犯罪，恐怕不能单纯从法益侵害性的轻重对比上去寻找根据，而应该借助其他途径。日本有学者认为，“在法定刑上取得罪更重。这是因为，取得财物的行为较之毁弃财物的行为更容易被实施。不管是从历史上来看，还是从国外各国的犯罪统计来看，取得罪的发生率都要更高。因此，禁止、压制这种犯罪的必要性也就更高。”[2] 由此可见，对转移占有型的取得型财产犯罪配置更高的法定刑，也是考虑了预防犯罪（特别是一般预防）的必要性——取得型财产犯罪是出于取得的目的，而毁弃型财产犯罪则是出于所谓破坏的目的，“正是因为如此，基于一般预防的考虑，取得罪较之毁弃罪受到了更重的处罚”[3]。配置法定刑不仅考虑犯罪本身的法益侵害性，也考虑预防犯罪的必要，这已经不是单纯的法益侵害说或者结果无价值论的结论，而是带有了行为无价值论的特征。法定刑配置既要体现犯罪的本质（法益侵害），又要体现刑罚的目的（预防犯罪），这是值得肯定的，不过，配刑终归要以法益侵害为基础（这也是报应的体现），预防犯罪只有在报应的框架之内才能对法定刑设置产生一定的影响。[4] 在此意义上，为转移占有型的取得型财产犯罪配置如此之高的法定刑还有进一步检讨的余地。在本书看来，适当拉近转移占有型的取得型财产犯罪和毁弃型财产犯罪在法定刑上之距离，应该是可行的。

---

① 笔者认为，取得型财产犯罪中的非法占有目的不过是犯罪故意之意志因素的另一种体现而已，其并未超出客观要素的范畴，不属于主观的超过要素，对违法性的轻重不产生影响，故而也就不属于主观的违法要素。付立庆. 主观违法要素理论——以目的犯为中心的展开. 北京：中国人民大学出版社，2008：221及以下.

② 前田雅英. 刑法各论讲义. 4版. 东京：东京大学出版会，2007：176.

③ 井田良. 刑法各论. 东京：弘文堂，2009：82.

④ 如果设置法定刑可以不受限制地考虑预防犯罪的需要，那么针对所有刑事犯罪中发案率最高的盗窃罪就可以毫无节制地设置重刑以至死刑，而这显然有问题。

三、财产犯罪的法网设置及其均衡——兼评《刑法修正案(八)》对财产犯罪的修正

（一）现行刑法财产犯罪体系之调试及其反思：基于体系解释的视角

在立法论上，透视财产犯罪之间的逻辑体系，可以检讨现行财产犯罪立法的法定刑配置以及相应刑法的修正根据。

比如，《刑法修正案（八）》规定，“入户盗窃”“携带凶器盗窃”的，亦成为盗窃罪的选择性入罪条件。但这和抢夺罪（较之盗窃罪更重）相比，（1）抢夺罪并未将“入户抢夺”作为该罪的一种入罪条件，这是否合理？（2）第267条第2款规定“携带凶器抢夺”的转化为抢劫罪，这和“携带凶器盗窃的”成为盗窃罪的入罪事由之间是否协调？就（1）来说，抽象来看，“入户抢夺未达到数额较大的”难以入罪，而“入户盗窃未达到数额较大的”则［在《刑法修正案（八）》之后］可以入罪，这似乎确实不够协调。不过，考虑到抢夺罪通常是“乘人不备、公然夺取”，在非法侵入他人住宅（非法“入户”）之后，如果被害人在场而当场抢夺（即所谓的“入户抢夺”）会导致因被害人的反抗而要么转化为抢劫罪（《刑法》第269条）要么直接构成《刑法》第263条规定的抢劫罪；若被害人不在场则不属于“入户抢夺”而仅成立“入户盗窃”。由此可见，通过否定“入户抢夺”本身的可能性来否定上述的不协调也是一种选择。不过，需要问的是：事实上真的不可能存在“入户抢夺”吗？这值得怀疑，而如果存在着纯粹的“入户抢夺”，则上述的不协调就不可否认。[①] 就（2）来说，刑法规定“携带凶器抢夺的”转化为抢劫罪而“携带凶器盗窃的”为盗窃罪的入罪条件之一，这样的差别对待和抢夺与盗窃的构成要件差异有关：抢夺通常是“乘人不备、公然夺取”（尽管也存在着在他人有所防备之下的“公然夺取”），行为人与被害人是面对面的，行为人携带凶器即具备了随时使用凶器的可能性。从预防犯罪的角度而言将此种情形拟制为抢劫罪是有充分理由的。而在盗窃的场合，被害人通常不在场或者不知情，故而行为人即便携带凶器，其随时使用凶器的（必要性，从而）可能性也

---

① 在坚持“抢夺”要求“公然”夺取而“公然”又必须有不特定人或多数人在场的可能性的情况下，也可以通过否定入户行抢时的“公然性”而否定“入户抢夺”的存在，从而消解上述冲突。不过，在将“公然性”理解为“当着被害人之面实施”时，“入户抢夺”就仍然是可能的。

极低。这就决定了“携带凶器盗窃的”行为侵害被害人人身权利的危险性极低，故而这样的行为也就没有必要被拟制为抢劫罪。不过，“携带凶器盗窃的”行为毕竟反映了行为人较为严重的人身危险性，故而将其作为盗窃罪的入罪条件之一是可以接受的。但是，在肯定公开盗窃、将盗窃与抢夺的界限界定在是采用非暴力的手段取得财物还是有对人的轻微暴力以取得财物这一前提之下，“携带凶器盗窃”，还仅仅应该是盗窃罪的入罪条件之一吗？该问题的另一种问法是：在刑法规定了“携带凶器盗窃”属于盗窃罪的一种入罪情形的前提下，还能放弃盗窃罪的“秘密窃取”要件、承认所谓的公开盗窃吗？被害人在场且知悉行为人之存在时，行为人随时使用凶器的可能性是存在的，对被害人人身安全的危险性也就存在。此时，仅仅将其作为盗窃罪处理只能是从法益侵害和报应主义的角度来入手。①再者，从自由保障主义的角度看，仅仅是随身带着凶器并且采用非暴力的方式取得财物的，不将其认定为“携带凶器抢夺”，从而不转化为抢劫，而仅仅认为其属于“携带凶器盗窃”，从而仍属于盗窃，也是一种有利于行为人的解释，总体上值得肯定。

就现行财产犯罪体系的调试（修正）与反思而言，有必要涉及“扒窃”问题。《刑法修正案（八）》的第二次修正草案（2010 年 12 月）将“扒窃”和“入户盗窃”，“携带凶器盗窃”一起，作为盗窃罪的选择性入罪条件，并且被最终的修正案所接受。据此，只要是“扒窃”的，不管是否达到“数额较大”的标准，也不管是否属于“多次盗窃”，都可以构成盗窃罪。对此该如何评价？立法者之所以将“扒窃”也作为盗窃罪的选择性入罪情形，无疑是看到了其不同于普通盗窃的特殊性，而“扒窃”行为区别于普通盗窃之特征在于：其发生在公共场所，极大地影响了被害人和一般公众的安全感；其属于被害人在场情形下可能接触被害人身体的一种盗窃形式，存在着被害人即时知晓、即时制止的可能性，因而也存在着侵害被害人人身权利的较大可能性。着眼于此，从预防犯罪的角度考虑，对“扒窃”行为予以从严处罚是可以理解的。在《刑法修正案（八）》第二次草案被披露以后，学界对“扒窃”受此“优待”也更多给予了肯定。不过，也有学者对于增设扒窃型的盗窃罪持否定态度。如梁根林教授认为，“我国现行刑法中已经规定了盗窃公

① 若从预防犯罪角度看，此时和一般意义上的“携带凶器抢夺”一样，视其转化为抢劫以预防更为严重的恶性犯罪，这样来理解也是可能的。

私财物，数额较大或者多次盗窃的，构成盗窃罪。有关司法解释规定，多次盗窃是指一年以内入户盗窃或者在公共场所扒窃 3 次以上。可见，刑法及其司法解释规定的盗窃罪已经足以涵盖扒窃这种行为。所以，没有必要再设一个扒窃类的盗窃罪”。“不具有刑法可罚性的扒窃行为，总体上而言只是一种违反治安管理处罚法的行为，不宜认定为犯罪。否则，就会不适当地扩大盗窃罪的定罪范围、刑法处罚的范围，也混淆了刑事处罚和行政处罚的边界。”① 确实，凡是扒窃，则不计数额、不计次数地一概构成盗窃罪，无疑会导致盗窃刑事案件的大幅增长，这会导致刑法介入财产权保护范围的极大扩张，恐怕会带来不可欲的负面效果。也即，如果严格遵守法律，则会导致公、检、法等机关疲于应付由于扒窃的大量存在而剧增的盗窃刑事案件，从而占据大量的司法资源；监狱、看守所等部门看押已决和未决犯也会耗费巨资的监禁成本。而如果迁就于司法资源和监禁能力等而采取所谓变通措施②，则会使刑法修改的意义大打折扣，法律虚置的结果即是法律权威的逐渐丧失。③ 对于前述扒窃入罪会导致盗窃刑事案件大幅增长、刑法介入财产权保护范围过宽、会混淆刑罚与行政处罚之界限、占据大量的司法资源和增加监禁成本等担心，本书认为，这涉及对财产犯罪整体刑事法网（法网范围和刑罚数量）的把握问题。本书主张在财产犯罪问题上也应该贯彻“严而不厉”的政策思想：一方面，在刑法介入财产权保护的范围上不宜过窄（财产犯罪的法网体系要严密。在立法论的层面上，本书甚至接受财产犯罪取消数额要求的主张）。另一方面，需要整体性地降低财产犯罪的刑罚配置量。只有在此指导思想之下，扒窃入罪的问题才值得肯定。

除以上关于盗窃罪的修正外，《刑法修正案（八）》将“多次敲诈勒索”

---

① 陈丽平，李吉斌．扒窃行为是否入罪存在争议．法制日报，2011-01-7（03）．

② 比如以司法解释等方式要求“扒窃”入罪也需要考虑数额（即便并未达到“较大”标准，也不能是数额“较小”）或者“次数”。再比如，公安机关可以通过不予立案，检察机关可以通过不予起诉，法院可以通过援引《刑法》第 13 条但书规定或者至少判处缓刑等方式，而将部分“扒窃”行为出罪（或者非监禁化），也可以起到软化让“扒窃”入罪的刚性规定之效果，部分地缓解上述的矛盾。但即便如此，单纯的扒窃行为本身在任何阶段进入刑事司法系统本身都仍然是对司法资源的占用，这一点是不容否认的。

③ 梁根林教授即持此种观点，从而对“扒窃”入罪表示反对。陈丽平，李吉斌．扒窃行为是否入罪存在争议．法制日报，2011-01-07（03）．

作为敲诈勒索罪的入罪情形之一，这弥补了该罪与盗窃罪在入罪条件上的不协调（“多次盗窃”被1997年刑法规定为盗窃罪的入罪条件之一），值得肯定。不过，本书对此强调如下三点。(1) 刑法将“多次盗窃”作为盗窃罪的入罪条件之一，却将“多次抢劫”作为抢劫罪的法定刑升格条件。在抢劫罪的成立本身不要求数额的前提下，应该认为，由于每次的抢劫都可以成立抢劫罪，所以“多次抢劫”本身确实不该是抢劫罪的入罪条件之一。但尽管如此，将“多次抢劫”作为抢劫罪的加重情节，处以“十年以上有期徒刑、无期徒刑”特别是“死刑”，仍然失之过重。(2) 抢夺罪与敲诈勒索罪同属暴力、胁迫型的转移占有型的取得型财产犯罪，被害人的意志对于判断两罪的法益侵害性轻重具有重要意义。于抢夺罪财物的转移占有完全违背被害人的意志；而于敲诈勒索罪被害人系在恐惧心理的支配下交付财物，被害人虽有恐惧心理但毕竟还存在着意志自由（被害人完全丧失意志自由和选择可能性而交付财物的，应该认定为抢劫罪而非敲诈勒索罪），因此，抢夺罪的法益侵害性重于敲诈勒索罪的。在比敲诈勒索罪更重的抢夺罪的场合，“多次抢夺”却未能成为该罪的一种入罪情形，这在体系解释看来仍是不合理的。(3) 从严密财产犯罪法网的角度而言，也应该将“多次诈骗”一并作为诈骗罪的选择性入罪条件，这样可以实现该罪和盗窃罪、敲诈勒索罪等之间的协调。①

① 比如，谎称遭灾、遇窃等，在公共场合要求他人资助8元钱买碗面吃的所谓“8元诈骗”现象，按照现行刑法关于诈骗罪的立法及其解释，能否入罪？不无讨论余地。刑法理论上一般不要求诈骗罪的对象为特定人，针对不特定人也可能构成诈骗罪。在每次诈骗数额较小时，虽然单独评价并不能构成诈骗的未遂（只有明确以数额较大的财物为诈骗对象而未得逞的，才属诈骗未遂），但若累积的诈骗数额达到“数额较大”标准的，仍可成立诈骗罪。但是，若多次诈骗而累计数额仍未达到“较大”标准的，无法构成诈骗罪。这和盗窃以及敲诈勒索的场合不同（多次盗窃或者多次敲诈勒索的，即便未达数额较大标准也成立犯罪）。这是因为，诈骗罪未将“多次诈骗”作为入罪情形之一，诈骗罪的成立必须要考虑犯罪数额。由于诈骗罪轻于盗窃罪和敲诈勒索罪，因而在与此二罪的协调上，即便多次诈骗但累计数额未达“数额较大”时不作为犯罪处理也可理解（在体系解释立场看来可以接受）。但从法益保护的角度来说，将“多次诈骗”也作为诈骗罪的选择性入罪条件，更为适宜。顺带指出，根据于2011年4月8日起实施的最高人民法院、最高人民检察院《关于办理诈骗刑事案件具体应用法律若干问题的解释》，对于针对不特定多数人实施的电信类诈骗，由于犯罪数额难以查证，可以将发送短信、拨打电话的次数等作为定罪处罚依据（以未遂处理）。这被视为是“对传统刑法理论的较大突破”。而如果将“多次诈骗”作为选择性入罪条件，就不会出现这样的难题了。

（二）财产犯罪的规范体系构建

刑法学说上对财产犯罪有各种不同的分类，且有学者认为，理想的分类法宜就犯罪意图加以分类，因为这种分类最能显示各种财产犯罪的罪质。各种财产犯罪的犯罪意图计有取得意图、获利意图、损害意图、获利或者损害的择一意图，从而财产犯罪也就该包括取得型财产犯罪、获利型财产犯罪、损害型财产犯罪以及获利或损害择一上。[①] 结合如此分类对照我国现行立法，需要思考，在立法论上，我国刑法财产犯罪的规范体系是否齐备、严密？

1. 关于取得型财产犯罪与获利型财产犯罪

在其他国家或地区，由于财产犯罪的成立并不以“数额较大”等定量因素为前提，故而取得型财产犯罪与获利型财产犯罪的区分就十分重要[②]，从而，像夺取、窃取或骗取他人虽无经济价值但有情感价值的特有物品，在我国难以构成犯罪，而在境外很容易成立相应的抢夺或盗窃或诈骗等取得型财产犯罪；同样，像使用盗窃的行为，其本身就是一种获利型的犯罪，很容易作为犯罪处理（如我国台湾地区的“刑法”第320条之2规定的窃盗罪）。而在我国（大陆），只能是在犯罪概念的定量因素、限制处罚范围名义下作无罪处理，但这对于对财产权（比如使用权）的保护是不充分的。再如，在诈骗罪的场合，国外或我国台湾地区一般都通过诈骗罪的特别规定（如日本刑法第246条第2款规定的诈骗罪、我国台湾地区“刑法”第341条规定的准诈骗罪等），将通过欺诈而获得某种利益的行为加以明确规定。而在我国（大陆），则只能通过对《刑法》第266条诈骗罪的犯罪对象“公私财物”作扩大解释来解决上述问题，可是从体系解释的角度来看，这就是有问题的：为什么会对诈骗罪中的“公私财物”作扩大性解释而将财产性利益等涵括在其中，而在其他的抢夺、盗窃等取得型财产犯罪的场合却不能作这样的解释？这固然会有诸如犯罪本身的特性方

---

① 林山田. 刑法各罪论：上册. 修订5版. 台北：兴丰印刷厂，2005：301-302.

② 在国外多数国家，由于取得型财产犯罪的成立并不存在犯罪数额上的要求，故而就取得型财产犯罪来说，行为人的犯罪目的主要在于取得他人之物，而非获利，故行为人所取得之物纵然毫无经济利益可言，行为人之行为亦足以构成取得型财产犯罪。相应地，获利型财产犯罪之行为人的犯罪目的主要是获得不法利益，而非在取得他人之物。

面的原因（财产性利益通常会因欺骗而获得，而不会因盗窃或抢夺等而取得），但从体系解释的角度而言仍会留有遗憾，而且，将“财产性利益”等解释为“财物”是否违反罪刑法定原则本身也是个问题。对此问题，本书的初步结论是，在财产犯罪中放弃犯罪概念的定量因素（接受立法定性、司法定量的模式），同时又将取得型财产犯罪与获利型财产犯罪明确区分，这应该是构建我国财产犯罪规范反应体系（财产犯法网）的一个方向。

2. 关于获利或损害择一型财产犯罪

获利或损害择一型财产犯罪，是指行为人可能出于获利意图也可能出于损害意图所实施的财产罪，即获利意图与损害意图具有择一关系的财产犯罪，如背信罪（德国刑法第 266 条，日本刑法第 247 条，我国台湾地区《刑法》第 342 条）。我国并不存在背信罪的规定，但却一直存在关于增设该罪的呼声。背信罪的保护法益与构成要件难以为其他犯罪所涵盖，从完善财产犯罪的法网体系角度而言，借助刑法修正案的形式增设背信罪，值得肯定。

3. 针对个别财产的犯罪和针对全体财产的犯罪

所谓针对个别财产的犯罪，是指针对被害人的财物或者各个财产权施加侵害的犯罪，而所谓针对全体财产的犯罪，则是针对被害人财产的整体的犯罪。在日本刑法和我国台湾地区“刑法”中，一般认为背信罪是针对整体财产的财产犯罪。与前一点一样，增设背信罪也就是增设了针对全体财产的犯罪，这在完善财产犯罪体系的意义上也有积极意义。

4. 小结

与日本和我国台湾地区等相比，我国（大陆）的财产犯法网存在着若干的差异，这些差异也可谓其缺陷所在。这主要表现在，第一，缺乏针对全体财产的犯罪（如背信罪）的规定①；第二，在针对个别财产的犯罪中，缺乏针对利益罪的特别规定，使财产性利益能否成为犯罪对象的问题只得求诸刑法适用解释，导致了法律的不安定，造成了适用的混乱；第三，在毁损型财产犯罪中，只规定了对毁弃的行为按照犯罪处理，可

① 《刑法修正案（六）》虽然增加了背信损害上市公司利益罪和背信运用受托财产罪等新罪，但不过都是针对特殊对象或者是特殊财产的，不具有普遍意义。

是对隐匿的行为未加规定，造成了法律调整上的空隙；第四，在取得型财产犯罪中，对间接取得型财产犯罪（赃物等参与）未在财产犯罪一章中有明确规定，虽在妨害社会管理秩序罪中有类似的规定，但对财产权的保护尚有不足；第五，在直接取得型财产犯罪中的侵占罪中，并未将脱离占有物类型性地规定为犯罪对象，这也造成了对该类财物保护上的空隙。

第十二节　涉枪“两抢”案件的刑法适用

一、持假枪抢劫的，如何定性

现行《刑法》第 263 条关于抢劫罪的规定，除了规定了抢劫罪的基本犯罪构成，还以明示列举的方式规定了抢劫罪的八种加重型构成，其中第七项为“持枪抢劫”的规定。那么，作为抢劫罪之加重情节的“持枪抢劫”，是否只限于持真枪抢劫？换言之，其是否包括持假枪特别是仿真枪抢劫？对于持假枪“抢劫”的，应该如何定性？这是在涉枪“两抢”案件中颇为常见的一种类型，也是本节首先关注的问题。

（一）持假枪抢劫的，不属于“持枪抢劫”

1. 规范性依据

2000 年 11 月 22 日《最高人民法院关于审理抢劫案件具体应用法律若干问题的解释》（以下简称 2000《解释》）第 5 条规定：《刑法》第 263 条第 7 项规定的“持枪抢劫”，是指行为人使用枪支或者向被害人显示持有、佩戴的枪支进行抢劫的行为。“枪支”的概念和范围，适用《中华人民共和国枪支管理法》的规定。而《枪支管理法》第 46 条规定，本法所称枪支，是指以火药或者压缩气体等为动力，利用管状器具发射金属弹丸或者其他物质，足以致人伤亡或者丧失知觉的各种枪支。根据以上规范性文件的规定，玩具手枪、仿真手枪等，不属于《刑法》第 263 条规定的抢劫罪的加重处罚情节中的“枪”，从而，使用玩具手枪（仿真手枪）或者向被害人显示持有、佩戴的玩具手枪（仿真手枪）进行抢劫的，不属于“持枪抢劫”，不适用抢劫罪的加重法定刑。①

2. 实质性理由

以上实际上是从“枪支”的具体含义和法律对枪支的规定出发的理解。自然，持枪抢劫中的“枪”，应该符合其规范含义。因而，从规范解释的形式意义出发来理解“持枪抢劫”的含义，其所得出的结论是具有形式上的合理性的。但是，仅此还不足够。持假枪抢劫的行为不应该被认定为“持枪抢劫”，还应该具有实质性的理由。对此，可以从刑罚目的的角度加以展开。

刑法典之中设定加重型犯罪构成当然需要依据一定的理由，而满足刑罚的目的应该也是设置加重构成的重要目标之一。一般认为，刑罚的目的是以报应为主并兼顾预防（特殊预防、一般预防）。从报应的角度来看，报应的基础是行为的客观危害，持假枪抢劫的客观危害自然小于持真枪抢劫的。从预防的角度来看，就特殊预防来说，其基础在于行为人的人身危险性，持假枪抢劫说明行为人为了抢劫，只不过是威吓对方，而并非真正意图加害对方，所以其主观恶性也比较低；而从一般预防的角度而言，对持假枪抢劫的行为不作为持枪抢劫（而是按照普通的抢劫）处理既做到了罪刑均衡，也有利于一般预防的实现。此外，将持假枪抢劫的行为不解释为抢劫罪的加重情节（不认为其属于“持枪抢劫”）也符合刑法谦抑的原则，有利于刑罚轻缓化的政策目标在具体事案解释中的落实。

---

① 也有论者认为，持枪抢劫中的“枪”，也包括“仿真枪”。他所依据的几点理由之中，有这样一项：《枪支管理法》第44条规定，有“制造、销售仿真枪”行为的，由公安机关、工商行政管理部门按照各自职责范围没收其仿真枪，可以并处制造、销售金额5倍以下的罚款，情节严重的，由工商行政管理部门吊销营业执照。这说明，仿真枪虽然不属于《枪支管理法》中的枪支范围，但是仍属于该法管理的对象；同时也说明仿真枪在现实生活中，尤其是在危害社会治安上，有着很特殊的作用。杨增兵．持枪抢劫中的“枪”应该包括仿真枪．人民检察，2006（17）．但是，仿真枪属于《枪支管理法》管理的对象（调控的范围）与仿真枪是否属于《枪支管理法》中枪支的范围毕竟是两个明显不同的问题；而仿真枪在现实生活之中、在危害社会治安上有着特殊的作用（特殊的危害），也只能是我们将持仿真枪抢劫的行为认定为犯罪的实质根据（见本节后面的分析），而不能推导出“持枪抢劫”中的“枪”也包括“假枪”的结论。

3. 对一种有力观点的反驳

对于持仿真度很高的假枪抢劫的行为能否被视为持枪抢劫，一种比较有力的观点认为：立法者将“持枪抢劫”明列为抢劫罪的加重情节之一，其意不但在于从严打击那些携带真枪、在客观上有可能使被害人的人身生命安全随时遭受损害的抢劫行为，而且也打击那些携带假枪，足以给被害人造成巨大胁迫、使其产生巨大心理恐惧的抢劫行为。从司法实践的需要来说，将持假枪抢劫理解为“持枪抢劫”是十分必要的，因为大多持枪抢劫的犯罪分子，都是以枪支作为威胁，而持假枪造成的威胁与持真枪造成的威胁几乎没有什么区别。如果将持假枪抢劫的行为排除在“持枪抢劫”的情形之外，必然放纵这种同样具有严重危害性的抢劫犯罪。[①]（巨大胁迫说＋实践需要说）

以上论者的论断，实际上主要包括两点理由：一是从立法意图的角度出发，假枪也能对被害人产生与真枪一样的巨大的胁迫力，因此也属于立法者设立“持枪抢劫”这一加重情节的调控范围；二是所谓“司法实践的需要”。

该论者所说的司法实践的需要，实际上是一般预防的考虑。但是，正如前文所述，实际上从一般预防的角度考虑，也有必要将持假枪抢劫的行为不作为持枪抢劫处理，因为：一般预防的实现，不在于单纯的重刑化，而在于重罪重判、轻罪轻判，罚当其罪、罪刑均衡。恰恰是因为不将持假枪抢劫的行为作为持枪抢劫而将持真枪抢劫的行为作为持枪抢劫处理，两种具有不同的客观危害和主观恶性的行为得到了区别对待，才对那些试图持真枪抢劫的行为者具有来自重刑威慑的一般预防效果。另外，对于持假枪抢劫的行为不以持枪抢劫论处，也不会“放纵这种同样具有严重危害性的抢劫犯罪”，因为从客观危害和主观恶性来看，两者的危害性是不同的，而刑法也并非对持假枪抢劫的行为无动于衷，如果解释者将两种情况（持假枪抢劫与持真枪抢劫）都论定为“持枪抢劫”的话，在客观上反倒可能会鼓励行为者扔掉假枪而借助真枪。

实际上，以上有力说的论者主张从司法实践的需要出发将“持假枪抢劫”视为“持枪抢劫”，也是从认可一般预防的实现前提在于“罪刑均衡”这一论断出发的。只是该论者认为“持假枪抢劫”与“持真枪抢

① 肖中华. 论抢劫罪适用中的几个问题. 法律科学，1998 (5)：87.

劫”具有同样的危害性。那么，对该论者的第一点理由（巨大胁迫说）又当如何理解呢？对此，比较主流的观点认为，刑法之所以将持枪抢劫列为加重型抢劫罪的情形，是因为枪支具有较强的杀伤力，对被害人的胁迫力强，而且，一旦行为人开始射击，往往容易造成被害人的伤亡，因而行为人持枪抢劫的社会危害性相对较大。而仿真枪并不具有杀伤力，也就不会造成事实上的伤亡，故而持仿真枪抢劫的危害性远未达到持真枪抢劫的危害性程度。因此，持仿真枪抢劫的不应被认定为持枪抢劫。① 此外，持枪抢劫的社会危害性体现在：其是行为人以暴力、胁迫或者其他方法非法劫取公私财物的行为，其不仅侵犯财产所有权，而且可能侵犯公民的人身权。② 如果行为人手持仿真枪抢劫，由于仿真枪外观上酷似真枪，因而对被害人有一定的胁迫性，行为符合抢劫罪的客观特征。但是，仿真枪毕竟不是真枪，不具有杀伤力，不会造成被害人的伤亡（若持仿真枪猛砸被害人头部，造成其伤亡的，应当适用抢劫致人重伤、死亡的规定）。因此，持仿真枪抢劫，从其采取的手段的角度看，社会危害性相对较小。而在持真枪抢劫的场合，因真枪具有强于刀具、棍棒等器械的杀伤力，故易造成被害人的伤亡；即使行为人没有开枪射击，其手持真枪抢劫对于被害人之人身所具有的潜在的威胁也是相当大的。因此，持枪抢劫具有较大的社会危害性应该说是通过行为人手持真枪表现出来的。③ 如果以上的论断可以接受的话，即持真枪抢劫比持假枪抢劫具有更大的社会危害性（此外还具有更大的主观恶性），那么，该论者所说的第一点理由也无法立足，应该说“持枪抢劫”限于持“真枪”抢劫的观点就更可以立得住脚了。

4. 危险性处罚说——对主流观点的一种补强

在本书看来，因为抢劫罪的八种加重构成规定中，另有“抢劫致人重

①③ 陈兴良，周光权. 刑法学的现代展开：Ⅰ. 北京：中国人民大学出版社，2015：495.

② 从相关司法解释关于抢劫罪的既遂标准的规定中也能看出这一点。2005 年 6 月 8 日最高人民法院《关于审理抢劫、抢夺刑事案件适用法律若干问题的意见》之“十”规定，“抢劫罪侵犯的是复杂客体，既侵犯财产权利又侵犯人身权利，具备劫取财物或者造成他人轻伤以上后果两者之一的，均属抢劫既遂；既未劫取财物，又未造成他人人身伤害后果的，属抢劫未遂”。

伤、死亡的”一项即第 5 项[①]，所以在持枪抢劫造成被害人重伤或者死亡时，完全可以按照该项进行加重处罚以做到罚当其罪、罪刑均衡。同时符合抢劫罪的两项加重构成的，只能选择适用其中一项，只是在实际量刑的时候予以酌情考虑。并且，《刑法》第 263 第 7 项规定的“持枪抢劫”属于情节加重犯，而第 5 项规定的“抢劫致人重伤、死亡的”属于结果加重犯，在这两种加重构成发生竞合时，应该是结果吸收情节。[②] 因此，可以认为刑法之所以将“持枪抢劫”作为抢劫罪的加重情节之一，是想通过处罚一种具有重度的法益侵害的危险性、可能性的行为而非一种现实危害来达到预防（特殊预防与一般预防）更为重大的法益侵害之发生的目的（危险性处罚说）。因此，既然持仿真枪抢劫的行为事实上不具备这种发生更为重大的法益侵害（被害人的人身伤亡）的危险性、可能性，也就没有必要也不应该作为“持枪抢劫”的一种来对待。[③] 这样的“危险性处罚说”

---

① 附带指出，笔者同意刘明祥教授的如下的论断：“我国对‘抢劫致人重伤、死亡’适用相同的法定刑，可能有失妥当性。因为重伤与死亡的后果毕竟有所不同，故法定刑也应该有一定差别。这也是许多国家刑法对抢劫致死与致伤分别规定轻重不同的法定刑的理由所在，我们也有必要效仿。”[刘明祥．论抢劫罪的加重犯．法律科学，2003（1）：48.]

② 另外，前述 2000 年《解释》第 5 条规定，“持枪抢劫”中的“持”是指“使用枪支或者向被害人显示持有、佩带的枪支”。有论者具体认为，以上的“使用”应当是指直接持枪对被害人威胁，而不包括对被害人直接开枪射击并造成其重伤或者死亡的行为，否则直接适用第 263 条第 5 项即可。所以“持枪”包括两层含义：(1) 直接拿出枪威胁被害人；(2) 向被害人显示、暗示自己持有枪支。黄广进．罪刑相适应原则的重申——以持枪抢劫行为为视角．求索，2005（4）：59-60. 对于该论者的以上论述思路笔者表示认可，但是笔者同时认为，“直接拿出枪威胁被害人”与“向被害人显示自己持有枪支”只存在程度上的区别而不具有实质性的差异，实践之中也难以将其准确区分；而 2000 年《解释》第 5 条“使用枪支或者向被害人显示持有、佩带的枪支”之中的“使用”其实完全是该解释的作者在表述上的漏洞或画蛇添足。笔者认为，这里的“持枪抢劫”，就是指“向被害人显示持有、佩带的枪支”。

③ 最近，曾经主张“持假枪抢劫也属于持枪抢劫”的前述论者改变了自己的先前的主张，认为“对于‘持枪抢劫’的解释，应当运用目的解释的方法，从法定刑的规定来看，刑法严惩的是在客观上可以造成被害人人身伤亡严重后果的抢劫行为，所以只有持真枪抢劫的行为才能属于刑法规定的‘持枪抢劫’”[肖中华．刑法目的解释和体系解释的具体运用．法学评论，2006（5）：13：注④]。

的观点，与前述的学界主流的观点（实质性理由＋对有力说的反驳）是相互印证的，在某种意义上，可以作为主流观点的一种补强。①

（二）持假枪抢劫的，仍构成抢劫罪

由于抢劫罪的手段中包括“胁迫或者其他方法”，持假枪抢劫，尽管不会造成实际危害，但却仍会给被害人造成很大的精神强制，使对方不敢反抗，从而交出财物，所以，如果持假枪抢劫，仍然应该定抢劫罪。同时，我国刑法业已为抢劫罪的基本情节配置了较重的法定刑（3 年以上 10 年以下有期徒刑，并处罚金），足以对这种持假枪抢劫的行为起到威慑的作用，而不至于出现像一些反对者所说的不将持假枪抢劫认定为持枪抢劫就“会放纵犯罪”“不能准确打击持枪抢劫犯罪”的后果。

对于持假枪抢劫的定性问题，司法解释规定得比较明确，在现今的刑法理论上也逐渐形成共识，即持枪抢劫 ＝ 持真枪抢劫。一定意义上，本书以上的论述不过是对学界一些观点的总结与重申，在此基础上提出了自己的“危险性处罚说”的观点。本节接下来主要讨论的问题在于，携带假枪抢夺的，如何定性？在涉枪“两抢”案件中对于报废的真枪、未装子弹的真枪，应该如何评价？理论上对这些问题的解释，其结论相互之间是否协调？

二、携带假枪抢夺的，如何定性

1997 年刑法颁布之后，其第 267 条第 2 款的规定曾受到了一定批判②，

---

① 另外，刘明祥教授认为，持玩具枪等假枪抢劫，对被害人和周围群众的生命安全并不构成现实的威胁，与普通抢劫并无不同，没有持真枪抢劫所具有的特殊危险性或危害性。至于说在被害人误以为是真枪的情况下，持假枪威胁与持真枪威胁的客观效果相同，这只是表明这种威胁的程度比普通威胁要严重一些，但法律规定对持枪抢劫作为加重犯处罚，很大程度上是因为持枪抢劫具有危害公共安全的性质，而持假枪抢劫并不具有这种性质（危及公共安全说）。刘明祥．论抢劫罪的加重犯．法律科学，2003（1）：51．但是，“危害公共安全说”的主张可能并不妥当。因为完全可能存在着持枪抢劫而不危及公共安全的情况（设想一下，在大漠之中或者荒凉的岛上，行为人与被害人一对一的持枪抢劫的场景），而且，从刑法对抢劫罪规定的位置（列为侵犯财产罪之首）以及抢劫罪所侵犯的双重客体的角度来看，以上“危及公共安全说”的主张也值得商榷。

② 例如龚德井．对新刑法中携带凶器抢夺依照抢劫罪定罪处罚置疑．公安司法，1997（4）：24-26．肖中华．论抢劫罪适用中的几个问题．法律科学，1998（5）：84。

且这样的批判至今也没有停止。[①] 这些批判主要是认为该款混淆了抢劫罪与抢夺罪的界限，有悖于主客观相统一的犯罪构成原则，不具备转化型抢劫罪的构成要件，等等。但时至今日，理论上更多地对这一规定予以了认可。现今比较有力的刑法理论认为，《刑法》第 267 条第 2 款规定的携带凶器抢夺的按照抢劫罪定罪处罚的规定，属于一种法律拟制，而非注意规定。[②] 基于这样的判断，也就不存在《刑法》第 267 条第 2 款的规定模糊抢劫罪与抢夺罪的界限问题。而基于该款规定是法律拟制而非注意规定的理解，也能够解释对于该款中的"携带""凶器"等具体该如何理解，并且延展到本节内容，也能够揭示对于携带假枪抢夺的行为究竟应该如何定性。

（一）《刑法》第 267 条第 2 款属于法律拟制而非注意规定

1. 形式上的消极理由

注意规定是在刑法已有相关规定的前提下，再行规定，以提示司法人员注意，防止其适用时忽略的规定。注意规定的设置并没有改变相关规定的内容，只是对相关规定内容的重申；即使没有注意规定，也应按相关规定处理。[③] 按照这样的概念理解，如果第 267 条第 2 款属于注意规定，则即便没有这样的规定，"携带凶器抢夺"的行为也仍然符合第 263 条关于抢劫罪的规定（立法者之所以特别作出第 267 条第 2 款的规定，不过是提醒司法者注意而已）。也正是基于这样的认识，才有了不少的批评者或者在立法论上认为该款是一个法律漏洞（存在立法上的缺陷，完全没有必要存在，等等），其存在反倒模糊了抢劫罪与抢夺罪的界限；或者在解释论上要求该款中的"携带"必须是使用或者显示凶器，以使被害人感受到巨大的威胁，等等。但是，将该款理解为注意规定，与法条的表述——携带

---

① 例如廖长书．论携带凶器抢夺的定性．四川警官高等专科学校学报，2004 (6)：1-4．邓连文．论携带凶器抢夺依照抢劫罪定罪处罚的立法完善．闽西职业大学学报，2005 (3)：18-20。

② 学界之中提出此主张的观点，可参见张明楷．刑法分则的解释原理．中国人民大学出版社，2004：268-271。对此主张予以认可的，可参见陈兴良，周光权．刑法学的现代的展开：Ⅰ．北京：中国人民大学出版社，2015：487-488．司法实践之中对此主张予以认可的论述，可参见曹晓烨．浅析携带凶器抢夺．山西省政法管理干部学院学报，2006 (3)：40-41。

③ 陈兴良，周光权．刑法学的现代展开：Ⅰ．北京：中国人民大学出版社，2015：487.

凶器“抢夺”相矛盾：“携带凶器抢夺”仍然是抢夺。从构词法的角度来看，“携带凶器”是状语，而“抢夺”是谓语，去掉状语，当然不影响谓语的性质。由此来看，携带凶器抢夺的行为原本不属于抢劫（而只是属于一种特殊情节下的抢夺），只是立法者出于一定的考虑，将其“拟制”为符合抢劫罪的构成要件而已。①

2. 实质上的积极理由

以上从构词法角度所作的分析，只是从形式上出发的消极理由，它可以说明《刑法》第267条第2款的规定不是注意规定。那么，凭什么说这一规定属于法律拟制呢？对此，张明楷教授认为，立法者之所以设立该规定，“是因为抢夺行为虽然是乘人不备夺取他人财物，但被害人当场就会发现被抢夺的事实，而且在通常情况下会要求行为人返还自己的财物；而行为人携带凶器抢夺的行为，客观上为自己抗拒抓捕、窝藏赃物创造了便利条件，再加上行为人主观上具有使用凶器的意识，使用凶器的盖然性非常高，从而导致其行为的危害程度与抢劫罪没有实质区别”。“主观上具有使用凶器的意识，客观上使用凶器的盖然性高，导致携带凶器抢夺的行为与抢劫罪的危害程度没有明显差异。”② 这样的一种理解，应该说能够比较明确地揭示立法者设置此规定的目的所在。本书原则上亦赞同这样的主张。

（二）在“法律拟制”说的认识前提下，对“携带”一词的解释——兼对一种反对说的反驳

在承认了《刑法》第267条第2款是一种法律拟制并且为这一论断赋予了形式和实质的理由之后，应该说，对这一条款的诸如“混淆了抢劫罪与抢夺罪之间的界限”之类的批判，自然也就站不住脚了。在将该款理解为法律拟制之后，在与抢劫罪的构成要件相似及不同的意义上，就可以更为准确地理解第267条第2款的构成要件了。也就是说，携带凶器抢夺的行为，原本并不符合抢劫罪的构成要件，只是从其危害性和预防犯罪的角

---

① 此外，也正如张明楷教授指出，虽然刑法同时规定了抢劫罪与抢夺罪，但对于这两个犯罪的区别，在理论上没有太多的争议，在实践中不存在难以分辨的现象，刑法完全没有必要设置注意规定。张明楷．刑法分则的解释原理．北京：中国人民大学出版社，2004：269.

② 张明楷．刑法分则的解释原理．北京：中国人民大学出版社，2004：269.

度考虑，立法者将其予以“拟制”，因此，如果行为人显示了所携带的凶器，完全可以作为一种胁迫力使被害人感受到精神上的压制，这时实际上已经完全符合了抢劫罪的构成要件。因此，在《刑法》第 267 条第 2 款“携带凶器抢夺”的场合，并不要求显示或者暗示凶器，更不要求使用凶器。①

但是也有反对者对这样的主张表示了质疑。反对者指出，在行为人客观上既未直接使用凶器，也未用凶器对被害人进行暗示胁迫的情况下就认定行为人的行为是抢劫罪存在着一系列问题难以解决。对论者所提出的这些问题逐一予以反驳，对于我们坚定《刑法》第 267 条第 2 款的规定属于法律拟制的判断，具有直接的意义。

第一，反对者提出，行为人客观上没有任何使用凶器的行为，如何证明他主观上有使用凶器的意图？对于行为人携带凶器的行为按照证据规则是可以作其他合法解释的。②

对反对者的此种疑问，周光权教授的如下解释似乎可以回答。他指出，对于携带性质上的凶器抢夺的，相对容易判断。但是，对于携带用法上的凶器抢夺的，司法证明上的要求就要高得多，主要是要证明行为人携带这些器具是为了给自己的抢夺行为提供精神支持，并在遭受被害人反抗的情形下随时可以使用之，而且这些器具一旦使用，其外观、状态足以给被害人造成精神上的恐惧和危险立刻可能产生的感觉。对此，要结合案件发生的时间、被害人的性别状况等，考察使用某器具在客观上有无行凶危险性、是否足以杀伤他人，以决定是否构成抢劫罪。③ 这样看来，反对者担心行为人主观上使用凶器的意图无法证明的问题，应该说，尽管这确实是一个问题，还是可以找到答案的。

第二，反对者认为，在行为人只是携带而完全没有使用凶器进行抢夺的情况下，将其行为认定为抢劫罪，有可能会鼓励本不打算动用凶器的行

---

① 张明楷．刑法分则的解释原理．北京：中国人民大学出版社，2004：268-271．陈兴良，周光权．刑法学的现代的展开：Ⅰ．北京：中国人民大学出版社，2015：487．

② 黄广进．罪刑相适应原则的重申——以持枪抢劫行为为视角．求索，2005（4）：60．

③ 陈兴良，周光权．刑法学的现代的展开：Ⅰ．北京：中国人民大学出版社，2015：488．

为人动用凶器。①

这样的一种担心也是多虑了。其一，从违法性认识的角度来看，有多少行为人（犯罪人）在携带凶器抢夺的时候，会清楚我国《刑法》第 267 条第 2 款这样的规定呢？其二，即便对携带凶器的行为按照抢劫罪定罪量刑，也未必就会“鼓励本不打算动用凶器的行为人动用凶器”，因为尽管同样是按照抢劫罪定罪，是否实际上使用凶器当然也是影响实际量刑的重要因素之一。此外，在本书看来，不是立法者这样规定会导致行为人使用凶器直接抢劫，反而因为有了这样的规定行为人在抢夺时不携带凶器。

第三，反对者质疑：如果行为人既没有使用凶器，也没有暗示携带有凶器而对被害人进行胁迫，那么，究竟在何种意义上该行为与抢劫罪相同或者相近呢？不得而知。我们知道抢劫罪和其他财产犯罪的区别在于犯罪人使用强力赤裸裸地违背被害人的意志，劫取被害人的财物。所有的抢劫行为都应该具有这样的特点。而没有使用凶器的抢夺行为却不具有抢劫罪的这一本质特点。②

其一，正是基于反对者的上述考虑，我们说“携带凶器抢夺”的构成要件与抢劫罪的只是“相似”而非完全“相同”；我们说《刑法》第 267 条第 2 款是法律拟制而非注意规定。其二，在本书看来，实际上，刑法将“携带凶器抢夺”的行为规定为转化型抢劫罪，实际上仍然是从预防恶性犯罪的角度出发，处罚的是一种可能性，是一种随时转化为更为严重的恶性法益侵害的可能性。这与立法者将“持枪抢劫”规定为抢劫罪的加重情节是基于同样的理由。在这个意义上可以认为，即便立法者不将“携带凶器抢夺”的行为规定为转化型抢劫罪，而是将其规定为抢夺罪的情节加重犯，也会起到同样的效果。事实上，我国台湾地区“刑法”就将携带凶器抢夺规定为抢夺罪的加重情节。正如张明楷教授所言，这“也不失为一种解决办法”③。

第四，反对者诘难：行为人没有使用凶器，也没有向被害人暗示持有凶器，那么无论在客观危害上，还是在行为当时的主观罪过上，它都和一

---

①② 黄广进. 罪刑相适应原则的重申——以持枪抢劫行为为视角. 求索，2005（4）：60.

③ 张明楷. 刑法分则的解释原理. 北京：中国人民大学出版社，2004：270：注①.

般的抢夺罪无异。不能因为行为人先前有使用凶器的打算或者准备就认为它的危害性大于一般的抢夺罪的危害性，否则就会违背责任主义的原则。①

这种说法可能站不住脚。从客观危害的角度讲，已如前述，该规定实际上是旨在处罚一种危险性或曰可能性，以杜绝更大的危害之发生；从主观恶性来讲，行为人携带性质上的凶器抢夺，自然较之一般的抢夺罪有更大的人身危险性，而行为人携带用法上的凶器进行抢夺的，由于要求行为人对于使用这一器械具有故意，也可以认定其有较大的主观恶性。

反对者正是基于以上的几点理由，认为“携带凶器抢夺”中的“携带”应该被理解为持有，并用凶器进行了暴力或者胁迫行为。但是，如前所述，这样的话，《刑法》第 267 条第 2 款就成了一种注意规定。基于以上形式上的消极理由和实质上的积极理由，也基于对反对者的论断的反驳，本书坚定认为这里的“携带”应该不包括显示凶器，更不包括使用凶器。在行为人携带的凶器是枪支的场合，在以上反对者看来，“不论枪支是属于我国《枪支管理法》规定的枪支，还是其他的枪支，包括假枪，都应该解释为‘携带凶器抢夺’，最终定抢劫罪”②。反对者认为“携带假枪”抢夺的也应该定抢劫罪，是以将“携带”解释为“持有凶器，并用凶器进行暴力或者胁迫行为”为前提的。该论断实际上与前文中“持假枪抢劫”也应该属于抢劫罪的加重情节的论断是一脉相承的。对此，前文已经进行了较为详尽的批驳。在认可《刑法》第 267 条第 2 款属于法律拟制，主张携带凶器抢夺时不要求行为人使用或者显示、暗示凶器的前提之下，笔者接下来所关心的是：在行为人携带假枪抢夺并且没有显示、使用该假枪时，应该如何处理？是作为一般的抢夺罪处理，还是适用《刑法》第 267 条第 2 款的规定，适用抢劫罪的规定？这又涉及对该款中“凶器”的理解问题。

（三）行为人携带假枪抢夺的，是否可转化为抢劫罪——从对“凶器”的理解出发

“携带假枪”抢夺而又不显示假枪③的行为是否可以依据《刑法》第

---

①② 黄广进．罪刑相适应原则的重申——以持枪抢劫行为为视角．求索，2005（4）：60.

③ 在显示假枪的场合，如前所述，尽管不能认定为“持枪抢劫”，但是完全可以基于显示假枪给被害人带来的巨大的胁迫力，而认定为抢劫罪的基本犯。

267条第2款转化为抢劫罪，直接取决于对“凶器”的理解。已如前述，假枪不属于《刑法》第263条规定的加重情节“持枪抢劫”中的“枪”，那么，假枪是否属于第267条第2款中的“凶器”呢？无疑，如其属于凶器，则持假枪抢夺（且未显示假枪）的可依据该款转化为抢劫罪，而若假枪不属于凶器，那么持假枪抢夺（且未显示假枪）的行为只能被认定为一般的抢夺罪。那么，假枪究竟是否属于凶器？

1. 社会观念的视角：从凶器的字面含义出发

关于凶器的含义，有论者指出，其字面含义是行为人行凶时所使用的器具。① 确实，这样的一种解释是《汉语大词典》等字典上的解释。这种理解，也可能是最为接近该词的本来含义的，是对“凶器”之语义的文理解释。而且，也可以说，这样的一种文理解释也得到了认可。比如，有论者指出，“就凶器的字义而言，词典的解释是正确的。因为，无论任何器具或工具，只有用于行凶时，才能叫凶器。换句话说，无论任何器具或工具只要被用于行凶伤人、杀人就成为作案的凶器。……与行凶行为（包括现实的和预谋的）相脱离，根本无法事先确定什么是凶器以及凶器的范围。”② 但是，即便我们把凶器理解为“行凶时所使用的器具”，这里仍然有一个后续问题需要澄清，那就是：何谓“行凶”?“行凶”的含义并非不言自明的，仍然需要解释。众所周知，“行凶”不是一个严格的法律术语，而是一个社会生活中的术语。我国现行刑法典之中仅有一处使用了“行凶”这个词，即《刑法》第20条第3款关于“特殊防卫”的规定。该款规定，“对正在进行行凶、杀人、抢劫、强奸、绑架以及其他严重危及人身安全的暴力犯罪，采取防卫行为，造成不法侵害人伤亡的，不属于防卫过当，不负刑事责任”。该款规定中的“行凶”一词是否科学另当别论（事实上将这一非法律术语规定在法条之中的做法受到了广泛批评），但是在立法者的眼中，“行凶”是和杀人、抢劫、强奸、绑架等并列的“严重危及人身安全的暴力犯罪”（根据同类解释规则），就是说，这里的“行凶”必须是严重危及人身安全的。而在持有假枪的场合，尽管假枪也能够给被害人带来巨大的精神胁迫，但是其终究不能“严重危及人身安全”，所以，这样的“持假枪抢劫”的行为终究不属于“行凶”，从而这里的

① 例如逄锦温．抢劫罪司法认定中若干问题的探讨．法学评论，2002（1）：137。

② 王作富．刑法分则实务研究：中．5版．北京：中国方正出版社，2013：915.

“假枪”也终究不属于“凶器”，于是，携带假枪抢夺而并未使用、显示假枪时，就不符合《刑法》第267条第2款中的“携带凶器抢夺”，从而只能适用该条第1款的规定，按照抢夺罪定罪处罚。

2. 规范文本的检验：司法解释关于“凶器”的理解

“假枪”能否被评价为“凶器”？以上我们从“凶器”的字面含义的角度出发并且结合刑法关于“行凶”的规定，对此进行了讨论，得出了否定性的结论。这样的一种视角可以说是社会观念上的视角。那么，这种理解是否得到了有权解释的认可呢？换言之，认为假枪不属于凶器，是否有规范文本上的依据？

2000年《解释》第6条规定，“携带凶器抢夺”，是指行为人随身携带枪支、爆炸物、管制刀具等国家禁止个人携带的器械进行抢夺，或者为了实施犯罪而携带其他器械进行抢夺的行为。2005年6月8日最高人民法院《关于审理抢劫、抢夺刑事案件适用法律若干问题的意见》具体指出，行为人随身携带国家禁止个人携带的器械以外的其他器械抢夺，但有证据证明该器械确实不是为了实施犯罪准备的，不以抢劫罪定罪。对于以上司法解释所说的“枪支、爆炸物、管制刀具等国家禁止个人携带的器械”，刑法理论上一般概括为“性质上的凶器”，行为人只要是携带了这样的器械，就属于“携带凶器”。但是，“假枪”显然不属于以上“枪支”的范畴，因为国家并不一般性地禁止公民携带假枪（仿真枪）。以上司法解释中所说的携带凶器抢夺还包括“为了实施犯罪而携带其他器械”进行抢夺。这里的为了实施犯罪而携带的其他器械，就是刑法理论上所称的“用法上的凶器”。那么，尽管假枪不是性质上的凶器，其能否成为这里的“用法上的凶器”？对此也要从形式和实质两个层面加以分析。从形式的层面来说，从司法解释之用语的再解释的角度来看，假枪也属于“器械”，并且可能是“为犯罪而携带”，从而也可能成为“用法上的凶器”。但是，仅有这样的理解还是不够的。从实质的层面来说，用法上的凶器是仅指通过使用能够给他人的生命、身体造成重大损害呢，还是也包括通过其使用能够给对方造成巨大的精神胁迫？如果是前者，那么假枪当然不属于用法上的凶器；如果是后者，那么假枪（仿真枪）也属于用法上的凶器。对此，张明楷教授认为，“用法上的凶器，是指从使用的方法来看，可能用于杀伤他人的武器”。他并且认为，物品的杀伤机能的强弱，是将一种物品认定为凶器时所要考虑的首要的因素。行为人所使用的仿制品，虽然在外观上与真实的凶器一样，但由于其杀伤他人的物理性能较弱，不能被认定为凶器。[①] 周光权教授也认为，某一器物是否可以被评价为凶器，必须考虑根据社会一般观念，一般人在面对该器具时，是否会产生危险感觉；该器具本身杀伤力的高低（他就此认为，杀伤能力低的器具不可能是凶器，所以，行为人所使用的各种仿制品，如塑料制成的仿真手枪、自动步枪、匕首等，虽然在外观上与真实的凶器一样，但由于其杀伤他人的物理性能较弱，不能被认定为凶器）；等等。[②] 在本书看来，假枪能否成为用法上的凶器，以上的形式上的解释（从司法解释之字面含义中得来的解释）要受到实质上的解释的限制，而实质上的解释，又不能脱离开凶器的实际用途。在这个意义上，前述 2005 年最高人民法院的意见中所说的“为了实施犯罪而携带其他器械”之中的“犯罪”，并非一般意义上的犯罪，而应该被理解为“足以危及人身安全的暴力犯罪”即“行凶”。因而，这里的假枪，由于其使用只能对被害人带来巨大的精神胁迫而非实际的人身伤害，也就不属于这里所说的“凶器”了。

根据以上从“凶器”的字面含义出发的理解，以及对现行相关司法解释的辨析，本书支持这样的结论，即，假枪不属于“凶器”，从而，携带假枪抢夺（并未显示假枪）的，直接按照抢夺罪的规定定罪处罚，而不得适用《刑法》第 267 条第 2 款的规定。

三、涉及废枪、空枪的“两抢”案件，如何定性

（一）废枪＝空枪＝假枪

以上有关“两抢”（抢劫、抢夺）案件中涉枪情节之法律适用的分析，是以真枪一假枪为基本范式展开的。其中的真枪，自然是符合《枪支管理法》中定义的枪支，而其中的假枪，则是指不符合上述规定的“枪支”，通常是指玩具手枪，特别是指在外观上足以以假乱真的仿真枪。真枪在属性上具有杀伤他人，使他人的生命、健康遭受重大损害的功能，而假枪自始至终不具有这样的功能。与这两种情况相比，司法实践中还存在着这样的情况：行为人持有机件损坏已无法使用的废枪（以下简称“废枪”）进

---

① 张明楷．刑法学．5 版．北京：法律出版社，2016：954．

② 陈兴良，周光权．刑法学的现代的展开：Ⅰ．北京：中国人民大学出版社，2015：488．

行抢劫或者携带废枪进行抢夺且未显示该枪支的，该如何定性？行为人持有未装子弹的真枪（以下简称“空枪”）抢劫或者携带空枪抢夺而未显示该枪支的，该如何定性？对这样的问题如何处理，在司法实践之中具有重要的意义，也是本节最后所关注的问题。

针对持废枪抢劫的事案，有论者认为，从立法精神上看，规定上述情节，显然不是只着眼于所持工具能对被害人有威胁作用，否则，就应规定为“持械抢劫”，而是着眼于枪支具有较大杀伤力，属于危险性巨大的工具，因此，手持无上述功能的报废“枪支”，不宜适用上述规定（即“持枪抢劫”的加重构成——引者注）。① 事实上，应该说，该论者的论述还是有道理的。我国刑法的立法者实际上在法律用语上还是明确地区分了“持枪”与“持械”的。1997年刑法共有两处有与“持械”有关的犯罪：第292条规定的聚众斗殴罪的四项加重处罚情节中的第四项即为“持械聚众斗殴的”；第317条第2款规定了“聚众持械越狱罪”。而有关“持枪”的规定则仅有第263条中一处。立法者对于“持枪”与“持械”在法语言上的明确区分，也要求我们在解释的时候不能将一些应该被理解为“持械”的行为不当解释为“持枪”。除此之外，《刑法》第263条规定的加重法定刑的起点之高（10年有期徒刑，并处罚金或者没收财产）、上限之酷（死刑），也要求我们在对该八种加重情节的具体含义进行解释的时候必须采取严格解释的态度。这既是刑法谦抑性在刑法解释之中的具体体现，也符合目的解释这一刑法解释的最高准则。这样看来，对于持废枪抢劫的，只能适用抢劫罪的基本法定刑而不能适用“持枪抢劫”的加重法定刑，这与持假枪抢劫的处理，在结论上是完全一致的。

依据以上的理由，持空枪抢劫的，同样不能适用“持枪抢劫”的规定。事实上，如果按照前文所主张的“持枪抢劫”这一加重构成规定实际上是处罚一种随时转化为更为重大的法益侵害的危险性、可能性（危险性处罚说），由于持废枪或者空枪的行为不具有随时转化为被害人伤亡这种更为重大的法益侵害的可能性、危险性，同样也会更为便当地得出持废枪或空枪抢劫的，不适用“持枪抢劫”的加重规定而只适用抢劫罪的基本法定刑的结论来。

本节的分析表明，笔者在涉枪“两抢”案件的法律适用问题上，基于

① 王作富. 刑法分则实务研究：中. 5版. 北京：中国方正出版社，2013：928.

危险性处罚说而对假枪、废枪、空枪给予了一致性的评价。也正是基于这种一致性的评价并且结合前文关于携带假枪抢夺（并且未显示假枪）的认定规则，本书认为，携带废枪或空枪抢夺（而未显示该枪支的），与携带假枪抢夺（并且未显示假枪）一样，由于该“枪支”（废枪、空枪）不能被实质性评价为“凶器”，所以该抢夺行为也就不能转化为抢劫（不属于携带凶器抢夺），而只可能构成一般的抢夺罪（有数额的限制且法定刑起点低）。

（二）废枪=假枪，但空枪是否另当别论

或许会有人认为，在废枪的场合，该枪支因为已经报废，故而已经丧失了杀伤他人的物理性能，将其在评价上等同为“假枪”是有理由的；而空枪则不然，空枪原本就是真枪，具有杀伤他人的基本性能，只是碰巧在当时因为未装子弹而暂时性丧失（而非永久性丧失）了杀伤他人的性能。所以，对于空枪，应该另当别论。至于如何“另当别论”，可能会有两种方案。一种方案是将空枪完全等同于真枪。① 另一种方案则更进一步，区分空枪形成的具体原因：如果行为人故意不装子弹，只是想拿枪吓唬吓唬被害人，则此时的空枪可被视为假枪（行为人的主观恶性较小）；如果行为人本来打算装子弹而只是一时疏忽忘了装子弹，则由于行为人具有使用真枪的主观恶性，所以此时的空枪应该被评价为真枪。② 但是，对于第一种将空枪视同真枪的方案，该论者未阐述理由，笔者从前述危险性处罚说的立场出发，不能赞同；而根据行为人是“有意不装子弹”还是“由于疏忽未装子弹”来认定空枪究竟应被评价为等同于假枪（有意的场合）还是等同于真枪（疏忽的场合），不但与本书所主张的立足于客观主义的危险性处罚说相冲突，而且，将构成此罪（抢劫）彼罪（抢夺）或者罪轻（抢劫罪的基本法定刑）罪重（抢劫罪的加重法定刑）的判断依据实质性地归结于行为人是故意不装子弹还是由于疏忽未装子弹，也使这样的判断标准

---

① 张明楷教授认为，“持枪抢劫”中的“枪”，仅限于能发射子弹的真枪，不包括仿真手枪与其他假枪；“但不要求枪中装有子弹”。张明楷．刑法学．5版．北京：法律出版社，2016：994．至于为什么“不要求枪中装有子弹”，该论者并未给出进一步的理由。

② 笔者阅读范围有限，目前尚未公开见到哪位学者主张以上的第二种方案。但是在笔者自2006年11月开始为中国人民大学的三年级本科生讲授“刑法案例分析”的课程中，部分同学持这样的立场。

过于主观化，应为客观主义的刑法发展潮流所不采。

所以，将空枪另当别论（即便是附加条件）的观点，是本书所不能赞同的。从事后的、客观主义的立场出发，立足于本书主张的危险性处罚说，假枪、废枪、空枪都不具有随时导致更为重大的法益侵害的危险，所以不能被评价为持枪抢劫中的“枪”以及“携带凶器”中的“凶器”，对假枪、废枪、空枪在评价上是一致的。①

四、几点归结

总结以上对“持假枪抢劫”与“携带假枪抢夺”这两种行为的定性结论，类比假枪与“废枪”、“空枪”，并结合其与真枪之场合的对比，本书就关于涉枪“两抢”案件的刑法适用问题初步得出如下结论。

（1）携带真枪抢夺的，若是未显示，则构成（携带凶器抢夺型）抢劫罪（适用基本法定刑）；若显示，则构成加重型抢劫罪（持枪抢劫）。

这里所说的“显示”，也包括使用真枪但未造成被害人伤亡或者只造成轻伤以下后果的情况（如前所述，在使用真枪并且造成被害人重伤或者死亡时，直接适用《刑法》第 263 条第 1 款第 5 项加重规定而不适用关于持枪抢劫的加重规定）。在真枪的场合，“显示”与否不影响犯罪的认定（即不影响罪与非罪、此罪与彼罪的认定），而只影响刑罚的轻重——是适用抢劫罪的基本法定刑还是适用加重法定刑。

（2）携带假枪抢夺的，如果显示了假枪，则构成（普通的而非加重的）抢劫罪；若未显示假枪，由于假枪未被评价为“凶器”，则只构成抢夺罪。

可见，在携带假枪的场合，是否“显示”假枪决定着行为是仅该当抢夺罪，从而有数额的限制且法定刑较低，还是该当抢劫罪，没有数额的限

① 有论者认为，要搞清楚（1）犯罪人使用的是真枪，但却未装上子弹；（2）犯罪人使用的是真枪，但该枪支确实已经损坏而无法发射，这两种情况是否应该被理解为“持枪抢劫”，只需要搞清楚使用假枪抢劫是否适用“持枪抢劫”这一加重情节即可，“因为这三个问题本质上都是从相同的角度提出的”［黄广进．罪刑相适应原则的重申——以持枪抢劫行为为视角．求索，2005（4）：59］。可见，在评价上认为“假枪＝废枪＝空枪”，该论者与本书的立场是一致的；只是该论者进而认为“持枪抢劫”中的“枪”，在解释上应该包括假枪，这就与本书的主张南辕北辙了。

制且法定刑较高，也即“显示”与否决定着犯罪的构成——此罪与彼罪。当然，这里的“显示”可以是明示，也可以是暗示，但是要求对方（被害人）信以为真（否则假枪便无从发挥其巨大的心理威慑功用）。

（3）携带一般的性质上的凶器（比如三棱刮刀）抢夺的，若是不显示，构成（携带凶器抢夺型）抢劫罪（适用基本法定刑）；若是显示，直接适用抢劫罪的基本法定刑（在不符合抢劫罪的其他加重构成的情况下）。

可见，在携带枪支（真枪）之外的性质上的凶器的场合，是否显示该凶器仅属于在同一法定刑（抢劫罪的基本法定刑）幅度内是否酌定从重的情节——在显示了该凶器但并不符合其他的加重情节并未造成其他加重后果的情况下，可以较之未显示凶器的场合酌定从重处罚，但是不能突破抢劫罪基本法定刑的框架。

在这里，比较携带枪支（真枪）的场合与携带枪支之外的性质上的凶器的场合，之所以“显示”与否在其中所起的作用不同，根本原因在于立法本身——《刑法》第263条只规定了“持枪抢劫”而不是规定了“持凶器抢劫”（或者“持械抢劫”），并且对加重构成的规定采取了明示列举的封闭式限定方式。这实际上体现了立法者对于枪支这一器械可能对人身安全造成重大损害这一点具有明确的排斥情绪，并且力图动用重刑的方式予以报应和预防。而对于枪支之外的一般的器械，立法者并未表示出这样的情绪。所以，尽管对于持有杀伤力大于枪支的器械进行抢劫时能否适用“持枪抢劫”的加重规定另可讨论（基于当然解释的立场，笔者初步持肯定的态度），但在持有（＝携带并显示）杀伤力明显低于（甚至相当于）枪支的器械的时候，只能在基本法定刑幅度内予以量刑。

（4）携带一般的器械（比如切菜的菜刀＝用法上的凶器）抢夺，在行为人没有显示该器械以使被害人感受到巨大的胁迫或受到身体的暴力的时候，如果该行为人不是为实施犯罪而携带该器械的，则行为人的行为只构成一般的抢夺罪，如果行为人是为实施犯罪而携带该器械的，则行为人的行为构成（携带凶器抢夺型）抢劫罪；而若行为人显示了该器械的，则其行为可构成（基本类型的）抢劫罪（假设不存在符合其他情况的加重构成的场合）。

由此可见，确定行为人的行为究竟构成何罪，首先看行为人是否显示该器械（显示则是抢劫，否则需进一步分析），其次（在未显示的情况下）要看行为人是否为实施犯罪而携带该器械。在不“显示”该器械的前提之下，行为人携带该器械时的主观方面因素成为决定其行为构成此罪还是彼罪的因素，为实施危及人身安全的暴力犯罪而携带的构成转化型抢劫罪，否则只可能构成抢夺罪。在这里，“显示”与否尽管也在对行为的定性上起重要的作用，但是已经不是唯一的重要因素，其决定作用受到其他因素（行为人的主观方面）的分割。

以上持用法上的凶器抢夺的场合，之所以较之持（枪支之外的）性质上的凶器抢夺的情况更为复杂，是因为用法上的凶器并非国家所禁止的，其在现实生活之中广泛存在，且其本来的用途也是服务现实社会生活。对于这种只是因为其现实的使用而对人身安全造成重大威胁的场合，为了避免滥用刑罚，在将其评价为凶器时附加了其他要件（是否为实施犯罪而携带该器械）。尽管附加条件必然造成证明上的困难，但是较之罪刑失衡，这种证明上的负担应该是国家所必须付出的代价。

（5）除了真枪与假枪这一对典型的范式，在涉枪的“两抢”案件之中还会遇到持废枪与持空枪的场合。在物品的本来性能上，真枪始终具有杀伤他人的可能性，假枪始终不具有这样的可能性，废枪是曾经具有但已经永久丧失了这一可能性，而空枪是具有但是暂时欠缺这一可能性。从危险性处罚说的立场出发，废枪、空枪与假枪一样，在行为时不具有随时引发更为重大的法益侵害的可能性，所以不能被评价为“枪”或“凶器”。

第六章 积极主义刑法观的必要节制

——积极主义刑法观的侧面补强

积极主义刑法观主张“当为则为”，并不意味着，刑法就像开足马力的跑车一样，可以横冲直撞、为所欲为。立法者或者司法者在动用刑法介入社会生活时必须保持清醒的头脑，必须受到必要的节制。为了避免国家权力的滥用和约束刑法触须的不恰当延伸，刑法介入要符合正当性和合理性要求，这就需要对犯罪进行实质化理解，并且强调以刑制罪、追求罪刑均衡，而这两方面也构成了对积极主义刑法观的补强。也即，不能完全形式化理解刑法条文的含义，而应根据法益保护的需要从实质上理解构成要件包括肯定非法定的构成要件要素；而且要根据实质违法性的理论，肯定超法规的违法性阻却事由。同时，积极主义刑法观主张尽可能扩充刑法规范的有效供给以便周延保护法益，但这种扩充必须在罪刑法定原则的框架下进行，且要受到罪刑均衡原则的限制，而以刑制罪观念就是罪刑均衡原则的一种延伸和细化。

第一节　对犯罪的实质化理解：以抽象危险犯为例

一个犯罪，比如《刑法修正案（八）》新增的醉酒驾驶型的危险驾驶罪，能否“既是行为犯又是抽象危险犯”？行为犯与抽象危险犯的概念能否兼容？在坚持法益侵害说的前提下，行为犯的概念是否还有存在价值？对抽象危险犯而言，其抽象危险究竟是“推定”的危险还是“拟制”的危险？是否允许以反证危险的不存在来否定抽象危险犯的成立？能否直接援引《刑法》第13条但书将无危险行为出罪？在立法论上，如何看待抽象危险犯这一立法现象？这一系列问题之间具有内在的密切关联性，都涉及对抽象危险犯的存在范围、司法认定与立法评价问题，而这些也正是本节基本的问题意识。

一、抽象危险犯的识别：所谓的行为犯多数应被理解为抽象危险犯

（一）不应该承认单纯行为犯的概念

1. 犯罪的成立与结果的必要性

没有恶害就没有犯罪。“即便是所谓‘无被害人的犯罪’，在不少的场合也能够肯定其在社会共同生活上的恶害性。”① 犯罪是针对保护法益的加害行为的类型，在现实地由于加害行为而发生了“结果”的场合，则成立犯罪（在未遂犯的场合，既遂发生的具体危险这一“结果”成为必要）。可以说，结果成为所有犯罪所共通的构成要件要素（构成要件的结果），“不存在没有结果的犯罪”。我国《刑法》第14条关于故意犯罪的规定，以及第15条关于过失犯罪的规定，也都要求成立犯罪需要特定的“结果”。只是，这里的“结果”，不能限于物质性的侵害结果，而必须包括法益侵害的危险。这是因为，我国刑法中有很多具体危险犯的规定，法条中明文要求“危险”的存在；而且，一些犯罪属于抽象危险犯这一点，也成为学界共识。再者，既然我国刑法规定对未遂犯只是“可以比照既遂犯从

① 藤木英雄. 刑法讲义总论. 东京：弘文堂，1975：87.

轻或者减轻处罚”即在立法上普遍处罚未遂犯，而未遂犯毕竟是没有造成构成要件结果（虽可能造成了其他结果，如杀人场合的致人伤害），却仍然成立故意犯罪，那么，只有在将法益侵害的危险也理解为《刑法》第14条所要求的“结果”的意义上，才能理解未遂犯的处罚根据及其与《刑法》第14条之间的相容性。

实际上，“结果”可以进一步区分为形式意义上的结果和实质意义上的结果。前者是指构成要件中所要求的因行为而发生的一定的事态，比如杀人罪中的“人的死亡”这一事实；而后者则是指处罚规定所保护的法益受到了侵害或者遭受了危险，是指从法的角度所不希望发生的事态（因而，在此存在着侵害结果和危险结果）。在主张“所有的犯罪都是结果犯”时，“结果犯”中的“结果”是上述实质意义上的结果，既包含侵害结果也包括危险结果；而在主张犯罪区分为侵害犯和危险犯时，侵害犯场合的结果则是形式意义上的结果。承认单纯行为犯或举动犯的概念，并将犯罪区分为结果犯和行为犯（举动犯），实际上是在形式的意义上理解“结果”的概念，认为结果犯的场合是造成了构成要件所要求的客观事实，而行为犯是指仅完成行为即可。但是，对“结果”的概念必须实质性加以理解：一方面，要和犯罪的罪状描述（法条表述）挂钩；另一方面，也要和法条的规范保护目的相联系。因此，单纯的形式化理解“结果”的含义，是不可取的。

还需要指出，行为本身甚至也可被视为“结果”的一种方式，因为它是行为人的一种冲动的效果，于是，人们就不得不区分狭义的结果概念和广义的结果概念。虽然一种具有代表性的观点认为，“仅仅狭义的结果概念具有解释学上的意义，因为只有狭义的结果概念才能提出因果关系问题”[①]，但是，在“刑法意义上的结果就是法益的侵害或者其危险”意义上所使用的广义的结果概念仍具有重要的意义，因为只有在广义的结果概念的前提下所提出的“所有的犯罪都是结果犯”“不应该承认单纯行为犯的概念”才是能够成立的，而后述的这两个命题，对于从实质意义上理解犯罪具有重要的解释学上的价值。有些犯罪看上去像是仅有行为就能成立（这被称为单纯行为犯、举动犯等。常举的例子如侵入住宅罪、伪证罪

① 汉斯·海因里希·耶赛克，托马斯·魏根特．德国刑法教科书（总论）．徐久生，译．北京：中国法制出版社，2017：354.

等），其实这样的犯罪是结果与行为同时（或者几乎是同时）发生，它与其他的犯罪的区别仅仅在于，其他的犯罪是结果的发生和行为之间存在时间的、场所的隔离而已。这正如有学者指出的，应该否定不需要结果的犯罪意义上的单纯行为犯的观念。①

2. 否定单纯行为犯概念的进一步理由

之所以否定单纯行为犯的概念，还因为肯定单纯行为犯概念具有如下的问题。

（1）肯定单纯行为犯的概念，实际上是形式化理解犯罪概念的结果。

在德日的阶层式犯罪论体系中，犯罪是具备构成要件该当性、违法性、有责性这三个属性的行为。这是将犯罪予以形式逻辑上的整理、体系性整合的产物，被称为“形式意义上的犯罪概念”②。但与此同时，仅从形式上理解犯罪是不够的，还必须从内容上理解犯罪，这就是“实质意义上的犯罪概念”。

单纯行为犯的概念，实际上是和形式犯的概念密切相关的，在本质上，它们都是从形式上理解犯罪概念的产物。在所谓的形式犯那里，甚至不需要法益侵害的危险，只要形式上违反了法规就认为成立犯罪。“但是，完全没有法益侵害性的行为不能成为犯罪。表面上，可以看作是形式犯的犯罪类型，也应该理解为只有在发生了危险性的场合才受到处罚。”③ 有学者虽说也接受单纯行为犯（单纯举动犯）的概念，但却认为形式犯的概念“不如说应该从犯罪的目录中删除”④。其实，无论是形式犯的概念还是所谓单纯行为犯的概念，都是不应该被接受的。尽管有德国学者认为，“‘符合构成要件的结果’必须与对‘受到保护的法益的侵害’区别开来。结果意味着对行为客体与由行为在时空上分开的侵害或危害，而法益侵害是指符合构成要件的行为对刑法条款予以保护的价值的注意要求的关系。行为犯也同样具有法益侵害。”⑤ 但是，对法益侵害的上述解读和通常所

① 山口厚. 刑法总论. 3版. 东京：有斐阁，2016：46.

② 曾根威彦. 刑法总论. 4版. 东京：弘文堂，2008：41-42.

③ 前田雅英. 刑法总论讲义. 4版. 东京：东京大学出版会，2006：96.

④ 浅田和茂. 刑法总论. 东京：成文堂，2005：28.

⑤ 汉斯·海因里希·耶赛克，托马斯·魏根特. 德国刑法教科书（总论）. 徐久生，译. 北京：中国法制出版社，2017：358.

理解的法益侵害概念并不协调，实际上仍是对法益侵害作了形式化的理解，而其据此得出的“行为犯也同样具有法益侵害”的结论，也就值得商榷。

(2) 肯定单纯行为犯的概念，容易导致处罚范围的扩大。

在某种意义上可以认为，单纯行为犯并非完全不需要法益侵害的危险，而只要具备尚且称不上抽象危险的极其轻度的间接的危险就够了（在此意义上，单纯行为犯也可谓是一种特殊的危险犯）。从刑法的早期介入、对法益的提前保护等角度来看，这种单纯行为犯的立法是可以理解的。不过问题在于，“极其轻度的间接的危险”较之“抽象的危险”更加难以确定和把握，往往会导致不需要这样的危险即全无法益侵害危险时也按照犯罪处理。这会导致刑事处罚范围的不当扩大，和刑法谦抑的原则之间就可能产生不协调。这一点，或许是单纯行为犯概念的致命缺陷。

(3) 肯定单纯行为犯的概念，其实是行为无价值一元论思维的产物。

肯定单纯行为犯的概念，实际上和行为无价值一元论思维之间具有天然的亲近性。若是将单纯的规范违反作为违法的本质，行为违反了法规范的要求时即肯定其刑事违法性，从而肯定犯罪的成立，那单纯行为犯的概念自然易于接受。但是，不管是坚持行为无价值二元论（认为违法的本质同时包括法益侵害和规范违反），还是坚持结果无价值论（认为法益侵害或其危险是违法性的本质），都更容易否定单纯行为犯的概念，特别是在后者的场合。比如坚持结果无价值论的西田典之教授认为，日本的道路交通法中的闯红灯（第119条1项1号之2）被认为是单纯行为犯的例子，但是，“若从以法益保护为中心的结果无价值的立场出发，肯定这样的犯罪就是不妥当的。闯红灯，纵然是比较远的危险，也应该理解为由于与交通事故相关，导致侵害了人身、生命才受到处罚的”。“这样理解的话，在夜晚完全没有车辆通行的地方闯了红灯穿越人行横道的场合，若是事后来看真的没有危险的话，由于连抽象的危险也没有，恐怕就应该认为存在着肯定不可罚的余地。”[①] 可见，只要不接受将规范违反理解为刑事违法的唯一本质的观点，就难以接受单纯行为犯的概念。

---

① 西田典之. 刑法总论. 东京：弘文堂，2006：79.

（4）肯定单纯行为犯的概念，也不符合中国的国情。

在中国这样的二元处罚（行政罚—刑事罚）体制和立法的单轨制模式（所有的刑事罚则都规定在刑法中）之下，更不应该承认所谓单纯行为犯的概念。因为，一种违反规范的行为，常常根据其程度来决定是予以行政处罚还是作为犯罪动用刑罚，若是在刑事犯罪领域肯定单纯行为犯的概念，会模糊行政罚与刑事罚的界限，极大萎缩行政处罚的空间，所以，即便是在对于违法行为实施一元处罚体制的德日尚有接受行为犯概念的余地，而在我国，则难有行为犯概念存在空间。

是否肯定单纯行为犯的概念，不仅仅是一个单纯的犯罪分类技术上的问题，更主要的是一个如何理解刑法的任务、刑法的机能等深层问题。如果立足于社会防卫的角度，从主观主义或者至少强调行为无价值的立场出发，接受单纯行为犯的概念而将不具法益侵害或者其危险性的行为作为犯罪予以处罚，不失为一种策略，这对于强化公民的规范意识或许是有益处的。但这可能和刑法谦抑的思想之间存在冲突，也和刑法客观主义的思潮和法益保护的原则并不协调。事实上，否认结果犯与单纯行为犯之区别，在学说上也存在着不同的路径，其中一种见解基于主观主义的立场，认为就所有的犯罪而言结果都是必要的，而且，大致说来，将因意思的发动而引起的外界变化全部理解为结果，最终也就归结到结果这一用语的问题上了。相比之下，本书前面采纳的是另一种更为论理性的见解，认为所谓单纯行为犯无非是在时间上行为与结果一致而已，由此而言就不可能存在单纯的行为犯。①

（二）否定单纯行为犯概念之后，相关概念的清理

在主张所有的犯罪都是结果犯、犯罪的本质是法益侵害（或其危险）并据此放弃单纯行为犯概念的情况下，仍需明确，法益的侵害、危险也有各种各样的样态。从与法益侵害、危险的关系出发，对就此产生的相关概念加以辨析与厘清，是完全必要的。

1. 否定单纯行为犯概念的同时，也应否定形式犯的概念

在将犯罪区分为实质犯与形式犯时，通常认为，实质犯（Materialdelikte）是以法益的侵害或者危险为成立要件的犯罪，而形式犯是不要求法

---

① 较早提到否认结果犯与单纯行为犯的两种不同路径的，可见团藤重光．刑法纲要总论．3版．东京：创文社，1990：129：注11。

益的侵害或危险的犯罪。例如，在日本，违反速度罪（超速驾驶罪，日本道路交通法第 221 条第 1 项、第 118 条第 1 项 2 号），储藏、陈列不卫生食品罪（日本食品卫生法第 30 条），不携带驾驶证罪（日本道路交通法第 95 条、第 121 条第 1 项 10 号）等，都被认为是“形式犯”。形式犯并非一种将具有法益侵害或者危险性的行为予以类型化的典型的构成要件类型，但却特别是在行政刑法中频繁地予以使用。① 这些行为若是不介入另外的行为，其自身并不能直接地带来环境污染或者道路交通的危险化即法益侵害的危险。因此，川端博教授认为，所谓形式犯（Formaldelikte），是连法益侵害的抽象的危险也不需要的犯罪。② 松宫孝明教授则认为，形式犯、实质犯的分类与法益没有关系，因行政命令的违反等所成立的犯罪称形式犯，而侵害犯和危险犯则合称实质犯。③ 还有观点认为，形式犯实际上是行为犯的一种，即在行为犯之中，除了要求法益侵害的侵害犯（如侵入住宅罪）和要求法益侵害的抽象危险的抽象危险犯（如伪证罪），还广泛存在着一种甚至不需要发生法益侵害的抽象危险的犯罪，可称为形式犯。④

但是，“所谓的形式犯，不过是这样的一种犯罪，由于行为所引起的法益侵害的危险极其微小，由该行为并不能直接推定出法益侵害的危险，故而是通过法规范对该行为的禁止而间接地预防发生法益侵害的危险”⑤。藤木英雄教授也指出，形式犯实际上是广义的抽象危险犯的一种，只不过较之一般的抽象危险犯而言，与进一步的具体被害之间的关联性更为稀薄。⑥ 所以，完全可以将这些行为犯理解为危险犯，并且是抽象危险犯。⑦

---

① 在日本，形式犯是在行政刑法中所使用的，也是一种能够科处刑罚的犯罪，而在德国，“形式犯”并不是“犯罪”，而是一种在《秩序违反法》（OWiG）中规定的违反秩序的行为，也就是仅能科处秩序罚的行为而已。山中敬一. 刑法总论：Ⅰ. 东京：成文堂，1999：161.

② 川端博. 刑法总论讲义. 2 版. 东京：成文堂，2006：106.

③ 松宫孝明. 刑法总论讲义. 4 版. 东京：成文堂，2009：60.

④ 福山道义. 行为犯//三井诚，等. 刑事法辞典. 东京：信山社，2003：231.

⑤ 山中敬一. 刑法总论：Ⅰ. 东京：成文堂，1999：161.

⑥ 藤木英雄. 刑法讲义总论. 东京：弘文堂，1975：88.

⑦ 在日本，山中敬一教授就认为，通常被作为形式犯的例子的“储藏、陈列不卫生食品罪”（日本食品卫生法第 4 条、第 30 条）就不应该被理解为形式犯，而应该被理解为抽象危险犯。

从法益侵害说的角度而言，所有的犯罪都应该是以法益的侵害或危险性为内容的实质犯，对形式犯的概念应该予以否定。这样的见解也十分有力。[①] 在结果无价值论者看来，所谓的“形式犯”也并非仅因“实施了被禁止的行为”这一单纯的形式上的义务违反行为就能肯定其犯罪的成立，而仍然应该理解为，由于产生了法益侵害的危险而肯定其成立。而且，如平野龙一教授所指出的：“即便是形式犯的场合，至少一般来说，这样的行为也是由于对某种法益具有危险性才受到处罚的。不过，在实质犯的场合，被害法益是比较特定的，而与此相对，在形式犯的场合，也存在着其保护法益相当不特定的场合，仅此而已。处罚完全无害之行为的规定，必须说是违反正当程序原则的。”[②] 就属于违反速度罪的保护法益的交通安全而言，其危险成为问题的人以及车辆都是极其不特定的，预测这些危险在何处现实化也很困难。在此意义上，有观点认为，成立“形式犯”，恐怕应该认为，只要有比抽象危险犯中的危险更为轻度的间接的危险就足够了。[③] 但在内藤谦教授看来，即便是考虑到以上这样的特殊性，在全无危险之时，即便是“形式犯”，也应该否定其成立。[④] 本书认为，形式犯的规定，主要出现在国外的一些行政刑法的规定当中，只要在形式上具有违反命令的行为就够了，连法益侵害的抽象危险都不需要；而在我国刑法当中，以犯罪概念的定量因素为标志，成立犯罪以对法益造成侵害或者威胁为前提，“因此，形式犯这种犯罪类型不可能存在。同时，即便是在国外，形式犯的概念也已经遭到了批判，因此，这种分类现在只具有历史意义”[⑤]。此外，有的学者认为对抽象危险犯与形式犯不应该加以区别（如日本学者庄子邦雄、内田文昭、西田典之、山口厚等），但是，团藤重光、福田平、大塚仁、大谷实等都认为对这两者应该加以区别。本书认为，即便日本这样的行政刑法色彩浓厚的国家有必要承认形式犯的概念，也应该使形式犯明确区别

---

① 福山道义．行为犯//三井诚，等．刑事法辞典．东京：信山社，2003：231.

② 平野龙一．刑法总论：Ⅰ．东京：有斐阁，1972：118.

③ 团藤重光．刑法纲要总论．3版．东京：创文社，1990：130.

④ 内藤谦．刑法讲义总论：上．东京：有斐阁，1983：208.

⑤ 黎宏．刑法学总论．2版．北京：法律出版社，2016：73.

于抽象危险犯①，而在我国，则不应该将抽象危险犯与形式犯的概念混同起来，在接受和宣扬抽象危险犯概念的同时，应该明确放弃形式犯的概念。

2. 否定单纯行为犯概念的同时，仍应正视行政犯的存在

犯罪还常被分为行政犯与刑事犯。行政犯本身有广义和狭义之分：广义的行政犯，是指能够科处行政上的秩序罚和包含行政刑罚在内的行政罚的行政上的义务违反；而在狭义上，是指能够科处行政刑罚的义务违反，相对地，能够科处行政上的秩序罚的义务违反，则称为形式上的行政犯或者秩序违反。与行政犯相对应的概念是刑事犯。行政犯，即便是狭义的行政犯，也常常被理解为以违反行政上的命令、禁止为根据的“形式犯”，但是有观点对此提出了异议：“行政目的很多时候也是为了保护公共利益，而且在存在法律规定的作为义务、不作为义务违反之际，不等违反以矫正上述义务违反等为内容的具体的行政命令就直接地成为处罚的对象，毋宁说这样的直罚规定时至今日已经一般化了，其违反有不少时候具有导致发生抽象的公共危险的实质，因此，就不意味着可以将行政犯等同于形式犯，将刑事犯等同于实质犯。”② 在行政取缔法规之中，从保护法益的必要性出发，命令或禁止一定的行为，只要形式地违反这一规定即可予以处罚，存在着这样的所谓直罚规定（比如日本食品卫生法第 75 条）。直罚规定规定了对各自的法规所直接保护的法益引起了间接危险的犯罪，该犯罪即是形式犯。不过在行政法学说上，首先是将广义的行政犯与刑事犯相对比而加以讨论的，而在刑法学说上，则是将狭义的行政犯与刑事犯作对比讨论，因此，在刑法学说上，行政犯与刑事犯的对比和法定犯与自然犯的对比几乎是重合的，在未意识到行政法学说上的不同理解的场合，很多时候是在法定犯与自然犯的场合讨论这一对立区分。在主张放弃单纯行为犯概念的同时，由于法定犯的客观存在，甚至在立法上的强势地位③，自然

---

① 大谷教授认为，像不携带驾驶证罪这样的，对于保护法益造成了间接危险的行为所构成的犯罪是形式犯．而像超速驾驶罪（违反限速罪）这样的，对于保护法益造成直接危险的行为所构成的犯罪则是抽象危险犯（从而，两者还是应该加以区别）。大谷实．刑法讲义总论．新版第 3 版．东京：成文堂，2009：127.

② 田中利幸．行政犯//三井诚，等．刑事法辞典．东京：信山社，2003：141.

③ 储槐植．要正视法定犯时代的到来．检察日报，2007-06-01（03）.

应该接受行政犯概念。肯定这一概念，在诸如违法性认识的可能性等问题上，都有重要的意义。

3. 否定单纯行为犯概念，并不妨碍接受复行为犯等相关概念

本书立足于法益侵害说和结果无价值论的立场，否定了单纯行为犯以及与此相关的形式犯的概念。而肯定行为犯概念的学者通常认为预谋犯（阴谋犯）、举动犯、过程犯均属于行为犯的一种①，不过在笔者看来，这些概念都没有存在的必要，也不应该予以认可。

但是，复行为犯、短缩的二行为犯的概念等，仍有独立的价值。比如，只有肯定了复行为犯的概念，认为如抢劫行为、强奸行为等都包含手段行为与目的行为两者，进而明确手段行为的开始即为实行着手的开始，对手段行为的加功就是对实行行为的加功，才能厘清相应犯罪的着手标准，从而才能明确其未遂的范围，也才能明确共犯的处罚范围。② 再如，只有明确了短缩的二行为犯概念（并在此基础上明确目的行为之目的是主观违法要素），在如勒索型的绑架罪中，才能清楚其既遂为什么不需要勒索财物目的的实现，甚至不需要勒索财物行为的完成。

（三）否定单纯行为犯概念对刑法总论的意义

对刑法总论的研究来说，否定单纯行为犯的概念具有重要意义。在对《刑法》第 15 条所说的"危害社会的结果"作广义的理解，认为"危险状态"也是一种"危害社会的结果"的意义上，会接受所谓"过失危险犯"的概念，并且认为，过失犯可分为过失实害犯和过失危险犯，这两者都是广义的结果犯，从而，就会得出这样的结论：不光是故意犯罪都是（广义）结果犯，而且，过失犯罪也都是结果犯。这样的结论，和本书的主张无疑是一致的。除去作为例外而处罚的过失犯罪，就作为原则加以处罚的故意犯罪而言，强调所有的犯罪都是结果犯具有更为重要的意义。在刑法总论的相应领域和相关犯罪类型上，这一

---

① 郑飞．行为犯论．长春：吉林人民出版社，2004：122 及以下．另外，刘树德博士则认为，我国刑法中的行为犯包括阴谋犯、举动犯与危险状态犯。刘树德．行为犯研究．北京：中国政法大学出版社，2000：63 及以下．

② 我国学者认为，除抢劫罪与强奸罪外，像敲诈勒索罪、强制猥亵、侮辱妇女罪、受贿罪、诬告陷害罪等也都是复行为犯。王明辉．复行为犯研究．北京：中国人民公安大学出版社，2008．不过，该书似乎并未明确阐述"复行为犯"概念存在的意义，这可能是令人遗憾的。

意义至少包括以下几个方面的。

1. 可以进一步明确所有的狭义共犯都是结果犯

狭义的共犯分为教唆犯与帮助犯。首先就帮助犯而言，需要肯定其并非行为犯。而且，根据因果共犯论，帮助犯作为共犯，其处罚根据在于其通过正犯的行为间接地引起了法益侵害或者其危险。在将法益侵害的危险也理解为一种结果时，帮助犯就是结果犯。因此，一个试图帮助他人犯罪的行为人，并非只要具有帮助行为和帮助故意即可构成帮助犯，而必须被帮助者至少要有实行行为，帮助犯才能成立（又可分为既遂或未遂）。具体来说，在实行犯导致了构成要件结果而且帮助者对该结果具有促进作用时，才能肯定帮助犯的结果发生，才能肯定帮助犯的既遂；而在实行犯虽实施了实行行为但却未能得逞时，帮助犯也仅成立未遂。若帮助者虽在帮助故意下实施了帮助行为但被帮助者并未实行犯罪时，就帮助者而言，就并未发生结果，未能充足其作为结果犯的要件，自然不能成立犯罪（包括不成立犯罪既遂）。教唆犯也一样应该被理解为结果犯，因此，只有在被教唆者实行了犯罪实行行为且造成了所教唆的构成要件结果时，对于教唆者而言，其作为结果犯所要求的结果才产生，此时教唆犯方才既遂；而在被教唆者虽实施了实行行为但并未造成结果时，教唆者仅成立未遂；被教唆者虽答应犯罪但并未实行犯罪即退出、放弃的，对于教唆者而言，不但未发生成立既遂所要求的结果，而且欠缺构成要件的行为（因此就欠缺导致法益侵害的危险），因此，尚不构成犯罪。对于《刑法》第 29 条第 2 款所规定的“如果被教唆的人没有犯被教唆的罪”，必须在上述意义上加以理解（由此，对于作为共犯类型的教唆犯和帮助犯，也就明确地放弃了共犯独立性的概念，而接受了共犯从属性的原则）。这里涉及一个共性的问题，即作为结果犯，帮助犯、教唆犯着手的判断标准问题。就帮助、教唆等共犯者来说，应该是具有导致构成要件结果发生的危险性的行为开始之时，才是着手的起点。因此，只有在被帮助者、被教唆者开始实行行为时，才能认定为帮助者、教唆者的着手。这和结果无价值论的通常结论完全一致。

2. 可以进一步明确所有的未遂犯都是结果犯

区分犯罪预备与犯罪未遂的节点是行为是否“已经着手”，因此，关于“着手”的判断就成为区分预备犯与未遂犯的标准。关于“着手”的判断标准，有行为犯说和结果犯说的对立。行为犯说认为，“（行为之时）能认为具有导致发生既遂结果（或者既遂构成要件的实现）的实质危险性”，此等行为之开始就是“实行的着手”。这是行为无价值论所持的见解。而结果犯说则认为，“(事后来看）能认为发生了具有导致既遂结果（或者既遂构成要件的实现）的具体危险性”，这也是结果无价值论的见解（也称结果说）。在采用行为犯说理解“实行的着手”时，行为时具有导致发生既遂结果的实质危险性即认为是着手。这会导致在事后看来完全没有结果发生的可能性的行为也被认定为“着手”，从而在事实上未发生结果时就成立未遂犯。这在很大程度上会扩张未遂犯的成立范围。在否定单纯行为犯概念的前提之下，自然也会在“实行的着手”之判断上采取结果犯说，认为未遂犯都是结果犯，其也产生了导致侵害结果发生的具体危险，而且对这种危险应该事后加以判断。由此，对于行为时看似具有导致结果发生的危险但事后来看完全不存在这种危险时，就不成立未遂犯。①

在我国刑法之中，明确规定未遂犯以及中止犯、预备犯都要受到处罚。这表明我国刑法并未以发生实际损害结果作为成立犯罪的条件。实行行为是否已经“着手”是区分犯罪预备与犯罪未遂的重要标志。而关于着手的具体判断标准，存在着“形式着手说”和“实质着手说”的基本对立。形式着手说认为开始实施犯罪构成的客观要件时即为实行的着手；实质着手说则认为行为人开始实施具有导致其所直接追求的、引起某种犯罪构成结果的现实危险的行为时，才是犯罪的着手。可以看出，“形式着手说”着眼于构成要件的行为本身，从行为是否部分符合了刑法分则具体构成要件中的客观要件的角度来考虑“着手”与否的判断。这类似于前述日本学者所谓的行为犯说。某种意义上可以认为，这实际上是将未遂犯理解为一种行为犯了。而与此相对，从实质上理解着手的判断，将开始实施具有导致行为人所追求的法益侵害之危险性的行为理解为着手，实际上是将着手而未得逞的未遂犯理解为一种单纯导致了法益侵害危险的危险犯，而在“危险也是一种结果”的意义上，其实质上是将未遂犯理解为一种结果犯了。立足于本书的立场，在“着手”判断上放弃“形式着手说”可谓理所当然。

3. 可以进一步明确纯正不作为犯也是结果犯

学说上对真正不作为与不真正不作为的区分，既可以以法条是否有明

---

① 伊东研佑．刑法总论．东京：新世社，2008：290.

文规定为标准，也可以有另外的标准，即真正不作为犯是行为犯，不真正不作为犯是结果犯。[①] 德国刑法典及德国刑法通说对真正不作为与不真正不作为的区分持第二种观点。德国的判例认为，纯正的不作为犯可以理解为不实施法律所要求的行为这样的一种犯罪，理论上也认为，“虽然实施法律所要求的行为，可能最终防止被作否定评价的结果发生，但是，立法者并未将避免结果的发生规定为不作为行为人的义务，因而，也不能将特定结果的发生作为构成要件的要素。因此，纯正不作为犯是单纯行为犯的对应物。例如，德国刑法第 138 条规定，从可靠渠道得知有关特定的重大犯罪计划的人，虽然有义务及时报告政府或者告知被害人，但不要求其去阻止犯罪行为”。“相反，在不纯正不作为犯的情况下，‘保证人’被赋予了避免结果发生的义务，结果的发生属于构成要件，违反避免结果发生义务的保证人，应当承担构成要件该当结果的刑事责任。因此，不纯正不作为犯是结果犯的对应物。例如，（在德国）得到即将发生重大犯罪信息的主管警官，在紧急情况下即使付出生命也必须阻止犯罪行为，否则，他将被作为该犯罪行为的帮助犯受到处罚。引起事故的汽车司机，应当将被害人送到医生处接受治疗，否则，他可能因故意杀人罪而受处罚。”[②] 与德国不同，我国刑法学界传统通说采第一种分类方法，即按照刑法条文对不作为是否有明文规定来区分纯正不作为与不纯正不作为。不过，这种分类过于看重两种不作为犯在形式上的差别，然而从实质上理解两种不作为犯实有必要。只是，在我国刑法之中，不光不纯正的不作为犯是结果犯[③]，即便是纯正的不作为犯，联系到犯罪概念中的定量因素，也应该理解为结果犯而非行为犯。（1）一些纯正不作为犯明确将结果发生作为犯罪的成立条件，比如《刑法》第 129 条“丢失枪支不报罪”、第 429 条“拒不救援友邻部队罪”都被认为是纯正不作为犯的典型，前罪明确将“造成严重后果”作为犯罪的成立要件，后罪也以“致使友邻部队遭受重大损失”为成

---

① 许玉秀．当代刑法思潮．北京：中国民主法制出版社，2005：748-749.

② 汉斯·海因里希·耶赛克，托马斯·魏根特．德国刑法教科书（总论）．徐久生，译．北京：中国法制出版社，2017：814-815.

③ 以不作为的故意杀人罪为例：虽因先前行为等存在救助的作为义务，但并未履行该义务，只是由于其他的原因被害人并未死亡的，行为人不构成不作为的故意杀人罪，甚至不构成该罪的未遂。

立要件。依法配备公务用枪的人员虽然丢失枪支不及时报告但并未造成严重后果，或者虽然“明知友邻部队处境危急请求救援，能救援而不救援”，但并未致使友邻部队遭受重大损失的，不构成犯罪。(2) 不仅如此，更需要注意的是，即便是法条之中未明确要求“严重后果”等结果，纯正不作为犯也不应该被理解为只要未履行刑法所明文要求的作为义务即构成犯罪，而是必须在考虑情节和后果的基础上认定是否构成犯罪。比如，《刑法》第 445 条“战时拒不救治伤病军人罪”，法条虽规定“战时在救护治疗职位上，有条件救治而拒不救治危重伤病军人的”即构成犯罪，且将“造成伤病军人重残、死亡或者有其他严重情节”作为法定刑升格条件，但是也应该认为，该罪实际上是一个抽象危险犯，只是在法条上已经推定实施相应的行为即具有导致危重伤病军人的病情、伤情进一步恶化的类型性危险而已。如果在当时特定情况下虽实施了符合构成要件的行为但是并不足以引起危重伤病军人的伤情、病情进一步恶化的危险（比如还有其他同样处在救护医疗岗位上且有条件救治的救护人员），那么就可能认为，对行为人的行为尚不能按照战时拒不救治伤病军人罪处理（假如认为该罪是行为犯，就会得出相反的结论）。再有，《刑法》第 311 条“拒绝提供间谍犯罪证据罪”规定，“明知他人有间谍犯罪……在安全机关向其调查有关情况、收集有关证据时，拒绝提供，情节严重的”，构成犯罪。该罪虽然以“情节严重”为罪量要素，但并未要求造成严重后果，而对“情节”要素的要求毕竟不能直接等同于对结果要素的要求。但是，该罪同样应该被理解为抽象危险犯而非行为犯，只是在此种犯罪之中，允许反证的空间更为有限而已。

从保护法益的角度来看，虽然在一定条件下将不作为的法益侵害行为纳入刑法的处罚范围具有必要性，但笔者完全同意这样的论断：“现代社会毕竟是权利社会，不能以保障法益为由而无限地要求人们履行义务。广泛地赋予人们保护法益的义务，并以刑法手段强制实施，会使人们的行动自由受到压抑，反而会产生许多弊端，因此，必须对不作为犯的成立范围进行适当限定。”① 事实上，强调所有的不作为犯都是结果犯，只有单纯的义务违反行为尚不足以成立犯罪，只有在行为人具有法定的作为义务并且因不履行该种义务而引起了侵害或威胁法益的结果的场合，才能例外地

① 黎宏. 刑法学总论. 2 版. 北京：法律出版社，2016：82.

作为不作为犯加以处罚。这正是为了限制不作为犯的成立范围，以避免不当地侵犯公民的行动自由。

4. 可以进一步明确所有的持有型犯罪都是结果犯

在各国刑法之中，都存在将持有特定物品作为犯罪的规定，这被称为持有型犯罪。我国刑法之中也有不少的持有型犯罪的规定，如《刑法》第128条第1款“非法持有枪支、弹药罪”，第172条“持有假币罪”，第210条之一“持有伪造的发票罪”，第282条第2款“非法持有国家绝密、机密文件、资料、物品罪”，第348条“非法持有毒品罪”，第352条“非法持有毒品原植物种子、幼苗罪”等。其中，第282条第2款要求“拒不说明来源与用途”，第348条对所持毒品有数量上的要求，第172条、第210条之一以及第352条要求“数量较大”，而第128条第1款在立法上没有数量上的限制且将“情节严重”作为法定刑升格的条件。由此来看，除了非法持有枪支、弹药罪，立法规定持有型犯罪时并非只要不具正当理由而持有某种特殊物品即直接构成犯罪，而是通过规定一定的定量因素来限制入罪的范围。尽管有论者明确认为持有犯是行为犯的一种（并将其称为持有型行为犯）①，但在上述犯罪并非只要持有了相应对象犯罪即告成立的意义上，可以认为立法并未明确将这些犯罪规定为行为犯。至于非法持有枪支、弹药罪，《刑法》第128条在立法上虽没有数量上的限制且将“情节严重”作为法定刑升格的条件，但司法解释仍对非法持有枪支时的入罪条件作了定量上的要求，这至少说明，最高司法机关认为并非只要非法持有枪支、弹药就一概构成犯罪，而仍需从数量上加以限制，因此可以说，司法解释也认为该罪并非单纯的行为犯。应该认为，所有的持有型犯罪都非单纯行为犯，而且在本书看来，这些犯罪都是抽象危险犯，即只要非法持有了这些特定对象，即推定其类型性地具有侵害公共安全，或者货币流通秩序、发票流通管理秩序等市场经济秩序，或者国家的相应保密制度，对毒品或者毒品原植物种子、幼苗的管理秩序等社会管理秩序的危险。这些犯罪之所以并非实害犯，是因为相应数量的持有物本身并非犯罪所造成的侵害结果，而属于组成犯罪之物（类似于贿赂犯罪中的贿赂）。将这些持有型犯罪理解为抽象危险犯而非行为犯的实际意义在于，如果在实际状况下持有行为并未造成相应的危险，则可以否定犯罪的成立（后文

---

① 郑飞．行为犯论．长春：吉林人民出版社，2004：200及以下．

有详述）。立法以及司法解释对具体持有对象作出数量要求，正是为了确保这种危险性的存在。

（四）所谓行为犯概念的归宿

1. 一般所说的行为犯，多数应理解为抽象危险犯，少数应理解为侵害犯

就刑法分论的研究来说，否定单纯行为犯的概念，认为所有的犯罪都是结果犯，意义重大，有助于明确，我国学界通常所认可的所谓行为犯，实际上大多数应该被理解为抽象危险犯。除伪证罪如此之外，其他的犯罪，比如非法制造、买卖、运输、邮寄、储存枪支、弹药、爆炸物罪，也被理解为行为犯[①]，走私、贩卖、运输、制造毒品罪也被理解为行为犯[②]，但这些犯罪也都应该理被解为抽象危险犯。再如，危害国家安全的犯罪中，像分裂国家罪、煽动分裂国家罪、颠覆国家政权罪、煽动颠覆国家政权罪等，在实践中很难处罚其实害犯罪，但也不应该认为只要实施完相应的行为犯罪即告成立，而应该将这些犯罪理解为抽象危险犯。此外，与伪证罪类似，《刑法》第 310 条“窝藏、包庇罪”也应该被理解为抽象危险犯而非行为犯[③]，只要行为人“明知是犯罪的人而为其提供隐藏处所、财物，帮助其逃匿或者做假证明包庇的”，就推定其对犯罪侦查、刑事审判、刑罚执行等刑事司法工作造成了侵害的危险。因此，相应的行为，如能够反证确实不具有危害国家公共安全、公共安全等的危险，就不能被认定为犯罪。[④] 此外，貌似行为犯但应被理解为抽象危险犯的，还有生产、销售假药罪，伪造货币罪，私自开拆、隐匿、毁弃邮件、电报罪以及传播性病罪等（参见后文）。

此外，少数貌似行为犯的犯罪则应该被理解为侵害犯。除非法侵入住

---

① 例如黎宏．刑法学各论．2 版．北京：法律出版社，2016：47。

② 例如何荣功．我国“重刑治毒”刑事政策之法社会学思考．法商研究，2015（5）：84。

③ 将窝藏、包庇罪理解为行为犯的，比如黎宏．刑法学总论．2 版．北京：法律出版社，2016：74。

④ 此外，虚开增值税专用发票用于骗取出口退税、抵扣税款发票罪也是一种典型的抽象危险犯，应以一般的经济运行方式为根据，判断是否具有骗取国家税款或造成国家税款损失的危险。如果虚开、代开增值税发票的行为不具有此种危险，则不宜认定为本罪。

宅罪如此之外，重婚罪也被理解为行为犯①，但实施了重婚的行为就侵害了合法配偶的配偶权和一夫一妻制度，因此其当然应该被理解为侵害犯。强奸罪，拐卖妇女、儿童罪等也是如此。此外，不但刑法典的原有规定不应被理解为行为犯，刑法修正案新增的犯罪类型同样不能被理解为行为犯。因此，尽管有人会认为扒窃、入户盗窃和携带凶器盗窃这三种新型的盗窃罪就是行为犯而非结果犯，行为人只要实施了扒窃和入户盗窃、携带凶器盗窃行为之一的，就符合了盗窃罪既遂的条件，而不以对财物的实际控制为必要②，但是，作为财产犯罪的盗窃罪当然应该以财产权实际受到侵害作为既遂标准，因而无论是何种类型的盗窃罪，也都无一例外地应被理解为结果犯，且是结果犯中的侵害犯。③

2. 否定单纯行为犯概念的同时，作为区分不同犯罪既遂标准的“行为犯”概念也无多大存在价值，一并放弃这一概念更为顺畅和彻底

我国刑法理论通常是在讨论犯罪既遂标准时说明行为犯与结果犯的区分，认为以法定犯罪行为的完成作为既遂标志的犯罪是行为犯，而不仅要求实施具体犯罪构成客观要件的行为而且必须发生法定的犯罪结果才构成既遂的犯罪则是结果犯。在法益侵害或其危险的含义上使用“结果”这一概念，主张所有的犯罪都是结果犯（实害犯或者危险犯）时，应该认为，结果犯的行为的终了和结果的发生之间存在时间间隔，而通常所理解的行为犯并不存在这种间隔（而不是指不要求任何的结果发生）。比如，就杀人罪而言，从扣动手枪扳机的行为终了到被害者死亡为止，存在着时间上的间隔。而在伪证罪的场合，一旦作出虚伪的证言通常犯罪就成立了，并非此后经过一定的因果历程而发生结果时犯罪才成立。但是，即便在与故意杀人这样的犯罪相区分的意义上说伪证罪是“行为犯”，其也并非“单纯行为犯”，因为伪证罪并非处罚行为本身，而是处罚因该行为而发生了误导审判作用之危险这样的结果的。非法侵入住宅罪也是一样：侵入他人的住宅，径直就发生了对居住权的侵害，从而加以处罚。学界也有观点将

① 例如陈兴良．刑法分则规定之明知：以表现犯为解释进路．法学家，2013（3）：120。

② 陈家林教授的文章中即蕴含了这样的思考方法。陈家林．论刑法中的扒窃——对《刑法修正案（八）》的分析与解读．法律科学，2011（4）：100.

③ 支持这一观点的，比如张明楷．刑法学．5版．北京：法律出版社，2016：964。

非法拘禁罪理解为行为犯①，但实际上，只要非法拘禁的行为实施完成，就已经侵犯了他人的人身自由。就此看来，行为犯也要求法益侵害或者危险这种“结果”，只不过该结果在行为终了之时即已发生。由此，主张结果无价值论的学者虽通常拒绝单纯行为犯的概念，但也大都接受了行为犯的概念。如内藤教授认为，行为犯中，既有像伪证罪这样的抽象危险犯，也有像侵入住宅罪这样的侵害犯。② 平野教授则进一步指出，“由于在行为犯的场合法益侵害和行为本身之间是密切关联的，很多是所谓‘亲手犯’，所以在共犯等场合有必要加以特别考虑”③。

在将侵害犯和危险犯都理解为（广义的）结果犯，据此行为犯也就全部都包含在结果犯中之后，就要追问作为犯罪分类之一的“行为犯”这一概念的存在意义了。虽然说“行为犯、结果犯的区别，是以针对行为客体有无结果发生为基准的，不同于从与法益之关系上的分类”④，但不管怎么说，当按照某种标准所作分类的最终结果是，两者之间存在着包含关系，一个事项（行为犯）完全可以为另一事项（结果犯）所包含时，这种分类就是没有意义的。据此，本书认为，在否定了单纯行为犯概念时，通常所理解的行为犯概念已然没有存在价值，一并放弃“行为犯”概念更为彻底。退一步讲，即便顾及学界思维的惯性和实务部门接受的可能性而保留“行为犯”这一提法，也需要明确，这种行为犯同样需要法益侵害或者危险的发生，仅是通常而言（因存在例外）行为终了与结果发生之间没有时间间隔而已。

二、抽象危险犯的认定：应该允许反证危险之不存在而否定犯罪成立

（一）问题的提出：抽象危险犯是否允许反证

1. 一种犯罪能否既是行为犯又是抽象危险犯

在我国学界，曾有人认为“危险犯的理论不科学，在行为犯和结果犯

① 黎宏．刑法学总论．2版．北京：法律出版社，2016：320.

② 内藤谦．刑法讲义总论：上．东京：有斐阁，1983：210－211．福山道义．行为犯//三井诚，等．刑事法辞典．东京：信山社，2003：231.

③ 平野龙一．刑法总论：Ⅰ．东京：有斐阁，1972：119.

④ 福山道义．行为犯//三井诚，等．刑事法辞典．东京：信山社，2003：231.

之外，再提出危险犯的理论是画蛇添足”，并认为“我们更愿意把危险犯看成是行为犯的一个组成部分”[①]；而且，在专门研究行为犯的学者中，也有人认为“危险犯是行为犯之一种”[②]；有人虽然认为危险犯是和行为犯、结果犯相并列的一种犯罪既遂表现形态，但其危险犯概念仅指具体危险犯，认为“不应承认所谓的抽象危险犯，它使危险犯与行为犯的关系难以区分，混淆了二者之间的界限”[③]。但时至今日，承认危险犯的概念并将其进一步区分为抽象危险犯与具体危险犯，这已然成为刑法理论的定说。只是，国内更多学者在接受具体危险犯与抽象危险犯共同构成危险犯的同时，还倾向于接受行为犯概念，至少在提到犯罪分类以及不同犯罪类型的既遂标准等场合，常常习惯于抬出行为犯的概念。在此前提下，学界对行为犯的理解，特别是对行为犯与抽象危险犯之关系的理解，比如，一个犯罪是否可以同时是行为犯和抽象危险犯，等等，难免就存在较大的分歧，甚至产生一定的模糊或错误。虽然有不少人是在肯定两个概念各自独立性的前提下试图说明二者的区别[④]，但也有多位学者认为行为犯和抽象危险犯可以兼容。比如，戴玉忠教授认为，醉酒驾车犯罪是行为犯，同时也是抽象危险犯[⑤]；周光权教授则一方面认为生产、销售假药罪“是抽象危险犯”，同时又认为“生产、销售假药的，即构成本罪”[⑥]，似乎也蕴含着其将行为犯和抽象危险犯对等看待的倾向；欧阳本祺博士也认为，抽象危险犯与行为犯具有相同的规范构造，抽象危险犯的故意与行为犯的故意具有相同的构造。[⑦] 但是，行为犯和抽象危险犯是不同分类标准的产物。若接受行为犯概念，则“只要行为一完成犯罪就既遂”，而在抽象危险犯的场合，需要行为对所保护的法益造成了抽象的危险，这种抽象的危险虽然是构成要件行为所类型性具有的危险，但是毕竟

---

① 杨兴培．危险犯质疑．中国法学，2000（3）：123．

② 刘树德．行为犯研究．北京：中国政法大学出版社，2000：85及以下．

③ 史卫忠．行为犯研究．北京：中国方正出版社，2002：171．

④ 比如，王志祥．危险犯研究．北京：中国人民公安大学出版社，2004：103及以下．舒洪水．危险犯研究．北京：法律出版社，2009：188及以下。

⑤ 戴玉忠．醉酒驾车犯罪相关法律规定的理解与适用．检察日报，2011-06-20（03）．

⑥ 周光权．刑法各论．3版．北京：中国人民大学出版社，2016：208．

⑦ 欧阳本祺．论危险故意．法学家，2013（1）：59．

不是行为本身。所以，如本书这样放弃行为犯的概念时自不必说，即便承认行为犯的概念，也要将其与抽象危险犯的概念明确区分开来：行为犯不能混同于抽象危险犯，一个犯罪不可能既是行为犯又是抽象危险犯。

2. 实务中的分歧及其理论归结

就醉酒驾驶型的危险驾驶罪，一种颇具代表性的观点认为，它属于抽象危险犯："醉酒驾驶机动车是否构成犯罪，应当以行为人是否在达到醉酒状态时仍然驾驶机动车为准。只要车辆驾驶人员 100 毫升血液中的酒精含量大于或者等于 80 毫克时的驾驶行为，就是醉酒驾驶。对犯罪的成立，不能再附加其他条件。"① 该论者还进一步引述我国台湾地区学者的论述认为，"抽象危险犯是指，立法上假定，特定的行为方式出现，危险状态即伴随而生；具体个案纵然不生危险，亦不许反证推翻。例如，血液中或呼气中的酒精含量超过一定程度而开车，立法上推测为危险状态已经出现，不再就个案判断；纵然驾驶人酒量过人，亦无改于犯罪的成立。"② 围绕着醉酒驾驶型的危险驾驶罪是否允许行为人一方主张并未给公共安全造成危险而出罪，法官能否根据这样的见解而认定无罪，等等，司法实务部门也未取得共识。比如，就达到醉酒状态者驾驶机动车辆的行为是否一概构成犯罪，公安、检察部机关持肯定态度，而最高人民法院更为谨慎。实务部门的分歧在理论上可以归结为：抽象危险犯是允许反证的吗？

（二）抽象危险犯不得反证的观点

国内外许多学者都主张抽象危险犯不允许反证，究其理由，可以大致概括为以下几点。

1. 抽象危险并非构成要件要素而仅仅是立法动机或立法理由

这种观点认为，就抽象危险犯而言，法益侵害的危险不是构成要件要素，不过是立法理由而已。比如，德国学者罗克辛教授认为，在抽象危险犯中，"对一个行为进行惩罚的原因，并不在于在具体的场合现实发生了危险，而在于行为所具有的类型性的危险"。"所谓抽象危险犯，是指类型性的危险行为本身受到处罚，并不要求在具体的场合之下发生危险的结果，从而，防止具体的危险以及实际的侵害，不过仅仅是立法者的动机而

① 周光权. 刑法各论. 3版. 北京：中国人民大学出版社，2016：193-194.

② 林东茂. 刑法综览. 北京：中国人民大学出版社，2009：51.

已，其存在并非满足构成要件的前提。”① 因此，他坚持抽象危险犯不允许反证的立场，而且，这样的主张获得了不少认同。②

2. 抽象危险犯的危险是一种“拟制”的危险

在德国有一种观点认为，在抽象危险犯的场合，在实施了法条上所规定的构成要件行为时，就视为据此已经产生了法益侵害的危险。在此意义上，就可以认为危险被“拟制”了③。日本也有学者认为，“抽象危险犯原本是指法律拟制其通常而言包含着法益侵害的危险并对之加以禁止的行为，因此，抽象危险犯就未必一定要求具体的法益侵害的现实化。在此意义上，只要以各种各样的行为为例来看，就不能否定抽象危险犯与法益的关联性非常稀薄，其危险犯的属性已经徒有其表，而且近乎于形式犯了”④。我国也有学者接受了“拟制危险”的理解，认为“对抽象危险犯而言，危险是立法者根据社会风险量化评估后的法律拟制，代表强化社会利益保护的立法动机与社会危害提前控制的政策考量”⑤。这种拟制危险说与前述的立法动机、立法理由说相互印证、相得益彰。

3. 抽象危险犯若允许反证会与其概念本身相抵触

罗克辛教授还认为，对抽象危险犯的反证“是无法实行的，因为在不清楚的证明结论中，一种有罪的判断会违反罪疑有利于被告的基本原则。但是，假如要求法院证明，立法者的动机所要保护的客体在事实上受到了危险时，人们就把这种抽象危险犯改变为一种具体危险犯了”⑥。我国台湾地区学者黄荣坚教授也认为，在抽象危险犯的场合，“法官在做个案审理的时候，只要审查行为人的行为是否该当法条所规定的行为要件，而不

① 罗克辛. 刑法总论：第一卷：第一分册. 3 版. 平野龙一，监修. 町野朔，吉田宣之，监译. 东京：信山社，2003：361，452.

② 类似的观点，可见李在祥. 韩国刑法总论. 韩相敦，译. 北京：中国人民大学出版社，2005：64. 林山田. 刑法通论：上册. 增订 9 版. 台北：兴丰印刷厂，2005：243-244。

③ 山口厚. 危险犯研究. 东京：东京大学出版会，1982：201.

④ 西原春夫. 犯罪实行行为论. 东京：成文堂，1998：128.

⑤ 谢杰. “但书”是对抽象危险犯进行适用性限制的唯一根据. 法学，2011(7)：29. 王志祥. 危险犯研究. 北京：中国人民公安大学出版社，2004：142. 张红艳. 欧陆刑法中的抽象危险犯及其启示. 河北法学，2009 (9)：158.

⑥ 同①452-453.

必审查个案事实中是否果真出现所谓危险结果”。“从客观不法范围上限缩抽象危险犯（亦即和具体危险犯一样以具体危险为不法要件）和抽象危险犯的立法概念相抵触。”① 因此黄教授主张抽象危险犯不允许反证。

4. 对抽象危险犯允许反证和“存疑时有利于被告”的原则相抵触

德国学者克拉默（Cramer）指出，若是根据莱博（Rabl）提出的“可能反证的危险的推定”“危险之发生是不成文的构成要件要素”这样的思考方法，则在尽管没有发生危险，但行为人一方证明危险没有发生却证明失败时，行为人就要承受不利的后果，即要受到处罚。在此问题就转到了诉讼的场面，就必须要追问：是否能够允许设置不利于被告人的推定？在克拉默看来，像莱博所主张的见解那样，向为违法性奠定基础的要素导入不利于被告人的推定，和“存疑时有利于被告”原则之间是矛盾的。此外，沃尔特·斯特里（Walter Stree）、许内曼等也都对“允许反证的推定”这一思考方法提出了批判，认为由于赋予了被告人证明危险不发生的证明责任，因而和“存疑时有利于被告的原则”相违背。比如斯特里认为，“存疑时有利于被告”的原则是根本性的法治国原理，应该赋予其较之刑事政策的利益更为基础性的优越地位。许内曼认为，允许反证会陷入一种两难的境地：若要求被告人承担反证不存在危险的责任的话，就违反了“存疑时有利于被告”的原则；若总是要求公诉方证明存在个别的危险性的话，抽象的危险犯就成了具体危险犯，而这违反了立法者的意思。②

5. 出于一般预防的需要，对没有危险的抽象危险犯也有处罚的必要性

这种观点认为，“即便是根据事情的具体事态完全可以排除一种危险时，也应该肯定其刑事可罚性。这产生于一般预防的根据（学习理论）。否则，立法者所努力追求的那种对确定行为方式（在这里，就是指在醉酒状态中驾驶汽车）的绝对禁忌，就会受到危害”③。在我国，也有学者接受了这样的观点，并进而认为，即便在具体的场合不存在针对不特定人的

① 黄荣坚．基础刑法学：下．台北：元照出版有限公司，2006：620-621.

② 山口厚．危险犯研究．东京：东京大学出版会，1982：231，242：注118、119.

③ 罗克辛．刑法总论：第一卷：第一分册．3版．平野龙一，监修．町野朔，吉田宣之，监译．东京：信山社，2003：455.

危险，但是仍然存在着此种行为为他人所模仿（“如果没事那我也这样”），从而危害公共安全的危险，这种危险应该也属于危险驾驶罪中的抽象危险。该观点还认为，如果抽象危险犯允许反证，则反证的标准过于主观化，会导致定罪与否具有很大的随意性，而这在很大程度上会损害刑法规范本身的权威性。在我国当下，应该坚持对规范的信守，这比个案之下可能对行为人权利的侵害更为重要。[①]

6. 可以通过刑罚的调控来保证抽象危险犯处罚的合理性

德国刑法典第306条a款第3项规定：对于不具有严重危险的放火行为，所判处的刑罚可减轻至6个月以上5年以下监禁的幅度。德国的刑法理论与判例认为，如果行为人能够证明放火行为不会造成危险，可以适用该条减轻处罚的规定。[②] 将这种观点进一步推演就会得出这样的结论：就抽象危险犯而言，虽不允许以具体的场合不存在相应危险为由而否定犯罪的成立，但在现实中确实不存在相应危险时，可以在量刑的阶段考虑，乃至免除刑罚而单纯作有罪宣告，通过刑罚的调控完全可能实现对抽象危险犯处罚的合理性。

（三）抽象危险犯也应该允许反证

1. 学说的见解

对于抽象危险犯不应允许反证这一传统看法，已有不少学者给予了反省，并提出应该允许抽象危险犯因反证不存在危险而出罪。比如，德国学者施罗德（Schröder）提出，“当构成要件服务于保护一定的具体化的对象时，在具体的案件中，在能够确实地认定行为对象是否遭受了现实的危险的场合”，就应该肯定“不存在危险的反证”[③]。日本学者平野龙一教授基于强调刑法的谦抑性、在违法论中侧重结果无价值论的立场，也对抽象危险犯不允许反证的见解提出了质疑。他认为，如遗弃罪的成立以“某种程度的具体危险”为必要，因此，抽象危险犯与具体危险犯之间的差异，

① 上述观点为笔者与冯军教授、李立众副教授交流时，两位同事所持的观点。具体的文字为笔者个人总结概括。

② 谢杰，王延祥．抽象危险犯的反思性审视与优化展望——基于风险社会的刑法保护．政治与法律，2011（2）：80.

③ 罗克辛．刑法总论：第一卷：第一分册．3版．平野龙一，监修．町野朔，吉田宣之，监译．东京：信山社，2003：452.

可以归结为均属必要的具体危险到底是“某种程度”的还是“迫切”的这一量上的差别。[①] 沿着这样的思考路径，有日本学者认为，就遗弃罪而言，将幼儿遗弃在派出所的警察面前，或者将婴儿遗弃在新生婴儿室的床上的行为，应该认为是缺乏违法性的行为。[②] 在我国，黎宏教授指出，在抽象危险犯中，“只要实施了所规定的行为，就拟制性地认为具有危险。但是，从刑法的目的是保护法益，违法性即社会危害性的本质在于侵害或者威胁法益的立场来看，即便是抽象危险犯，也应具有某种程度的要求。在具体场合，由于特殊情况，在实施了法律上所规定的行为但根本不可能发生危险的时候，不能肯定成立犯罪”[③]。据此，虽他未明确承认抽象危险犯允许反证，但其结论暗含了这样的思路（只是如后所述，其所采用的“拟制”一词值得商榷）。张明楷教授则以醉酒驾驶犯罪为例指出，“虽然抽象的危险是不需要司法工作人员具体判断的危险，但是，如果具体案件中的特别情况导致行为根本不存在任何危险，则不能认定为抽象的危险犯。例如，危险驾驶罪中的在道路上醉酒驾驶机动车的行为属于抽象的危险犯。但是，如果行为人醉酒后深夜在没有车辆、行人通行的道路上驾驶机动车，不可能造成他人伤亡的，不应认定为危险驾驶罪”[④]。可见，张老师实际上也接受了抽象危险犯允许反证的观点。

2.“具体的抽象危险犯”及“准抽象危险犯”概念的提出

德国学者汉斯·亨克尔（Hans Henckel）否认刑事刑法与行政刑法之间存在实质上的差异。他认为，一般所称的抽象危险犯，应该进一步区分为（通常的）抽象危险犯和“非本来的危险犯”[⑤]（Uneigentliche Gefährdungsdelikte）。在“抽象的危险犯”中，成为问题的不是个别的行为而是行为的种类，在此，危险不过是立法理由而已。这一抽象的危险，通过对具体的事案中有可能认识的事情的进一步抽象，就能够得到肯定。虽这种抽象化的程度还不明确，但是关于“何为抽象的危险”立法者已经

---

① 平野龙一．刑法总论：Ⅰ．东京：有斐阁，1972：120及以下．

② 冈本胜教授的观点。西原春夫．犯罪实行行为论．东京：成文堂，1998：129．

③ 黎宏．刑法学总论．2版．北京：法律出版社，2016：74．

④ 张明楷．刑法学．5版．北京：法律出版社，2016：168．张明楷．危险驾驶罪及其与相关犯罪的关系．人民法院报，2011-05-11（03）．

⑤ 本节有关汉斯·亨克尔的内容，请参见山口厚．危险犯研究．东京：东京大学出版会，1982：206。

决定了，法官的任务不过是对行为的适用而已，所以是没有问题的。“大量的日常生活中所发生的，因其频繁而不值得在各个具体的场合逐一判断”的犯罪，就属于这种意义上的抽象危险犯。“这些犯罪的多发，正意味着对于作为人类秩序的共同生活的危险。”而在重犯罪之中，还存在着危险的概念虽不包含于构成要件要素之中但无疑可以被认为是危险犯的一种犯罪，即所谓“非本来的危险犯”，比如德国刑法中的放火罪即属此类。这类犯罪就其规定形式而言与前述的抽象危险犯并无不同，但此种犯罪之基础，却和前述抽象危险犯的不同。也就是说，放火罪并不是像前述抽象危险犯那样的可以在日常生活中反复实施的大量犯罪（Massendelikt），故而需要在具体事案中对其危险进行认定。在这种非本来的危险犯之中，立法者视为在所有的具体场合都存在着危险。也就是说，在此，危险成了一种拟制的构成要件要素，从而，较之警察犯，可以说“非本来的危险犯”（在试图处罚的危险的内容这一点上）具有和具体危险犯更为接近的性质。只是，汉斯·亨克尔指出，“这样的拟制是否妥当在立法论上是个问题。在这一点上，可以说其妥当性是有疑问的，可以说其被理解为具体危险犯是更理想的”。

受德国学者施罗德在 1967 年明确提出的“抽象的具体危险犯”（abstrakt-konkrete Gefährdungsdelikte）概念的启发，在日本“具体的抽象危险犯”的概念也成为考察的对象。“具体的抽象危险犯”就是说，虽然本来是抽象危险犯，但是，在特定构成要件的解释上，仍要求具有达到一定程度之法益侵害的行为或者行为手段。同时，山口厚教授明确提出将抽象危险犯二分化的主张。他指出：“一直以来被统称为抽象危险犯的犯罪中，存在着这样的犯罪：在法文上虽未要求发生‘危险’，但为了认定已经实施了成为处罚对象的、该当构成要件的行为，就必须要发生实质的危险，也就是和某种结果事态相关的、某种程度的具体的危险。这种危险……较之构成通常的抽象危险犯的处罚根据的危险即抽象的危险来说，要求具有更加‘具体’的内容。我想将这种某种程度上更为具体的危险称之为……‘准抽象危险’。而这种法条所规定的刑法条文本身要求发生某种程度的具体危险的犯罪，可以称为以‘准抽象的危险’为根据的‘准抽象危险犯’。”①

---

① 山口厚．危险犯研究．东京：东京大学出版会，1982：251 及以下．

3．本书的主张：所有的抽象危险犯都应被实质化理解

应该承认，前文中否认抽象危险犯允许反证的几种理由具有代表性，也有一定道理，而且，这些理由之间互相并不排斥，反而相互印证和补充。但尽管如此，首先还是能够确认这样一个基本事实："在实施法条上所规定的行为时能够肯定通常会发生的危险，在具体的场合因为特殊的事情而并没有发生，这样的事情是存在的。"① 在具体的场合不能认可实施法条所规定之行为时所预定发生的那种程度的法益侵害之可能性，从而应否定抽象危险的发生时，如果仍肯定犯罪的成立，就会导致刑法之防线大为提前，而这蕴含着侵犯人权的危险。正因为如此，对抽象危险犯这种立法形式的质疑从未停止，诸如认为抽象危险犯是"通过危险刑法所产生的刑法的危险"②，抽象危险犯之定型化是对自由法治国刑法及刑法典作为公民（说得确切一些是犯罪人）大宪章之特质的一个攻击③，抽象危险犯与非犯罪化的发展趋势相冲突，违反刑法的谦抑原则、罪责原则④，等等，都不能说是无病呻吟。但尽管如此，抽象危险犯也具有相当程度的"正能量"即积极价值：其不但有助于弥补未遂犯和过失犯之刑事可罚性的空隙⑤，而且在形形色色的风险陡增的现代社会，抽象危险犯的立法也有助于实现刑罚预防犯罪的目的。只是，为了防止借助抽象危险犯的犯罪类型而不当地侵犯行为人的权利和自由，有必要对其成立范围加以限定，故此，主张抽象危险犯允许反证的观点值得肯定。

主张抽象危险犯允许反证，除了以上支持论者所列举的理由，还可以从以下方面加以展开，而这也正可构成对反对论者的反驳。

（1）从客观方面来看，在抽象危险犯的场合，法益侵害的危险仍然属于构成要件要素，需要通过"危险"的概念发挥其过滤犯罪的功能。

有学者认为抽象危险犯的危险并非构成要件要素，对该种犯罪的规定

① 山口厚．危险犯研究．东京：东京大学出版会，1982：233.

② 德国学者赫尔左克（Herzog）语。约克·艾斯勒．抽象危险犯的基础和边界．蔡桂生，译//高铭暄，赵秉志．刑法论丛．北京：法律出版社，2008：332.

③ 法兰克福学派学者的观点。约克·艾斯勒．抽象危险犯的基础和边界．蔡桂生，译//高铭暄，赵秉志．刑法论丛．北京：法律出版社，2008：338.

④ 林东茂．危险犯与经济刑法．台北：五南图书出版有限公司，1996：15及以下.

⑤ 约克·艾斯勒．抽象危险犯的基础和边界．蔡桂生，译//高铭暄，赵秉志．刑法论丛．北京：法律出版社，2008：336-337.

不过是立法者防止具体危险或者实际侵害的一种动机或者立法理由。此等主张颇具启发性。但是，如果不将抽象危险理解为构成要件要素，则意味着只要实施了法条规定为抽象危险犯的相应行为就符合了构成要件，而不问事实上是否存在着法益侵害的危险。这就使抽象危险犯的处罚范围和行为犯完全等同，这样理解的抽象危险犯和行为犯就毫无差别了。这在法益保护主义立场看来，不值得赞同。更进一步说，法条并不直接等于构成要件，既然称为抽象"危险"犯，则危险的存在就是构成要件要素（属于不成文的构成要件要素）。在具体的场合认定欠缺发生法益侵害的抽象危险时，是不该当构成要件呢，还是认为其虽（形式上）该当构成要件但却欠缺违法性，和如何理解构成要件与违法性的关系有关。如果认为构成要件仅仅是单纯的行为类型，则只要实施了法条上规定为抽象危险犯的相应行为，就可认为是符合了构成要件。但在前述场合，在实质违法性的判断上，以欠缺法益侵害的危险为由而否定违法性的存在。与此相对，本书认为构成要件是可罚的违法类型，因此，欠缺抽象危险的行为，就不仅仅是欠缺违法性，而且已然欠缺了构成要件该当性。在此意义上，"抽象危险的发生"就成了构成要件要素了。正如德国学者海因茨·阿佩尔（Heinz Appel）所指出的，"根据抽象危险犯规定所处罚的行为，虽然通常都是危险的，但在具体的场合，也可能存在着不可能导致法益侵害发生的情况。能够根据一般的危险性而将这样的场合的可罚性正当化吗？在此，消解危险认定时的困难这一利益和处罚不具有危险的行为这一危害发生了冲突，但恐怕必须得认为这种危害是非常严重的"①。应该认为，以抽象危险作为刑罚的依据时，有限缩的必要，而在客观上限缩的根据，则是抽象危险的客观存在。以所谓的"法律的安定性""法规范的权威性"等为理由而侵犯行为人的权利，可能和威权主义刑法、政治刑法观的思考路径相似，这是本书所不能接受的。

（2）从主观方面来看，无客观危险也肯定犯罪成立和犯罪故意的概念不能兼容。

抽象危险犯通常是故意犯罪。结合我国《刑法》第 14 条的规定，成立故意犯罪要求明知自己的行为会发生本罪的"危害结果"即抽象危险。可是，在事实上不存在这种客观危险时，行为人也不可能存在这样的"明

① 山口厚．危险犯研究．东京：东京大学出版会，1982：205．

知”。以对行为的“明知”来代替对抽象危险的“明知”不但偷换了概念，而且也不符合犯罪故意的定义，因为在抽象危险犯的场合，相应的行为本身毕竟不能被直接置换为《刑法》第14条所要求的“危害社会的结果”。在行为人对抽象危险的存在缺乏认识时仍然肯定犯罪的成立，应该说已经违反了责任主义原则。也有人反驳认为，要是认为责任就是对违法的认识，而在抽象危险犯的场合实施了法条所禁止的行为本身就是违法的话，那么，这也就不违反责任主义原则；形式化理解抽象危险犯的主要问题，终究还在于其违法内容。① 尽管笔者也同意形式化理解抽象危险犯的主要问题在于对其违法性的理解上（在没有危险的场合也肯定了违法性），但是，若承认主观责任，至少在故意犯的成立上，结合我国《刑法》第14条的规定，仍可认为，在没有危险时肯定犯罪的成立和故意的概念并不兼容。

（3）主张抽象危险犯允许反证，与抽象危险犯的立法概念并不冲突。

抽象危险犯与具体危险犯的区别，并非本质上的区别，而只是程度上的差别②以及证明方式上的差别而已。③ 抽象危险犯是否成立也需要在具体案件中“具体”判断，只不过不需要公诉机关的积极判断而由立法者推定而已。将抽象危险性的判断改变为一个具体的危险性判断，正说明了两者同为危险犯的共性所在，其并非就是一个不可接受的命题。

（4）认为允许反证会违反“存疑时有利于被告”原则的观点，值得商榷。

对于前述克拉默等人所主张的允许反证会违反“存疑时有利于被告”原则的观点，本书不能认同。恰恰在本书看来，这种允许反驳的推定，较之拟制的危险（因系立法拟制而不允许反驳）的思考方法而言，由于其允

① 山口厚. 危险犯研究. 东京：东京大学出版会，1982：210-211.

② 正因为如此，德国学者克拉默（Cramer）认为“抽象危险”是“具体危险的盖然性”。罗克辛. 刑法总论：第一卷：第一分册. 3版. 平野龙一，监修. 町野朔，吉田宣之，监译. 东京：信山社，2003：453. 王世洲教授在其译著中，将其译为“一种具体危险的极其可能性”（克劳斯·罗克辛. 德国刑法学总论：第一卷. 王世洲，译. 北京：法律出版社，2005：278）。

③ 与此相对，也有学者明确认为，抽象危险犯与具体危险犯之间并非代表个案中行为事实上危险程度的区别（并非具体危险行为的危险程度就大于抽象危险行为的危险程度），而是代表两种不同的立法形式而已。黄荣坚. 基础刑法学：下. 台北：元照出版有限公司，2006：620.

许反证，为被告人保留了通过反证而出罪的渠道，所以反而是有利于被告的，和“存疑时有利于被告”原则的精神实质相吻合。至于实务中被告人由于反证失败而承担不利后果、受到惩罚，虽在表面上看来不利于被告人，但毕竟为被告人提供了主张自己权利的机会，在此前提下因主张失败而承受的不利后果，就必须接受；而且，即便是“不利后果”，较之不允许任何的反证而直接接受的来自立法拟制的危险（“类型性的危险行为完成就一概视为危险存在”），被告人承受不利后果的几率毕竟要小了不少。① 至于许内曼关于“抽象危险犯会变成具体危险犯”的担忧，同样不足为怪，因为，具体危险犯与抽象危险犯的差异，并非作为犯罪的性质上的差异，而是发生法益侵害的可能性（危险性）的程度的差异。具体的危险犯，是以法益侵害的高度可能性（迫在眉睫的危险）为成立要件的犯罪。②

（5）抽象危险犯的所谓危险，是行为本身所具有的导致法益侵害结果发生的类型性危险，而不能包括行为被模仿的危险。

将行为被模仿的危险也作为抽象危险犯的危险，因其存在而肯定抽象危险的成立，实际上就使刑法不是为了保护法益而存在，而是为了树立某种行为模式、宣示某种行为规范。这是本书所不赞成的。而且，若是认为行为人所实施的法条上规定的行为即便在具体场合并未发生该刑罚法规所试图防止的危险，但在其他的场合可能发生这样的危险，从而就加以处罚的话，“这在结局上，就相应具体的场合来看，和对危险加以拟制而予以处罚这样的思考方法也就没有什么区别了。这是因为，可以这样来理解，这种思考方法在承认了在具体的场合并未发生成为处罚根据的危险的同时，又认为由于在其他的场合可能发生这种危险，则尽管没有具体地发生这种危险也主张肯定犯罪的成立”③。

（6）从和部分实害犯的整合关系上，也应该得出抽象危险犯的成立允许反证的结论。

事实上，很多的实害犯是由行为推定侵害的。对这些犯罪而言，“既

① 施罗德也正是在上述的意义上，认为即便将证明危险不发生的责任加给被告人，较之没有免责的可能性而受到处罚而言，也是有利的，从而也就不存在问题。

② 内藤谦. 刑法讲义总论：上. 东京：有斐阁，1983：209.

③ 山口厚. 危险犯研究. 东京：东京大学出版会，1982：201-202.

然行为的本身在经验上几近绝对地代表着利益侵害结果的存在，就不值得再动用司法资源对于利益侵害结果的存在作原则性的审查。结果是，以行为推定实害”①。由于通过推定肯定实害结果的存在是便宜行事而非一个绝对可靠的认定，因此理论上就允许用反证推翻该推定，并进而推翻其既遂犯罪的构成。前文认为，强奸罪也属于貌似行为犯但实为实害犯的例子，而这种行为完成即推定实害即允许反证，其他的，如侮辱罪、盗窃罪等，也是如此（只不过后两者在外观上与行为犯不十分类似而已）。因此，采用了暴力手段强行和妇女发生性关系但事实上妇女发现对方为自己的意中人而同意的，或虽公然侮辱他人但他人为出名而欣然接受的，或“窃取”了他人的财物但该财物是“被害人”清理出来准备丢弃的，等等，都能通过行为人的反证而推翻先前推定，从而使相应行为充其量止于未遂。实害犯是比抽象危险犯更为严重的犯罪类型，从实质处罚的公正性角度考虑，既然对部分实害犯的推定都允许反证，就没有理由主张对抽象危险犯不允许反证。

（7）从我国的单轨制立法的实际出发，也应该认为抽象危险犯允许反证。量刑上的调整，不过是一种“和稀泥”式的做法，不值得赞同。

在德国或者日本，由于还存在着刑法典之外的其他轻犯罪法（通常被称为警察犯、行政犯），因此，即便是一些抽象危险犯不允许反证，从而导致不具有具体危险的行为也会受到处罚，“但由于其所科处的刑罚是比较轻的，故而尽管屡屡会导致具体的不当归结，也是比较容易接受的”②。而在我国，所有的犯罪与刑罚都由刑法典规定（所谓的“单轨制立法”）且法定刑总体配置偏重（除了使用虚假身份证件、盗用身份证件罪，代替考试罪以及危险驾驶罪，所有犯罪都配了有期徒刑），这也决定了一旦认定为犯罪就会面临着较为严重的后果。从罪刑相适应的角度来讲，也要求成为犯罪的行为造成较为严重的法益侵害或者具有造成严重法益侵害的危险。对在具体场合不具有法益侵害危险的行为也加以处罚，其结局也就是对其科处较为严重的刑罚。这样的结论应该着力避免。抽象危险犯在具体的场合欠缺危险性也肯定犯罪的成立，在此前提之下以定罪免刑等方式尽

① 黄荣坚．基础刑法学：下．台北：元照出版有限公司，2006：617.

② 德国学者海因茨·阿佩尔（Heinz Appel）语。山口厚．危险犯研究．东京：东京大学出版会，1982：205.

量减少被告人的实际不利后果，实际上是认为“危险”本身并非抽象危险犯的定罪根据而仅仅是量刑事由而已。这和本书前面的主张相悖。这种通过量刑调整追求罪刑均衡的“和稀泥”做法，会导致一个客观行为全无法益侵害危险的人也会因其规范违反行为而被贴上“犯罪人”的标签。这和法益保护的立场以及客观主义的刑法思潮之间，并不相容。

（四）对于无危险行为为什么不能直接根据《刑法》第13条但书出罪

在符合刑法条文的形式规定但却不具有实质性危险的场合（这在法律逻辑和实践经验上都能成立），即实施了符合抽象危险犯之法条所规定的行为但在具体的场合欠缺危险性时，应该作无罪处理。正如在探讨醉酒驾驶是否一定“入刑”时有学者指出，实现“醉驾入刑”的威慑性，绝不在于对任何醉酒驾驶行为都要定罪判刑，因为“这种做法虽然在短时期能够起到一定的威慑作用，从长远来看，必然会因为忽略了实践中的复杂情形而失去刑法的公正性和严肃性，并最终因刑法过于苛刻而失去公众的信赖，使司法陷入不能承受之重”①。而要想对犯罪成立范围予以限定，就应该从构成要件的限制解释的角度切入——在无法通过对“驾驶机动车”这样的行为本身的要素以及对“道路”这一行为情状要素进行限缩②而出罪时，最为实用、通畅和可行的途径是，将“抽象的危险”本身理解为本罪的不成文的构成要件要素，在现实中欠缺此种危险时，就完全可以因为不符合危险驾驶罪的构成要件而直接出罪。这是在坚持实质解释论的前提之下采纳三阶层犯罪论体系的本书所给出的回答。而在传统的四要件犯罪

① 赵秉志．醉驾入罪的法理分析．检察日报，2011-05-17（03）．

② 有观点认为：“道路”只能限于公共交通管理范围的道路，在封闭的单位大院、居民小区或者厂区、矿场、农场、草原、荒野、乡村小道上驾驶的，都不属于在“道路”上驾驶。［梁根林．“醉驾”入刑后的定罪困扰与省思．法学，2013（3）：57.］但即便如此，该论者也承认，仍然存在着在公共管理的道路上驾驶却不危害公共安全的情形。该论者认为，“行为人确系在夜深人静、根本无人行走甚至已经长久无人来往的公共交通管理范围内的道路上醉酒驾驶，根本不可能创设对公共安全的抽象危险，亦得认为其行为并未该当危险驾驶罪‘在道路上醉酒驾驶机动车’的构成要件”。但是，关于为何认为其并未该当该构成要件、依据什么而通过所谓的“规范判断”将上述行为排除在危险驾驶罪的构成要件之外，该论者语焉不详。在本书看来，抽象的危险是立法者所推定的独立于成文的构成要件要素的不成文的构成要件要素，其具有独立的出罪的功能，只是依赖被告人一方的积极举证罢了。

构成理论之下，不依赖《刑法》第 13 条但书的规定，也可以将无危险行为排除在抽象危险犯的成立范围之外，即认为抽象危险犯为结果犯，抽象危险作为其犯罪“结果”而属于犯罪客观方面，而在欠缺此种结果时，就因客观方面的不满足而否定犯罪的成立。而且，此处的结果也完全可能是客观方面的要件，在存在行为却欠缺结果时，根本不成立犯罪而非成立犯罪的未遂——此时，和在三阶层体系中将抽象危险理解为不成文的构成要件要素所得出的结论是一样的。由此来看，在客观上对抽象危险犯的成立范围加以限缩，虽不能依靠《刑法》第 13 条但书的规定，但也并不依赖三阶层（或者二阶层等阶层式）犯罪论体系。这一点是需要说明的。

问题是，在此种场合能否直接依据《刑法》第 13 条“情节显著轻微危害不大的，不认为是犯罪”之规定而出罪？前文已经涉及，关于在醉酒驾驶的场合行为是否一律入罪，最高司法机关的认识并不一致，其分歧甚至公开化、表面化。学术界对此问题也存在不同理解。有论者在指出“刑事司法必须对抽象危险犯的具体运用设置合理的节制机制，防止刑法工具滥用”之后，又认为“《刑法》第 13 条是能够对抽象危险犯进行适用性限制的唯一根据”[①]。也有论者认为“在抽象危险犯可罚性的限缩上，刑法第 13 条但书提供了法律依据”[②]，从而认为上述场合行为已经符合了《刑法》第 133 条之一的构成要件，同时再借助第 13 条的但书出罪（以下简称“但书说”）。需要承认，以上论者最终得出的出罪结论与本书的是一致的，而其避免将不具有法益侵害危险的行为入罪、试图通过对抽象危险犯成立范围的限缩来追求具体场合实质处罚之合理性的初衷，也值得认定，但尽管如此，其出罪的具体路径仍不应该被接受。

（1）按照但书出罪违反事理和逻辑。“醉驾型危险驾驶罪构成要件本身即含暗示罪量要素”[③]：既然达到了“醉酒”的标准（按照现行标准，每 100 毫升血液中的酒精含量达到了 80 毫克），就得承认“醉酒驾驶行为不仅制造了法所不容许的风险，而且升高了法所不容许的风险，具有相对

① 谢杰. “但书”是对抽象危险犯进行适用性限制的唯一根据. 法学，2011（7）：31.

② 苏彩霞. “风险社会”下抽象危险犯的扩张与限缩. 法商研究，2011（4）：32.

③ 梁根林. “醉驾”入刑后的定罪困扰与省思. 法学，2013（3）：55.

更为严重的不法程度”①，从而就已然不能再认为是“情节显著轻微”了。

（2）按照但书出罪可能会违反罪刑法定原则。判断一种行为是否构成犯罪只能根据其是否符合犯罪构成。如果采纳现有的四要件犯罪构成理论同时又坚持形式解释论的立场，那么在行为符合了“在道路上醉酒驾驶机动车”的场合，在逻辑上就应该将该行为按照犯罪处理，但这会导致欠缺实质处罚的合理性，是但书说所反对的。在坚持形式解释论的立场的同时，如果认为“混合性犯罪概念将犯罪的形式与实质特征拆分，形成以犯罪构成为核心的形式判断和以社会危害性为核心的实质判断组成的二元化犯罪判断标准，社会危害性的实质判断标准置于犯罪构成的形式标准之外”②，如果认为“犯罪的认定分为两步：第一步，看是否符合犯罪构成，如果不符合，则直接排除其犯罪性（形式判断）；第二步，如果符合犯罪构成，再看是否情节显著轻微危害不大，如果是则不认为是犯罪，如果不是才认为犯罪（实质判断）”③，这实际上是采取了犯罪构成＋社会危害性的二阶层犯罪论体系，既破坏了犯罪构成作为认定犯罪之唯一的、终局的标准，也会因社会危害性本身的判断缺乏明确标准而充斥随意性，出罪与入罪完全受制于含混、模糊、粗糙的综合情节考察。这会“撼动甚至颠覆罪刑法定原则”，恶莫大焉。

（3）认为无危险的行为符合了相应犯罪（比如危险驾驶罪）的构成要件但又以但书出罪，实际上相当于在采纳阶层式犯罪论体系的情况下，在违法性阶层（而非本书所主张的构成要件该当性阶层）以欠缺实质违法性为由出罪。若能作出这样的推理与置换，那么本书的主张与上述但书说的主张，大致上也可谓存在阶层体系内部的“人民内部矛盾”了。而且，也确实可能认为具体危险犯与抽象危险犯的区分标准在于，前者的场合，危险是理所当然的犯罪成立要件，而后者的场合，危险并非犯罪构成要件而是该行为可罚的实质违法的根据。④ 但即便如此，在违法性阶层出罪，就

---

① 梁根林．“醉驾”入刑后的定罪困扰与省思．法学，2013（3）：55.

② 谢杰．“但书”是对抽象危险犯进行适用性限制的唯一根据．法学，2011（7）：26.

③ 储槐植，张永红．善待社会危害性观念——从我国《刑法》第13条但书说起．法学研究，2002（3）：97.

④ 我国学者的此种理解，比如张红艳．欧陆刑法中的抽象危险犯及其启示．河北法学，2009（9）：155。

可能导致社会危害性概念假借违法性概念而“借尸还魂”，这终归不如直接在构成要件阶层出罪更为合理。1）构成要件是违法类型，且应该理解为可罚的违法类型，而不应该理解为单纯的行为类型。抽象危险的存在为抽象危险犯的违法性奠定基础，理应属于类型化的构成要件，只是由于对其危险程度要求较低，立法没有明文要求而已。2）基于罪刑法定原则之要求而推演出的构成要件该当性一旦充足，就应该受到罪刑法定原则的约束，而根据我国《刑法》第3条，“法律明文规定为犯罪行为的，依照法律定罪处罚”，在无危险的场合肯定构成要件该当性而最终又作出罪处理可能在和上述《刑法》第3条的关系上需要费些口舌，而按照本书的主张，既然无危险行为根本不符合构成要件，则也就不属于“法律明文规定为犯罪”的行为了。3）按照违法性阶层出罪说（但书说），如果在共犯问题上采纳近来较有影响的最小从属性说的话，那么对于这种无危险行为的教唆或者帮助也要按照共犯处理（除非像冯军教授那样，认为危险驾驶罪属于过失犯罪①，但姑且不论这种结论的合理与否，即便其合理，也不可能推广至危险驾驶罪之外的其他抽象危险犯），而这显然不合适。4）并不是说根据是否具备了抽象危险就可以排除所有的危险驾驶罪不当入罪的问题，因为是否具备此种危险终究只是构成要件该当性阶段的判断。除此之外，相应行为是否具有违法性、是否具有有责性也都对行为最终能否被按照危险驾驶罪处理有重要意义。在违法性阶层出罪虽然也能发挥限缩犯罪圈、过滤犯罪的功能，但这应该限于行为虽然符合了“在道路上醉酒驾驶机动车”的构成要件却存在正当防卫、紧急避险、抓捕现行犯、自救行为等违法阻却事由的场合。②

（4）概括来说，尽管有评论认为对社会危害性理论的批判在实用性、逻辑性和精确性上存有疑问③，但主张不能直接以但书作为出罪的依据恰恰具有实用性、逻辑性上的巨大优点。1）在实用性上，明确以有无抽象

---

① 冯军．论刑法第133条之1的规范目的及其适用．中国法学，2011（5）：143及以下．

② 梁根林．“醉驾”入刑后的定罪困扰与省思．法学，2013（3）：60．确实，在危险驾驶行为能否入罪的问题上，能够发现阶层式犯罪论体系所具有的巨大阐释力。

③ 谢杰．“但书”是对抽象危险犯进行适用性限制的唯一根据．法学，2011（7）：27．

危险而非以有无更加抽象的社会危害性作为出罪的依据，将使出罪的渠道更具操作化，可以顺畅地指导司法实践，自然也更为实用，而且这样的一种渠道，不但适用于醉酒驾驶型的危险驾驶罪，也适用于所有的抽象危险犯。2）在逻辑性上，主张抽象危险是危险驾驶罪的不成文构成要件要素、以不存在危险为由排除犯罪的成立，既吸收了实质判断的合理成分而不至于在具体场合处罚欠缺可罚性的行为，又维持了犯罪构成作为认定犯罪唯一标准的基本立场，维持了构成要件的罪刑法定机能，逻辑上是自洽而又圆满的。

（五）对其他几个问题的回答

在肯定了抽象危险犯的危险是一种推定的危险、允许通过反证危险之不存在而不成立犯罪之后，还有以下的问题需要回答。

1. 抽象危险犯的危险为什么只是被“推定”，而不是被“拟制”

抽象危险犯中的危险是一种“推定的危险”的见解，在德国，利奥波德·茨摩尔（Leopold Zimmerl）已经暗示了此种立场[①]，莱博则明确加以主张。莱博指出，在所有的构成要件中，结果都是必要的。犯罪全部都是对法律所保护的利益的实质的攻击，这一点在所谓的纯粹不服从犯中也不例外，这些犯罪不过是危险的程度极其轻微而已。“在所谓的‘抽象’危险犯中，虽说在法条上并未明文规定结果，但也不能说仅确认了实行行为的实现就够了。若是认为仅此足矣的话，在很多的事例中，当作纯粹不服从犯的处罚就会‘死灰复燃’。这在基础上必须予以否定。”“在全部的危险犯中，无一例外地，结果都是为立法者所推定的。此种推定，在诉讼中有必要证明，同时反证也是可能的。……主张存在危险结果由立法者所拟制的犯罪类型，这样的思考方法应该予以否定。这是因为，如果肯定了这样的拟制，那么，在某种场合，就可能会处罚客观上毫无危害的态度本身。……在没有‘具体的’危险的地方，也绝对不能说存在着‘抽象的’危险。”[②] 概而言之，所谓“拟制的危险”说，虽其在承认抽象危险犯仍

---

① 茨摩尔还导入了举证责任转换（由被告人承担证明危险不发生的责任）。但是，在观念上，在本书看来，不应该笼统地认为被告人承担证明危险不发生的责任，而应该认为，在立法者推定了抽象危险的存在时，通过证明不存在危险来否定犯罪的成立，这毋宁说是被告人的权利。

② 山口厚．危险犯研究．东京：东京大学出版会，1982：229.

然需要“危险”的意义上值得肯定，但是，此种学说无论是在德国还是在日本都受到了批判。简而言之，“对于不能说是已经造成了危险的行为，也作为产生了危险的行为而处罚，这不能说是妥当的，也就是说，危险的拟制这一思考方法本身是有疑问的”①。本书认为，应该明确区分“推定的危险”与“拟制的危险”②，前者允许反证而后者不允许。考虑到立法上的推定、证明的难易以及刑事诉讼效率等因素，在“承认立法拟制、不允许反证”和“主张立法推定同时允许反证”这两者之间作出选择时，还是应该倾向于后者。由此，在抽象危险犯的场合，其危险仅是根据行为的类型化危险所推定出的结果的危险而已。③

2. 为什么不让检察官承担证明存在抽象危险的责任

日本有学者主张，既然抽象危险犯中的危险属于为违法性奠定基础的“犯罪事实”，则证明存在成为处罚根据的危险的责任，就应该由检察官承担。就此看来，其并未笼统地接受“危险的拟制”或者“危险的推定”这样的思考方法，而是认为抽象危险犯的危险不过是一般的不成文的构成要件要素（同时是违法要素）而已。应该说，在主张“既然是构成要件要素就要由控方负责证明”的意义上，这一见解立场一贯且富有见地。但在本

---

① 山口厚. 危险犯研究. 东京：东京大学出版会，1982：201.

② 我国学者的研究中，有不少并未明确区分“危险的拟制”与“可反驳的风险推定”或者“危险的推定”，而是在可替换的意义上加以使用[比如王志祥. 危险犯研究. 中国人民公安大学出版社，2004：142. 谢杰. “但书”是对抽象危险犯进行适用性限制的唯一根据. 法学，2011（7）：29以下]，这是令人遗憾的。此外，舒洪水博士正确指出：“立法者所创设的任何处罚规定，其合法性必须（至少）建立在行为对法益构成具体危险之上。因此，对法益不构成任何危险的行为，自始且绝对地排除于处罚范围之外。……抽象危险犯既然是犯罪的一种次类型，在欠缺危险形成的情况下，其可罚性也就不应该成立。”（舒洪水. 危险犯研究. 法律出版社，2009：251-252）这和本书的立场是完全一致的，但是，洪水兄同时认为抽象危险犯中危险状态的认定是一种“拟制的危险”，这令人遗憾。

③ 实际上，我国学术界更多地还是接受了“推定”允许反证而“拟制”不允许反证的见解。比如在阶层式的犯罪论体系中，一般认为构成要件具有“推定”违法的机能（所谓“构成要件的违法推定机能”），但这种推定是允许反证的。但“拟制”具有一种法律强制的效果，在拟制的场合不允许反证。比如《刑法》第267条第2款规定，“携带凶器抢夺的”，按照抢劫罪定罪。这就是一种拟制，此时不允许以“不具有抢劫的故意”为由进行反证。

书看来，同样是犯罪事实，也有不同的分类，比如属于违法性阻却事由的事实，其同样为违法性（的不存在）奠定基础，然而此种事实的证明责任由被告人一方承担，已是不争的事实。虽然违法性阻却事由和抽象危险犯中的危险在决定违法性上的作用方向不同，两者不能简单类比，但在被告人也需要承担一定的证明责任以证明犯罪的不成立这一点上则是一致的。既然是危险犯，其成立犯罪就必须要存在相应的危险。只是在具体危险犯的场合，该危险属于独立于行为本身的明文的构成要件要素，控诉方要积极证明该危险的存在；而在抽象危险犯的场合，该危险被类型化地规定于行为之中，故而公诉方只需证明行为的存在而不需要额外证明危险的存在。但由于抽象危险犯也是危险犯，在行为人一方能够确实反证危险的不存在时，就仍然存在出罪的空间。这样，既能保证刑事法网的严密（抽象危险犯的设置是为了通过刑法的提前介入来遏制更为严重的实害犯罪），也能实现两类危险犯罪之间的均衡。相对而言，这样的做法更为务实，也更有意义，否则，比如在危险驾驶罪的场合，即便要求检察官证明存在“危害公共安全的抽象危险”，这种要求最终在结局上也只能等同于要求检察官证明相应的行为存在。这实际上和“推定的危险”的思维路径是趋向一致的。①

3. 对抽象危险犯是否可进一步细分、究竟该如何限定

如何看待“具体的抽象危险犯”概念或者山口厚教授提出的“准抽象危险犯”概念？在本书看来，借用西原春夫教授的说法，其“还没有达到分割抽象危险犯概念的地步”②。“准抽象危险犯”概念的提出充分体现了论者试图将抽象危险犯概念实质化并进而限制抽象危险犯之成立范围。这样的努力本身值得充分肯定。但是，在日本将抽象危险犯两分化或许可以接受，然而在我国，立法的犯罪概念中明确规定了定量因素，司法上的犯罪认定也必须考虑违法性的程度，在这样的前提下，将抽象危险犯一分为二的主张在我国既没有必要，也不符合刑法的规定本身。应该认为，在我

① 在都接受允许行为人在成功证明危险之不存在而获准无罪的意义上，笔者和前述学者（山口教授）的意见并无分歧，差别仅仅在于，他所主张的“反证”，是以检察官的积极证明为前提的（实际上很难做到），而笔者在接受了“推定之危险”的前提下，认为无此必要而已。

② 西原春夫．犯罪实行行为论．东京：成文堂，1998：129.

国，就所有的抽象危险犯来说，都应该予以实质化的理解，即加以必要的限定。前文已述，形式上规定为行为犯的犯罪，除少部分可以直接理解为侵害犯之外，大多数应该被理解为抽象危险犯。在此前提之下，这里所说的“限定”，虽然也包括在构成要件解释方面对行为或行为手段的限定，但这些方面的限定是非常困难的，理由在于，“存在着这样的抽象危险犯，从其构成要件的表述以及规定形式来看，不得不说这样的限定是有困难的或者不充分的；而且，在很大程度上也会导致构成要件标识的恣意的、不恰当的解释”①。比如，在醉酒驾驶型危险驾驶罪的场合，在“醉酒”的标准已然客观化的情况下，虽然也存在着通过对“道路”“驾驶”“机动车”的限缩解释而出罪的可能性，但这样的出罪路径不仅是有限的，而且也可能导致对上述构成要件术语解释的恣意性。所以，就对抽象危险犯成立范围的限定而言，相对于成文的构成要件解释方面的限定而言，更应该重视通过不成文的构成要件要素“抽象危险”来限定犯罪的成立，即通过反证危险的不存在来排除构成要件该当性，从而出罪。在行为人一方提供了充分的、有效的反证证明行为之时不存在法益侵害的任何危险时，法官就应该以欠缺法益侵害的“抽象危险”，从而不符合构成要件（当然也欠缺实质违法性）为由否定犯罪的成立。②

4. 依据什么来指导对抽象危险犯的反证

那么，我们依据什么来指导对抽象危险犯的反证？应该是根据相应刑法规范的保护目的。比如就醉酒驾驶型的危险驾驶罪而言，应该认为，“对在存在论范畴内得以肯定存在的‘在道路上醉酒驾驶机动车’的‘裸’的行为事实，还必须结合刑法设置危险驾驶罪的规范保护目的，进行合目的的并且往往是限缩性的规范评价。”③ 在其他场合亦然。只有在围绕着刑法规范的保护目的的意义上，立足于目的解释，才能为反证抽象危险犯中不存在危险提供观念指导。

---

① 冈本胜教授的认识。西原春夫. 犯罪实行行为论. 东京：成文堂，1998：130.

② 只是需要进一步关注的是反证的资料是什么。比如在醉酒驾驶的场合，反证的资料当然不应该是驾驶者本身酒量大小等主观因素，而应该是当时的驾驶环境（有无车辆、行人，存在车辆、行人的可能性等）等客观因素。如能依据这些客观因素反证危险的不存在（证明标准要严格把握），就不应该认定为犯罪。

③ 梁根林. “醉驾”入刑后的定罪困扰与省思. 法学，2013（3）：57.

5. 认为所谓行为犯也是结果犯是否会导致条文无法适用

有论者认为，行为犯与结果犯的区分，是出于法律适用效益的考量，而不是法律平白把一个条文“写成”行为犯的形式。关于结果犯在法条解释上的辨识，基本上也不是从立法文字就可以看得出来。立法者对杀人罪的文字规定是“杀人”，文字上并没有表明以杀死人为要件，因为“杀人”两个字在语义上也可能是指杀人的动作而已。但是，学说上永远以被害人死亡作为行为人构成杀人既遂的构成要件。可见，所谓杀人罪是结果犯，是解释出来的结论。相同的道理，理论上认为某某犯罪被规定为行为犯，也是解释出来的结论。也就是说，如果我们不把这些犯罪比如伪造货币罪解释为行为犯，那么由于我们有时候很难在客观上去鉴定某一个超个人法益（比如国家货币的公共信用）是否真的受到破坏，可能相关的条文就无法适用。① 上述论者的说法，在很大程度上是有启发性的。不过，本书在此想说明两点：第一，完全可以依循上述逻辑说，由于某个犯罪是否为行为犯并非由法条“写成”而是由解释得出的，故完全可以将通常认为是行为犯的犯罪解释为结果犯，并且，这不违反法律的规定本身。第二，从更为实质性的角度讲，将通常的所谓行为犯解释为抽象危险犯或者侵害犯（都属于广义的结果犯），因为相关的行为完成就推定存在抽象危险或者实际侵害（在非法侵入住宅、重婚等场合），而只在例外的场合因有效反证才推翻推定，这并不会导致相关的条文无法适用。相反，这样的解释既照顾了法律适用的效益考量，也兼顾了行为人的利益（因为允许反证），可以说使刑法的法益保护和人权保障功能都得到了发挥。

（六）通过反证认定抽象危险犯的具体例示

在《刑法修正案（八）》增加了危险驾驶罪之后，需要明确，醉酒驾车犯罪属于抽象危险犯而非行为犯，并非只要完成了在道路上驾驶机动车的行为且达到了醉酒的程度犯罪就成立，而是同时具有危害公共安全的抽象危险才能成立犯罪。在此场合，立法者推定只要实施了相应行为就类型性地具备了这样的危险，但是允许行为人反证并不存在这样的危险。如

---

① 黄荣坚．基础刑法学：下．台北：元照出版有限公司，2006：615．为便于理解，本书对设例作了改动：原文为渎职罪章所规定的各个罪，笔者修改为以伪造货币罪为例。

此，就可以在一定程度上限制该罪的成立范围，部分地缓解刑事司法系统在监禁资源等方面所面临的压力。同时，将该罪界定为抽象危险犯而非行为犯，允许在例外的情况下以反证危险不存在的方式作为出罪的理由[①]，就既可以避免将所有的醉酒驾驶行为一概入罪所可能产生的不合理性，又可以避免动用《刑法》第 13 条“但书”出罪所可能带来的整个理论体系的变动和司法秩序的混乱。除了醉酒驾驶型的危险驾驶罪，我国刑法中的以下犯罪，有的被认为是行为犯，有的原就被认为是抽象危险犯，但这些犯罪应该统一被理解为抽象危险犯，而且，这些犯罪都可能通过反证不存在危险的途径而获得出罪的空间。

1. 伪证罪

不论是在德国还是在日本，虽都有学者认为伪证罪是行为犯，但是也都有有力的观点认为其应被理解为抽象危险犯。我国《刑法》第 305 条规定，“在刑事诉讼中，证人、鉴定人、记录人、翻译人对与案件有重要关系的情节，故意作虚假证明、鉴定、记录、翻译，意图陷害他人或者隐匿罪证”的，构成本罪。虽也有学者将伪证罪理解为行为犯甚至举动犯[②]，但是根据前文观点，伪证罪无疑应被理解为抽象危险犯，其中的抽象危险，即影响正确审判、正确的法律适用的抽象危险，从而，就允许通过反证不存在这样的危险来得出无罪的结论。日本刑法第 169 条的伪证罪规定，处罚“依照法律进行宣誓的证人的虚伪的陈述”，因此，就可以这样认为：在因供述的内容与相应事件欠缺关联性而导致该供述对事实认定而言明显欠缺重要性时，就不能说这样的“虚伪的陈述”会产生导致误判的抽象的危险。此时，由于不能肯定发生了成为处罚根据的抽象危险，就应该否定伪证罪的成立。与此相对，我国刑法的规定附加了“与案件有重要关系的情节”这一限定条件，因此，在针对这样的情节故意作虚假证明等时，通常更容易肯定其具有导致误判的抽象危险，因此通过反证而出罪的空间相对更为狭窄。但是，虽针对的是与案件有重要关系的情节，但若其所作的虚假证明、鉴定、记录、翻译等明显不合常识、常理、常情，在自相矛盾、漏洞百出或者荒谬至极等情况下，并没有导致他人真的受到陷害

① 支持这一观点的，比如张明楷．刑法学．5 版．北京：法律出版社，2016：726。

② 我国学者中，将伪证罪理解为举动犯的，可见黎宏．刑法总论问题思考．北京：中国人民大学出版社，2007：437。

或者罪证得到隐匿的可能，那么此时，就仍有可能因为本罪的抽象危险不存在，而不构成犯罪。

2. 帮助毁灭、伪造证据罪

《刑法》第 307 条第 2 款规定，“帮助当事人毁灭、伪造证据，情节严重的”，构成该罪。这一犯罪也被认为是典型的行为犯。① 如本书所主张的，将该罪理解为抽象危险犯时，相应行为虽符合法条形式规定但并未产生侵害国家司法机关正常诉讼活动的抽象危险的，比如试图帮助他人删除重要的犯罪证据但仅仅删除到电脑的“回收站”中（很容易恢复该证据）即被抓获的，其帮助他人毁灭证据的行为就不会给国家司法机关的诉讼活动带来影响，就欠缺了该罪的不成文的构成要件要素，因此，就不构成犯罪，包括不构成该罪的未遂。由于成立该罪要求“情节严重”，即立法本身明确并非只要帮助当事人毁灭、伪造证据的行为一经完成犯罪即告成立，而需要从情节是否严重对入罪范围加以限制，所以上述情况在逻辑上也可以通过未达到“情节严重”要求而出罪。但是，何谓“情节严重”本身并不明确，因而，主张以欠缺抽象危险而出罪无疑更为明确。换言之，其实际上为伪证的行为是否“情节严重”提供了一个更为规范、更可操作的标准，而这是极为重要的。

3. 伪造货币罪

《刑法》第 170 条规定，“伪造货币的，处……”。这似乎意味着，只要故意地完成了伪造货币的行为，该罪即告成立。并非如此。虽故意完成了伪造货币的行为，但若该行为并不具有危害货币之公共信用的危险，则仍然不能按该罪处理。不具危害货币的公共信用之危险的伪造货币行为，可能包含以下几种情况：一是行为人根本没有将所伪造的货币置于流通的意图，此时所伪造的货币流通于市，从而危及货币的公共信用的客观危险极小；二是伪造的货币数量很少，即便流通于市也不至于危及货币的公共信用；三是行为人所制造出的物品和真货币之间相似度较低，完全不可能被人们误认为是货币的，也不至于危害货币的公共信用。因此，只有行为人具有将所伪造的货币置于流通的目的，同时在此目的支配下实施了诸如伪造一定数量的在外观上足以使一般人误以为真的“货币”[司法解释要求总面额在 2 000 元以上或者币量在 200 张（枚）以上]，或者直接制造

① 赵秉志，等．妨害司法罪．北京：中国人民公安大学出版社，2003：135.

货币版样及为他人伪造货币提供版样等行为，才能够肯定该行为对货币之公共信用的危险。由于该罪属于抽象危险犯而非具体危险犯，上述危险的存在并不需要公诉机关的积极证明，但当辩方以根本没有置于流通的意图（而是为了炫耀复印机的技术或出于教学、科研的需要等而伪造）或者伪造数量极少等为理由主张该行为不足以危害货币的公共信用时，仍存在充分的出罪空间。

4. 私自开拆、隐匿、毁弃邮件、电报罪

《刑法》第 253 条第 1 款规定，邮政工作人员私自开拆或者隐匿、毁弃邮件、电报的，构成该罪。但是，该罪同样不应被理解为行为犯而应被认为是抽象危险犯，即并非只要邮政工作人员实施了私自开拆或者隐匿、毁弃了他人的邮件、电报的行为，则无论数量多少一概构成犯罪，而是只有相应的行为具有严重影响他人的通信自由权利的危险时犯罪方可成立。如果辩方能够依据邮件、电报的数量、内容等证明行为人虽然完成私自开拆、隐匿等行为但尚不足以严重影响他人的通信自由的（比如一名爱好集邮的邮政工作人员出于集邮的目的私自揭下了他人一封邮件上的邮票并将该封并无重要内容的邮件隐匿），则对该行为就不应该按照犯罪处理。①

5. 传播性病罪

《刑法》第 360 条第 1 款规定，明知自己患有梅毒、淋病等严重性病卖淫、嫖娼的，构成该罪。司法解释将该罪罪名确定为“传播性病罪”，

---

① 对于相应行为，形式解释论者往往在肯定该行为符合刑法条文规定的同时又根据《刑法》第 13 条的但书予以出罪，而实质解释论者往往认为该行为并不符合《刑法》第 253 条第 1 款本身而将该行为排除在处罚范围之外。（张明楷．刑法分则的解释原理：上．2 版．北京：中国人民大学出版社，2011：114，120.）但是，关于通过怎样的具体解释方法来说明相应行为“实质上”并不符合刑法条文的规定，该论者并未明言。不过，在另外的著作中，通过对“私自开拆”一词的解释，该论者似乎倾向于认为该罪并非行为犯而是抽象危险犯。该论者指出：“私自开拆，是指未经合法批准，使邮件、电报内容处于第三者（指发件人与收件人以外的人，包括行为人）可能知悉的状态的一切行为，但不要求第三者已经知悉信件的内容。”（张明楷．刑法学．5 版．北京：法律出版社，2016：924.）另外，有论者试图通过附加“情节严重”的要件来限制该罪的处罚范围，比如周光权．刑法各论．3 版．北京：中国人民大学出版社，2016：70。

让人误以为该罪是要求发生“将性病传染给他人”这一侵害结果的侵害犯。这不但不符合该罪的罪状描述本身，也不符合司法解释“至于实际是否已造成他人染上性病的结果，不影响本罪的成立”的立场。① 可见，不能单纯根据该罪名本身来确定和解释该罪的具体构成要件。但是，同样不能仅仅形式化地依据刑法分则的法条本身来理解。法条本身规定只要明知自己患有梅毒、淋病等严重性病而卖淫嫖娼的，即可构成该罪，而没有附加“情节严重”“性质恶劣”等要件。这似乎表明只要具有相应特殊身份的人实施并完成了“卖淫嫖娼”的行为，即可成立该罪。司法解释要求成立该罪“必须实施了卖淫嫖娼的行为。至于实际是否已造成他人染上性病的结果，不影响本罪的成立”，似乎也强化了该罪是行为犯的印象。但是，该罪同样并非行为犯②，而应该被理解为抽象危险犯③，即立法者认为有严重性病而卖淫嫖娼的行为本身就类型性地具有导致他人感染性病的危险，故而不需要公诉机关再积极证明这种危险的存在。但在行为人能够证明其行为并不具有导致对方感染性病的危险（比如，以金钱或者其他物质利益为交易条件而实施的帮助他人手淫的行为或者其他淫乱行为，也可能会被评价为“卖淫”，但是有严重性病者帮助他人手淫的，并不具有导致他人感染性病的危险；再比如，在严重性病患者只实施了一次卖淫或嫖娼行为且采取了有效措施防止性病传染的）时，就应该认为，相应行为虽然在形式上符合《刑法》第 360 条第 1 款的规定，但却不构成犯罪。

在此，有必要特别强调反证的例外性与限定性。从抽象的危险而言，其必要的侵害可能性即便程度较低也就够了，如果这样的抽象危险有被排除的特殊情况，只能在例外的、特别的场合加以认可。如果广泛地肯定这

---

① 根据罪状描述，将罪名概括为“性病患者卖淫嫖娼罪”更合适一些，但这一罪名仍然会给人以该罪属“行为犯”的印象。看来，要正确确定一个犯罪的名称，实非易事。

② 肯定本罪为行为犯，认为明知自己患有梅毒、淋病等严重性病者“只要实施了卖淫、嫖娼行为，就告成立”的，比如黎宏．刑法学各论．2 版．北京：法律出版社，2016：482．舒洪水．危险犯研究．北京：法律出版社，2009：265。

③ 支持本罪为抽象危险犯的主张，可见张明楷．刑法分则的解释原理：上．2 版．北京：中国人民大学出版社，2011：180，239．周光权．刑法各论．3 版．北京：中国人民大学出版社，2016：450。

样的“特殊的事情”，会大幅度地限制抽象危险犯的成立范围，这就可能和法益保护的宗旨之间产生明显的冲突。换言之，在抽象危险犯的场合通过反证出罪，虽然赋予了被告人一定的出罪的机会，但反证成功的门槛应该是比较高的。

三、危险犯立法的发展方向：具体危险犯的抽象化？

行文至此，有一个问题需要进一步思考。在主张貌似行为犯的犯罪实际上多为抽象危险犯（少数为实害犯）之后，涉及对抽象危险犯立法本身的评价问题。

本书强调抽象危险犯也允许反证，其与具体危险犯的差别仅在于危险程度以及证明方式上的不同。若从限缩抽象危险犯的成立范围、避免将不具有任何危险的行为按照犯罪处理的宗旨出发，则通过立法明确“抽象危险犯中的危险也是构成要件要素”，即将这些犯罪所要求的“抽象危险”明文规定在法条之中，是最为有效的方案。这能消除抽象危险犯“不需要危险判断”的误解，充分过滤没有危险性的行为。这就是“抽象危险犯的具体化”的主张。但是，具体危险犯概念所面临的问题在于，不论是自然意义上的具体危险概念，还是规范意义的具体危险概念，都会因为是否存在“具体危险”的判断标准本身过于模糊，而导致判断结论流于恣意。抽象危险犯则不存在这样的证明上的问题，至少可以说这样的问题极小。这正是这一犯罪类型在司法实务（检察实务，也包括审判实务）中的优势。立法规定不能无视司法的效率和司法证明的难题，因此，从立法的角度而言，放弃具体危险犯的犯罪类型，将危险犯全部规定为抽象危险犯，就可以避免这种司法证明上的难题与窘境。这也就是具体危险犯的抽象化问题。不过，倘能实现这样的立法变动，需要郑重强调的是，这些外观上貌似行为犯的犯罪，必须被解释为抽象危险犯，以便接受行为人一方的反证，为其保留一条出罪的渠道。在此意义上，本书最终的主张，虽不同于“危险犯应规定为行为犯”①，但也与它具有某种亲和性。主张具体危险犯的抽象化，有两个直接的目的：一是通过将对危险的要求程度从“具体”降低到“抽象”，也就是从“迫切”降低到“某种程度”，实现刑法的早期

① 黄荣坚．基础刑法学：下．台北：元照出版有限公司，2006：625.

介入、提前介入[①]，以体现积极主义的刑法观，达到严密法网的初衷；二是通过强调举证责任的倒置，有效解决对“具体危险”的证明难问题，通过刑法理论的调整带动刑事立法的变动，并最终达到促进司法实务的目的。

注定会有人认为，上述“具体危险犯的抽象化”主张“过于理想化”“不现实”，从而没什么实际意义。但这样的预言可能过于悲观了。事实上，立法实践已经走到了理论的前面。比如，(1)《刑法修正案（四)》修订了1997年《刑法》第344条的规定，增补了“非法收购、运输、加工、出售国家重点保护植物、国家重点保护植物制品罪”，扩大了原本即为抽象危险犯的该罪的成立范围。(2)《刑法修正案（四)》修订了1997年《刑法》第345条第3款之非法收购盗伐、滥伐的林木罪，取消原来的“以牟利为目的”和“在林区”的限制，使运输盗伐、滥伐林木的行为入罪，从而扩大了该抽象危险犯的成立范围。(3) 1997年《刑法》第109条第1款规定，“国家机关工作人员在履行公务期间，擅离岗位，叛逃境外或者在境外叛逃，危害中华人民共和国国家安全的”，构成叛逃罪。这实际上是将该罪规定为侵害犯了。2011年通过的《刑法修正案（八)》删除了“危害中华人民共和国国家安全”的规定。但是，不能就此认为刑法直接将叛逃罪从侵害犯修改为行为犯[②]，而是应该认为，刑法只是将叛逃罪修改为抽象危险犯而已。

---

① 在日本学者井田良看来，处罚早期化的原因主要包括：(1) 由于社会生活的科学化与高度技术化，不仅个人生活所具备的引起损害的潜在可能大幅增加，而且，在存在造成个人蒙受巨大的损害的可能性的同时，等到结果发生再介入已经太迟。(2) 在社会无国界化、价值观多元化进行之际，通过刑法以外的手段进行的社会控制已经脆弱化，以刑法加以规制的期待则高涨起来，特别是有组织犯罪的存在与活动，早期处罚的要求不断增强；(3) 在像环境保护领域与生命伦理领域等，要求保护无法还原成实害的观念性利益的呼声很高。井田良．危险犯的理论//山口厚，井田良，佐伯仁志．理论刑法学的最前线．东京：岩波书店，2001：172.

② 司法实务中，认为该罪为行为犯的主张更为典型。如在王立军案中，公诉人指出：叛逃罪属于行为犯，一经实施，就属于既遂。被告人经过事先预谋，以洽谈工作为由进入美领事馆，滞留馆内并书写政治避难申请，属于犯罪既遂。李斌，杨维汉．在法律的天平上——王立军案件庭审及案情始末．郑州晚报，2012-09-20 (07)-(09).

以上扩大原有的抽象危险犯的法网范围或者是将实害犯修改为抽象危险犯的做法，都显示了立法对抽象危险犯的重视。此外，更为典型的是，立法将某些犯罪从具体危险犯修改为抽象危险犯，从而直接印证了本书“具体危险犯抽象化”的主张。比如，（4）1997年《刑法》第141条第1款规定，“生产、销售假药，足以严重危害人体健康的，处……”。这是将生产、销售假药罪规定为具体危险犯，“足以严重危害人体健康”的危险作为构成要件要素，需要公诉方积极予以证明。而2011年通过的《刑法修正案（八）》却取消了“足以严重危害人体健康”的规定。这很大程度上是出于简化诉讼证明的考虑。[①] 但是，显然不应该就此认为刑法将该罪修改为行为犯了[②]，而应该认为，刑法只是将生产、销售假药罪从具体危险犯修改为抽象危险犯[③]，将积极要求控方证明“足以严重危害人体健康”修改为由辩方反证不具有此种危险，从而减轻了控方的证明责任，提高了诉讼的效率和打击犯罪的概率。生产、销售假药罪并非单纯的行为犯，也就不意味着只要完成了生产、销售假药的行为该罪即可成立。对于生产或者销售了一（几）瓶、一（几）盒假药的行为，或者虽然将假药生产出来但由于某种原因而根本不可能销售时，完全可以在辩方有效地反证

---

① 立法机关在解释修改的原因时，仅提到“调整上述犯罪的构成条件，降低入罪门槛，增强可操作性”。参见全国人大常委会法律工作委员会主任李适时《关于〈中华人民共和国刑法修正案（八）（草案）〉的说明——2010年8月23日在第十一届全国人民代表大会常务委员会第十六次会议上》。而研究者则指出，根据现有的科学技术水平和医疗检测手段，难以完全查明假药与危害人体健康的后果之间的因果关系，也在实际中减弱了对生产、销售假药行为的打击力度。“足以严重危害人体健康”的刑法规定在实践中造成了食品药品监管部门向司法机关移送案件普遍存在着“移送难、立案难、定罪难”现象。高铭暄．中华人民共和国刑法的孕育诞生和发展完善．北京：北京大学出版社，2012：343．

② 学界认为修改之后本罪为行为犯的，比如高铭暄．中华人民共和国刑法的孕育诞生和发展完善．北京：北京大学出版社，2012：343．黎宏．刑法学各论：2版．北京：法律出版社，2016：83。甚至，最高人民法院研究室等编著的、张军主编的专门研究《刑法修正案（八）》的著作也持这样的理解，这是令人遗憾的。张军．刑法修正案（八）条文及配套司法解释理解与适用．北京：人民法院出版社，2011：182．

③ 支持修正之后的生产、销售假药罪为抽象危险犯的，比如张明楷．刑法学．5版．北京：法律出版社，2016：739．周光权．刑法各论．3版．北京：中国人民大学出版社，2016：208。

了尚不足以严重危害人体健康的情况下不按照犯罪处理（当然，此时判断的不是生产、销售的假药的数量，而是由此给人身安全所带来的危险程度）。由此可见，尽管还是个别现象，但立法变动实际上已经部分地印证了“具体危险犯抽象化”的主张。谁敢断言这样的个别现象不会进一步扩大，进而成燎原之势呢?

不过，以上“具体危险犯抽象化”的主张，需要相应的配套。

(1) 配套主张之一：同时调低相应犯罪的法定刑。

关于危险犯的立法，德国学者伊曼纽尔·乌尔曼（Emanuel Ullmann)、汉斯·亨克尔等提出，抽象危险犯应该被限定为以轻微的危险为处罚根据且规定了轻的法定刑的犯罪，而规定了重的法定刑的犯罪通过在法律条文中要求“危险”而转为具体危险犯。[①] 本书主张，不允许将抽象危险犯规定为重罪（法定最低刑为 3 年有期徒刑)，不允许为抽象危险犯配置重刑，使其犯罪构成要件能够和法定刑轻重相宜。这样的主张，实际上仍然是储槐植先生“严而不厉”思想的具体实践。

(2) 配套主张之二：在发生具体的危险时导致法定刑的升格。

联邦德国的第十八次刑法改正法《关于环境犯罪之取缔的法律》(1980 年 7 月 1 日施行）(刑法第二十八章“针对环境的犯罪行为”、第 324 条～第 330d 条）采用了抽象危险犯的形式，且在发生具体的危险的场合加重处罚。这样的规定有值得借鉴之处。

(3) 配套主张之三 ：原则上应限于超个人法益的犯罪。

世界各国的立法者近年来大都在经济、食品卫生、金融、交通、环境污染、医疗、大规模事故等涉及公害犯罪的问题上，借助了抽象危险犯的规定方式。在我国，不但立法上的倾向同样呈现，而且也有学者明确主张，为了应对逐渐增加、增大的各类风险，我国应进行抽象危险犯的立法扩张，具体做法是，“针对我国目前的抽象危险犯主要分布在传统的危害公共安全领域的现状，我国刑法应增加金融安全、公共卫生、环境安全等领域的抽象危险犯的立法”。概而言之，本书以上将具体危险犯抽象化的主张，原则上应限于侵犯社会法益或者侵犯国家法益的犯罪[②]，纳入侵犯

① 山口厚. 危险犯研究. 东京：东京大学出版会，1982：215：注 56.

② 苏彩霞. “风险社会”下抽象危险犯的扩张与限缩. 法商研究，2011 (4)：31.

个人法益的犯罪时，应该极其谨慎。①

四、结语

本节最后，有如下两个命题希望特别强调。

（一）对犯罪的理解与认定的实质化

实际上，尽管我国《刑法》第13条规定的犯罪概念采取了定性与定量相统一、形式与实质相结合的规定方式，但无论是刑法理论上还是司法实务中，都仍然存在着形式化理解犯罪的倾向。前者比如，承认单纯行为犯的概念；后者比如，只要是符合抽象危险犯的明文规定即认定为犯罪，而不允许通过反证出罪。本节的问题意识即在于，破除对犯罪的形式化理解，追求犯罪认定的实质化。本节重点强调，要想肯定危险犯的成立，就必须发生了作为具体行为之处罚根据的危险。所谓的具体危险、抽象危险，是就这样的危险的内容而言的（“具体的”还是“抽象的”显示了侵害可能性的程度），而绝不意味着具体危险需要具体的判断、抽象危险只需要抽象判断而不需要具体判断。无论何者，既然被称为“危险犯”，就必须在客观上具备作为处罚根据的法益侵害的危险，而这种危险，也都需要在现实的案件中予以具体判断，从而在确实不存在这种危险时，否定犯罪的成立。只不过，这两种危险犯的危险内容、危险程度存在不同，决定了这两种危险犯在是否存在危险的具体判断上存在差异：在具体危险犯的场合，由于对法益侵害危险的程度要求比较高，同时构成要件行为本身未必就具有那么高的危险，所以需要检察官积极证明危险的具体存在；而在抽象危险犯的场合，由于对法益侵害危险的程度要求比较低，同时构成要件行为本身一般就类型性地具有这种程度的危险，所以实施了立法所预定的相应行为就推定客观上存在着相应的危险，不需要检察官再去积极证明危险的存在，这也是考虑诉讼经济的结果——但在被告人一方有效反证（虽然并不那么容易）的具体场合并不存在法律所要求的那种程度的法益侵害危险时，就应该否定犯罪的成立，这也是实质正义的必然归结。

---

① 事实上，对于一些侵犯个人法益的犯罪，存在着将其解释为抽象危险犯的可能。比如非法拘禁罪，在将其法益理解为“可能的自由”时，实际上是将其理解为抽象危险犯了。

（二）一种积极而稳妥的刑法观

是否该承认行为犯的概念，以及是否允许以反证的方式否定抽象危险犯的成立，都与对刑法所承担的机能的理解相关。若强调甚至夸大刑法的社会保护机能，则可能更容易肯定单纯行为犯的概念，同时不允许以反证的方式排除抽象危险犯的成立。但是，刑法保护社会机能的发挥并非可以随心所欲，其必须受到限制，而保护机能的边界正是法益保护的原则。也即，刑法是在法益保护的范围之内来达成保护社会的目的，只有造成了现实的法益侵害或者侵害危险的行为才能被认定为犯罪。据此而言，单纯行为犯的概念就没有存在的空间。但在区别于行为犯的前提下，对抽象危险犯的立法肯定乃至立法扩张本身就是积极刑法观的一种反映，因为其意味着刑法介入法益保护的提前和对控方证明责任的简化，从而使刑法保护社会的功能得到充分发挥。但积极并不意味着放纵，在刑法积极主义的立场之下，积极与稳妥完全可以并存。仅就本节的主题词抽象危险犯而言，“积极”意味着对抽象危险犯这一犯罪类型的肯定与重视，而“稳妥”意味着对抽象危险犯所可能具有的风险的控制。这种控制，即要求抽象危险是相应犯罪的构成要件要素，在通过辩方的有效反证证明了确实不存在该风险时，则不成立犯罪。

第二节　以刑制罪观念的展开：刑罚后果对构成要件解释的反向制约

在2016年年末，一起被定性为非法持枪罪的案件引起了广泛关注。**（案例1）**经一审法院查明，2016年8月至10月12日间，被告人赵某华在天津市河北区李公祠大街亲水平台附近，摆设射击摊位进行营利活动。2016年10月12日22时许，公安机关在巡查过程中发现赵某华的上述行为并将其抓获归案，当场查获涉案枪形物9支及相关枪支配件、塑料弹。经天津市公安局物证鉴定中心鉴定，涉案9支枪形物中的6支为能正常发射、以压缩气体为动力的枪支。一审法院认为，被告人赵某华违反国家对枪支的管制制度，非法持有枪支，情节严重，其行为已构成非法持有枪支罪，遂依照《刑法》第128条第1款及《最高人民法院关于审理非法制造、买卖、运输枪支、弹药、爆炸物等刑事案件具体应用法律若干问题的解释》第 5 条第 2 款第 2 项之规定，判决被告人赵某华犯非法持有枪支罪，判处有期徒刑 3 年 6 个月。[①] 案件被媒体披露之后引起广泛争议，舆论上更多的声音认为，赵某华的行为属于行政违法而不构成犯罪。鉴于以上舆情，二审法院在认定的事实完全相同的情况下，“综合考虑赵某华非法持有的枪支均刚刚达到枪支认定标准，犯罪行为的社会危害相对较小，其非法持有枪支的目的是从事经营，主观恶性、人身危险性相对较低，二审期间能如实供述犯罪事实，认罪态度较好，有悔罪表现等情节，可酌情予以从宽处罚并适用缓刑”，从而判处其犯非法持有枪支罪，判处有期徒刑 3 年，缓刑 3 年，在缓刑考验期限内，依法实行社区矫正。[②] 赵某华的行为究竟是否构成非法持有枪支罪、应该怎样理解两审法院的判决，是本节展开的一个切入点和由头，而通过类似的案例，我们需要对罪刑关系进行怎样的理解，则是本节研究的重点。

一、以刑制罪观念的展开

按照对定罪与量刑关系的代表性理解，定罪是量刑的前提条件，定罪只能根据犯罪构成而不应受量刑的影响；即使是为了实现罪刑相适应，也不能以量刑左右定罪。司法上的罪刑相适应只能在立法所确定的罪刑关系的限度内实现，而不能超越法律的界限。[③] 此即“刑由罪生，以罪定刑”。然而，如果只把刑罚看作是犯罪的消极后果和附属物，在判断是否成立犯罪、成立此罪还是彼罪时完全不考虑刑罚后果，可能会得出不恰当的结论。在很多场合，只有充分认识刑罚对犯罪认定的积极作用，才可能使问题获得妥当解决。以刑制罪（刑罚反制犯罪）的观念强调，在符合何种构成要件不甚清晰的疑难案件之中，在应当认定为犯罪的前提下，要从量刑的妥当性基点出发，反过来考虑与裁量的相对妥当的刑罚相适应的构成要件是哪个，从而考虑该定什么罪。这有助于克服法律形式主义、教条主义的束缚，更好发挥刑事政策对刑法适用的指导作用，实现司法个案处理的

---

① 天津市河北区人民法院（2016）津 0105 刑初 442 号刑事判决书。

② 天津市第一中级人民法院（2017）津 01 刑终 41 号刑事判决书。

③ 陈兴良．法条竞合的学术演进——一个学术史的考察．法律科学，2011（4）：69.

公正。[①] 本书对这种观念予以认同，并且主张，这一观念可以从以下方面具体展开。

（一）对传统重罪构成要件要限制解释

（案例 2） 2000 年冬天，付某军经人介绍与禹某英（曾于 1998 年离婚）相识并建立恋爱关系，恋爱期间双方同居。到 2002 年年底，因禹家人对此事一直反对，禹某英不得不中断与付某军的恋爱关系。付某军对此极为不满，在多次找禹某英及其家人商谈无果的情况下，为讨个说法，于 2003 年 4 月 7 日上午 10 时许，携带一壶汽油和一把水果刀，趁无人之机翻墙潜入本镇某村禹某英二姐禹某家（禹某英及其父母当时住在此处）。付某军踹开东屋门后藏于该屋，并在屋内找到一把斧子和一把菜刀。约半个小时后，付某军见禹某英的父亲禹某进入该屋，便手持斧子以找禹某英理论说事为由，先将禹某挟持在房间内，后用桌子和缝纫机顶住房门，并用绳子捆住禹某的手和脚，置于屋内的床上。禹某英得知这一消息后，回来劝说付某军开门放人，遭付拒绝。中午 12 时许，公安人员到达现场，规劝付某军停止犯罪行为又遭其拒绝。直至当日下午 2 时 45 分，付某军在其家人的劝说下才将屋门打开，付某军被公安人员抓获，被害人禹某同时获救。[②]

本案中的问题是：付某军的行为是否属于“绑架他人作为人质”，从而成立绑架罪？首先，被害人禹某确实被当成了“人质”作为谈判的条件。其次，行为人付某军也确实携带了汽油和水果刀，并于现场获得了斧子、菜刀等器具，同时也确实用绳子捆住了被害人的手脚。在这个意义上，可以说禹某的人身安全也受到了严重的威胁。在行为人的行为形式上可能符合“绑架他人作为人质”时，对其是否应该按照绑架罪处理？这时，如果拘泥于绑架罪的法条规定的话，可能就会得出肯定的结论来。而事实上，本案的一审检察机关也确实以绑架罪提起公诉。但是，一旦认定为绑架罪，就要面临着至少“十年以上有期徒刑”的处罚［该案发生于《刑法修正案（七）》为绑架罪增设减轻的犯罪构成之前］，明显畸重；而

---

① 梁根林．现代法治语境中的刑事政策．国家检察官学院学报，2008（4）：160．梁根林．许霆案的规范与法理分析．中外法学，2009（1）：主编絮语．

② 付志军非法拘禁案//最高人民法院中国应用法学研究所．人民法院案例选（分类重排本）：刑事卷 4．北京：人民法院出版社，2017：2008．

在认定为绑架罪的同时又动用《刑法》第 63 条第 2 款酌定减轻处罚的话，注定面临着烦琐的程序，且启动该程序本身的正当性也不无疑问。这样看来，从罪刑均衡（罪责刑相适应）的原则出发，就要追问绑架罪这一定罪结论本身。正如一审判决所指出的那样，“被告人付某军系因其女友禹某英与自己分手而心怀不满，其主观动机是威胁禹的家人与禹某英继续恋爱的目的”，且从禹、付二人“不得不中断恋爱关系”这一点来看，付某军的要求并未违背（至少并未严重违背）禹某英的本意。因而，在将“以实现非法目的”作为绑架罪的不成文的主观构成要件要素的前提下，就可以认为，付某军的行为尽管可能符合绑架罪的客观构成要件，却欠缺主观的构成要件要素，从而不成立绑架罪。而之所以要求“以实现非法目的”这一主观要素，形式上是因为要和“以勒索财物为目的”进行同类解释，或者说要对《刑法》第 239 条进行体系解释，实质上则是因为，“以实现非法目的”这一主观目的提升了行为本身的违法性程度，从而也就是主观的违法要素，并进一步类型化为构成要件要素。就是说，行为的客观违法和主观违法结合在一起，才能够和立法者为绑架罪所配置的超高法定刑相适应。就该案的定性来说，该行为符合非法拘禁罪的构成特征，按照该罪处理，可以做到罪刑均衡，而实务中对该案的处理也验证了这一判断。并且，该案相关人员的评析，也主要是从付某军欠缺绑架罪的主观不法目的的角度展开的。①

（案例 3） 1999 年 11 月 15 日中午 12 时许，成都市青白江区××乡××村六组村民邹某云、张某金、李某荣因撕毁法院公告和阻碍执行被青白江区人民法院司法拘留。邹某云之妻林某金（另案处理）、张某金之妻黄某英、李某荣之妻陈某萍（另案处理）及其亲戚，要求任村治保主任、组长的兰某成解释原因，兰因对法院拘留该三人不满，便称“我也解释不清楚，你们自己去找法院”。13 时许，××村六组村民约 50 人租乘一辆中巴客车，到达位于青白江区清泉镇（又名太平镇）的太平人民法庭。当日 14 时 20 分左右，村民冲进法庭，围攻身着法官制服准备开庭的钟某刚和席某二人。此时兰某成搭乘村民陈某平的二轮摩托车亦赶到现场，村民们即腾开路让其上前，兰不但没有劝阻村民，反而对钟某刚说：“你们将上

① 付某军非法拘禁案//最高人民法院中国应用法学研究所．人民法院案例选（分类重排本）：刑事卷 4．北京：人民法院出版社，2017：2009-2010.

午抓的那三个社员放了，就没事了。”钟某刚拒绝了这一无理要求，并与席某分别向村民们讲解法律，村民不听，便将钟、席二人向法庭外推、拉，欲将二人强行带回××村六组。青白江区公安分局太平镇派出所民警接到报案后前来阻止，兰某成对民警陈某才、白某志、刘某云、龚某胜说：“现在要将两名法官弄回××村六组，只要法院放了上午抓的那三个人，我们就放人。”由于参与挟持法官的村民众多，且情绪激动，当天正值清泉镇逢场，围观群众达数百人，现场秩序较乱，民警解救法官的努力没能实现。到达太平汽车站附近时，兰某成叫人乘汽车将法官带回去，由于钟、席二人奋力反抗，加之出租车驾驶员的拒绝，终未得逞。众村民继续推、拉、扭着两名法官走到太平镇场口。因担心再遇解救人员，村民们押着法官改走小路前往××村六组，此时兰某成乘坐陈某平的摩托车先离开现场，回××村六组等候。约17时30分，两名法官被拘、押着步行了10公里左右，到达××村六组与四组交界处，被青白江区公安分局、成都市中级人民法院及相邻法院干警组成的解救队伍截住，被害人钟某刚和席某方被解救，此时两人的法官制服的纽扣被撕落、肩章被扯掉，全身多处软组织挫伤。本案中，不考虑其妨害公务的行为性质、不考虑其他人员的行为，兰某成的行为是否构成绑架罪？两名法官被兰某成等人扣押，确实被作为与法院交换以释放三名村民的人质，同时，兰某成所提出的交换要求也无疑是非法的，将他人作为人质的主观目的确属非法。但是，兰某成等人对待人质仅仅是推、拉、扭，并未严重危及人质的生命安全和重大健康。本案相关人员撰写的评析意见也认为，绑架罪以对被害人将要实施杀害、伤害或其他侵害行为相威胁，迫使其亲属等人交付财物或满足其他不法利益的要求。[①] 因而，就仍然不能说兰某成等是“绑架”他人作为人质。而之所以如此要求，一是因为可以从对“绑架”一词的解释中找到根据——在此意义上也是罪刑法定原则的要求；二是因为，如此要求才能使行为严重危及人质的生命安全和重大健康，进而和“十年以上有期徒刑或者无期徒刑”的基本法定刑相适应。就本案而言，法院最终按照非法拘禁罪处理是适宜的。

结合前述案例2和案例3来看，立法者为绑架罪配置了超高的法定刑

① 兰某成非法拘禁法官案//最高人民法院中国应用法学研究所. 人民法院案例选（分类重排本）：刑事卷4. 北京：人民法院出版社，2017：2007.

[在《刑法修正案（七）》新增了“情节较轻”的犯罪构成之后，该罪的法定最低刑仍为 5 年有期徒刑，问题仍然存在]，就要求对其成立条件严格限定，从而，成立该罪在客观法益侵害和主观目的上均有特殊要求：客观上要求严重危及人质的身体健康乃至生命安全，主观上要求为了实现不法目的。(1) 主、客观均未达到此种要求，比如为索取正当债务而扣押、拘禁他人的，无疑仅成立非法拘禁罪；(2) 客观要求未达到而上述主观要求达到的，比如为索取非法债务而扣押、拘禁他人的，仍只成立非法拘禁罪（这表明《刑法》第 238 条第 3 款只是个注意规定）；(3) 客观要求达到而主观要求未达到的，比如为了实现正当债务而将债务人或其亲属扣为人质并以杀害或伤害相要挟的，也不应成立绑架罪而应视行为的具体样态成立故意伤害罪或故意伤人罪的预备或未遂；(4) 主、客观要求均达到，则成立绑架罪。

（案例 4）张某在正在行驶的列车上看见一名身材较高的男青年抽烟，即上前索要一支香烟。男青年见张某说话无礼便不予理睬。张某左手随即对男青年抽一记耳光，右手则从男青年的口袋里一把夺取一包香烟和现金 17 元。男青年立即呼喊“有人抢钱”，附近正在执勤的乘警闻讯赶来，问清缘由后即令张某交还抢到手的烟和钱。对于本案，一审法院认定，张某使用暴力手段劫取他人财物，其行为符合抢劫罪的构成要件，并且具有“在公共交通工具上抢劫”的严重情节，遂依法判处张某 10 年有期徒刑。二审法院开庭审理后认为，从张某行为的动机（索要一支香烟）、使用暴力的程度（仅仅抽了一记耳光）以及造成的客观损害后果（夺取一包香烟和 17 元现金）等主、客观事实分析，结合当时的客观场景（张某较被害人身材矮小，且徒手空拳，周围有众多乘客以及相邻车厢还有正在执勤的乘警）考虑，张某主观上并无使用暴力严重侵害他人人身和财物的故意，在客观上也没有造成相应的严重危害后果，甚至连造成该种严重危害结果的现实危险性也并不存在。二审法官分析指出：抢劫罪属于重罪，既要同时侵犯公民的人身和财产之双重客体，又要至少具有造成两种客体之一严重损害的可能性。如果按照一般社会经验判断，具体危害行为连造成他人人身或者财产遭受严重侵害的可能性都不存在，则说明该种行为与抢劫罪的重罪特质并不吻合，不能被认定抢劫罪。有鉴于此，二审法院依据张某使用轻微暴力夺取他人少量财物的实际危害情状，改判张某犯寻衅滋事罪，判处有期徒刑1年。[①] 该案中，一审法院明显形式化和机械化地理解抢劫罪的成立条件，进而得出了明显畸重的量刑结论。二审法院明显意识到了这一点，其将定性变更为寻衅滋事罪的结论值得肯定，而相关法官在分析中所提出的对抢劫罪构成要件的界定要求，尤其是对“重罪特质”的重视，也值得赞赏——可以说，这正是从罪刑均衡原则出发所推导出的结论。

（案例5）李某祥将妇女刘某某买回家中后反悔，表示要么将刘送回家，要么将其退回卖者。刘既不愿一人回家又怕被送回卖者处挨打，故要求李某祥将其转卖他人。李遂将刘以人民币1 800元转卖给他人为妻。[②] 本案提出的问题是：得到妇女同意而将其卖出的行为是否构成拐卖妇女罪？对此存在争论。但此时一旦认定为犯罪，则李某祥将面临着5年以上有期徒刑的法律后果。一个得到被害人同意而将其出卖的行为并未侵害其行动自由而只是侵害了其人格尊严（以及人身不能收买的利益），此时适用比同为侵犯公民人身权利犯罪的故意杀人罪或者强奸罪的最低刑更重的法定刑，明显不妥当。此时，一方面认定为拐卖妇女罪，另一方面又试图通过减轻处罚来达到罪刑均衡，这样的方案并非全然不能考虑，但将被害人同意作为一个酌定的减轻处罚情节是否会损害法律适用的安定性，存在疑问。将拐卖妇女罪限定于违背（精神正常的）妇女意志的场合，不但可以从罪刑法定的角度获得解释——“拐卖”行为的核心在于“拐”而非“卖”，而违背本意可谓是“拐”的应有之义，更能够保证罪刑均衡。该案中，两审法院在承认被害人刘某某自愿同意李某祥将其转卖的前提下，主要以“李某祥对刘某某的再卖行为有违社会公序良俗”为由而肯定犯罪的成立。[③] 这是本书所不认同的。

正是基于这样的道理，**（案例6）**用石子随意砸人或者用刀随意划伤不特定女性臀部的，不应构成以危险方法危害公共安全罪，而应构成寻衅滋事罪或者伤害罪等其他犯罪；**（案例7）**行为人将自己被扣押的价值40

---

① 黄祥青．罪质分析法与转换定罪规则的适用//最高人民法院刑事审判第一、二、三、四、五庭．刑事审判参考：第75集．北京：法律出版社，2011：174-175.

② 李某祥拐卖妇女案//最高人民法院刑事审判第一、二、三、四、五庭．中国刑事审判指导案例：3·侵犯公民人身权利、民主权利罪．北京：法律出版社，2012：602.

③ 同②603.

万元的汽车偷偷取回的，也不应构成盗窃罪。

而在（**案例 8**）2001 年 10 月间，肖某灵通过新闻得知炭疽杆菌是一种白色粉末的病菌，国外已经发生有人因接触夹有炭疽杆菌的邮件而死亡的事件，因此，他认为社会公众对于收到类似的邮件会产生恐慌心理。同年 10 月 18 日，肖某灵将家中粉末状的食品干燥剂装入两只信封内，在收件人一栏书写了“上海市政府”和“东方路 2000 号”（上海东方电视台台站）后，乘车至上海市闵行区莘庄镇，将上述信件分别邮寄给上海市人民政府某领导和上海东方电视台新闻中心陈某。同年 10 月 19 日、20 日，上海市人民政府信访办公室工作人员陆某等人及上海东方电视台陈某在拆阅上述夹带有白色粉末的信件后，产生精神上的高度紧张，同时周围人们也非常恐慌。经相关部门采取大量措施后，人们的恐慌心理才逐渐消除了。这一案件中，一审上海市第二中级人民法院认为，被告人肖某灵通过向政府和新闻单位投寄装有虚假炭疽杆菌信件的方式，试图达到制造恐怖气氛的目的，造成公众心理恐慌，危害公共安全，其行为构成了以危险方法危害公共安全罪，判处有期徒刑 4 年。① 在法定上诉期间，被告人肖某灵未提起上诉。但在该案中，纯粹从定罪的角度来看，食品干燥剂造成的恐慌心理能否和放火、决水、爆炸、投放危险物质一样，客观上危害公共安全，存在重大疑问。考虑到即便是《刑法》第 114 条的法定刑起点也是 3 年有期徒刑，尤其应该将“其他危险方法”解释得更为严格。该案发生在《刑法修正案（三）》之前，对此一般的解释是，这是一个法无明文规定，从而根据罪刑法定原则不应被认定为犯罪的行为。② 虽然也可能通过实质解释将行为认定为“在公共场所起哄闹事，造成公共场所秩序严重混乱”，从而肯定其成立寻衅滋事罪③，但是，寻衅滋事罪的基本法定刑为 5 年以下有期徒刑或者管制，其并非典型轻罪，因此对其成立要件也不应解释得过于宽泛；同时，如果过于宽缓地解释“在公共场所起哄闹事”的

① 上海市第二中级人民法院（2001）沪二中刑初字第 132 号刑事判决书。

② 采取这一立场的，比如周少华．罪刑法定在刑事司法中的命运——由一则案例引出的法律思考．法学研究，2003（2）：82 及以下．陈兴良．口袋罪的法教义学分析：以以危险方法危害公共安全罪为例．政治与法律，2013（3）：4 及以下。

③ 支持这一结论的，参见赵运锋．以刑制罪司法逻辑的功能探析．河北法学，2014（4）：81。

话，寻衅滋事罪也成了个口袋罪，就从一个口袋罪（以危险方法危害公共安全罪）倒向另一个口袋罪了。至于在《刑法修正案（三）》之后的类似行为，直接认定为投放虚假危险物质罪即可。

（二）对加重犯罪构成同样需要限制解释

不仅对重罪的构成要件需要限制解释，对加重犯罪构成也需要限制解释。比如对《刑法》第263条“抢劫罪”所规定的八种加重构成的解释，就应采取此种立场。在出租车的场合，司法解释将“在公共交通工具上抢劫”解释为在大、中型出租车抢劫，从而将抢劫小型出租车排除在外①，原因即在于此；“冒充军警人员抢劫”应该被理解为客观上具有冒充的效果同时主观上具有冒充的故意，也是因为如此；主张“持枪抢劫”中的“枪”应限于能发射子弹的真枪②，甚至是“装有子弹的真枪”（参见本书第五章第十二节），也有罪刑均衡上的重大考虑。甚至，在明确“入户抢劫”需要“入户”本身具有非法性的前提下，（**案例9**）采用比如谎称收电费、谎称找水喝等欺骗方式进入他人家中而后实施抢劫的，也未必就直接构成“入户抢劫”③。

值得讨论的是对强奸罪中“致使被害人死亡”的理解。（**案例10**）2005年5月13日凌晨3时许，王某双钻窗进入北京市西城区××胡同5号楼7门301室内，从客厅的皮包中将李某某（女，时年39岁）的人民币一百余元及手机1部窃走。后王某双又进入大卧室，见到熟睡的李某某，遂起意奸淫。王某双对李某某进行威胁、捆绑，强行将其奸淫，后即钻窗逃离现场。李某某到阳台呼救时因双手被捆，坠楼身亡。④ 对于本案是否属于强奸“致使被害人死亡”，两审法院持肯定意见⑤，也有论者明

---

① 参见2000年11月22日最高人民法院《关于审理抢劫案件具体应用法律若干问题的解释》、2005年6月8日最高人民法院《关于审理抢劫、抢夺刑事案件适用法律若干问题的意见》、2016年1月6日最高人民法院《关于审理抢劫刑事案件适用法律若干问题的指导意见》的相关内容。

② 张明楷．刑法学．5版．北京：法律出版社，2016：994.

③ 付立庆．被害人因受骗而同意的法律效果．法学研究，2016（2）：167-169.

④ 国家法官学院，中国人民大学法学院．中国审判案例要览（2007年刑事审判案例卷）．北京：人民法院出版社，中国人民大学出版社，2008：29-33.

⑤ 北京市第一中级人民法院（2006）一中刑初字第00754号刑事判决书，北京市高级人民法院（2006）京高刑终字第451号刑事判决书。

确表示支持。[①] 但是，从限制重刑适用，特别是限制死刑适用的角度讲，既要强调行为人对于死亡结果具有预见可能性，也要求强奸行为与死亡结果之间必须具有直接的因果关系，而非仅仅是条件关系。而在这两个方面，该案可能都存在问题。而之所以强调要严格限制像“致使被害人死亡”这样的结果加重犯的成立范围，就是因为我国刑法为结果加重犯往往配置了过高的法定刑，其刑罚后果较为严厉而法定刑加重根据并不充分。[②] 因所面临的刑罚后果严重而对其适用范围严格限定，这是罪刑均衡原则的要求，也正可谓是以刑制罪观念的具体展开。

（三）对轻罪的构成要件可以宽缓解释

以刑制罪观念的另一项重要内容是，当行为所面临的刑罚后果并不严厉，反而较为轻缓（主要体现为轻罪的场合）时，可对其成立条件作相对宽缓的理解，以适应法益保护的需要。

（**案例 11**）《刑法》第 252 条“侵犯通信自由罪”中的“非法开拆他人信件”中的“信件”，是否应该包括“电子邮件”？由于本罪的刑罚后果为“1 年以下有期徒刑或者拘役”，相当轻缓，故从保护公民通信自由权利的角度讲，将“电子邮件”纳入“邮件”之中较为适宜。同时，根据 2000 年 12 月 28 日第九届全国人大常委会第十九次会议通过的《关于维护互联网安全的决定》第 4 条第 2 项的规定，非法截获、篡改、删除他人电子邮件或者其他数据资料，侵犯公民通信自由和通信秘密，构成犯罪的，依照刑法有关规定追究刑事责任。这里所说的“截获”，也应该包括前文中的“开拆”，从而，将非法开拆他人电子邮件的行为纳入侵犯通信自由罪的法网范围之内，就不但有严密法网、周延法益保护这一目的所担保的正当性，而且有以刑制罪观念的支撑，还可以从上述单行刑法中找到依据。

同样，（**案例 12**）在重婚罪的场合，理论上和实务中没有争议地认

---

① 于同志．结果加重犯的认定与处罚——北京高院判决王照双强奸案．人民法院报，2007-03-06（06）．另外，陈兴良教授似乎也对强奸行为与最终的被害人死亡结果之间的因果关系持肯定态度。参见陈兴良教授为山口厚所著《从新判例看刑法》的中译本（中国人民大学出版社 2009 年版）所写的译序第 3 页。

② 张明楷．结果加重犯的认定——评北京市高级人民法院（2006）京高刑终字第 451 号判决//茅院生，田金益．中国法律评论：第 1 卷．北京：法律出版社，2007：135-143.

为，有配偶而与他人建立事实婚姻，或者明知他人有配偶而与之建立事实婚姻的，都属于“有配偶而重婚”或者“明知他人有配偶而与之结婚”，即将并不受民法保护的事实婚姻在刑法上理解为“重婚”或“结婚”。之所以允许在刑法上对婚姻的理解与民法的出现不一致，除了有保护一夫一妻制度（以及合法配偶的婚姻权利）这样的法益保护需要及“违法判断的相对性”这样的理论根据，还因为，重婚罪的法定刑为“二年以下有期徒刑或者拘役”，十分轻缓，故而即便严密本罪的法网，也不至于做到量刑过重、罪刑失衡。

（案例 13）行为人趁被害人在网吧趴在电脑桌前睡觉之际，将被害人电脑桌上的钱包和手机拿走（数额累计达不到较大标准），能否认定为盗窃罪?①**（案例 14）**嫌疑人从早上 9 点到中午 12 点在一个乡共盗窃 5 家人家的土狗（无入户、数额较大等情节），能否认定为“多次盗窃”?②**（案例 15）**2016 年4 月，李某进入一工地生活区，从第四栋第一层第四间房屋的窗户爬入房间内准备实施盗窃，被刚好回家的张某发现后，跳窗逃跑，随后被路过群众控制。该房间系工地活动板房，已搭建 2 年。2016 年以前张某与其丈夫在房间内居住，经常做饭，房内有日常生活用品。2016 年以后由张某一人居住，其丈夫偶尔与其一起住，偶尔在房内做饭。本案中能否将活动板房认定为“户”?③ 以上均涉及对《刑法》第 264 条规定的理解。案例 13 涉及“随身”但未“贴身”的财物能否成为扒窃的对象，案例 14 涉及的是在较短的时间内从不同主体处窃得单价较小的财物是否构成“多次盗窃”，案例 15 涉及对于案发时由被害人一人居住、被害人丈夫偶尔一起住的场合还能否肯定“供家庭生活所用”，进而肯定“入户”盗窃。对此都存在着不同的理解。在本书看来，由于扒窃、多次盗窃和入户盗窃均为盗窃罪的基本入罪条件，且入罪后的后果是“三年以下有期徒刑、拘役或者管制，并处或者单处罚金”，较为轻缓，故而从财产法益之保护的角度讲，可对上述三个案例均作肯定理解。顺带提及，由于“入户抢劫”是抢劫罪的加重情形，所以应对其成立条件即“入户”严格限制。这与此处的对作为盗窃罪入罪条件的“入户盗窃”作宽缓理解并不矛盾，是后文所述的法条用语相对性的体现。

---

①② 本案例来自河南省上蔡县人民检察院检察官的咨询。

③ 本案例来自云南省昆明市西山区人民检察院的咨询。

（**案例 16**）学界一种有力的观点认为，《刑法》第 275 条“故意毁坏财物罪”中的“毁坏”，不限于从物理上变更或者消灭财物的形体，也包括使财物的效用丧失或者减少，从而涂黑他人的广告牌的内容的，或者将他人的鸟笼打开导致鸟飞走的，等等，都属于“毁坏”①。这种解释并未超出“毁坏”一词的可能含义，因此也就并不违反罪刑法定原则。之所以允许如此扩张“毁坏”的含义，不能否认，和该罪的法定刑较低有关。

二、以刑制罪观念的补充

（一）补充之一：要承认法条用语的相对性

（**案例 17**）组织多名妇女为不特定的人“手淫”“口淫”的，是否构成《刑法》第 358 条规定的组织卖淫罪？对此，存在不同认识。联系到该罪的法定最低刑为 5 年有期徒刑，基于以刑制罪观念，同时考虑到组织卖淫罪以卖淫者的有效同意为前提，应该将该罪中的“卖淫”限制解释为传统的性交行为而不包括上述“手淫”“口淫”“乳交”等情形。对此，有必要说明两点。第一，至今的司法实践认为，组织男子为同性提供有偿性服务的，按照该罪处理，如南京李宁案。② 在本书看来，同性之间通过肛交等方式所实现的有偿性服务仍可理解为变种的“性交”，而“手淫”等服务与“性交”之间距离更远，因此，上述结论上的差异仍可获得说明。第二，与刑法上将有偿为他人提供“手淫”等服务的行为排除在“卖淫”之外相对照，在行政处罚的范畴内，完全可以得出肯定的结论。《治安管理处罚法》第 66 条规定，“卖淫、嫖娼的，处十日以上十五日以下拘留，可以并处五千元以下罚款；情节较轻的，处五日以下拘留或者五百元以下罚款”。由于违反该法的后果仅是拘留或者罚款等行政处罚，也由于该条将“嫖娼”与“卖淫”并列且法律后果相同（而一般的嫖娼在刑法上并不是犯罪），所以，可以对该第 66 条中的“卖淫”作宽缓的理解，将前述“口淫”等行为囊括其中。这样，《刑法》与《治安管理处罚法》对“卖淫”的界定就出现了不同。但这种差异恰恰是应该允许的，这既是不同法域的目的不同所致，也可从“法条用语的相对性”这一理念上获得说明。同

---

① 张明楷．刑法学．5 版．北京：法律出版社，2016：994.

② 李宁组织卖淫案//最高人民法院刑事审判第一、二、三、四、五庭．中国刑事审判指导案例：5·妨害社会管理秩序罪．北京：法律出版社，2012：483-485.

样，对“假药”含义的理解也是如此。（**案例 18**）陆某患有慢粒性白血病，依靠长期服用瑞士进口药“格列卫”维持病情的稳定。但在国内市场上，“格列卫”每盒需 23 500 元，一个患者一年的药费就近 30 万元。2004 年 9 月，陆某在他人处了解到印度生产的同类药品每盒价格仅为 4 000 元，服用后与瑞士的“格列卫”药效基本一致。于是，陆某使用药品说明书中提供的联系方式，直接联系到了印度抗癌药物的经销商印度赛诺公司，并开始直接从该公司购买抗癌药物。陆某在自己服用一段时间后，觉得印度同类药物疗效好、价格便宜，遂通过 QQ 群等方式向病友推荐。随着帮助购买的病人增多，购买成本日益下降，病人最终只需要两百余元就能买到一盒。案发后，陆某被公安机关以涉嫌销售假药罪（以及妨害信用卡管理罪）移送检察机关，而检察机关先是将其起诉至法院，而后（鉴于各种压力）又撤回起诉，最终以“陆某的行为不是销售行为”为由，而决定不起诉。① 该案既可以从不符合“销售”的概念、欠缺销售假药的故意、欠缺违法性认识的可能性等其他途径出罪，也完全可能以另外一种方式出罪，即直接认为刑法上的“假药”与行政法上的“假药”含义不同，具有相当药效而仅是欠缺进口审批手续等的场合并非刑法所规制的“假药”。而且，即便有《刑法》第 141 条第 2 款“本条所称假药，是指依照《中华人民共和国药品管理法》的规定属于假药和按假药处理的药品、非药品”这一立法规定，也仍可能通过恰当的解释限缩刑法上“假药”的范围，且这种限缩，既有后文的和其他法律之间的衔接方面的考虑，也可从法条用语的相对性上获得说明。这样理解和现实中检察机关以不是“销售”行为来理解的差别在于，即便是陆某存在一定的加价牟利的行为，只要所售药品本身具有相当药效，就不成立销售假药罪（而只可能构成非法经营罪等其他犯罪）。

不但在不同法域之间同一法条表述的含义可能不同，即便是同一法域之中，同样如此。比如，《刑法》第 240 条中的“奸淫被拐卖的妇女”中的“妇女”，就应该被解释为既包括已满 14 周岁的女性，也包括未满 14 周岁的幼女——否则就会出现定罪不准或者量刑失衡——这就和同条在与“儿童”相并列场合的“妇女”含义不同，也和刑法中其他场合规定的“妇女”含义可能产生差别。又如，《刑法》第 48 条第 1 款规定：“死刑只

---

① 湖南省沅江市人民检察院沅检公刑不诉（2015）1 号不起诉决定书。

适用于罪行极其严重的犯罪分子。对于应当判处死刑的犯罪分子，如果不是必须立即执行的，可以判处死刑同时宣告缓期二年执行。”该条中的“可以”，就应该解释为“应当”，从而与刑法条文中其他场合的“可以”（比如第27条第2款中的“可以”）的含义明显有别，体现出法条用语的相对性特征。

在本节的主题下，值得进一步讨论的是，对“财物”一词的理解。在法定刑较轻，从而对用语宽缓理解时，容易将具有经济价值但不具有实体性的虚拟物解释为“财物”，即所谓虚拟财产。但在法定刑较重，从而需要对用语严格解释时，是否还允许这种理解？比如，盗窃数额特别巨大的虚拟财产时，该如何处置？本书对此的初步态度是，这时应该在允许将行为对象解释为“财物”的同时，适用最低档法定刑。这样理解，既可以满足保证罪刑法定的基本要求，又可以适应罪刑均衡的需要。当然，这个问题还值得进一步研究。

（二）补充之二：要注意与其他法律之间的协调

不详细展开但需要强调的是，在对轻罪构成要件作适当宽缓解释时，尤其要注意刑法与行政法等其他法律之间的协调与衔接。这种衔接要求，典型体现在刑法所规定的行为类型在行政法上有相应规定时。比如，《刑法》第245条规定的非法搜查罪与非法侵入住宅罪的法定最高刑都是3年有期徒刑，都是传统轻罪，根据前文的主张，对其成立条件的理解可以适当放宽。但是必须看到，《治安管理处罚法》第40条第3项也规定“非法限制他人人身自由、非法侵入他人住宅或者非法搜查他人身体”等行为是行政处罚的对象，在表述上与刑法并无太多实质差异，同时刑法规定中也并无“情节恶劣”等罪量上的明文要求。在此，在对刑法规定作适当宽缓的解释（如对“住宅”的理解不应要求“现时有人居住”）的同时，也必须附加一定的程度上的要求（比如侵入时间的限制等），以便与行政处罚相衔接，防止对原本只需治安处罚的行为予以刑罚处罚。而且，虽说该第3项并未明确将“非法搜查他人住宅”规定在内，但也不意味着搜查机关违反程序强行进入他人住宅的行为就一定只能构成刑法上的非法搜查罪，此时仍存在着根据侵害程度将其解释为《治安管理处罚法》意义上的“非法侵入他人住宅”的空间。此外，根据《最高人民检察院关于渎职侵权犯罪案件立案标准的规定》，国家机关工作人员利用职权非法搜查，涉嫌下列情形之一的，应予立案：（1）非法搜查他人身体、住宅，并实施殴打、侮辱等行为的；(2) 非法搜查，情节严重，导致被搜查人或者其近亲属自杀、自残造成重伤、死亡，或者精神失常的；(3) 非法搜查，造成财物严重损坏的；(4) 非法搜查 3 人（户）次以上的；(5) 司法工作人员对明知是与涉嫌犯罪无关的人身、住宅非法搜查的；(6) 其他非法搜查应予追究刑事责任的情形。这明显也是考虑了与治安管理处罚之间的衔接，而在非法搜查罪的入罪范围上予以了适当限定。

《治安管理处罚法》第 67 条规定，引诱、容留、介绍他人卖淫的，处 10 日以上 15 日以下拘留，可以并处 5 000 元以下罚款；情节较轻的，处 5 日以下拘留或者 500 元以下罚款。《刑法》第 359 条则规定，引诱、容留、介绍他人卖淫的，处 5 年以下有期徒刑、拘役或者管制，并处罚金；情节严重的，处 5 年以上有期徒刑，并处罚金。可见，这两部法律对行为性质的字面描述并无差别。虽然也完全可能以引诱、容留、介绍的次数、场所等作为法律适用的依据（比如对偶尔容留的治安处罚，对经常容留的刑法规制），但本书鉴于该罪的基本法定刑为“五年以下有期徒刑、拘役或者管制”，该罪并非传统意义上的轻罪，从两法衔接的角度考虑，强调需要对其构成要件作实质解释甚至限制解释——这种限制，不但体现在对“引诱”“容留”“介绍”等行为方式的限制，更体现在对“卖淫”这一行为内容的限定（在本书看来，刑法意义上的“卖淫”是指能够被评价为“性交”的有偿性服务，而治安管理处罚意义上的“卖淫”，包括“手淫”“口淫”“乳交”等边缘的性行为）。这样的理解，和以刑制罪以及这里的法条用语相对性观念之间，都是吻合的。

（三）补充之三：要注意犯罪间的竞合关系

以刑制罪观念当然不是绝对真理，其必须要受到必要的节制。这种节制，除了主要受罪刑法定原则的限制（下节专门讨论），还包括在判断是否成立犯罪、成立此罪还是彼罪时，要认识到犯罪之间的竞合关系。在肯定行为符合轻罪的犯罪构成时，不可直接得出成立轻罪的结论，而是需要判断行为是否符合更重的犯罪，并进而得出最终结论。事实上，本书第四章第六节的案例及其展开再次确认：并非任何两个犯罪之间都是界限分明的，有些犯罪之间存在竞合关系。研究两个犯罪之间是否存在竞合关系，特别是是否存在交叉竞合关系，是刑法学者的任务。至少可以认为，两个不同类型的犯罪，完全可能存在交叉（如抢劫罪与寻衅滋事罪）；两个相同类型的犯罪，可能存在一定的重合（比如抢劫与抢夺、盗窃），但却不存在交叉，更可能互相排斥（如盗窃与诈骗）。因此，“与其重视犯罪之间的界限，莫如注重犯罪之间的竞合”的观点，既有理论价值，也有实践意义，值得认真对待——对于以刑制罪观念的主张者来说，尤其应该意识到这一点。

三、以刑制罪观念的实践检验：赵某华案的再检讨

以刑制罪观念以“严而不厉”思想为理念支撑，以罪刑均衡原则为价值皈依，值得肯定。这一理念虽至今未获得主流学术界的认同，可谓是弱势理论，仍应引起重视。只是，这一理念的产生背景、价值目标、适用范围，其所追求的罪刑均衡原则与罪刑法定原则的关系究竟如何，其需要受到何种限制，等等，都需要认真研究。本节就是这种研究的一个部分。

回到本节开头的赵某华案。以是否“情节严重”为标准，非法持有枪支罪有两档法定刑：一般情节的，处 3 年以下有期徒刑、拘役或者管制；情节严重的，处 3 年以上 7 年以下有期徒刑。同时，《治安管理处罚法》第 32 条规定：非法携带枪支的，处 5 日以下拘留，可以并处 500 元以下罚款；情节较轻的，处警告或者 200 元以下罚款。非法携带枪支进入公共场所或者公共交通工具的，处 5 日以上 10 日以下拘留，可以并处 500 元以下罚款。从有效衔接的角度考虑，《治安管理处罚法》中的“枪支”与《刑法》中的“枪支”含义完全可能不同——此即前文所提到的法条用语的相对性问题——后者的范围应该受到严格限制。此外，考虑到一旦单纯根据数量多来认定“情节严重”就会面临着较重的法定刑，对于非法持有枪支罪中的“枪支”的标准就更应该严格把握。将赵某华所持有的枪支界定为治安管理处罚意义上的“枪支”，并据此对其加以处罚，而且在刑法评价上认为其并不符合非法持有枪支罪的构成要件，是一个理想的选择。相比该案的二审法院一方面根据司法解释认定为非法持有枪支罪的情节严重，另一方面又挖空心思为其寻找从宽处罚的理由以迎合公众的不满情绪，前一方案的法律效果可能要好得多。当然，这样的判决是考验司法者的智慧和担当的。

在出现了多个赵某华案的判决这样的违背生活常识的生效判决，且一些判决社会效果较差、将一些个人和家庭推向了怨恨甚至敌视国家的境地之后，最高人民法院和最高人民检察院终于联合发布了《关于涉以压缩气体为动力的枪支、气枪铅弹刑事案件定罪量刑问题的批复》。这一批复自

2018年3月30日起施行，坚持严控枪支与妥善处理案件并重，在保持涉枪犯罪案件定罪量刑标准的相对连贯性的前提下，彰显宽严相济刑事政策的基本要求，对于涉及以压缩气体为动力且枪口比动能较低的枪支案件的定罪量刑标准作出调整。该批复规定，对于非法制造、买卖、运输、邮寄、储存、持有、私藏、走私以压缩气体为动力且枪口比动能较低的枪支的行为，在决定是否追究刑事责任以及如何裁量刑罚时，不仅应当考虑涉案枪支的数量，而且应当充分考虑涉案枪支的外观、材质、发射物、购买场所和渠道、价格、用途、致伤力大小、是否易于通过改制提升致伤力，以及行为人的主观认知、动机目的、一贯表现、违法所得、是否规避调查等情节，综合评估社会危害性，坚持主客观相统一，确保罪责刑相适应。最高人民法院研究室刑事处相关负责人表示：近年来涉枪案件呈现出多样性、复杂性的特点，特别是以压缩气体为动力的枪支的枪口比动能范围很宽，致伤力存在较大差异。这就要求对于涉及以压缩气体为动力且枪口比动能较低的枪支案件，在决定是否追究刑事责任以及如何裁量刑罚时不能唯枪支数量论，以防止对具体案件的处理背离一般公众的认知，违背罪责刑相适应原则。

第三节　以刑制罪观念的边界：以许霆案为中心

一、以刑制罪观念的价值与风险

真理再向前一步就是谬误。以刑制罪观念在强调对罪刑均衡原则的追求、突出刑罚对于构成要件解释的反向制约的意义上，具有合理性和重大的现实意义。其最大价值在于，将罪刑均衡原则（罪刑相适应原则）的适用范围从单纯的量刑规则拓展到对具体构成要件的解释，即拓展为刑法解释的指导原则。① 但是，以刑制罪观念的最大风险在于，其对罪刑均衡等实质正义的追求，可能会突破罪刑法定的限制。学界对以刑制罪观念的最大批评也正在于此。确实，以刑制罪观念强调罪刑均衡（刑罚妥当性）的

① 劳东燕．刑事政策与刑法解释中的价值判断——兼论解释论上的“以刑制罪”现象．政法论坛，2012（4）：40-41.

结论，这一以结果为导向的解释方法，“由于受到了具有强烈倾向性的目的指引，其突破刑法文义的风险便相应升高”①，“因此，对于以刑制罪这样一种充满实质性内涵的方法论，还是要予以警觉”②。学界对以刑制罪（“量刑反制定罪”）的批评可进一步细化为其属于司法权滥用、会突破构成要件限制、违反传统罪刑关系等三大方面。③ 不过，在概念上有必要明确的是，本书主张的“以刑制罪”观念是一种在定罪过程中的司法逻辑和解释规则，而不是在“量刑”即刑罚量刑环节的指导观念④，因此，其并非严格意义上的“量刑反制定罪”，其可以成为“刑罚后果对构成要件解释的反向制约”，或者简称“以刑制罪”。

以刑制罪观念的提出，很大程度上与发生在 2006 年并引起广泛关注的许霆案有关。被告人许霆用借记卡欲取款 100 元时，卡里仅扣 1 元却吐出 1 000 元。许霆再试一次仍然如此，乃知 ATM 机出现故障。利用这一“天赐的良机”，许霆借助手中的余额为 176.97 元的借记卡分多次提取了 17.5 万余元，之后潜逃，一年后被抓捕送审。广东省广州市中级人民法院 2007 年 12 月一审以盗窃罪判处其无期徒刑。2008 年 1 月 16 日上午，许霆案辩护律师正式接到广东省高级人民法院“发回重审”裁定书，裁定书以“证据不足，事实不清”为由，将案件发回广州市中级人民法院重新审理。2008 年 3 月 31 日，广州市中级人民法院作出重审之后的一审判决，在认定许霆构成盗窃罪的前提之下，适用了《刑法》第 63 条第 2 款，判处 5 年有期徒刑。在许霆上诉之后，广东省高级人民法院当庭作出终审裁定，维持原判。最终该判决经最高人民法院依照《刑法》第 63 条第 2 款核准之后生效。⑤

---

① 王华伟．误读与纠偏：“以刑制罪”的合理存在空间．环球法律评论，2015（4）：61.

② 陈兴良．刑法教义学与刑事政策的关系：从李斯特鸿沟到罗克辛贯通——中国语境下的展开．中外法学，2013（5）：1004.

③ 对这三方面批评的详细梳理，参见赵希．“量刑反制定罪论”不违反罪刑法定．南京师范大学学报（社会科学版），2015（1）：50-53。

④ 对此的分析，参见王华伟．误读与纠偏：“以刑制罪”的合理存在空间．环球法律评论，2015（4）：50。

⑤ 谢望原，付立庆．许霆案深层解读——无情的法律与理性的诠释．北京：中国人民公安大学出版社，2008：1 及以下.

事实上，这一案件之所以被裁定发回重审，很大程度上是因为该案的判决在网络、报刊、电视等各种媒体上受到了异乎寻常的关注。不少法律界人士对案件的定罪量刑予以品评，有热心网民甚至认为这一事件足以成为2007年中国排名第一的一个“大笑话”。那么，对于许霆的行为，究竟该怎样定罪量刑才能做到“定罪准确，量刑适当”？回到许霆案这一典型案例，探讨以刑制罪观念的产生背景、个案合理性等，会对这一观念与罪刑法定原则的关系，进而其适用范围获得更深入的认识。

二、利用ATM故障恶意取款应该定性为盗窃罪

（一）行为完全符合盗窃罪的犯罪构成

张若渔先生认为：“盗窃罪构成要件中的一条是必须通过‘秘密窃取’的方式取得他人财物。严格说来，许霆的行为其实不符合这一要件。他先后恶意取款171次不假，但这都是在光天化日之下，通过正当程序公开进行的，其间他没有对ATM机做任何手脚。如此而言，‘秘密窃取’从何而来？盗窃罪又如何斩钉截铁地判定？”① 这样的观点具有相当的代表性，可是从刑法理论的角度来看，又是不能成立的。《刑法》第264条关于盗窃罪的规定中并没有明文要求“秘密窃取”，秘密窃取也并非盗窃罪的不成文的构成要件要素。尽管盗窃罪通常是以秘密窃取的方式实现，但是作为财产犯罪的一种，盗窃罪与抢劫、抢夺型的财产犯罪相比，是采用暴力、胁迫之外的平和手段取得财物；较之同样属于窃取、骗取型的诈骗罪，盗窃罪是违背财物所有人、占有人的意志取得财物（而诈骗罪是基于财物所有人或占有人的有瑕疵的意思取得财物）。可见秘密窃取并非盗窃罪的要件。对盗窃罪行为方式的这种理解，近年来逐渐成为我国刑法学界的有力说并逐渐对司法实践产生影响。按照这种有力说（＝“秘密窃取”不要说），许霆取得他人财物是采取了一种平和的方式（从而不成立抢劫、抢夺），并且违背了财物所有人的意思（从而不成立诈骗），在客观方面完全符合盗窃罪的特征。况且，退一步讲，即便按照我国刑法学界的至今的多数说，盗窃罪的成立在客观上需要满足“秘密窃取”的特征，这里的

---

① 张若渔．ATM取款案 一次伦理意义上的判决．今晨6点，2007-12-19(03)．

"秘密窃取"也是指行为人以自认为不为财物所有人（占有人）所知的方式取得财物，盗窃行为完全可能在财物所有人、占有人之外的第三者的注视之下完成，故许霆恶意取款的行为也完全符合"以自认为不为财物所有人（占有人）所知的方式取得财物"，也仍然满足了所谓"秘密窃取"的特征。所以，以许霆的行为并非"秘密窃取"为由否认盗窃罪的成立，是站不住脚的。

成立盗窃罪，除了客观上要求采用平和手段取得财物，还要求在主观上出于非法占有的目的。非法占有目的的有无，就对许霆行为的定性来说也至关重要。如果许霆根本不具有非法占有的目的，那么，他对于17.5万余元则可能存在民法上的不当得利而不构成犯罪。但是，对许霆的多次取款行为应该分开评价：第一次欲取100元却发现卡中只被扣掉1元而自己却拿到了1 000元时，多得的999元确实属于"不当得利"（这时他有将999元还给金融机构的义务）。但是当其发现ATM机本身存在故障以后再次取款时（共取款171次），实际上就属于恶意利用ATM机的故障，非法占有银行的财产。从第二次取款时起，许霆非法占有银行财产的目的就表露得非常清楚（考虑到其以后的潜逃行为，"非法占有目的"的存在更加确定无疑），就不可能停顿在民事法律关系上的"不当得利"，而应该按照刑事犯罪处理了。

由此看来，许霆的恶意取款，属于出于非法占有目的，利用银行ATM机的故障，违背财物所有者的意志，采用平和方式取得他人财物的行为，符合了盗窃罪的主、客观特征，应该被定性为盗窃罪。

（二）他罪说不能成立

1\. 该行为不成立侵占罪

许霆的律师认为，在ATM机出现故障的场合，由于"银行有足够时间追回款项，只是因为周末而错过，因此可以将这17.5万余元视为'遗忘物'，许霆的离开行为仅构成侵占罪"①。实际上，律师之所以主张该恶意取款行为成立侵占罪，是因为侵占罪的法定刑要比盗窃罪的低得多，其最高法定刑仅是5年有期徒刑。高艳东教授更是大胆提出：预设的犯罪构成之形式内容应为准确量定刑事责任让路，民众对刑事案件的思维是先看

① 佚名．男子趁ATM机出错恶意提款171次被判无期．燕赵晚报，2007-12-18（B04）．

量刑后看定罪，理性的民意应当在案件的判决中得到尊重。为了维护这种实质正义，可以突破罪名的界限，进而主张许霆的行为成立侵占罪。①

但是，将利用ATM机的故障恶意取款的行为定性为侵占是有问题的。我国《刑法》第270条所规定的侵占罪包括两种情形。该条第1款是将代为保管的他人财物非法占有己有，数额较大，拒不退还的行为。这是一种典型意义上的侵占，其基本特征通常被概括为“变合法占有为非法所有”。许霆的行为显然不成立此种意义上的侵占罪（不具备“合法占有”的前提②）。《刑法》270条第2款还规定了另一种意义上的侵占，即将他人的遗忘物或者埋藏物非法占为己有，数额较大，拒不交出的。这种遗忘物或者埋藏物，实际上属于“脱离占有物”，而这种形式的侵占实际上也就是对“脱离占有物的侵占”。那么，在许霆利用ATM机的故障恶意取款时，银行ATM机所吐出的1 000元究竟是在银行的占有之下，还是已经脱离了银行的占有？确实，ATM机在出现故障之后实际上已经无法及时控制该财物，而其他储户也难以及时发现许霆行为的可疑之处并向银行报告，许霆的恶意取款行为是以合法的表象出现的。因此，孤立地看，难以认定ATM机在故障之后吐出的金钱仍为ATM机及其所代表的银行占有。那么，能不能认定此时的财物属于已经脱离银行占有的“遗忘物”？当然不能。从许霆明知ATM机存在故障并加以利用而“恶意取款”时起，这就是利用对方的错误以及由此产生的对财物的脱离占有状态而取得财物，这不能定为单纯的“侵占脱离占有物”。因为，对遗忘物等“脱离占有物”的侵占，只能是客观上利用财物脱离占有的事实状态而取得该财物，而不能是行为人主动创造条件（利用ATM机的故障再次取款可谓主动创造财物脱离占有的状态），否则，就不是单纯的侵占问题。由此而论，许霆的恶意取款行为，是不能成立侵占罪的。事实上，认为许霆的行为成立侵占罪的主张，在刑法学界也几乎无人支持。

① 高艳东. 从盗窃到侵占：许霆案的法理与规范分析. 中外法学，2008（3）：457-479. 对这一观念的更系统主张，参见高艳东. 量刑与定罪互动论：为了量刑公正可变换罪名. 现代法学，2009（5）：164及以下。

② 对于第一次取款所不当得利的999元，可谓是代为保管的属于银行所有的财物，拒不退还的，有成立侵占罪的空间，当然这要看999元是否满足侵占罪“数额较大”的标准。

2. 该行为不构成诈骗罪或者信用卡诈骗罪

也有刑法学者认为许霆的行为构成诈骗罪①或者信用卡诈骗罪（属于该条所说的“恶意透支”）。② 这两种主张也都或多或少都存在着“一旦定性为盗窃罪，认定‘盗窃金融机构，数额特别巨大’的话，就会面临畸重的法定刑后果”这种担忧。

主张成立诈骗罪或者信用卡诈骗罪的学者也都从相应犯罪的构成要件角度展开了正面论证。可是，不论是普通的诈骗罪还是作为诈骗罪特殊情形的信用卡诈骗罪，都需满足诈骗罪“欺诈行为——对方产生认识错误——对方基于认识错误处分财产——行为人取得财产”的基本构造。而第一，行为人不存在虚构事实、隐瞒真相的欺诈行为。“行为人在整个行为操作过程中，都是按照银行的要求进行的，使用的是自己名义的真实的银行卡，输入的是自己事先所设定的密码，在整个取款过程中都没有任何的造假或者隐瞒行为。这样，如何能说该行为构成诈骗类型的犯罪呢?”③ 第二，ATM 机也不存在被骗的问题④，也并非基于认识错误处分财产。它每次吐出1 000 元不是因为许霆的行为而是因为自身程序上的故障，所以许霆的行为不应该成立诈骗罪或者作为诈骗罪之特殊类型的信用卡诈骗罪。该论者所持的面对无情的法律要“理性地解释”的立场当然值得赞赏，但是问题在于，这种理性的解释不能丧失各罪的犯罪构成的定型性功能，不能为了从宽处罚而突破人们的生活常识、混淆此罪与彼罪的界限而将重罪解释为轻罪。

可以说，他罪说对罪刑均衡原则或者说实质正义的追求乃至迁就是显而易见的。不过，这些主张需要回答的共同问题是：许霆的行为何以不成立盗窃罪？在这个无法回避的问题面前，诸种观点虽各显神通，却都力不从心，因此也就难逃“以刑定罪”的批判。

① 谢望原. 无情的法律与理性的解释. 法制日报，2008-01-20 (14).

② 刘明祥. 在 ATM 机上恶意取款的定性分析. 检察日报，2008-01-08 (3).

③ 黎宏. 也谈在取款机上恶意取款的行为定性. 检察日报，2008-01-18 (3).

④ 所谓“认识错误”是指主观上的认识与客观上的事实产生了偏差，而主观上的“认识”是以具备认识能力为前提的。ATM 机不具有为人所专有的“认识能力”，也就不存在产生“认识错误”的问题，所以也就无所谓“被骗”。

三、从 ATM 机中恶意取款 17.5 万余元符合“盗窃金融机构，数额特别巨大”

（一）从 ATM 机中盗窃应被视为“盗窃金融机构”

即便认为许霆的行为构成盗窃罪，在尚未出台《刑法修正案（八）》的行为当时的刑法面前，仍有一个问题必须进一步澄清，那就是：借助 ATM 机的故障实施盗窃能否被视为“盗窃金融机构”？对此的回答至关重要：若得出否定回答，则许霆盗窃普通公私财物数额特别巨大的，“处十年以上有期徒刑或者无期徒刑，并处罚金或者没收财产”，此时无期徒刑是法定最高刑；若得出肯定回答，则许霆之行为具备“盗窃金融机构数额特别巨大”的情节，其最低法定刑即为无期徒刑。虽然这两种情况下的法定刑中都包含无期徒刑，但许霆被判处无期徒刑的几率显然不同。

那么，ATM 机究竟是否属于“金融机构”？1998 年 3 月 17 日起施行的最高人民法院《关于审理盗窃案件具体应用法律若干问题的解释》（已失效）第 8 条明确指出，“刑法第二百六十四条规定的‘盗窃金融机构’，是指盗窃金融机构的经营资金、有价证券和客户的资金等，如储户的存款、债券、其他款物，企业的结算资金、股票，不包括盗窃金融机构的办公用品、交通工具等财物的行为”。这里，司法解释只是将金融机构的办公用品、交通工具等财物排除在外，应该说对“盗窃金融机构”作出了比较宽泛的理解。ATM 机，无论是离行的 ATM 机，还是行内的 ATM 机，都属于银行的自助网点，ATM 机内的现金来源于金融机构，其财产的所有权属于金融机构，其不过是为了便捷客户而通过电子系统代替银行柜台为客户提供服务的装置，属于银行柜台的一种延伸。所以，将 ATM 机视为“金融机构”、从 ATM 机中盗窃属于“盗窃金融机构”应该是不存在障碍的。

对于将 ATM 机视为“金融机构”的观点，也有不少人提出质疑。如中国社会科学院法学研究所邓子滨博士认为，“有人说 ATM 是金融机构的‘延伸’，但某物的‘延伸’恰恰就不是该物本身。人的一只手不是人本身，砍掉一只手只能构成伤害，不能构成杀人，就是这个道理”①。但是，该论者的理论前提就是值得商榷的。说到“延伸”，并不是说 ATM

① 邓子滨．ATM 机非金融机构，应当为许霆减刑．新京报，2007-12-28（05）．

机是“金融机构”的延伸，而是说 ATM 机是“银行柜台”的延伸。ATM 机实际上是金融机构的当然组成部分。而且该论者在这里所作的“砍手”与“杀人”的生动类比似乎也让人费解：按照该论者的逻辑，人的头也不是人本身，但是会有人认为砍掉人的头也不构成杀人罪吗？手是“人”的重要组成部分，而并非“人”的延伸，砍手之所以不构成“杀人”，原因不在于犯罪的对象不属于“人”，而在于犯罪的行为不属于“杀”。可以认为，不能为了对被告人从宽处罚就对“金融机构”的含义作所谓的限制解释而将 ATM 机排除在“金融机构”之外，这既不符合前述司法解释的精神，也可以说超越了限制解释的界限。①

（二）17.5 万余元符合“数额特别巨大”的规定

许霆之所以一审被判无期徒刑，不但因为其从 ATM 机中恶意取款的行为属于“盗窃金融机构”，而且也因为 17.5 万余元属于“数额特别巨大”。根据 1998 年 3 月 26 日最高人民法院、最高人民检察院、公安部《关于盗窃罪数额认定标准问题的决定》（已失效），个人盗窃公私财物“数额特别巨大”，以 3 万元至 10 万元为起点，由各省、自治区、直辖市高级人民法院、人民检察院、公安厅根据本地区经济发展情况，并考虑社会治安状况，在上述幅度之内，共同研究确定本地区执行“数额特别巨大”的具体数额标准。可见，不管广东省实际执行的“数额特别巨大”的具体数额标准是多少，都肯定在 3 万元至 10 万元幅度之内。由此，许霆所盗窃的 17.5 万余元属于“数额特别巨大”，就是确定无疑了。而一旦被认定为“盗窃金融机构，数额特别巨大”，他所面临的法定刑起点即为“无期徒刑”。由此看来，在不具有任何的法定减轻处罚情节的情况下，许霆就要在“无期徒刑或者死刑，并处没收财产”的幅度之内接受刑罚了。

（三）判处许霆无期徒刑不能说是从重判决

有评论者认为：在本案中，许霆不仅一再盗取，还将这一情况告知他人，随后更在潜逃中将巨款挥霍一空。整个过程中并无任何可获从轻或减

---

① 正如张明楷教授所言，“新刑法颁布后，许多解释者对限制解释情有独钟，其着眼点在于限制司法权力，但是，尊重人权主义只是罪刑法定原则的思想基础之一，解释者不能忽视罪刑法定原则的民主主义思想基础；法治不只是形式法治，还必须是实质法治，解释者必须追求正义，而不是只追求有利于被告”。张明楷．刑法分则的解释原理．北京：中国人民大学出版社，2004：22.

轻处罚的量刑情节。因此，其行为不仅仅盗窃数额巨大，符合法定范围，而且其在犯罪和悔罪等方面也存在情节恶劣情形，法院在法定范围内从重判决并无不妥。[①] 在本书看来，看到许霆的行为中有“一取再取”“告知他人”“潜逃挥霍”等情节固然重要，但由此并不能得出其行为“无任何可获从轻或减轻处罚的量刑情节”的结论，认为其属于“情节恶劣”也颇显牵强（必须考虑被害人一方存在过错的重要事实），得出法院在法定范围内“从重”判决的结论更无依据。事实上，“盗窃金融机构，数额特别巨大”情况下的法定刑就是“处无期徒刑或者死刑，并处没收财产”，据此对许霆判处无期徒刑并处没收财产，就不是法院在法定范围内从重判决，而是在法定范围内“依法”判决。考虑到并未对其判处死刑（包括死缓），甚至可以说对其进行了“从轻判决”。

四、情、理、法冲突的表现与症结

（一）从法理和情理上说，许霆值得从宽处罚

本案被披露之后，受到了包括众多的法律家在内的民众的强烈质疑。这说明，许霆一审被判处的无期徒刑后果明显超出了民众的心理预期和承受能力。之所以得出这一结论，除了基于民意的支持，主要还是基于以下的原因。

1. 从法理上讲，银行一方具有过错，应该减轻许霆的刑事责任

应该看到，银行方（包括维护 ATM 机运行的厂商，它们是一个利益共同体）在本案中是有责任的：正是其失职，导致 ATM 机出现故障而不自知，导致许霆获得了“恶意”取款的天赐良机。银行方作为被害人的责任，应该消减（但不是“消除”）许霆之行为的社会危害性和非难可能性。类似地，比如在故意杀人罪等犯罪之中，如果被害人一方存在严重过错的话，被告人通常不会被判处死刑，特别是通常不会被判处死刑立即执行。[②] 如此看来，因非法占有区区 17.5 万余元而被判处无期徒刑，确实过重。

---

① 中国人民公安大学副教授黄娜持上述观点。黄琼，李斯璐．男子 171 次恶意取款被判无期 网友称量刑太重．新京报，2007-12-18（A09）．

② 对此的分析，可参见陈兴良．被害人有过错的故意杀人罪的死刑裁量研究——从被害与加害的关系切入．当代法学，2004（2）：118 及以下。

对此，可能会有人认为应该“一码归一码”，银行的责任属于被害人本身疏于对自己财产的管理，只能由银行的上级主管部门追究银行在内部管理上的责任，银行的过错不能成为减轻许霆的刑事责任的充分理由。但在本书看来，以上观点值得商榷。一般财产犯罪中财产所有人疏于对财产的管理导致盗窃等犯罪易于得逞时，诚然不能就此减轻行为人的刑事责任，但是本案中的情况不同。本案之中银行方妥善管理 ATM 机之中的金融资产应该属于法定的强制性义务，银行方未能履行这一强制性义务，不同于一般的财产所有人疏于对自己财产的管理（后者充其量是社会生活上的义务）。银行方由于违反了这样的强制性义务，存在重大过错（而非一般意义上的“疏忽”），自然减少了许霆之行为的法益侵害性和非难可能空间。因此，对于许霆的刑事责任来说，这就不是简单的“一码归一码”，而是会对许霆之行为的评价产生直接的影响。

2. 从情理上讲，无期徒刑的判决体现了强化伦理重于维护法益的危险倾向

有评论者认为：这个判决在很大程度上不是基于法律高贵、保守的专业立场，而是基于对伦理意义上的人性恶的忌惮和打击。对法律来说，这应该是一种危险的倾向。① 事实上，这样的一个普通的案件之所以引起如此之大的反响，一个重要的原因就是，“每一个人都可能是下一个许霆”，“没有几个人会比许霆高尚”，许霆只不过比较倒霉，做了我们很多人都想做的事而运气欠佳而已。这样看来，确实可以说，本案实质上属于“一次伦理意义上的判决”，通过重刑来维护一种“诚实信用”的伦理规范而非保护法益，虽然符合法律，却有悖情理。这样的量刑本身是值得反思的。

（二）导致一审重判的法律症结

法院以“盗窃金融机构，数额特别巨大”对许霆作出了判决无期徒刑的一审判决，这一判决符合法律规定。但是，对于许霆来说，他应当受到从宽处罚而未能享受到这样的待遇。但是，相关的法官不应该受到过多的指责。许霆在一审获得重刑，为自己的犯罪行为付出了代价，在某种意义上可谓咎由自取。但是，立法者在盗窃罪（以及其他的犯罪）中所体现出的对公私财产的不平等保护也直接造成了对许霆量刑的重刑后果。

① 张若渔．ATM 取款案 一次伦理意义上的判决．今晨 6 点，2007-12-19（03）．

1. 规定对“盗窃金融机构，数额特别巨大的”加重处罚本身值得检讨

立法者规定，盗窃罪只在“盗窃金融机构数额特别巨大的，或者盗窃珍贵文物情节严重的”情况下可以被判处死刑。这一规定在立法论的角度值得反思。在1997年刑法修订的过程中，关于盗窃罪的最高法定刑是恢复到1979年刑法规定的无期徒刑，还是保留全国人大常委会于1982年3月通过的《关于严惩严重破坏经济的罪犯的决定》中对盗窃罪增设的死刑，曾有激烈的争论。立法者最终采取了折中的态度：保留死刑但严格限制适用面，明文规定只有在“盗窃金融机构，数额特别巨大的”或者“盗窃珍贵文物，情节严重的”情况下，才有可能适用死刑。明显可以看出，1997年刑法作出这样的规定，是一种妥协，是在限制死刑适用的大趋势面前塞进了“私货”：既取消一般情况下盗窃罪的死刑以做到“限制死刑的适用”，又出于保护金融资产或者珍贵文物的需要，在极为例外的场合保留了盗窃罪的死刑。但是，从“公私财产平等保护”的角度出发，凭什么要对金融资产作出“特殊”保护以致规定有死刑？盗窃罪中死刑的设置本身值得批判。刑法上的盗窃罪应该实现对所有公私财产的平等保护，而不应该“厚此薄彼”。从保护法益和剥夺法益的对等性角度考虑，也从严格限制死刑乃至最终废除死刑的论断出发，2011年施行的《刑法修正案（八）》消除《刑法》第264条关于两类特殊情况下加重处罚乃至最高可以判处死刑的规定，将盗窃罪的最高法定刑固定在无期徒刑，是一个符合潮流的选择。

2. 司法解释所确定的“数额特别巨大”的标准需要与时俱进

我国刑法区别于国外刑法的一个显著特点是，许多犯罪的成立具有数额的限制，而具体的数额标准又是由立法或者事实上行使立法职能的司法解释所规定。随着经济形势的发展，就难免会出现立法或者司法解释的数额标准难以适应形势变化，无从体现实质公平的问题。许霆在一审被判处无期徒刑，一方面是因为盗窃ATM机被认定为“盗窃金融机构”，另一方面也因为17.5万余元满足了1998年司法解释所确定的“数额特别巨大”的标准。以个人盗窃公私财物价值人民币3万元至10万元以上为“数额特别巨大”的标准，是最高人民法院、最高人民检察院和公安部的司法解释规定的，这一解释在许霆案案发之时依然有效。由此而造成的实质不公每天都在发生着，许霆案只不过是一个鲜明的范本，被媒体放大了

而已。在 2013 年，最高人民法院和最高人民检察院新的司法解释《关于办理盗窃刑事案件适用法律若干问题的解释》大幅提高了盗窃罪的数额要求，将 1 000 元至 3 000 元以上、3 万元至 10 万元以上、30 万元至 50 万元以上，分别作为“数额较大”“数额巨大”“数额特别巨大”的认定标准，部分地解决了上述问题。不过，随着经济发展适时提高财产犯的数额标准，这样的做法固然值得肯定，但终究只是个治标的办法。就财产犯罪的成立问题而言，真正像国外刑法那样立法定性、司法定量，在立法上删除犯罪成立的数额限制，由司法者在对具体案件的裁量中确定成立犯罪以及罪轻罪重的具体标准，应该是一个治本的方案——尽管可能在短期之内无法实现，但明确目标仍是有意义的。

（三）对许霆案的基本评价

就本案而言，最初的广州市中级人民法院法官显然严格遵守了法律的规定，在“守法”问题上得了分，但却在民意即情理面前失了阵脚。一个富有智慧的法官，究竟应该怎样权衡其中的利弊，作出一个既符合法律又彰显情理的判决？对此，本书的回答是，法官应该在法律所允许的范围内尽可能兼顾情理，以作出一个合理合法的判决，“经得起历史的考验”。问题的关键在于法律是否赋予了法官以施展智慧的空间，而法官又能否抓住这样的机会。可以看到，我国刑法还是赋予了法官一定的施展空间的，法官若能利用这种空间，所得出的判决会令人信服得多。就这一个案而言，这里所说的法官的施展空间，具体是指我国《刑法》第 63 条第 2 款的规定：“犯罪分子虽然不具有本法规定的减轻处罚情节，但是根据案件的特殊情况，经最高人民法院核准，也可以在法定刑以下判处刑罚。”在许霆案中，由于被害一方存在重大过错，也由于最高人民法院、最高人民检察院和公安部关于盗窃罪数额的前述十余年前的司法解释已然落后于时代，显得起点过低，可以认为具备《刑法》第 63 条第 2 款中的“特殊情况”。现实中，重新审理案件的法官提请对许霆作出特别途径的“减轻处罚”（在“无期徒刑或者死刑，并处没收财产”的法定刑之下判处刑罚），这样，既未突破现行法律（不将眼睛只盯在《刑法》第 264 条）的规定，又能做到兼顾情理与法理，得出令人信服的判决。这样的特别减轻处罚需要最高人民法院的核准，而作为最高审判机关的最高人民法院，借助许霆案这样的一个鲜活的标本使《刑法》第 63 条第 2 款“活”起来，也是值得肯定的，因为，这将意味着罪刑法定原则、罪刑平等原则和罪刑均衡原则的全面开花。

一个原本稀松平常的案件，却让以研究犯罪及刑罚为专业的刑法学者之间产生了广泛的交锋。这一方面固然显示了刑法学界共同话语前提的累积薄弱，另一方面无疑也直接促进了我国刑法学相关问题的研究。同时，普通公众对这样一个案件持续关注，既是我国社会整体法治观念提升的形象表现，也是我国法治，特别是刑事法治启蒙的绝好时机：就许霆的行为为什么构成或者不构成盗窃？ATM 机为什么是或者不是“金融机构”？对这样的行为究竟判得重了还是不重？凭什么贪污受贿几百万元常被判处有期徒刑，而因为 ATM 机的故障仅贪财 17 万余元的年轻人却被判了无期徒刑，这样的差别究竟算不算不公平？对这样一些问题的广泛讨论，使不少问题的答案变得清晰，而民众将自己的见解与研究者的分析加以对比，将自己的看法与最终形成的判决进行对照，这本身就是法律素养的训练，就是刑法知识的启蒙。概括起来说，许霆案案情并不复杂，涉案的金额也没多大（虽然被认定为盗窃罪意义上的“数额特别巨大”），何以成为法治中国的一个“标本”？这主要是因为，刑事立法本身的公平性和刑事司法系统的公正性同时遭受了质疑，引爆了人们对于一个因为自己的一时贪念而滑入歧途的小人物在庞大的国家机器打击犯罪的机能面前所处命运的深层关注。面对这个与大家的日常生活离得很近的案件，太多人有表达的欲望、倾听的兴趣和关注的耐心，于是，这样的一个简单个案就成了“五脏俱全”的麻雀，可堪解剖。

五、以刑制罪观念要受到罪刑法定原则的刚性制约

（一）争议的总结

关于许霆案的各种观点之间之所以未能形成更多共识，是因为对罪刑均衡的强调过了头，从而突破了罪刑法定原则所能允许的底线。在盗窃罪的行为方式问题上无论采取“秘密窃取说”还是采取“平和取得说”，都应该承认，出于非法占有目的、恶意利用 ATM 机的故障而取款并据为己有的行为符合盗窃罪的构成特征。同时，诈骗罪或者作为诈骗特殊类型的信用卡诈骗罪都需要被骗者实施了“基于认识错误而处分财物”的行为，而“认识错误”是指主观认识与客观事实不一致，然而，许霆案中并不具备这一特征，无法按照诈骗类犯罪处理；同时，侵占罪要么是将合法占有变为不法所有（《刑法》第 270 条第 1 款），要么是将特定的脱离占有物据

为己有（同条第 2 款），所以，许霆故意利用 ATM 机的故障恶意取款的行为也不符合该罪的构成特征。为了寻求罪刑均衡另定他罪而不顾罪刑法定的要求，是法治国家所不允许的。对于该案而言，只能是在盗窃罪的框架之内，找寻进一步的解决之道。对此，虽存在着“从 ATM 机中取款不属于‘盗窃金融机构’”或者 17.5 万余元不属于“盗窃金融机构”中的“数额特别巨大”等各种途径，但这些途径都有较大风险。动用《刑法》第 63 条第 2 款规定的酌定减轻处罚程序是面对这种立法本身配刑过重导致的罪刑失衡的最稳妥途径。不过，必须强调《刑法》第 63 条第 2 款适用的例外性、非经常性。一般性地主张“非典型案件量刑失当完全可以经由刑法第 63 条的规定予以纠正”①，不但会导致诉讼资源的巨大浪费、诉讼效率的大幅降低，也会极大限度地削弱司法者适用、解释法律的能力和能动性，在论者拥护罪刑法定原则的初衷之下却蕴含着利用该特殊规定吞噬法官主体性的危机。

（二）以刑制罪观念的边界

以刑制罪理论并不“是对罪刑法定原则的反动与颠覆，对刑事司法有百害而无一利”②。相反，罪刑法定从“法治国”到“福利国”的语境变迁，制定法主义从绝对到相对的观念转换，等等，都可以证明，主张以刑制罪本身并不违反罪刑法定。③

但同时，确实必须强调的是，以刑制罪理论及其背后所依循的对罪刑均衡原则抑或刑罚妥当性结论的追求，需要受到罪刑法定原则的基本限定。换言之，以刑制罪观念必须在罪刑法定原则的框架之内展开。进一步讲，这涉及罪刑均衡原则的地位以及其与罪刑法定的关系。罪刑均衡原则在我国刑法上被规定在第 5 条且被置于第一章“刑法的任务、基本原则和适用范围”之下。理论上也通常将其与《刑法》第 3 条规定的罪刑法定原则及第 4 条规定的罪刑平等原则（适用刑法人人平等原则）并称为我国刑法规定的三大基本原则。但实际上，适用刑法人人平等不过是人人平等的

---

① 郑延谱．量刑反制定罪否定论．政法论坛，2014（6）：133.

② 同①136.

③ 对此的分析，参见赵希．“量刑反制定罪论”不违反罪刑法定．南京师范大学学报（社会科学版），2015（1）：53－59．王华伟．误读与纠偏：“以刑制罪”的合理存在空间．环球法律评论，2015（4）：51－52。

宪法原则在刑法中的体现，并不具有“刑法”的独立品格；而罪刑均衡原则也不过是刑罚法规适正原则这一罪刑法定原则之实质层面的体现。[①] 因此，罪刑均衡并非能够与罪刑法定原则完全对等的刑法基本原则，后者才是刑法的“铁则”。作为罪刑法定原则的下位概念和组成内容，罪刑均衡受到罪刑法定原则的限定与制约，是理所当然的。而构成要件符合性的判断，正是罪刑法定原则的基本要求。构成要件符合性的判断并非纯粹对号入座式的形式判断，也必须包含进一步的实质判断，而以刑制罪观念以及罪刑均衡追求都是进行实质判断时的重要考量因素。一旦通过了对具体犯罪构成要件符合性的判断，就不允许再以“成立该罪会导致罪刑失衡”为由，否定相关犯罪的成立。这里充分体现出罪刑法定原则的指导意义和制约作用。在这个意义上确实可以说，“那种认为定罪要完全服从量刑需要的‘量刑反制定罪’论，是片面强调罪刑相适应原则，而脱离了罪刑法定原则最基本的束缚”[②]。

---

① 山口厚．刑法总论．3版．东京：有斐阁，2016：17-22.

② 赵希．“量刑反制定罪论”不违反罪刑法定．南京师范大学学报（社会科学版），2015（1）：59.

第七章　积极主义刑法观的理论归结

在对积极主义刑法观立足的理论、立法和司法三个维度从正面系统展开之后，本书又从侧面对这一观念的必要节制角度进行了界定，从而对这一主张进行了补强。行文至此，积极主义刑法观较为完整地呈现出来，全书的主体部分也已经完成。接下来，还需要对积极主义刑法观的理论支撑作个明确交代，并且对全书的基本结论加以总结。

第一节　严而不厉：积极主义刑法观的理论支撑

一、严而不厉思想概述

积极主义刑法观的主要内容是法网规制上的“不严”到“严”，以及具体刑罚适用上的“厉”到“不厉”两个方面，其中，前者是主体内容，后者是必要补充。由此可明显看出，储槐植先生倡导的“严而不厉”思想[①]是这一主张的重要理论资源。对于“严而不厉”的刑法结构，有评论者指出，由于法网严密、刑事责任严格，犯罪分子实施犯罪而漏网的概率大大下降，追诉率、定罪率和判刑率相应提高，这会在一定程度上增加国家的刑罚资源投入和刑事司法系统的工作负担，但刑罚以适度和必要为限，单位犯罪的平均刑罚量大大下降，将使国家投入的刑罚资源总量得到严格控制。严而不厉的刑法结构能够有效地克服厉而不严的刑法结构的弊端。它一方面通过提高追诉率和刑罚确定性来加强刑罚的威慑性，另一方面又通过公正适度的刑罚给犯罪分子以报应和惩罚。由此不仅可以有效地伸张社会正义，加强社会伦理的力量，增强社会大众的法律认同感，形成遏制和预防犯罪的社会心理氛围，而且可以唤醒犯罪分子本人的社会伦理意识，使犯罪分子感到罪有应得，从而真诚地赎罪悔罪、认罪服法，改过自新。各国刑罚运作的实践证明，刑罚威慑效应并不单纯取决于刑罚的严厉性，而是更多地取决于刑罚的确定性和公正性。严密的法网、确定的追诉和适度的刑罚能够有效地降低犯罪分子逃脱惩罚的机会，造成强大的心理威慑效应，为一般预防和特殊预防功能的实现提供现实可行的基础。[②]

二、严而不厉之“严”：严密法网

贝卡利亚说过：“惩罚犯罪的刑罚越是迅速和及时，就越是公正和有益。”[③] 菲利则提出，刑罚从其结果的不可避免性中产生全部威力。列宁也曾指出：有人早就说过，惩罚的警戒作用绝不是惩罚的严厉与否，而是看有没有人漏网。重要的不是严惩罪行，而是使所有一切罪案都真相大白。[④] 犯罪心理学的研究结论同样证明，绝大多数犯罪人都存有侥幸逃避制裁的心理，无论刑罚多么严厉，犯罪人认为自己有逃脱刑罚制裁的可能时，再严厉的刑罚也毫无阻止犯罪发生的作用。所以，

---

① “严而不厉”思想的内容，参见储槐植. 刑事一体化论要. 北京：北京大学出版社，2007：53-67。

② 梁根林. 刑事法网：扩张与限缩. 北京：法律出版社，2005：161-162.

③ 切萨雷·贝卡里亚. 论犯罪与刑罚：增编本. 黄风，译. 北京：北京大学出版社，2014：57.

④ 严厉. 刑事法律观念的转换. 政治与法律，2000（6）：12.

对于犯罪规制来说，“严密法网”，从而增加刑罚的确定性是最为重要的。

所谓“严密法网”，既包括立法层面上的刑事法网规制范围的严密，也包括司法适用上的确定、及时，重视刑罚的不可避免性。本书所主张的积极主义刑法观，以“严密法网”为首要追求，无论是立法上还是司法上，都强调适度犯罪化。这是前文各章已经反复表明了的。要而言之，鉴于我国当下整体法网和个罪法网都不够严密的现实，本书认同刑法相对积极主动地介入社会生活，除在立法论层面上主张通过“适度犯罪化”严密整体法网之外，在解释论上，主张在罪刑法定原则所能够允许的范围内，通过刑法适用、解释的方法尽可能扩充刑法规范的供给，以严密个罪法网。以上两种渠道，总体说来，通过立法上的努力增加刑法规范的既有供给，通过司法上的运作增加刑法规范的可能供给，两者共同保证我国的刑事法网从“不严”到“严”。

三、严而不厉之“不厉”：去重刑化

在严密法网（整体法网和个罪法网）的前提之下，为保证国家刑罚资源投入总量的均衡与可承受，应适当降低刑罚的严厉性。在我国素有重刑主义传统的背景下，在现行立法仍然是以死刑和自由刑为中心的重刑主义刑罚结构的现实面前①，强调“降低刑罚的严厉性”尤其必要。司法者必须认识到刑罚本身的严厉性和局限性，在刑罚裁量时慎重用刑，尤其是慎用重刑。这与强调刑法的积极介入并不冲突，相反，恰恰是积极主义刑法观的组成部分。

---

① 我国学者指出，现行刑法基本上属重刑结构：(1) 经修正案（八）、修正案（九），至今仍有46个死刑罪名；(2) 规定了无期徒刑的罪名有82个；(3) 全部犯罪均配有剥夺自由刑，其中法定刑最低5年以上的罪名有341个，法定刑最高5年以下的罪名仅有127个；(4) 监禁刑执行的年度假释率从未突破个位百分比；(5) 规定了拘役的罪名有394个，但司法实践中的适用率显著偏低，以致未对其进行独立专项统计；(6) 罚金刑不是主刑；(7) 附加刑制度还有“没收犯罪分子个人所有财产的一部分或者全部”的规定。可见，1997年刑法偏好重刑。储槐植. 1997年刑法二十年的前思后想. 中国法律评论，2017 (6)：卷首语：3. 储槐植. 刑事“三化”述要. 中国检察官，2018 (1上)：5.

进一步说，严密刑事法网，同时顺应潮流实现刑罚轻缓化[①]，在犯罪圈大小与刑罚量配置上同时改变我国刑法机制的运作现状而作反向变革，即在严密法网（由目前的“不严”到“严”，亦即相应扩大犯罪圈）的同时轻缓刑罚（由目前的“厉”到“不厉”，亦即相应缩减刑罚量），进行由“厉而不严”到“严而不厉”的结构性优化，应该是我们在面对刑法机制运作不畅（“刑法危机”）时所面临的选择。这里，严密刑事法网同样能产生刑法的威慑作用，以此作为刑之趋轻导致刑罚乏力的功能代偿。“严而不厉这种刑法结构能较好地同时发挥刑法打击犯罪保护社会与保障犯罪人合法权益两种功能，容易协调司法实践中可能出现的情与法的冲突”，“‘严而不厉’是人类迄今为止探索寻觅到的利于刑法运作（刑法机制）顺畅的刑法结构”[②]。

要实现“不厉”，就要去重刑化，“去重刑化是刑法现代化的基础性问题”[③]。去重刑化与我国总体上犯罪态势的演变相适应。据统计，从2000年到2010年十年之间普通刑事犯罪的发案量稳中有降，其中放火、爆炸、杀人、伤害、抢劫、绑架、劫持、强奸这八类严重暴力犯罪的发案量持续下降，破案率明显上升；而且这八类严重暴力犯罪在普通犯罪总数中的占比亦逐年下降，特别是命案发案量比十年前下降了近50%，同期命案破案率大幅上升，至2016年已高达98.3%，每10万人中命案发案数仅0.7，单就该指标而言，我国已成为世界上最安全的国家之一。[④] 就此而言，我们不太可能再发生刑法危机，去重刑化已呈现客观条件。[⑤] 同时，真正建立立法双轨制，也有助于从根本上杜绝法定犯的法定刑攀比自然犯法定刑的现象，对于实现刑罚轻缓化、趋向“不厉”，也是重要的制度化举措。

---

① 我国学者关于轻刑化之理由的系统论证，可参见陈兴良．本体刑法学．3版．北京：中国人民大学出版社，2017：531-534。

② 储槐植，宗建文，杨书文，付立庆．刑法机制．北京：法律出版社，2004：26.

③ 储槐植．1997年刑法二十年的前思后想．中国法律评论，2017（6）：卷首语：3.

④ 杨书文．试议经济犯罪的风险性与经济刑法的扩张化——兼及晚近刑事立法中的经济犯罪．江西警察学院学报，2017（5）：6.

⑤ 储槐植．刑事“三化”述要．中国检察官，2018（1上）：5.

四、“严”与“不厉”之间的合理关系

我国学者白建军教授认为，储槐植先生倡导的“严而不厉”思想应该成为未来刑法修正的基本指导原则之一。严而不厉思想的精髓，既非不加区分的罪名多多益善，又非简单的轻刑缓罚，而是“严密”与“不厉”之间的合理关系。白教授认为，在这一语境下，未来中国刑法修正似应参照以下三个具体原则展开。(1) 结构还原，即任何一个已入刑或拟入刑的行为，都应该具有暴力、偷窃、欺骗的可还原性，至少可归结为定制之罪。刑法修正沿着这一还原路径增设罪名或者调整入刑条件、范围，是实现法网严密性的基本路径。刑法的犯罪化过程应该聚焦典型犯罪，而不能本末倒置，将过多的刑法资源投向对其他行为的规制。尚有一些典型的暴力、偷窃或欺骗行为在我国刑法中仍属空白，例如，我国刑法中的故意伤害罪入罪门槛较高，有必要增加暴行罪；我国刑法中的敲诈勒索罪只以财产为保护对象，没有将其扩展到对更多安宁生活的保护，许多国家的刑法中规定的各类威胁恐吓犯罪，值得我国刑法修正时借鉴。(2) 比例控制，即刑法修正要尽量保持典型犯罪的比例明显高于不典型犯罪的比例，原则上不出现犯罪圈外环罪名。目前我国刑法犯罪圈三环结构中，典型犯罪、定制之罪和外环犯罪的占比分别为70.5%、20.7%、8.8%，约为7∶2∶1。除非另有系统性说明，刑法修正不应轻易逆向打破这个比例关系。(3) 罪刑有序，即刑法修正应该按照犯罪圈结构中犯罪类型之间入刑理由的强弱关系安排各类罪名的刑罚轻重。结构还原与比例控制都是严而不厉原则中“严密性”的操作化，同时也为“不厉”的实现打下了基础。而罪刑有序是“严密”与“不厉”间之关系的一种量化表达。“不厉”不是指所有犯罪不分轻重的普遍轻罚，而是严密基础上的“不厉”，是以罪与罪之间的结构具有合理性为条件的轻刑缓罚。[①] 以上论述为如何严密法网、如何通过设定各种犯罪的刑罚轻重来保证罪刑均衡提供了实证基础和较具有操作性的标准，值得重视。

① 白建军. 犯罪圈与刑法修正的结构控制. 中国法学，2017 (5)：88-90.

第二节　全书主要结论

在当下我国的刑法话语体系里，刑法谦抑原则仍是强势话语，“违反刑法的最后手段性”等类似表述常有耳闻。本书虽并不截然反对谦抑原则，但却对刑法的功能定位持更积极的态度，倡导积极刑法观。相比而言，这肯定是弱势理论，很容易受到批判。但弱势理论自有其学术价值，对弱势理论悉心呵护、精心培育，使弱势理论成长为强势理论，正是学术研究的魅力和学者的职责所在。①

刑法观的问题，既关系到刑法自身的证成，也关系到刑法与道德、刑法与行政法等的界限。前者是个“法律实践背后的元问题”，后者则是个规范自身的生成与适用问题。“刑法的证成和界限问题共同构成了刑法观的核心理论关注。”② 本书在对前者即刑法的目的与正当性等元问题予以必要关照的前提之下，主要围绕着后者即刑法的界限问题、刑法教义学的实践进行了展开。全书最后，归纳和强调如下内容。

1. 积极主义刑法观的理念宣扬

刑法介入社会生活的广度和深度等，本质上是一个刑事政策选择问题。在宽严相济基本刑事政策的语境和废除劳动教养制度的背景下，我国刑法介入社会生活应该更为积极、主动一些，即采积极主义刑法观。积极主义刑法观既有别于泛刑主义、家长主义刑法观，也不同于常识主义刑法观，与刑法谦抑原则也并不冲突。实定法中，无论从是刑法总则中关于普遍处罚犯罪未遂、犯罪预备的规定，还是从刑法分则中大量关于持有型犯罪等实质预备犯的规定，都足以看出立法者通过早期干预来遏制重大犯罪的意图，从而为积极主义刑法观提供了法律根据。同时，“适度犯罪化的总体趋势”决定了刑法积极介入社会生活符合我国当下犯罪圈变化的基本走向，是积极主义刑法观的实践基础。

① 张明楷. 刑法学研究的五个关系. 法学家，2014 (6)：77-78.

② 郑玉双. 法理学贡献于刑法学的方式：以刑法观为例. 中国法律评论，2018 (3)：109.

2. 积极主义刑法观的立法贯彻

对刑法立法的观察可在立法观念、立法技术、立法体例三个层面展开，这三者都强调平衡而不走极端。立法平衡反映在立法观念上，需要在立法的必要性与可行性之间保持平衡；反映到立法技术上，需要在规范的明确性与概括性之间寻求平衡；反映到立法体例上，需要在刑法典的稳定性与权威性之间寻求平衡。总体上，应该坚持立法的双轨制，使附属刑法名副其实。

同时，在劳动教养制度被废除之后，应该主要通过刑事化处理的途径解决相关违法行为的规制问题。劳动教养制度原本就挤占了部分的刑罚权，将其废除并不会带来很大的处罚空隙，而不过是使原本就应该被认定为犯罪的行为回归刑法范畴而已。用刑法手段规制相应违法行为，既需要对犯罪概念、刑法功能等重新界定，也需要采取各种配套措施，诸如增设附加刑的种类、下调拘役的下限以便和行政拘留的上限衔接、更多适用罚金刑等，而制定统一的“轻犯罪法”同样是必要的。

3. 积极主义刑法观的司法展开

积极主义刑法观认为，我国当下的社会形势决定了刑事处罚的妥当性应该得到强调。在一个社会治安状况较好、立法科学化程度较高，同时民众对法治又较为信仰的社会，应该以刑法自身的安定性为首要价值取向。正是法典的安定性担保着其权威性，从而更有助于法治国家的良性运转。而在一个社会治安总体状况较差、各种复杂疑难案件层出不穷，同时立法科学化程度又一般的社会，如果教条式地将刑法自身的安定性奉为圭臬，为此不惜经常性地牺牲具体案件处理的妥当性、合理性的话，不但无助于法律至上观念的形成，反而是对刑法权威的削弱。因此，在我国当下，在罪刑法定原则的总体框架下，刑法应该更积极地发挥调整社会生活的作用，以尽可能实现个案处理中的妥当性、合理性。

在刑事司法中贯彻积极主义刑法观，需要在刑法适用、解释的宏观层面上提炼出扩大解释与类推适用的具体标准，以是否足以令社会一般人产生明显突兀感作为这一标准具有合理性和可操作性；需要结合司法实务，在中观层面上总结出刑法适用中的若干规则，在“严而不厉”思想的指引之下，认同刑法用语的相对性，肯定不同犯罪之间可能的竞合关系尤其是交叉竞合关系，适当放宽累犯的成立条件以体现强烈谴责，这些规则的确立有助于积极主义刑法观的具体贯彻。此外，从对财产权的保护和财产犯罪的认定这一微观视角切入，并在刑法上坚持“经济财产说”这一财产概念，也有助于积极主义刑法观的具体夯实。

4. 积极主义刑法观的必要节制

积极主义刑法观主张“当为则为”。但同时，为了避免国家权力的滥用和约束刑法触须的不恰当延伸，刑法介入要符合正当性和合理性要求，这就需要对积极主义刑法观进行必要节制。对犯罪进行实质化理解，并且强调以刑制罪，追求罪刑均衡，这两方面也构成了对积极主义刑法观的补强。

不能完全形式化理解刑法条文的含义，而应根据法益保护的需要从实质上理解构成要件，包括肯定非法定的构成要件要素。以抽象危险犯为例：一种行为符合法条的形式规定但不具有立法者所预设的风险时，应该允许反证危险之不存在而出罪，而不能以所谓的行为犯为由而入罪。同时，应尽可能扩充刑法规范的有效供给以便周延保护法益，但这种扩充必须在罪刑法定原则的框架下进行，且要受到罪刑均衡原则的限制。对于刑罚后果严重的犯罪，应尽可能严格其成立条件；相反，对于刑罚后果轻缓的犯罪，不妨将其成立条件解释得宽泛一些。

此外，正文第二章第三节提到的“轻犯罪附随效果的脱敏”问题，即轻犯罪场合犯罪前科与从业资格的脱钩制度，同样构成了对积极主义刑法观的必要节制，值得倡导。

5. 积极主义刑法观的理论支撑

鉴于我国当下整体法网和个罪法网都还不够严密的现实，积极主义刑法观主张刑法相对积极主动地介入社会生活，在罪刑法定原则允许的范围内通过刑法适用、解释的方法扩充刑法规范的供给，以使刑事法网在允许的范围内从“不严”到“严”。与此同时，鉴于我国刑法本身至今仍是以死刑和自由刑为中心的重刑主义的刑罚结构，司法实践中法官偏爱适用重刑的倾向也较为严重，积极主义刑法观在主张在对犯罪圈的划定上持积极态度的同时，又主张在具体刑罚的量定上需要慎重，也就是在刑罚问题上从“厉”到“不厉”，将刑罚裁量的慎重作为刑法积极介入的功能代偿，以保持国家刑罚总量投入的大致均衡。“严而不厉”思想是积极主义刑法观的主要理论支撑。此外，强调刑法独立思想，也是必要的。

6. 刑法应呈现的面孔：一位悉心的母亲

积极主义刑法观所理解的刑法，呈现出了怎样的一副面孔？对此，早在四十余年前，西原春夫先生就提出：“刑法并不是那么单纯的东西。确实，如果违反了它，可能会被处以包括死刑在内的各种刑罚，因此刑法具有可怕性、严厉性和庄严性，这是不能否认的。但如果你光把它看作是那么可怕的脸，你就不会去考虑有些犯人做出犯罪举动是有其令人怜悯的环境背景的，更不会拥有期望犯人悔改、赎罪、自新的心。而刑罚按理应该发挥其所有功能的。因此，在刑法的脸中，包含着受害人父母、兄弟的悲伤和愤怒，也包含对犯人将来的祈望。在充分理解犯人的犯罪动机的同时，不得不对他的犯法行为动用刑罚，而这中间必须含有审判官的泪水。”① 德国学者魏根特教授也说过下面这样一段话：“在我们所走向的世界中，具有决定性影响的向导可能是和谐，而不是自由。与个人主义的视角相对，通过大量刑法评价的行为规则所追求的繁荣有序的经济与内部、外部均健康运行的社会，是刑法所要确保的免受干扰的、安稳的和谐。一如任何美好的新世界，既可能通往和平的乌托邦，也可能通往紊乱不堪、令人窒息的思想专制下的反乌托邦。无论如何，刑法已经改变了它自身的形象：它不再像严厉的父亲，除了仅对个别严重悖逆它的行为给予粗暴的惩罚外，放手人们去自行安排生活，而更似一位悉心的母亲，一位不断规劝的陪伴者。”② 积极主义刑法观视野下的刑法，追求严而不厉，就是这样的悉心的母亲、一位不断规劝的陪伴者。

---

① 西原春夫．刑法的根基与哲学：增补版．顾肖荣，等译．北京：中国法制出版社，2017：195．此为西原先生在1976年4月5日为早稻田大学法学部入学新生演讲时所提出的。

② 托马斯·魏根特．德国刑法向何处去//弗洛伊德教授，等．*Grundlagen und Dogmatik des gesamten Strafrechtssystems-Festschrift für Wolfgang Frisch zum 70. Geburtstag*．感谢张志钢博士的翻译。

后 记

写作一本书的后记是最惬意的事情，无论是内容还是形式，都可以随心所欲。我在这里主要想表达作为一名“70后”刑法人的一些感悟，然后再就本书作点必要的交代。

一、“70后”刑法学人的自觉与自省

生于1970年以后的刑法学人正逐渐走上中国刑法学研究的前台，这既是历史的必然，也昭示着我们这一代学者的责任。“70后”学人正当华年，却前有“50后”“60后”同人的光彩照人，后有“80后”“90后”同人的强势追赶，处境敏感，地位尴尬。但是，“70后”同人与“50后”“60后”同人相比，通常外语水平要好一些，所受的专业训练也可能更系统；与“80后”“90后”同人相比，不光是多读了几年书，还多了一些人生阅历、社会感悟，“再不努力就老了”。因此，“70后”刑法学者必须充分意识到自身的历史使命和独特担当，同时，尽力去避免

走一些弯路。唯有这样，才可能在中国刑法学发展的历史长河中留下自己的厚重印记。

（一）自觉

“70后”刑法学同仁应该自觉地认识到如下几点。

1. 要自觉做好理论研究中的创造者

不容否认，叙述、梳理本身也是一种创造，因此，学说史、学术史的研究是必要的，不能中断和抹杀。但要清楚，学术研究更重要的是创造。尽管问题的提炼（找出真问题、新问题）、视角的突破（找出新视角）、材料的挖掘（找到新材料）等在研究中都很重要，不过观点的倡导（提出新观点）才是创新，思想的凝结（提出新思想）才是更大的创新，拾人牙慧终究不可能是学者的追求。

就理论研究和学术创造而言，出生于20世纪二三十年代的刑法学前辈在新中国成立之初受到苏联刑法学的启蒙，在此基础上构建起了新中国刑法学体系的基本框架，其历史贡献是有目共睹的。而由于“文化大革命”导致法学教育和研究中断等原因，为数不多的“40后”前辈在恢复高考后以研究生或者本科生的身份汇入刑法研究队伍，伴随着1979年刑法的诞生而开始研习生涯。其中虽不乏个别学者的灵光闪现，但总体上未能突破时代的局限，成了两代学人之间的一个过渡。“50后”“60后”刑法学者在恢复高考之后系统学习法律，并为刑法理论的“去苏俄化”以至“德日化”作出了重要贡献，尤其在犯罪构成理论改造等方面的鼓与呼，影响深远。“70后”刑法学人面临的基本任务应该是，在继续推动并最终完成刑法知识转型的同时，要在刑法教义学的领域精耕细作，使刑法学的“专业槽”更加深厚，使刑法学这门精细、精深、精致的学问在中国名副其实。同时，“70后”的刑法学者尤其要注意将刑法理论的发展与中国社会变革、社会进步的大方向、大趋势关联起来。只有在意识到历史使命和社会责任的前提下所提出的新思想、新理论、新观点，才不会迷失方向，才会生根开花。

2. 要自觉做好理论与实务之间的沟通者

生于1950年代或者1960年代的刑法学人中，不少都有在司法机关（尤其是检察机关）挂职或者做兼职律师的经历，对中国的刑事司法实务较为熟悉和重视。相反，“70后”学者或许因对国外有了一定了解的缘故，常常言必称德日，反而可能轻视甚至忽略对本国刑事司法实务的关注和研究。鉴于此，自觉意识到“本土资源”研究的重要性，自觉地在本国实务中发现真问题，自觉地通过理论和实践的互动完成两者的沟通，通过理论引导实践，通过实践检验理论，是极其重要的。理论对司法的影响，就在于为其在各种不同的解释路径中寻求较为合理的选择，以求达到法律的正确、恰当适用。同时，更要看到和重视实务对理论的辐射作用。中国的人口雄踞世界第一，地域面积与欧洲的总和接近，各种各样的刑事案件，也包括各种“奇葩”案件，层出不穷。这些刑事司法的真实实践为我们的刑法学研究提供了丰富的素材和得天独厚的资源。回应司法实务的需要，评判司法裁判的得失，反思刑法理论的优劣，在这种实践对理论的拷问和反作用之中，理论才能经得起检验，具有生命力。为此，研究者要更加关注《刑事审判参考》等刊发的真实案例，更加重视对中国裁判文书网等的检索运用。相对于纯粹抽象的理论文章而言，多写关注司法实务、超越司法实务的文章，应该是“70后”刑法学者的一个主要努力方向。

3. 要自觉做好刑法立法的塑造者

“法律不是嘲笑的对象”几乎已经成为一种信条。确实，由于罪刑法定原则的限制，司法者必须在法律框架内活动，这是毋庸置疑的。但是，刑法理论必须保持对立法的批判意识和批判能力。这样的批判，不是为了显示研究者个人的独立存在或者“有水平”，而是为了达成共识，以促进立法的改进和完善。所有法律人的最终目标，都不是仅仅实现“法律之治”，而是要塑造一部良好的法律，实现“良法善治”。而立法者本身存在认识上的局限性，加上“法有限而情无穷”，法律规定本身的不完善是客观存在的。立法的完善首先要明确完善的方向，这正是学术批判所承载的功能。所以，学者在努力解释好现有法律的同时，带着批判（尽管不是“嘲笑”）的眼光指明法律的完善方向，是必要的。自然，单纯立法论意义上的文章不应该是研究的重心。不过，学者必须重视批判法律、懂得批判法律。通过个人的著述、评论为立法的发展完善建言献策，是塑造良法不可或缺的途径。

要实现科学立法，就要避免情绪化立法，避免粗糙式立法。为避免情绪化立法、浪漫主义立法或者象征性立法，就要对于刑法作为社会生活调控手段的功能定位、刑法与其他部门法的关系等有清醒的认识，这就需要对刑事政策问题有充分关注；为避免粗糙化立法，就要讲求立法理念、立法规划和立法技术。对于研究者来说，既要尊重立法者、充分调动解释的能动性，又要立足于中国的实践需要去完善法律，还要适当关注国外立法经验。在这几方面，“70后”都大有可为。

4. 要自觉做好学术交流中的对话者

在与德日和英美国家，乃至与中国台湾地区刑法学者的交流中，以往我们更多的是扮演学习者、倾听者的角色。尽管这种状况因为多位“50后”“60后”杰出学者的出现而有了很大改观，但由于历史和语言等各种原因，这种状况并未完全改变。较之前辈学人，“70后”学者中更多人有留学德国、日本或者英美的经历，有几位还在国外拿到了学位，这为站在学术前沿与国外同行平等对话提供了一定可能。应该意识到，只有实现了从学习者到交流者的角色转换，才能赢得国外同行的完全认同。然而实现这种转换并不容易。掌握了语言交流能力的学者要通过著作翻译、访问研究、会议讨论等方式尽可能深入、完整地了解对方，这是交流的前提。就交流的形式而言，相对于已经做得不错的教科书翻译而言，学术论文、学术专著的翻译尤其必要，这有助于保证对对方学术前沿的充分了解；同时，有意识地适当译介中国学者的论著，甚至是“70后”学者努力地直接在国外发表文章，这些对于平等交流的形成也意义重大。另外，就交流的内容而言，在会议讨论等场合，要切记保持研究者的主体意识，既要自觉地从中国的实务出发讨论“中国问题”，又要承认和接受世界范围内通用的刑法话语并在此基础上努力推进，这样才可能给国外学者以启发，从而赢得尊重，形成交流。

（二）自省

“70后”的刑法学同仁还需要“三省吾身”，在如下方面有意识地反思自己。

1. 既不要迷信权威，也不要妄自尊大

在刑法学界，弥漫着一股迷信权威的空气。“70后”对此也未能幸免，可能还有一定的代表性。具体体现在教学中，就是言必称“某某说”“某某认为”，言语间满是崇拜；体现在研究中，则凡是“某某人”说的都是对的，不容置疑，凡是与“某某人”结论不同的都是错的。他们眼中的权威学者，既可能是本国学者，也可能是外国学者，但通常都是在世者。应该说，权威学者或者少数学者的权威性存在，是一个客观现象。这既是这些人本身天分和努力的结果，在一定程度上也是学术竞争、学术发展的自然选择。问题是，国外的权威学者不了解中国的具体情况，其主张未必能直接适用于中国；即便是本国的权威学者，也注定会存在思维局限、思考盲点甚至逻辑漏洞，不可能时时处处都正确无误。以权威学者的观点代替自己的思考，以权威学者的结论代替自己的判断，人云亦云，不但会丧失学者的独立品格，也无助于自身的成长和学术的繁荣。必须明确，权威学者只是为学术的推进提供了一个更高的标准，并未终结对问题的讨论。尊重权威的前提是读懂权威，读懂权威的目的是超越权威，在学习、质疑和超越中，才可能有学术进步。在这一点上，“70后”的刑法学同仁尤其应该自省和共勉。

与此相对，学界还可能存在截然相反的另一种风气，就是除了自己（或者加上自己的导师），谁都看不上、瞧不起，只有自己（或者自己导师）的观点才是对的，其他人都只能是批判的对象。因此，他们醉心于自我搭建的话语系统，自己引用自己，自己证明自己，仅从自己的立场和结论出发去评判他人的观点，而丝毫不去理会别人观点的合理性，常常抓住别人的哪怕一个细小漏洞而无限放大。学术是学术共同体的集体事业，完全轻视他人劳动的妄自尊大，最终会沦为故步自封、自说自话。学术研究需要自信，而且，逐渐走上前台的“70后”学者大都评上了教授或副教授，有的还获得了各种人才称号，这在一定程度上也让他们拥有了自信的理由和资本。但自信不等于目中无人。只有在内心认同别人的劳动和智慧的人，才可能真正去研究和领会别人的观点，才能真正提出有针对性、有价值的批判，从而获得别人的尊重。这一点是必须清楚的。

2. 既不要述而不作，也不要热衷高产

有些学人原本有一定的思想和深度，可能由于担心“言多必失”或者由于懒惰或者纯粹是眼高手低，不去写作或者较少写作，久而久之，失去了写作的欲望甚至能力，令人慨叹。文章和著作是学术的基本载体，“述而不作”者完全可能是一个好教师，却很难说是一个好学者。自己的文章发表出来，获得他人的认同自是好事；即便得到他人的商榷乃至批判，也能够帮助自己发现思维的误区或论证的盲点，从而加以完善。只有在发表与争鸣、批判与商榷之中，个人才能成长，学术才能进步。这是要谨记的。

也可能有人正好相反，勤奋确是勤奋，但没有明确的研究领域或者“地盘”，而是为了追逐学术热点，今天研究这个，明天研究那个，信奉“发表才是硬道理”，成了“高产作者”之后，反而没了研究主线。热衷数量和高产的结果，可能会表现为两个突出问题：一是容易导致自己的学术特色不够鲜明，难以形成个人的学术标签；二是由于专业知识的要求和研究精力的限制，学术触角伸得过长、过宽，势必导致对相应问题难以透彻把握，难以形成一个统一的、明确的立场，因此，同一作者在不同文章中就同一个问题的观点抵牾也就在所难免。因此，找准自己的研究领地，“发现自己的热爱”，精耕细作，才能保质保量地生产出好的作品来。

3. 既不要“一叶障目”，也不要杂乱无章

可能有些刑法学研究者出于发表文章的需要，只读刑法专业的文章和著作，而不看或者几乎不看其他法学专业的著述，更不要说看法学之外的其他书籍。由于材料集中、目标明确，这样的人写文章往往会很快；同时，由于掌握了一定水平的外语，容易借助第一手外文资料，这样的文章也常常不缺乏深度。但是，法学是一门社会科学，刑法学关乎生杀予夺，尤其要有社会底蕴，要有人文情怀。因此，仅仅停留于“在刑法之中研究刑法”，难免一叶障目。专门从事刑法社会学、刑事政策学、犯罪学等刑事法学各分支学科者自不必说，即便是专心从事刑法教义学的研究者，也至少应该适当阅读法理学、法哲学、社会学、政治学等关联学科的文献，这样才能保证所写出来的文章接地气、有厚度、能持久。在这方面，笔者本人尤其应该反思和改进。

刑法学者既要有精湛的专业素养，也要有广博的学识，但也应该避免另一种极端。作为刑法学者，各种各样的书籍读了很多，知识丰富，但在论文中几乎不引用刑法的专业文献，甚至很少写刑法的专业论文。这等于“种了别人的田，荒了自己的地”，即便自我定位为从事刑法社会学等交叉研究，也还是需要明确，作为一名刑法学人，面对的终究是刑法世界，回答的终归是刑法问题。因此，在做好刑法学研究的本职工作的前提下，旁征博引，多点开花，才是真正值得称道的。

4. 既不要只关注中国实务，也不要只钟情国外理论

一些“70后”刑法学者受到外语方面的限制，单纯研究中国问题，一头扎进中国的司法实践之中无法自拔，局限于个案、细节。这些学者写出来的文章往往是就事论事、就案说案，对具体问题的讨论可能还算深入，但由于缺乏宽阔的视野和明确的参照，同时也常常缺乏立场和观念上的指引，得出的结论往往难以举一反三、无从体系化。这是应该反思的。即便不能掌握第一手的外文资料，尽可能穷尽包括翻译资料在内的其他手

段来弥补短板、开阔眼界，也是必须的。要是对学术有更高的追求，对尚属当年的“70后”而言，利用德语或日语阅读文献或者熟练地掌握英语进行研究，应该是一个起码的要求。

在学术研究中，一些具有多年留学背景和较为明显的语言优势的学者，往往专注于对外国刑法或者比较刑法的研究，这原本值得肯定；但不可否认的是，纯粹国外刑法研究只能是书斋里的“学问”，重要的是要找到其对中国刑法理论和刑事立法、司法的可借鉴之处。这就需要比较。比较研究不是简单地将“他国如何”“本国如何”予以罗列，而是要找到共同点、公约数，找到值得比较之处。只顾钻研国外立法而不去消化吸收，不去寻求与中国的立法和实务的有效对接，是盲目的。此外，比较研究中尤其注意要客观、辩证，“外国月亮更圆”的态度，是注定要不得的。可以说，既不拘泥于中国的实务，也不机械照搬国外理论，既有中国的问题意识，又有世界的眼光，这应该是法学研究所秉持的基本理念。在此问题上，“70后”的同仁尤其要避免走弯路。

以上“自觉”与“自省”，适用于不同年龄段的（刑法）学人。唯“70后”从青年走向中年，承上启下，正担重任，尤其应该意识到自身的责任和担当。“70后”刑法学人在研究道路上需要“自觉”与“自省”的，远远不止这些，笔者不过是想到哪里写到哪里而已。就连这些想到的，也并不怎么深刻或者稀奇，而是常见易懂的道理，这里不过是将其概括出来而已。而且，笔者慷慨激昂地提出了上述那些需要避免的错误做法，并不意味着我本人就能完全避免或者已经避免了这些倾向。可以说，这些话主要不是说给别人的，而是说给“70后”学人自己的，或直接就是说给我本人的，因此才称为“自省”。对于那些“自觉”，都是些大路货，不妨听之；而对于那些“自省”，“70后”的同仁也没必要对号入座，有则改之，无则加勉，起个提醒作用即可。

二、关于本书的一些交代

我自1998年由天津财经学院（现天津财经大学）商业经济系毕业，来到中国政法大学攻读法学第二学士学位，迄今，来到北京已超过二十年，系统学习法律已超过二十年。其间，2000年考入北京大学法学院，师从梁根林先生专门研习刑法；2002年转到陈兴良先生门下攻读博士学位；2004年到日本东京大学师从山口厚先生留学访问；2006年到中国人民大学法学院任教；2008 年出版我的第一本学术著作（《主观违法要素理论——以目的犯为中心的展开》）；2010 年晋升副教授；2012 年我的第二部学术著作《犯罪构成理论：比较研究与路径选择》获得我的第一个部级奖；2014 年获聘博士生导师；2016 年被中国人民大学法学院聘为教授（所谓“院聘教授”）；2018 年幸运解决职称问题，成为中国人民大学教授队伍中的一员。这些年来，似乎每到偶数年，我在专业和学术上都能有一点小小的进步。虽然由于慵懒和驽钝，我和同辈学者比如同门诸位之间还有不小差距，但于我自己而言，也算是努力了。

这本书虽然最终只能出版于 2020 年年初，但却成型、定稿于 2018 年，也算是延续了自己的脚步。同时，本书直接源自我 2015 年立项的教育部人文社会科学重点研究基地重大项目“刑法调控范围的界定与积极主义刑法观的展开”，但实际上是我十余年间持续思考的结果。我的第一篇独立发表的刑法论文，是关于婚内“强奸”能否按照犯罪处理的文章。此后除了一些法学的随笔与评论，十余年间我零零散散写了约 50 篇论文。某日晚在床上辗转反侧时，我豁然发现，我有意无意所写的这些文章中，除与犯罪构成理论相关的部分外，其余大多与另外的一个主题——犯罪圈的划定与刑法介入社会生活的限度——密切相关。正因为如此，我才决心以此为主题申请了项目并顺利获批，由此开始了对这一问题的系统总结。自然，全书的内容仍然是初步的、不充分的，但这是我现在所能提供给大家的，我的书。

关于本书的内容，我不想多说了——书中的观点是否妥当另当别论，全书主题的重要性是显而易见的。但是，一些应该感谢的人，必须感谢。白岫云老师、孙万怀老师、于改之老师、田国宝老师、于贺清老师、付玉明老师、杜小丽老师、李淑英老师、刘伟老师等的鼓励与帮助，直接转化成了文章在相关的刊物发表，并最终形成了书中的若干章节。也感谢母校北京大学的储槐植先生和张文先生。储老师的“严而不厉”思想直接指导和贯穿了全书的写作；张老师的人格刑法理论促发了全书原初的思考。也衷心感谢两位导师陈兴良先生和梁根林先生多年来的言传身教和关怀鞭挞，这种财富足以让我享用终生。中国人民大学校内也有许多值得感谢的老师。王利明常务副校长多年来一直对我关心有加，并在关键时刻大力提携我；韩大元老师、王轶老师、林嘉老师、杜焕芳老师不但给我们提供了一个崇高的平台和宽松的环境，而且对我本人爱护、鼓励和宽容。没有他

（她）们就没有我的今天。本学科的戴玉忠主任、刘明祥教授、谢望原教授、冯军教授、时延安教授、李立众教授等都以不同方式对我帮助多多。还要感谢我指导的博士研究生李至和郑朝旭，他们分别对书稿进行了精心校对，并提出了很好的修改意见。自然，也要感谢我的家人，你们让我感到温暖，尤其感谢我的妻儿，你们让我觉得幸福。谢谢各位了。我也将会以我所能做到的方式，关心和帮助后来的人。

学无止境，唯有持之以恒。

付立庆

2019 年 6 月 4 日　定稿

图书在版编目（CIP）数据

积极主义刑法观及其展开/付立庆著. —北京：中国人民大学出版社，2020.01
（法律科学文库/曾宪义总主编）
ISBN 978-7-300-27811-7

Ⅰ.①积… Ⅱ.①付… Ⅲ.①刑法-研究-中国 Ⅳ.①D924.04

中国版本图书馆 CIP 数据核字（2019）第 291374 号

"十三五"国家重点出版物出版规划项目
法律科学文库
总主编　曾宪义
积极主义刑法观及其展开
付立庆　著
Jiji Zhuyi Xingfaguan Jiqi Zhankai

出版发行	中国人民大学出版社		
社　　址	北京中关村大街 31 号	**邮政编码**	100080
电　　话	010－62511242（总编室）		010－62511770（质管部）
	010－82501766（邮购部）		010－62514148（门市部）
	010－62515195（发行公司）		010－62515275（盗版举报）
网　　址	http：//www.crup.com.cn		
经　　销	新华书店		
印　　刷	涿州市星河印刷有限公司		
规　　格	170 mm×228 mm　16 开本	**版　　次**	2020 年 1 月第 1 版
印　　张	25.25 插页 2	**印　　次**	2020 年 1 月第 1 次印刷
字　　数	405 000	**定　　价**	88.00 元